인조이 **오사카**

인조이 오사카

지은이 세계여행정보센터
펴낸이 임상진
펴낸곳 (주)넥서스

초판 1쇄 발행 2007년 8월 10일
7판 97쇄 발행 2019년 5월 3일

8판 1쇄 발행 2024년 11월 5일
8판 2쇄 발행 2024년 11월 8일

출판신고 1992년 4월 3일 제311-2002-2호
주소 10880 경기도 파주시 지목로 5
전화 (02)330-5500 팩스 (02)330-5555

ISBN 979-11-6683-305-2   13980

저자와 출판사의 허락 없이 내용의 일부를
인용하거나 발췌하는 것을 금합니다.

가격은 뒤표지에 있습니다.
잘못 만들어진 책은 구입처에서 바꾸어 드립니다.

www.nexusbook.com

여행을 즐기는 가장 빠른 방법

인조이
오사카 교토·고베·나라
OSAKA

세계여행정보센터 지음

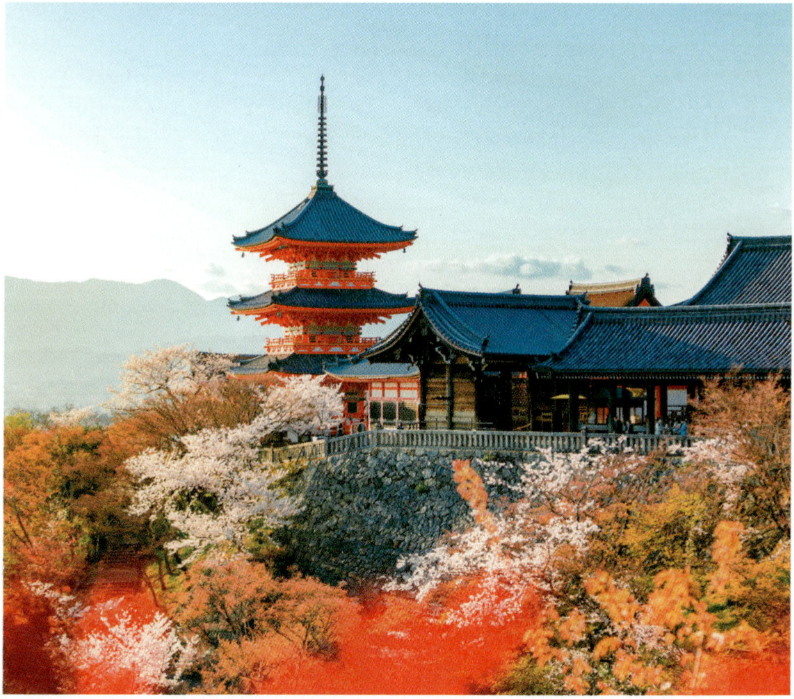

넥서스BOOKS

Prologue
여는 글

Fall in love with OSAKA!

2020년 코로나19로 인하여 하늘길이 닫힌 이후 2022년 10월 관광객들이 오사카를 다시 찾을 때까지 너무나도 오랜 시간이 걸렸다. 약 3년 동안 국내외 관광객들의 발길이 뜸해지면서 오사카의 음식점과 상점이 많이 폐업하였지만, 이제 관광객들이 다시 오사카를 찾으면서 이전의 활기를 되찾고 있다.

우리나라 관광객들이 많이 방문하는 일본 도시 중 맛을 찾아 떠나는 미식 여행은 오사카가 단연 1등이라 할 수 있을 정도로 다양한 먹거리를 만나볼 수 있는 매력적인 도시이다. 또한 역사의 도시인 교토·나라, 과거와 현대의 모습을 함께 볼 수 있는 고베는 오사카와 가까운 지역으로 이동이 편리하여 다양한 볼거리를 선사한다. 《인조이 오사카》에서는 오사카를 중심으로 근교 도시까지 다양하게 보여 주기 위해 노력하였고 앞으로도 지속적으로 새로운 관광지와 맛집에 대해 업데이트를 진행할 예정이다.

새롭게 개정된 《인조이 오사카》는 오사카를 방문하는 관광객들이 보다 편하게 인기 관광지를 이동할 수 있도록 교통편이나 시간에 대한 내용을 더욱 명확히 하였고, 기존보다 음식점과 상점들에 대한 정보를 다양하게 업데이트하였다. 물론 작가의 시각에서 추천하는 관광지와 음식점들이 개인의 취향에 다 맞을 수는 없겠지만 최대한 객관적으로 기술하여 초보자들이 어렵지 않게 오사카 여행을 즐길 수 있도록 노력하였다. 또한 '지역 가이드'과 '테마로 즐기는 오사카' 파트에 어린 자녀와 함께 방문할 수 있는 음식점과 상점, 관광지를 별도로 준비하였고 부모님을 모시고 갈 수 있는 관광지와 온천 여행에 관해서도 기술하였다.

무엇보다 해외여행을 할 때 언어가 통하지 않아도 《인조이 오사카》 책 한 권만 있으면 원하는 관광지나 음식점을 쉽게 찾을 수 있도록 상세한 지도와 교통 정보를 수록하였다. 또한 음식점의 특징이나 추천 메뉴에 대한 내용을 각각의 음식점 정보에서 다루었고 여행하면서 꼭 필요한 사항이나 주의 사항에 대해 'TIP' 코너를 통해 소개하였다. 오사카를 비롯한 간사이 지방의 도시들은 역사적으로도 중요한 특징들이 있어 단순히 관광지에 대한 설명뿐만 아니라 배경 역사에 관련된 내용도 수록하였고 각 스폿에 대해 작가의 주관적인 생각도 담았으니 참고하기 바란다.

《인조이 오사카》가 새롭게 나오기까지 많은 시간과 정성을 들였고 다양한 사람들의 도움을 많이 받았다. 먼저 원고를 새롭게 편집하고 멋지게 준비해 주신 넥서스 출판사의 편집팀 여러분께 감사드린다. 항상 많은 도움을 주시는 영원한 멘토 김상훈 교수님, 만나면 좋은 친구 같은 멋진 한정석 대표님, 변함없이 항상 소녀 같은 예쁜 백지희 대표님, 답답할 때 편하게 한잔할 수 있는 항상 내 편인 절친 순일이를 포함한 5인회 여러분께 감사드린다. 함께 여행하고 편하게 만날 수 있는 친구 서호와 자빈이 그리고 10년을 함께 일하며 고생하고 있는 채현이에게 고마움을 전한다. 마지막으로 항상 많이 부족하지만 언제나 믿고 이해해 주는 나의 보물 보영이와 예쁜 정연이 그리고 귀여운 승연이에게 많이 미안하고 영원히 사랑한다는 말을 전하고 싶다.

세계여행정보센터

이 책의 구성

1. 한눈에 보는 오사카
오사카의 기본 정보를 비롯해 대표적인 명소와 음식, 쇼핑 아이템 등을 살펴보면서 여행의 큰 그림을 그려 보자.

2. 테마로 즐기는 오사카
여행을 더 풍성하고 다채롭게 만들어 줄 오사카의 즐길 거리들을 테마별로 소개한다.

3. 추천 코스
전문가가 추천하는 오사카 여행 코스를 참고하여 자신의 여행 스타일에 맞는 최적의 일정을 세워 보자.

4. 여행 준비
여행 전 체크 리스트부터 공항 출입국 수속, 현지 교통편, 그 밖에 알아 두면 좋은 정보까지 상세히 담았다.

> ❗ 현지의 최신 정보를 정확하게 담고자 하였으나 현지 사정에 따라 정보가 예고 없이 변동될 수 있습니다. 특히 요금이나 시간 등의 정보는 안내된 자료를 참고 기준으로 삼아 여행 전 미리 확인하시기 바랍니다.

⑤ 지역 가이드

오사카 시내는 물론, 시간을 들여 찾아가도 좋은 매력적인 근교 여행지까지 상세하게 다루었다. 꼭 가 봐야 할 대표적인 명소부터 소문난 맛집, 쇼핑 핫플레이스 등을 소개하고 상세한 관련 정보를 담았다.

지역별 교통편과 여행 동선, 상세한 지도

각 지역의 주요 명소와 쇼핑 핫플레이스

여행을 더 즐겁게 해 주는 맛집

편안하고 가성비 좋은 숙소

⑥

부록 – 여행 회화 & 찾아보기

현지에서 사용할 수 있는 간단한 일본어 회화 표현을 수록했다. 또한 책에 소개된 관광 명소와 식당 등을 이름만 알아도 쉽게 찾을 수 있도록 정리했다.

Contents
목차

한눈에 보는 오사카

오사카는 어떤 곳일까? • 012
계절마다 즐기는 **간사이의 사계** • 014
반드시 꼭 가야 할 그곳 **MUST GO** • 016
오사카 여행의 즐거움 **MUST BUY** • 026
여행의 달콤한 유혹 **MUST EAT** • 030

테마로 즐기는 오사카

흥겨운 축제 한마당! **간사이 전통 마쓰리** • 038
한밤의 분위기에 취하는 **백만 불짜리 야경** • 042
여행의 피로를 풀어 주는 **오사카 온천 즐기기** • 046
아이들과 함께하기 좋은 **가족 여행지 BEST 10** • 050
감성 가득, 커피향 가득! **간사이 카페 산책** • 056
오사카에서 맛보는 **일본 음식 A to Z** • 062
한눈에 알 수 있는 **오사카 쇼핑의 모든 것** • 070
시원하게 나이스 샷! **고베 골프 여행** • 076

추천 코스

직장인을 위한 **2박 3일 주말 여행** • 082
미식가를 위한 **3박 4일 먹방 투어** • 084
아이와 함께하는 **4박 5일 가족 여행** • 086
나홀로 떠나는 **7박 8일 간사이 여행** • 088
자전거로 즐기는 **1박 2일 교토 여행** • 091

여행 준비

여행 전 체크 리스트 • 096
출입국 체크 리스트 • 100
오사카의 교통수단 • 104
알아 두면 좋은 정보 • 110

지역 가이드

• 간사이 여행 포인트 • 114
• 오사카 여행 포인트 • 116

오사카 • 118
신사이바시 • 120
난바 • 148
우메다 • 174
덴마 • 192
덴노지 • 200
오사카성 • 210
베이 에어리어 • 216
린쿠타운 • 222
유니버셜스튜디오 재팬 • 226

교토 • 234

고베 • 274

나라 • 298

• 추천 숙소 • 310

* 부록_여행 회화 • 332
* 부록_찾아보기 • 339

한눈에 보는 오사카

- 오사카는 어떤 곳일까?
- 계절마다 즐기는 간사이의 사계
- 반드시 가야 할 그곳 MUST GO
- 오사카 여행의 즐거움 MUST BUY
- 여행의 달콤한 유혹 MUST EAT

오사카는 어떤 곳일까?

서일본과 간사이 지역(오사카·교토·나라·고베 등)을 대표하는 도시로 경제·문화·교통의 중심지이며 도쿄에 이어 일본에서 두 번째로 큰 도시이다. 오사카부(大阪府)의 중부에 위치하는 중심 도시인 오사카시(大阪市)는 인구가 약 270만 명 정도이고 인구 밀도는 일본에서 가장 높고 2020년 이후 전입 인구수가 가장 많은 곳이다. 2025년 오사카 세계 박람회를 유치하면서 아시아를 대표하는 세계적인 도시로 거듭나기 위해 계속 발전하는 일본 No.1 관광 도시이자 상업 도시라 하겠다.

위치
일본 혼슈섬 중서부

면적
약 225km²

인구 (2024년 기준)
약 270만 명

종교
신도(神道), 불교, 기독교

언어
일본어

통화
엔화(¥)

비자
90일까지 무비자

시차
한국과 시차 없음

비행 시간 (직항 기준)
인천-오사카 1시간 35분

전압 (컨버터 필요)
100V (110V 이용 가능), 50~60Hz

전화
국가번호 81, 지역번호 6

OSAKA

KANSAI

동해 간사이 지방 태평양
오사카 ・도쿄

・교토

고베 ● ● 나라
● 오사카

오사카를 비롯하여 교토, 고베, 나라 등이 포함된 지역을 간사이 지방이라고 한다. 많은 여행자들이 오사카를 중심으로 간사이 지방의 근교 도시들을 함께 둘러본다. 제각기 다른 매력을 뽐내는 간사이 지방의 여행지로 떠나 보자.

BUCKET LIST

계절마다 즐기는
간사이의 사계

같은 여행지라도 계절에 따라 다른 매력을 뿜어낸다. 솔솔 봄바람이 불어오고 꽃이 만발하는 봄에는 어디를 갈까? 흰 눈이 소복소복 쌓이는 겨울에는 무엇을 할까? 간사이의 사계절을 100% 만끽할 수 있는 계절별 테마 여행지를 소개한다. 낭만, 멋, 여유가 어우러진 계절 여행을 떠나 보자.

봄 간사이의 봄을 알리는 벚꽃의 향연

간사이의 봄은 여행하기에도 딱 좋은 날씨이고 특히 벚꽃이 아름답게 핀다. 벚꽃의 개화 시기는 대체로 3월 말부터 4월 초까지다. 간사이에서 흐드러진 벚꽃을 구경할 수 있는 장소로는 오사카 성이 있는 오사카 공원, 시텐노지, 교토의 기요미즈데라를 꼽을 수 있다. 화창한 봄날 벚꽃 비를 맞으며 나만의 추억을 만들어 보자.

여름 한여름에 즐기는 시원한 쇼핑

간사이의 여름은 굉장히 습하고 덥다. 길 위에 가만히 있으면 열사병에 걸릴 정도여서 대부분 시원한 실내를 찾는데 교토와 나라는 햇빛을 피할 수 있는 곳이 많지 않아서 여행하기에 상당히 어려움이 많다. 따라서 여름에는 시원한 바닷바람을 맞을 수 있는 고베, 냉방이 완비된 쇼핑몰이 많은 오사카 시내 관광 중심으로 추천한다.

가을 빨갛고 노란 잎마다 가을이 가득

가을은 누가 뭐라 해도 단풍의 계절이다. 단풍잎을 밟으며 데이트도 즐기고 때로는 사색에 빠지기도 하는데 오사카 여행 중에 한 번쯤 이런 여유를 느끼는 것도 추억에 남을 것이다. 붉은 단풍잎을 밟으며 가을의 정취에 흠뻑 빠질 수 있는 곳으로는 오사카성 공원과 덴노지 그리고 교토의 사찰들을 추천한다.

겨울 하얀 눈 맞으며 즐기는 노천 온천

오사카는 겨울에도 눈이 거의 오지 않고 우리나라 서울보다는 따뜻하지만 교토 북쪽이나 아라시야마로 나가면 눈에 덮인 아름다운 자연을 감상할 수 있다. 고베의 아리마 온천 혹은 와카야마의 온천 료칸에서 하얀 눈을 맞으면서 즐기는 야외 온천욕은 색다른 즐거움이다. 만일 도심지에 머문다면 겨울 내내 화려한 일루미네이션을 볼 수 있는 오사카의 난바 파크스나 고베의 우미에 모자이크 같은 장소들이 있으니 꼭 방문해 보자.

BUCKET LIST

반드시 가야 할 그곳
MUST GO

오사카는 도심뿐만 아니라 위성 도시까지 꼭 가야 할 핵심 지역이 많다. 짧은 여행 일정이라면 오사카 시내 중심의 대표 명소들을 참고하고 일정의 여유가 있다면 위성 도시까지 넓게 체크해 보자. 어디를 가야 할지 고민이라면 주목. 꼭 가 봐야 할 간사이 지역의 대표 명소들을 소개한다.

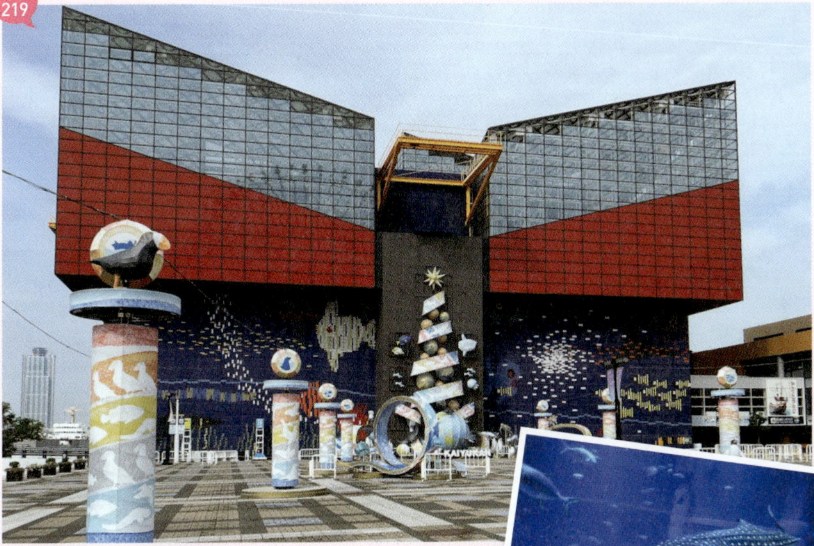

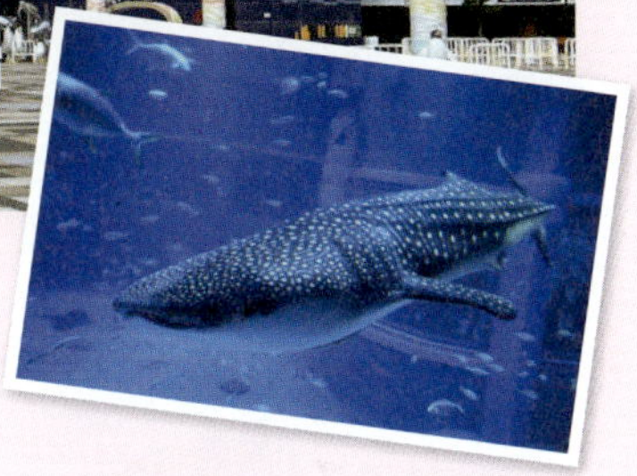

가이유칸
오사카에서 가장 큰 수족관에서
멋진 고래상어와 귀여운 펭귄이 헤엄치는 바다 세계 만나기!

오사카성
오사카의 상징이자 자부심인 오사카성과 활짝 핀 벚꽃을 배경으로 찰칵!

요도바시 카메라
오사카 제일의 전자제품 쇼핑몰에서
전자제품과 프라모델, 게임 등을 신나게 쇼핑하기.

그랜드 프론트 오사카
쇼핑이면 쇼핑, 음식이면 음식, 없는 것이 없는
오사카 최대 규모의 복합 상업 시설 둘러보기.

우메다 스카이 빌딩
오사카는 물론 주변 도시까지 한눈에 쏙 들어오는
전망대에서 오사카 최고의 야경 감상하기!

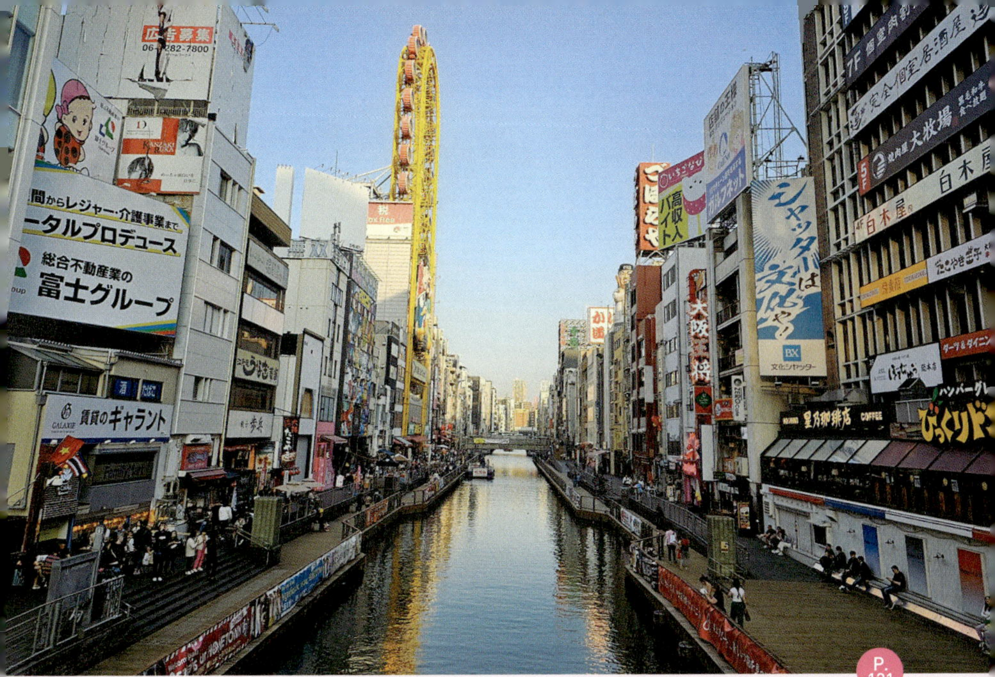

P. 131

도톤보리

금강산도 식후경! 끝도 없이 늘어선 오사카 대표 맛집들을 탐방하며 인기 먹거리 맛보기.

신사이바시스지 상점가

비 오는 날에도 쇼핑은 계속된다! 여행객들에게 가장 인기가 많은 대형 쇼핑 아케이드 거닐기.

P. 124

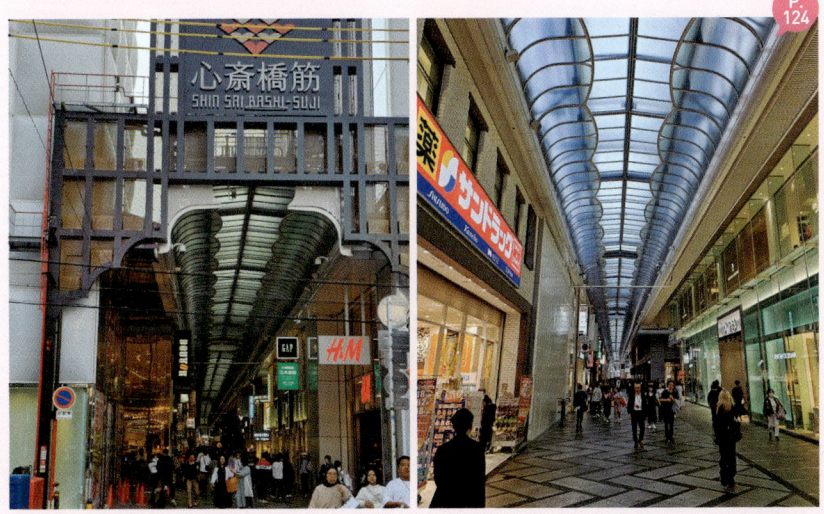

난바 파크스
확 트인 공간에 쇼핑과 식사, 엔터테인먼트까지 한데 모여 있는 초대형 복합 쇼핑몰에서 여유로운 시간 보내기.

덴덴 타운
게임과 애니메이션 마니아들의 성지에서 피규어와 애니메이션 굿즈 쇼핑하기.

신세카이
한때 오사카 최고의 번화가였던 거리에서 시끌벅적하면서도 일본스러운 옛 정취를 느껴 보기.

© Universal Studios

유니버설 스튜디오 재팬
일본 최고의 놀이동산으로 거듭난 테마파크에서 영화와 애니메이션 속 세계를 만끽하기.

교토 **니조성**
세계 문화유산으로 지정된 도쿠가와 이에야스의 웅장한 성과 정원으로 역사 여행 떠나기.

교토 기요미즈데라
산비탈에 지어진 본당과 자연 절경이 아름다운 옛 사찰에서 인생 사진 한 컷!

P.261

교토 긴카쿠지(금각사)
세계 문화유산으로 지정된 금빛 전각이 연못에 비치는 그림자를 눈에 담기.

P.253

P.259

🏷️ 교토 **기온**
시간 여행을 떠난 듯 옛 정취가 물씬 풍기는 거리에서 사진도 찍고 아기자기한 기념품도 골라 보기.

P.267

🏷️ 교토 **아라시야마**
도롯코 열차 타고 호즈 협곡을 감상하고, 하늘로 쭉 뻗은 대나무 숲도 거닐기.

고베 우미에 모자이크
이국적인 분위기의 쇼핑몰에서 쇼핑과 식사를 즐기고 바로 앞에 펼쳐진 바다와 야경까지 감상하기.

고베 아리마 온천
간사이 지역을 대표하는 온천 지역에서 따뜻한 온천욕으로 힐링하기.

고베 기타노이진칸
마치 일본 속의 유럽 같은 이국적인 거리에서 영화 속 주인공 같은 한때를 즐기기.

나라 **나라 공원**

사슴들이 자유로이 뛰노는 공원에서
사슴에게 맛있는 먹이도 주고 쓰다듬으며
즐거운 시간을 보내기.

나라 **도다이지**

743년에 건축된 세계 최대의 목조 건물에서 그 웅장함과 세월의 무게를 느껴 보기.

BUCKET LIST

오사카 여행의 즐거움
MUST BUY

EBISU BASHI-SUJI

오사카에 왔다면 반드시 놓치지 말아야 할 것들이 많다. 그중에서도 많은 오사카 여행자들이 단연 최고로 꼽는 것은 쇼핑. 기념품부터 생활 잡화, 건강 식품, 화장품까지 한국 여행자들이 가장 선호하는 제품들을 알아 보자.

의약품

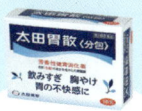

오타이산
太田胃散
효과가 빠른 일본의
인기 소화제.

요구르겐
ヨーグルゲン
변비에 아주 좋은
유산균 가루.

카베진 코와
キャベジンコーワ
건강한 위를 위한
일본 인기 위장약.

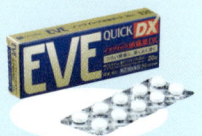

이브 퀵
EVE-QUICK イブクイック
생리통, 두통 등에
효과가 빠른 진통제.

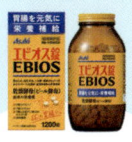

에비오스
エビオス
맥주 효모로 만든
소화제이자 영양제.

무히 연고
ムヒs
벌레 물림, 가려움증 완화에 좋은
크림 타입의 연고.

로이히 쓰보코
ロイヒつぼ膏
하나만 붙여도 효과 만점
동전 파스.

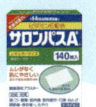

사론 파스
サロンパス
일본의
국민 파스.

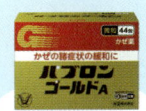

파브론 골드 A (가루약)
パブロンゴールドA
생약 성분의 분말 제품으로
일본 인기 감기약.

호빵맨 모기 패치
アンパンマンムヒパッチ
여름철 아이들을 위한
모기 패치.

다이쇼 구내염 패치
口内炎パッチ 大正A
입 안 구내염에
붙이는 패치.

다무시친키 골드
タムシチンキゴールド
발톱과 발바닥에 모두 사용할 수 있는
전통의 대표 무좀약.

화장품

퍼펙트 휩
パーフェクトホイップ
거품이 잘 나고 깨끗이 세안되는
일본의 국민 클렌징 폼.

아네사 선크림
アネッサ
여름철에 꼭 필요한
대표 선크림.

루루룬 마스크 팩
ルルルン
보습 효과가 뛰어난
마스크 팩.

보태니스트 샴푸
Botanist シャンプー
일본에서 인기인
천연 식물성 샴푸.

하토무기 화장수
ハトムギ化粧水
율무 추출물로 만든
천연 화장수.

화이트 클리어 젤
ホワイトクリアジェル
피부의 각질을 제거해 주고
기미·여드름 예방에 좋은 젤.

아시리라 시트
足リラシート
발의 붓기와 노폐물을 빼는 데
효과적인 시트.

이토 콜라겐
Itocolla
냄새·방부제·지방분이 없는
먹는 화장품.

오르비스 클리어풀
ORBIS クリアフル
피부 트러블을 방지해 주는
식물성 성분 화장품.

장난감

실바니안 패밀리
シルバニアファミリー
숲속 동물 가족
캐릭터 완구.

포켓몬 제품
ポケモン
일본의 대표
캐릭터 제품.

피규어
FIGURE
인기 애니메이션 속 등장인물을
생동감 있게 만든 모형.

식품

오리히로 곤약 젤리
オリヒロ 蒟蒻ゼリー
맛은 물론 다이어트 식품으로
유명한 곤약 젤리.

부르봉 알포트
ブルボン アルフォート
비스킷에 초콜릿을 씌운
초코 과자.

SB 골든 카레
エスビー ゴールデンカレー
간편하고 맛이 진한
고형 카레.

우마이봉
うまいぼん
아이들이 좋아하는
다양한 맛의 막대 과자.

킷캣 초콜릿
キットカット
다양한 맛을 맛볼 수 있는
일본의 인기 초콜릿.

이토엔 우지 말차
伊藤園 宇治抹茶
일본을 대표하는
깊고 진한 맛의 우지 말차.

리쿠로 오지상 치즈 케이크
りくろーおじさん
부드럽고 촉촉한
오사카 No.1 수플레 치즈케이크.

로얄 밀크티
ロイヤルミルクティー
홋카이도산 전분유와 홍차를 더한
일본에서 가장 유명한 밀크티.

로이즈 초콜릿
ROYCE
면세점에서 선물용으로
가장 많이 구매하는 고급 생초콜릿.

주류

히비키 위스키
HIBIKI 響
일본의 대표 위스키.

다사이 사케
DASSAI 獺祭
선물용으로 좋은
고급 사케.

일본 소주
日本焼酎
대표적인 증류주로,
특히 고구마로 만든 소주가 인기.

· BUCKET LIST ·

여행의 달콤한 유혹
MUST EAT

맛의 천국 오사카를 방문한다면 맛있는 음식이 너무 많아 사전 준비를 하지 않으면 자칫 놓치게 될 수도 있다. 오사카를 대표하는 다코야키부터 진한 국물의 라면까지 오사카에서 꼭 먹어야 할 대표 음식을 보며 추천 맛집을 체크해 보자.

다코야키
밀가루 반죽에 문어와 양념을 넣고 구워 낸 오사카 최고의 간식.
도톤보리 근처에 특히 다코야키 가게가 많은데 맛 차이는 별로 없으니 대기 줄이 짧은 곳에 가면 OK!
다코야키 도라쿠와나카 P.168, 다코야키 크레오루 P.144, 아치치혼포 P.146

라멘(일본 라면)
오랫동안 조리한 깊은 맛의 국물과 수타면의 만남!
돼지 냄새나 기름기가 많아 호불호가 있으며
음식점마다 조리법이 다르니 취향껏 골라 보자.
이치란 P.166, 긴류 라멘 P.145

초밥(스시)
신선하고 종류가 다양해 놓칠 수 없는 필수 메뉴.
관광지에 흔한 회전 초밥집보다는
좋은 재료를 쓰는 가성비 초밥집을 잘 찾아보자.
간타로 P.191, 하루코마 P.197

야키도리
술 한잔 생각날 때 간단한 안주로 좋은 꼬치구이.
저렴하고 맛있는 가게가 골목골목 숨어 있어
찾아가는 재미가 있다.
철판신사 P.165, 도리초 P.189

와규 스테이크
와규(일본 소고기)를 철판에 구운 스테이크.
입안에서 사르르 녹는 와규 스테이크는
고베가 특히 유명하니 참고하자.
캐피탈 동양정 본점 P.269, 스테이크랜드 P.293

오코노미야키
다진 양배추와 고기, 밀가루로 만든 일본 빈대떡.
다채로운 토핑을 반죽에 섞어 철판에 구워 내는
간사이 스타일의 오코노미야키를 맛보자.
미즈노 P.166, 지보 P.146

규카쓰
돈가스의 소고기 버전!
첫 식감은 바삭바삭하지만
먹을수록 부드러운 소고기 커틀릿.

돈가스
두툼한 돼지고기와 바삭한 튀김가루의 만남!
어디서나 만날 수 있는 일본 대표 메뉴지만, 기왕이면 인기 맛집에서 제대로 된 돈가스를 먹어 보자.
오사카 돈가스 P.166

오므라이스

볶음밥 위에 오믈렛을 얹고 소스를 끼얹은 요리.
흔한 메뉴이지만 인기 있는 맛집에서는
소스의 맛도 다르고 밥의 질감도 다르게 느껴진다.
북극성 P.140

규동

맛있게 한 끼 식사 뚝딱 할 수 있는 소고기 덮밥.
굳이 특별한 맛집을 찾을 필요 없이
저렴하고 간편한 체인점을 이용하는 쪽을 추천한다.

장어덮밥(히쓰마부시)

따끈한 밥 위에 부드러운 장어구이를 썰어 올린 음식.
민물장어와 바닷장어는 맛과 가격 차이가 있으니
사전에 미리 음식점을 체크하고 방문하자.
니혼바시 마루에이 P.170, 가네쇼 P.271

가쓰동

따끈한 밥 위에 돈가스와 계란 반숙을 얹은 덮밥.
체인점보다는 유명 맛집을 찾아서
두툼하고 맛있는 돈가스가 얹어진 가쓰동을 맛보자.
니혼바시 마루에이 P.170, 돈돈테이 P.190

회덮밥 (지라시동)
먹기 좋은 크기의 회를 푸짐하게 얹은 회덮밥.
잘못하면 비린내가 많이 날 수 있으니
신선도가 좋은 가게를 고르자.
이소마루 수산 P.168

카레
입안에 불이 날 정도로 매운 카레부터
달콤한 블랙 카레까지 다양한 스타일의 일본 카레.
우리나라에서보다 더 깊고 진한 맛을 느낄 수 있다.
상등 카레 본점 P.190, 가르다몬 P.198

스키야키
고기나 채소를 국물에 데쳐먹는 일본식 전골요리.
가격대가 상당히 높으니 무리하지 말고
적당히 좋은 등급의 고기를 주문해도 맛있다.

야키니쿠
고기는 언제나 진리!
한국에서 전파된 일본식 숯불구이.
평소 먹어 보지 못했던
다양한 부위에 도전해 보자!
섹스 머신 P.141

해산물 요리
해산물이 풍부한 항구도시 오사카에서 꼭 맛봐야 하는 메뉴.
도톤보리나 신세카이 같은 관광지에는 이소마루 수산 같은 해산물 전문 식당도 많으니 참고!
이소마루 수산 P.168, 자우오 P.147

소바
더운 여름에는 시원하게, 추운 겨울에는 따뜻하게
후루룩 간단히 먹을 수 있는 메밀국수.
본고장의 소바 맛집을 찾아서 맛보자.
대종가 나니와소바 P.138, 야부 소바 P.186

우동
탱글탱글, 오동통통, 쫄깃쫄깃
면발이 굵은 밀가루 국수.
국물 맛부터 면의 식감까지 식당마다 각양각색!
쓰루동탄 P.147, 미미우 P.209,
야마모토멘조 P.273, 우동 센몬텐 가마이키 P.308

닭튀김 (가라아게)
닭고기에 밑간을 하여
얇은 반죽을 입혀 튀겨 낸 튀김.
술안주나 간식으로 딱이다!
도리초 P.189

테마로 즐기는 오사카

- 흥겨운 축제 한마당! **간사이 전통 마쓰리**
- 한밤의 분위기에 취하는 **백만 불짜리 야경**
- 여행의 피로를 풀어 주는 **오사카 온천 즐기기**
- 아이들과 함께하기 좋은 **가족 여행지 BEST 10**
- 감성 가득, 커피향 가득 **간사이 카페 산책**
- 오사카에서 맛보는 **일본 음식 A to Z**
- 한눈에 알 수 있는 **오사카 쇼핑의 모든 것**
- 시원하게 나이스 샷! **고베 골프 여행**

Theme Travel 1

흥겨운 축제 한마당!
간사이 전통 마쓰리

일본 각 지역에서 열리는 전통 축제를 일컬어 마쓰리(祭り)라고 하는데 원래는 불교의 종교 의식에서 시작되었다고 한다. 과거 간사이 지역의 마쓰리는 단순히 지역 공동체 축제로 풍요로운 한 해가 되기를 빌거나 가족의 건강을 바라는 지역 주민 중심의 축제였다. 현재의 마쓰리는 규모도 커졌거니와 그 지방에서만 볼 수 있는 고유의 멋을 지닌 대중적인 축제로 자리 잡아서 축제를 함께하는 관광객에게는 잊을 수 없는 이색 볼거리와 즐길 거리를 제공하는 지역의 특별한 자랑이 되었다.

도야도야 마쓰리 どやどや祭り `오사카`

시텐노지(四天王寺)에서 정월부터 14일간 슈쇼에(修正会)라는 법회가 열리는데 법회가 끝나는 마지막날에 열리는 축제가 도야도야 마쓰리이다. 오후 3시경 벌거벗은 남자들이 두 편으로 나뉘어 우신(牛神) 부적을 차지하기 위해 서로 경쟁을 벌이는 행사인데, 한겨울 추위에도 중간중간 물을 뿌리면서 그 열기를 더해 가며 참가자들이 '도야도야' 소리를 지르며 진행한다. 일본 전통 방식의 행사라 볼거리가 많고 시텐노지 정문 밖에는 먹거리 장터가 열리므로 재미있게 즐겨보자. 규모는 다른 마쓰리에 비해 크지는 않지만 추운 날씨에 전통 속옷인 훈도시만 입고 행사를 진행하는 모습이 생각보다 흥미진진하고 재미있다.

개최 시기 1월 14일(1일간)
개최 장소 시텐노지(四天王寺)를 비롯한 인근 지역

아오이 마쓰리 葵祭り `교토`

기온 마쓰리(祇園祭), 지다이 마쓰리(時代祭)와 더불어 교토의 3대 마쓰리 중 하나인 아오이 마쓰리는 헤이안 시대(平安時代) 황실의 신사 참배를 재현한 축제로, 시모가모 신사(下鴨神社)와 가미가모 신사(上賀茂神社) 두 곳에서 열린다. 과거에는 궁중 의식, 길거리 의식, 사두 의식(社頭の儀) 등 3가지 의식이 행해졌지만 현재는 궁중 의식은 사라지고 길거리 의식과 사두 의식만 행해진다. 유료 관람석이 있어 사전 예약이 가능하지만 신사 참배와 관련된 축제이므로 우리는 그냥 먹거리를 즐기는 축제로만 만족하는 것이 좋겠다.

개최 시기 5월 15일(1일간)
개최 장소 시모가모 신사와 가미가모 신사 두 곳에서 개최

기온 마쓰리 祇園祭り 교토

일본의 3대 마쓰리 중 하나인 기온 마쓰리는 규모 면에서는 오사카의 덴진 마쓰리(天神祭り)보다 조금 작지만 볼거리 면에서는 좀 더 재미있다고 할 수 있다. 한 달간 교토 전체가 축제 분위기이고 수많은 관광객으로 인산인해를 이루는데, 7월 16일과 17일에 열리는 행렬이 가장 큰 볼거리이다. 9세기경 교토 천도 후에 역병을 물리치기 위해 신에게 제를 올렸던 것에서 유래되었다. 화려한 도심 퍼레이드가 가장 큰 볼거리이며 축제의 메인 장소인 마루야마 공원(円山公園)은 몇몇 자체 공연과 주변 먹거리로 많은 즐거움을 준다. 단, 기온 지역의 도로는 넓지만 행사를 구경할 수 있는 보도가 그다지 넓지 않아 많은 인파가 도로나 골목 쪽으로 몰리므로 각별히 조심하도록 하자.

개최 시기 7월 한 달간 진행
개최 장소 한큐 가와라마치역부터 기온의 야사카 신사(八板神社)까지 이어진 시조도리 인근, 메인 축제는 야사카 신사(八板神社) 뒤쪽 마루야마 공원(円山公園)

덴진 마쓰리 天神祭り 오사카

도쿄의 간다 마쓰리(神田祭り), 교토의 기온 마쓰리(祇園祭り)와 더불어 일본의 3대 마쓰리 중 하나인 덴진 마쓰리는 규모 면에서 간사이 최대의 마쓰리라 할 수 있다. 덴진 마쓰리는 하늘에 제를 올리는 천신제로, 오사카텐만궁(大阪天満宮)이 건립된 후 951년 6월 1일에 스가와라노 미치자네(管原道眞)의 영혼을 진정시키려는 의도에서 무기를 바다에 띄우고 그것이 닿는 해변에서 의식을 치른 것에서 유래되었으며 현재는 건강을 위한 축제로 성격이 바뀌었다. 7월 24일에 전야제가 열리고 7월 25일에는 화려한 횃불로 장식된 100여 척의 배를 도시마가강(堂島川)에 띄워 장관을 이룬다. 또한 밤에는 화려한 불꽃놀이로 그 대미를 장식하는데 엄청난 사람들이 몰리므로 각오를 단단히 해야 한다.

개최 시기 7월 24~25일(2일간)
개최 장소 오사카텐만궁(大阪天満宮)을 비롯한 인근 지역

🏮 다이몬지오쿠리비 마쓰리 大文字送り火祭り 교토

다른 마쓰리와 다르게 큰 행렬이나 제사는 없지만 가장 많이 매스컴에서 볼 수 있는 마쓰리 중 하나인 다이몬지오쿠리비 마쓰리는 원래는 정령이나 망혼을 보내는 종교적 행사로 산에 불을 놓으면서 시작되었다. 어두운 밤하늘 아래 교토 다섯개의 산에 '大', '妙', '法' 등의 글자 모양으로 불을 놓는 것으로 행사가 정점에 다다르는데 과거에는 종교 행사였지만 지금은 많은 일반인과 외국 관광객이 같이 참여하여 무사 안녕을 기원하는 축제로 바뀌었다.

개최 시기 8월 16일(1일간)
개최 장소 교토시 주변 동쪽, 북쪽, 서쪽 산봉우리에서 행사 진행하는데 가장 볼 만한 곳은 킨카쿠지 뒤쪽 오키타산(大北山)으로 킨카쿠지 쪽에서 관람 가능

🏮 지다이 마쓰리 時代祭り 교토

대부분의 마쓰리가 신에 대한 제사나 가문에 대한 제를 올리는 것에서 비롯되었지만 교토 3대 마쓰리 중 하나인 지다이 마쓰리는 교토가 수도였던 1000년의 역사를 시대별로 나누어 그 시대를 재현하는 가장 행렬을 진행한다. 약 2,000여 명의 인원이 행사에 참여하고 관광객에게도 많은 볼거리를 제공하여 인기 있는 마쓰리 중 하나이며 역사는 짧지만 도심 행렬이 가장 화려하고 재미있다고 할 수 있다. 선선한 가을에 개최되며 외국 관광객들이 가장 손꼽는 축제이니 기회가 된다면 꼭 함께 즐겨 보자.

개최 시기 10월 22일(1일간)
개최 장소 교토의 주요 도로에서 행사를 진행하지만 헤이안진구(平安神宮) 앞 도로가 가장 잘 볼 수 있는 명당자리

🏮 가스가와카미야온 마쓰리 春日若宮おん祭り 나라

가스가와카미야온 마쓰리는 나라에서 가장 큰 축제로 1136년 후지와라노 다다미치(藤原忠通)가 풍년과 국민의 안녕을 기원하며 행사를 연 것에서 유래한다. 와카미야를 맞이하는 천행 의식(遷幸の儀)부터 환생 의식(還幸の儀)까지는 촬영이 금지되어 있고 제사는 매년 17일 오전 0시부터 18일 오전 0시까지 24시간 동안 이어진다. 제사를 지낼 때 12월 17일 정오가 지나 나라 시내 행렬을 하는데 이것이 큰 볼거리이며 나라 시내가 온통 축제 분위기이다. 일본의 중요 무형 문화재로도 지정되어 있다.

개최 시기 12월 15~18일(4일간)
개최 장소 나라 시내 행렬은 긴테쓰 나라역 앞 대로변, 메인 축제 장소는 가스가타이샤(春日大社)

Theme Travel 2

한밤의 분위기에 취하는
백만 불짜리 야경

해외여행을 가게 되면 그 여행지의 전망과 그리고 멋진 야경을 사진에 담아 오고 싶은 것이 모든 관광객들의 공통된 생각이다. 오사카에서 낮에는 멋진 시내를 감상할 수 있고 저녁에는 아름답고 화려한 야경을 볼 수 있는 곳을 소개한다. 또한 365일 저녁 야경이 아름다운 유니버설 스튜디오 재팬과 겨울이면 화려한 일루미네이션 장식으로 추억을 선물하는 난바 파크스도 꼭 방문해 보자.

☪ 우메다 스카이 빌딩 梅田スカイビル 오사카

오사카 북쪽의 중심인 우메다 지역에 위치한 우메다 스카이 빌딩에서는 화창한 낮에는 오사카 시내뿐만 아니라 고베까지 조망할 수 있고 저녁에는 오사카 도심의 화려하고 멋진 야경을 볼 수 있다. 173m의 실외 공중 정원에서 바라보는 시내의 전경도 멋지지만, 최근 실내 전망대를 아늑하고 편안하게 리모델링하여 도심을 바라보면서 안락한 시간을 보낼 수 있다. 단, 기상이 안 좋거나 흐린 날은 공중 정원의 출입이 통제되는 경우가 있고 실내에서도 좋은 전경을 보기 힘드니 일정에서 제외하는 것이 좋다.

☪ 고베 포트 타워 神戸ポートタワー 고베

고베의 자랑은 해안선을 따라 조성된 임해 부도심과 하버 랜드인데 이곳의 멋진 야경을 감상할 수 있는 곳으로 고베 포트 타워가 제격이다. 해 질 녘에 포트 타워에 오르면 먼 수평선 너머로 지는 노을을 볼 수 있고 가까이로는 아름다운 우미에 모자이크와 메리겐 파크, 임해 부도심의 아름다운 해안선을 볼 수 있다. 뒤쪽으로는 고베 도심을 볼 수 있고 맑은 날에는 오사카항과 유니버셜 스튜디오 재팬까지 조망이 가능하다.

🌙 유니버설 스튜디오 재팬 UNIVERSAL STUDIOS JAPAN [오사카]

오사카 최고의 테마파크인 유니버설 스튜디오 재팬은 다른 전망대와 달리 높은 곳에서 도심을 바라볼 수는 없지만 영화 속 같은 유니버설 스튜디오의 아름다운 야경을 감상할 수 있고 오사카항이나 고베 해안선의 야경을 멀리나마 감상할 수 있는 곳이다. 저녁에는 화려한 퍼레이드가 있고 주말이나 특정한 날에는 멋진 불꽃놀이도 볼 수 있으니 가족 단위의 여행객에게는 다른 전망대보다 더 추천하고 싶은 곳이다. 어트렉션인 할리우드 드림 더 라이드(Hollywood Dream The Ride)를 타면 제대로 야경을 즐길 수 있으니 참고하자.

🌙 쓰텐카쿠 通天閣 [오사카]

오사카의 남쪽 지역에서 도심을 전망하기에 좋은 장소로, 역사가 있는 오래된 전망대이다. 오래된 만큼 외관은 좀 허름하지만 일본 최초의 엘리베이터가 설치된 상징적인 건물이다. 또한 2022년 새로운 체험 어트렉션인 타워 슬라이더(TOWER SLIDER)를 설치하여 3층에서부터 60m 길이를 단 10초 만에 미끄럼틀을 타고 내려갈 수 있어 젊은이들의 방문이 늘어났다. 쓰텐가쿠와 멀지 않은 곳에 하루카스 300 전망대가 있어 예전만큼의 인기는 없지만 주변에 먹거리가 가득한 신세카이가 있어 다른 전망대와는 달리 색다른 시간을 가질 수 있다.

🌙 하루카스 300 전망대
ハルカス300展望台 [오사카]

오사카에서 가장 높은 아베노 하루카스 빌딩의 하루카스 300 전망대는 이름처럼 지상에서 300m 높이에 위치하여 교토·나라·고베까지 간사이 전체 지역을 조망할 수 있어 전망대 중 가장 인기가 좋은 곳이다. 또한 아베노 하루카스 빌딩에는 일본에서 가장 큰 백화점인 긴테쓰 백화점과 다양한 레스토랑이 운영 중이라서 전망대 구경 후에 쇼핑과 먹거리로 즐거운 시간을 보내기도 좋다.

헵 파이브 관람차 HEP FIVE 観覧車 오사카

우메다의 랜드마크 중 하나인 빨간색 대관람차는 종합 엔터테인먼트 쇼핑몰인 헵 파이브(HEP FIVE) 7층에 위치해 있는데, 젊은 사람들이 좋아하는 상점들이 입점한 쇼핑몰이라서 볼거리가 풍부한 곳이다. 관람차의 곤돌라에는 냉난방이 되어 더운 여름에도 쾌적하게 오사카의 야경을 즐길 수 있고 가장 높은 곳인 지상 106m에 다다르면 우메다를 비롯한 오사카와 고베까지 전망할 수 있다.

난바 파크스 なんばパークス 오사카

난바 파크스는 다른 전망대와는 다르게 높지 않은 곳에 위치해 있지만 도심 속 인공 숲을 조성하여 야외에서 난바의 남쪽 지역을 바라볼 수 있는 곳이다. 특히 크리스마스 기간인 12월에는 화려한 일루미네이션을 볼 수 있어 오사카의 야경과 함께 아름다움으로 손꼽히는 곳이다. 난바 파크스의 야외 정원은 무료로 이용할 수 있고 다양한 쇼핑 매장과 레스토랑들이 입점해 있어 볼거리와 쇼핑 아이템이 가득하므로 겨울에 오사카를 찾는다면 꼭 방문하도록 하자.

Theme Travel 3

여행의 피로를 풀어 주는
오사카 온천 즐기기

일본 여행에서 온천을 빼놓을 순 없다. 오사카를 비롯한 간사이를 여행할 때 과거에는 아리마 온천이나 온천욕을 갖춘 호텔이나 료칸을 방문해야 했다. 최근에는 다양한 시설을 갖춘 대형 테마 온천들이 오사카 시내에도 속속 오픈하면서 오사카 여행객들에게 즐거움을 선사하고 있다. 그럼 오사카를 대표하는 인기 시내 온천 Best 5를 만나 보자.

스파 월드 スパワールド [스파 와아루도]

오사카 도심에서 온천 테마파크와 실내 워터파크를 즐길 수 있는 스파 월드는 가족 단위 또는 친구나 연인과 함께 사계절 언제든지 즐길 수 있는 엔터테인먼트 시설이다. 이곳의 핵심은 세계 온천들을 한곳에 모아 둔 4층과 6층의 온천 테마파크인데 일본을 비롯한 13개 지역의 온천을 즐길 수 있으며 매월 남성층과 여성층을 돌아가면서 변경한다. 또한 8층에는 실내 워터파크가 있어 재미있는 시간을 보낼 수 있고 3층에는 푸드 존이 있어 맛있는 식사도 가능하다. 하루 종일 즐거운 시간을 보낼 수 있는 곳으로 아이들과 함께하면 정말 특별한 경험을 할 수 있어 적극 추천한다

주소 大阪府大阪市浪速区恵美須東3丁目4-24 **위치** 지하철 도부쓰엔마에역(動物園前駅) 5번 출구에서 도보 1분 **전화** 06-6631-0001 **시간** 온천 테마파크 10:00~08:45, 워터파크 월~금 10:00~19:00, 토·일 공휴일 10:00~20:00(키즈 풀은 30분 일찍 마감), 푸드 존은 업장에 따라 영업 시간이 다름(홈페이지 참고) **요금** ❶ 온천 테마파크+워터파크-중학생 이상 2,000엔, 초등학생 이하 1,200엔 ❷ 온천 테마파크-중학생 이상 1,500엔, 초등학생 이하 1,000엔 **홈페이지** www.spaworld.co.jp

소라니와 온천 空庭温泉 [소라니와 온센]

오사카를 대표하는 시내 온천인 소라니와 온천은 유카타 체험 및 노천탕을 포함한 다양한 온천욕을 즐길 수 있어 관광객들에게 가장 인기가 높은 곳이다. 지하 1,000m에서 끌어올린 약알카리성 천연 온천과 정원이 아름다운 다양한 노천탕을 즐길 수 있으며 가족탕을 예약하여 별도로 이용할 수 있어 인기 만점이다. 멋진 유카타를 입고 실외 정원에서 기념사진도 찍고 족욕도 즐길 수 있으며 실내에도 간단한 게임이나 기념품 가게들이 있어 재미있는 시간을 보낼 수 있다. 또한 편하게 유카타를 입고 시원한 맥주와 함께 간단한 음식을 먹을 수 있으니 온천과 식도락을 함께 즐길 수 있어서 관광객들이 아주 만족하는 테마 온천이다.

주소 大阪府大阪市港区弁天1丁目2-3 **위치** ❶ 지하철 벤텐초역(弁天町駅) 2-B 출구에서 도보 3분 ❷ JR 벤텐초역 북쪽 출구에서 도보 1분 **전화** 06-7670-5126 **시간** 11:00~23:00 **요금** ❶ 성인(12세 이상~70세 미만) 2,310~3,630엔, 어린이(4세 이상~12세 미만) 1.320엔, 70세 이상 1,800엔, 4세 미만 무료 ❷ 암반욕 1,100~1,320엔(성인만 입장 가능) ※ 자세한 내용은 날짜별로 홈페이지 확인 가능 **홈페이지** solaniwa.com

천연 온천 나니와노유 天然温泉 なにわの湯 [텐넨노유 나니와노유]

우메다 북쪽으로 관광지와는 조금 떨어져 있으며 규모가 그다지 크지 않지만 천연 온천수만 이용하여 피부병과 관절염에 좋은 곳으로 소문난 곳이다. 실내 온천은 그냥 평범한 대형 목욕탕 같지만 실외 노천탕은 다양한 온천 체험을 할 수 있어 인기가 좋다. 특히 실외에서도 뜨거운 온천수를 느낄 수 있는 암반욕(岩風呂)과 누워서 즐길 수 있는 수면탕(ごろ寝湯)은 노천탕에서 대표적이며 나홀로 작은 온천탕인 쓰보유(つぼ湯)도 자리가 없을 정도로 인기가 좋다. 식당도 별도로 갖추고 있지만 가성비가 좋지 않으니 맛있는 음식은 다른 곳에서 즐기도록 하자.

주소 大阪府大阪市北区長柄西1丁目7-31 **위치** 지하철 텐진바시스지로쿠초메역(天神橋筋六丁目駅) 5번 출구에서 도보 7분 **전화** 06-6882-4126 **시간** 10:00~01:00(주말·공휴일은 08:00에 오픈) **요금** 중학생 이상(휴일) 950엔, 중학생 이상(평일) 850엔, 초등학생 이상 400엔, 0세~유아 150엔 **홈페이지** www.naniwanoyu.com

다이헤이노유 太平のゆ なんば [타이헤에노유 난바]

난카이난바역에서도 걸어갈 수 있어 시내에서 가장 접근성이 좋은 타이헤이노유는 여행 중에 잠시 짬을 내어 가볍게 방문하기 좋은 곳이다. 다른 온천에 비해 시설이 작고 다서 떨어지지만 나름 작은 노천탕도 갖추고 있고 다양한 체험을 할 수 있는 온천탕도 있다. 식당도 갖추고 있지만 식사는 외부에서 하는 것을 추천하고 가볍게 일본 온천을 경험하는 정도만 생각하고 방문하자. 참고로 수건 사용료도 별도로 150엔을 내야 하니 비슷한 시설의 다른 온천에 비해 가격이 저렴한 것은 아니다.

주소 大阪府大阪市浪速区敷津東2丁目2-8 **위치** 지하철 다이코쿠초역(大国町駅) 1번 출구에서 도보 3분 **전화** 06-6633-0261 **시간** 08:00~01:00 **요금** 중학생 이상 850엔, 4세 이상~초등학생 400엔, 4세 미만 무료 **홈페이지** www.taiheinoyu.jp/

 ## 간엔린쿠 온천 岩塩 りんくうの湯 [간엔린쿠노유]

귀국하기 직전, 간사이 국제공항으로 가는 길에 린쿠타운 쇼핑과 더불어 꽤 괜찮은 온천을 즐길 수 있는 곳이다. 온천의 크기는 다소 작지만 갖출 것은 다 있고 노천탕도 꽤 운치 있고 만족도가 높다. 노천탕을 포함하여 5개의 탕이 있으며 2개의 사우나도 갖추고 있다. 또한 릴렉스 룸(유료)을 갖추고 있어 잠시 잠을 청할 수도 있고 만화나 TV를 보며 휴식을 취할 수 있다. 식당을 갖추고 있는데 가성비가 괜찮지만 메뉴가 한정적이고 그냥 일반적이 맛이라 식사는 밖에서 하는 것을 추천한다. 저녁 비행기를 기다리며 린쿠타운에서 쇼핑하다 지쳤을 때 잠시 피로를 푸는 데 안성맞춤인 곳이라 하겠다.

주소 大阪府泉佐野市りんくう往来南3 **위치** JR선·난카이선 린쿠타운역 4번 출구에서 도보 5분 **전화** 072-469-4126 **시간** 월~토 09:00~24:00, 일·공휴일 07:00~24:00 **요금** 중학생 이상 680엔, 5세 이상~초등학생 340엔, 3~4세 230엔, 2세 이하 무료 **홈페이지** rinkunoyu.jp

Theme Travel 4

아이들과 함께하기 좋은
가족 여행지 BEST 10

어린 자녀와 오사카 여행을 한다면 유니버설 스튜디오 재팬이나 나라의 사슴 공원 정도를 계획하고 그 외에는 대부분 도심에서 시간을 보내기 마련이다. 특히 미취학 아동을 동반하는 경우에는 여행 스케줄을 계획할 때 더욱더 고민하게 된다. 아이와 함께 조금 더 특별한 오사카 여행을 즐기고 싶다면 여기서 소개하는 베스트 10 여행지를 참고하여 계획을 짜 보자.

유니버설 스튜디오 재팬 Universal Studios Japan [유니바-사루 스타지오 자팬] `오사카`

어린 자녀들과 하루종일 재미있는 시간을 보낼 수 있는 테마파크로, 특히 미취학 아동들이 즐겁게 놀 수 있는 유니버설 원더랜드(Universal Wonderland) 지역이 대표적이다. 엘모, 스누피, 헬로키티가 살고 있는 원더랜드는 미취학 아이들이 가장 좋아하는 지역으로 무려 30개 이상의 엔터테인먼트가 집결해 있다. 그중 가장 인기가 좋은 곳은 헬로키티와 기념 사진을 찍을 수 있는 '헬로키티 리본 컬렉션(Hello Kitty's Ribbon Collection)'과 스누피와 친구들과 함께 영화 스튜디오에서 놀 수 있는 '스누피 사운드 스테이지 어드벤처(Snoopy's Sound Stage Adventure™)'이다. 또한 엘모와 함께하는 어트렉션과 놀이터가 있는 아이들의 천국 '새서미스트리트 펀 월드(SesameStreet Fun World)는 원더랜드에서 가장 인기 있는 놀이 지역이다.

주소 大阪府大阪市此花区桜島2丁目1-33 **위치** JR 유니버설시티역(ユニバーサルシティ駅)에서 도보 5분 **전화** 0570-200-606 **시간** 09:00~20:00 ※ 날짜에 따라 운영 시간이 다를 수 있으므로 홈페이지에서 체크 필수! **홈페이지** www.usj.co.jp/web/ja/jp

입장권 종류	성인(12세 이상)	어린이(4~11세)	시니어(65세 이상)
스튜디오 패스 1일권	8,600엔~	5,600엔~	7,700엔~
스튜디오 패스 1.5일권	13,100엔~	8,600엔~	13,100엔~
스튜디오 패스 2일권	16,300엔~	10,600엔~	16,300엔~
트와일라이트 패스 (15:00 이후 입장 가능)	6,000엔~	3,900엔~	6,000엔~

※ 입장 날짜에 따라 요금이 다르므로 사전에 홈페이지 확인 필수.
※ 어린이와 시니어 입장객은 여권 소지 필수(나이 확인).

컵라면 박물관 カップヌードルミュージアム [캇푸 누-도루뮤우지아무] `오사카`

일본 최고의 컵라면 회사인 닛신(日清)이 운영하는 컵라면 박물관이다. 컵라면이 만들어지는 과정부터 컵라면의 역사 그리고 직접 체험까지 할 수 있는 다양한 프로그램을 운영하고 있다. 밀가루 반죽부터 건조 과정까지 치킨 라면을 직접 만들어 보는 치킨 라면 팩토리(초등학생 이상)에서 체험도 할 수 있고 마이 컵누들 팩토리에서는 아이들이 컵라면에 직접 그림을 그리고 아이들이 먹을 수 있는 스프와 토핑을 넣어 나만의 컵라면을 기념품으로 가져갈 수 있어 인기가 좋다. 우리나라에서는 할 수 없는 색다른 체험이니 아이들과 함께 기억에 남는 경험을 해 보자.

주소 大阪府池田市満寿美町8-23 **위치** 한큐 이케다역(池田駅) 마스미초호메 출구에서 도보 5분 **전화** 072-752-3484 **시간** 09:30~16:30, 화요일 휴무 **요금** ❶ 마이컵 누들 팩토리-500엔(컵라면 한 개) ❷ 치킨 라면 팩토리-중학생 이상 1,000엔, 초등학생 600엔 **홈페이지** http://www.cupnoodles-museum.jp/ja/

니프렐 ニフレル [니후레루] `오사카`

1970년에 개최된 오사카 세계 엑스포 기념 공원에 위치한 니프렐은 미래 지향적인 동물원으로 아이들과 함께하기 좋은 곳이다. '살아 있는 박물관', '감각을 만지다'라는 콘셉트로 운영되고 있으며 8개의 테마 구역에서 다양한 동물들을 체험하고 함께할 수 있는 프로그램에 참여할 수 있다. 니프렐 바로 앞에는 가족 중심의 쇼핑몰인 라라포트 엑스포시티가 있는데, 동물원 관람 전후에 들러 맛있는 식사도 할 수 있고 아이들을 위한 쇼핑을 즐길 수 있는 매장들이 많아 즐거운 시간을 보낼 수 있다.

주소 大阪府吹田市千里万博公園2-1 **위치** 오사카 모노레일 반파쿠키넨코엔역(万博記念公園駅) 3번 출구에서 도보 3분 **전화** 0570-022-060 **시간** 월~금 10:00~18:00, 토·일 09:30~19:00 **요금** 고등학생 이상 2,200엔, 초등학생·중학생 1,100엔, 3~6세 650엔 **홈페이지** www.nifrel.jp

키즈 플라자 오사카 キッズプラザ大阪 [킷즈 푸라자 오사카] `오사카`

1997년에 오픈한 키즈 플라자는 아이들이 뛰어놀면서 다양한 체험을 할 수 있는 곳으로 언어가 통하지 않은 아이들도 즐거운 시간을 보낼 수 있는 곳이다. 부모님과 아이들이 함께 과학 체험을 즐길 수 있는 쉬운 체험 공간들이 많이 있으며 아이들과 신나게 뛰어놀며 에너지를 발산할 수 있는 4층의 어린이 거리(こどもの街)는 아주 인기가 좋다. 이곳의 미끄럼틀을 아이들이 무척 좋아하는데 안전 지도 선생님이 있지만 부모님도 항상 아이들 옆에서 함께하도록 하자. 3~7세의 아이들이 있다면 즐거운 시간을 보낼 수 있는 곳이니 꼭 방문해 보자.

주소 大阪府大阪市北区扇町2丁目1-7 **위치** 지하철 오기마치역(扇町駅) 2-B출구에서 도보 1분 **전화** 06-6311-6601 **시간** 09:30~17:00, 매월 둘째·셋째 월요일 휴무(휴무일이 공휴일인 경우 다음 날이 휴무) **요금** 고등학생 이상 1,400엔, 초등학생·중학생 800엔, 3세 이상 500엔 **홈페이지** www.kidsplaza.or.jp

자우오 & 쓰리키치 ざうお&つり吉 [오사카]

두 음식점의 공통점은 실내에서 낚시를 할 수 있다는 점이며 아이들과 함께하는 가족 단위의 방문객들이 많다는 것이다. 실내에서 낚시를 하여 고기를 잡으면 좀 더 저렴하게 메뉴를 주문할 수 있으며 아이들은 색다른 경험을 할 수 있어 재미있는 음식점이다. 물고기뿐만 아니라 랍스터(잡으면 가격이 매우 비싸니 아이들에게 주의 요망), 조개 등도 잡을 수 있고 아이들도 쉽게 먹을 수 있는 메뉴도 다양하게 있다. 고기를 못 잡더라도 별도 비용 없이 편하게 낚시를 즐기고 식사도 할 수 있으니 아이들과 함께 체험형 음식점인 이곳을 방문해 보자.

자우오
주소 大阪府大阪市中央区日本橋 1丁目1-13 **위치** 지하철 니혼바시역(日本橋駅) 6번 출구에서 도보 2분 **전화** 06-6212-5882 **시간** 일~금 17:00~23:00, 토·일 11:30~15:00, 16:00~23:00 **메뉴** 도미 활어회(鯛活き造り) 4,180엔, 새우전(海老のチヂミ) 748엔, 제철의 해산물(바람)(旬の刺盛)(風) 2,035엔 **홈페이지** www.zauo.com

쓰리키치
주소 大阪府大阪市浪速区恵美須東 2丁目3-14 **위치** 지하철 도부쓰엔마에역(動物園前駅) 5번 출구에서 도보 3분 **전화** 06-6630-9026 **시간** 11:00~23:00 **메뉴** 오늘의요리 7종 모둠(本日のお造り7種盛り) 3,278엔, 게 된장 그라탕(カニみそグラタン) 638엔, 새우 소금구이(1마리)(大海老旨塩焼き) 528엔 **홈페이지** tsuri-kichi.com

고베 호빵맨 어린이 뮤지엄 神戸アンパンマンこどもミュージアム [고베 안판만 코도모 뮤우지아무] [고베]

얼굴은 호빵처럼 못생기고 슈퍼맨처럼 붉은 망토를 걸치고 있는 우스꽝스러운 모습이 더욱 친숙한 호빵맨을 메인 테마로 한 놀이터이다. 호빵맨을 메인으로 여러 테마 존을 운영하고 있으며 아이들이 여러 체험 놀이를 할 수 있는 공간과 힘차게 뛰어 놀 수 있는 놀이터가 인기가 좋다. 호빵맨 체험 프로그램도 운영하고 있어 별도의 신청으로 아이들끼리 간단한 게임도 즐길 수 있다. 박물관 입장권을 한번 끊으면 당일에 한하여 재입장이 가능하므로 모자이크와 우미에 쇼핑몰에서 쇼핑과 식사를 즐기면서 즐거운 시간을 보내자.

주소 兵庫県神戸市中央区東川崎町 1丁目6-2 **위치** JR 고베역 DUOKOBE 27번 출구에서 도보 5분 **전화** 078-341-8855 **시간** 10:00~17:00 **요금** 1세 이상 2,000~2,500엔(날짜에 따라 요금이 다름, 홈페이지 참고) **홈페이지** www.kobe-anpanman.jp

덴노지 동물원 天王寺動物園 [텐노-지도-부츠엔] `오사카`

일본에서 세 번째로 오래된 동물원인 덴노지 동물원은 1915년에 문을 열어 100년이 넘는 역사를 가지고 있다. 이곳에서는 130종의 동물들을 만날 수 있고 녹지도 잘 조성되어 있어 도심의 휴식 공간으로 많은 사람들이 찾고 있다. 동물원에 들어가지 않아도 정문 입구에 넓게 조성된 공원에는 아이들이 뛰어놀기 너무도 좋은 잔디밭이 넓게 펼쳐저 있고 정문 입구 쪽에는 베네룬드 플레이빌(보-네른드 프레이빌)이라는 키즈 카페도 있다.

주소 大阪府大阪市天王寺区茶臼山町1-108 **위치** 지하철 덴노지역(天王寺駅) 3번출구 도보 1분(덴노지 공원) **전화** 06-6771-8401 **시간** 09:30~17:00, 월요일 휴무 **요금** 고등학생 이상 500엔, 초등학생·중학생 200엔, 미취학 아동 무료 **홈페이지** www.tennojizoo.jp

 스파 월드 スパワールド [스파 와아루도] `오사카`

오사카 도심에서 즐길 수 있는 온천 테마파크와 실내 워터파크가 있는 스파 월드는 아이들과 함께 사계절을 즐길 수 있는 엔터테인먼트 시설이다. 8층의 워터파크에서 가족과 함께 즐거운 시간을 보내고 4층이나 6층에서 세계 온천을 아이들과 함께 경험하는 것도 재미있다. 8층의 워터파크는 계절에 맞는 적당한 수온을 유지하고 있으며 아이들을 위한 키즈 존(KIDS ZONE)이 있어 안전하게 놀 수 있다. 스파 월드 내에서 식사를 할 수 있는 푸드 존이 3층에 있으며 1층에는 오락실도 있어 온종일 즐거운 시간을 보낼 수 있다.

주소 大阪府大阪市浪速区恵美須東3丁目4-24 **위치** 지하철 도부쓰엔마에역(動物園前駅) 5번 출구에서 도보 1분 **전화** 06-6631-0001 **시간** ❶ 온천 테마파크 10:00~08:45 ❷ 워터파크 월~금 10:00~19:00, 토·일·공휴일 10:00~20:00 (키즈 풀은 30분 일찍 마감) ❸ 푸드 존은 업장에 따라 영업 시간이 다름(홈페이지 참고) **요금** ❶ 온천 테마파크+워터파크-중학생 이상 2,000엔, 초등학생 이하 1,200엔 ❷ 온천 테마파크-중학생 이상 1,500엔, 초등학생 이하 1,000엔 **홈페이지** www.spaworld.co.jp

고베 동물 왕국 神戸どうぶつ王国 [고베 도오부츠 오-코쿠] `고베`

2014년 오픈한 고베 동물 왕국은 아이들이 동물과 교감하고 체험할 수 있는 곳으로 동물과 함께 하는 다양한 쇼도 볼 수 있다. 모래고양이, 아메리칸쇼트헤어, 노르웨이숲고양이, 토이푸들, 기니피그, 플랑드르자이언트는 먹이를 주고 쓰다듬을 수 있는 시간을 보낼 수 있고 열대 수련 연못에서 앵무새 쇼를 보면서 참여할 수 있는 시간도 있다. 또한 늑대나 호랑이 같은 맹수들에게 먹이를 주는 것을 직접 관람할 수 있고 야외 동물원에서는 말이나 낙타를 탈 수 있는 체험을 경험할 수 있다. 동물원처럼 크지는 않지만 꽤 규모가 있고 많은 동물과 함께하는 시간을 가질 수 있으니 가족과 함께 방문한다면 아이들에게는 정말 좋은 시간될 듯 하다.

주소 兵庫県神戸市中央区港島南町7丁目1-9 **위치** 포트라이너 계산과학센터역(計算科学センター駅) 남쪽 출구에서 도보 1분 **전화** 078-302-8899 **시간** 10:00~17:00 **요금** 중학생이상 2,200엔, 초등학생 1,200엔, 유아(4~5세) 500엔, 65세 이상 1,600엔 **홈페이지** www.kobe-oukoku.com

 ## 나라 공원 奈良公園 [나라 코-엔] `나라`

넓은 잔디밭에서 사슴과 함께 뛰어놀 수 있는 나라 공원은 아이들에게 색다른 경험을 줄 수 있으면서 동시에 사슴의 무서움도 느낄 수 있는 곳이다. 동화책에서만 보던 사슴들을 바로 가까이에서 볼 수 있어 처음에는 아이들이 호기심을 많이 느끼지만, 사슴이 너무 많다 보니 5분만 지나면 관심도가 떨어진다. 사슴이 좋아하는 과자를 주면 수십 마리의 사슴이 몰려들기 때문에 아이들을 꼭 안아 잘 챙겨야 한다. 자칫 사슴이 아이를 들이받거나 과자를 들고 있는 손을 물 수 있으니 안전에 유의하자. 그래도 넓은 공원에서 편하게 사슴과 함께 시간을 보내는 추억을 가질 수 있으니 안전하게 재미있는 시간을 가져 보자.

주소 奈良県奈良市春日野町160-1 **위치** 긴테쓰나라역(近鉄奈良駅) 2번 출구에서 도보 7분 **전화** 0742-22-0375 **시간** 24시간 개방 **홈페이지** www3.pref.nara.jp/park/

Theme Travel 5

감성 가득, 커피향 가득
간사이 카페 산책

일본은 세계 4위의 커피 소비국인 만큼 매장 수가 많을 뿐만 아니라 다양하고 특색 있는 카페를 볼 수 있다. 특히 간사이 지역은 긴 역사를 가진 고베의 카페와 예스러움을 간직한 교토의 카페 그리고 새롭게 체인점을 확장하는 대중적인 카페들이 공존하는 곳이기도 하다. 여행을 하다가 휴식이 필요할 때는 잠시 카페에 들러 그윽한 커피향과 색다른 분위기를 즐겨 보자.

☕ 호코도 커피 放香堂加琲 [호오코도 코오히]] `고베`

180년 전 일본에서 '가배(加琲)'라고 불리던 최초의 커피를 판매한 곳으로 역사가 깊은 만큼 커피의 향과 맛이 진한 것이 특징이다. 지금의 모토마치 매장은 2015년에 리뉴얼을 거쳐 재오픈한 곳으로 가게 앞을 지날 때면 진한 커피향이 진동을 하여 한 번쯤 둘러보게 된다. 이곳의 시그니처 메뉴는 맷돌로 원두를 갈아서 만든 커피인데, 쓴맛과 고소한 맛이 함께 느껴지는 것이 지금의 프랜차이즈 커피와는 전혀 다른 깊은 맛이다. 토스트와 세트로 된 메뉴도 있고 시원한 콜드브루 커피도 있지만 이곳에서는 여름에도 커피 본연의 맛을 느껴 볼 수 있는 맷돌 커피를 추천한다.

주소 兵庫県神戸市中央区元町通3丁目10-6 **위치** JR 모토마치역(元町駅) 서쪽 출구에서 도보 2분 **전화** 078-321-5454 **시간** 09:00~18:00 **메뉴** 맷돌로 간 커피 린타로(石臼挽きコーヒー麟太郎) 500엔 **홈페이지** www.hokodocoffee.com

☕ 블루 보틀 커피 BLUE BOTTLE COFFEE [부루우보토루 코오히] 교토

블루 보틀은 2002년 미국 오클랜드에 처음 문을 연 프랜차이즈 커피 전문점으로, 일본에 25개의 매장을 운영하고 있다. 그중 2018년 3월에 문을 연 블루 보틀 교토 카페는 교토의 예스러운 분위기와 잘 어우러지는 인테리어로 방문객의 눈길을 사로잡는 곳이다. 지은 지 100년이 넘은 건축물에 멋스럽게 자리 잡은 교토 카페에서는 옛 건축물과 주변 경관의 운치를 느끼면서 여유 있게 커피를 마실 수 있다. 또한 예약제 커피 코스를 이용할 수 있는 블루 보틀 스튜디오(Blue Bottle Studio)를 별도로 운영하고 있다. 깊은 맛의 드립 커피를 마시면서 여유 있는 시간을 보내는 것도 교토 여행의 소중한 추억이 될 듯하다.

주소 京都府京都市左京区南禅寺草川町64 **위치** 5번 버스 타고 난젠지·에이카도미치(南禅寺·永観堂道) 버스 정류장에서 하차, 도보 7분 **시간** 09:00~18:00 **메뉴** 싱글 오리진(드립 커피)(シングルオリジン) 712엔, 카페라테(カフェラテ) 657엔 **홈페이지** store.bluebottlecoffee.jp

스트리머 커피 컴퍼니 STREAMER COFFEE COMPANY [스토리마 코오히 칸파니] `오사카`

2008년 시애틀의 라테 아트 챔피언십에서 우승한 사와다 히로시(澤田洋史)가 만든 카페로, 크림으로 스트리머 커피의 로고를 새겨 넣은 라테가 가장 유명하다. 최고급 아라비카 원두를 사용하며 자연 건조시키고 스트리머 비법의 블렌딩과 로스팅을 통해 새로운 풍미의 커피로 다시태어난다. 신사이바시지점은 오사카의 매장 3곳 중 가장 접근성이 좋고 테이크아웃 손님이 많아 매장은 다소 여유가 있지만 매장 바로 입구에 흡연 시설이 있어 비흡연자들이 매장에 들어가는데 담배 냄새가 많이 나는 것은 다소 아쉽다.

주소 大阪府大阪市中央区西心斎橋1丁目10-19 **위치** 지하철 요쓰바시역(四ツ橋駅) 3번 출구에서 도보 4분 **전화** 06-6252-7088 **시간** 09:00~19:00 **메뉴** 스트리머 라테(ストリーマーラテ) 600엔, 아메리카노(アメリカーノ) 470엔 **홈페이지** streamer.coffee

엘크 elk [에루쿠] `오사카`

종류나 토핑이 많지는 않지만 계란을 듬뿍 넣어 직접 반죽하여 큰 철판에 구워 낸 폭신폭신하고 부드러운 팬케이크가 맛있으며, 비주얼로는 어느 카페보다도 뛰어난 3D 카푸치노가 먹기 아까울 만큼 인기가 많은 곳이다. 팬케이크는 주문 후에 반죽을 시작하기 때문에 조금 시간이 걸리지만, 테이블 자리나 쇼파 좌석에서 편하게 쉬고 있으면 기다림이 아깝지 않은 팬케이크가 준비되어 나온다. 전혀 카페가 있을 것이라 생각하지 못하는 장소에 위치해 있지만 입소문을 타고 현지 젊은이들이 많이 찾고 있으며 주말에는 만석이라서 음식의 대기 시간이 다소 길다는 것은 참고하자.

주소 大阪府大阪市中央区西心斎橋1丁目10-28 **위치** 지하철 요쓰바시역(四ツ橋駅) 3번 출구에서 도보 4분 **전화** 06-6245-3773 **시간** 10:00~20:00 **메뉴** 딸기 팬케이크(ストロベリーパンケーキ) 1,580엔, 3D카푸치노(3Dカプチーノ) 720엔 **홈페이지** cafe-elk.com

☕ 나인 보든 커피 9 Borden Coffee [나인보오덴 코-히-] 『오사카』

직접 선택한 프리미엄 생두를 당일 로스팅하여 진하고 깊은 맛이 일품인 이곳은 현지 사람들만큼이나 관광객들이 많이 찾는 인기 커피 전문점이다. 신맛보다는 쓴맛이 강한 진한 커피를 선호하는 사람들이 좋아하는 드립 커피가 인기가 좋고 오전 시간에는 샌드위치와 함께 주문하는 사람들이 많다. 카페의 내부는 넓어서 개방감이 있으며 충전을 마음대로 할 수 있어서인지 외국 관광객들은 충전기를 꽂고 커피를 마시는 사람들이 많다. 덴포잔 하버 빌리지를 방문하기 전 커피 한잔이 생각난다면 바로 이곳을 추천한다.

주소 大阪府大阪市港区築港3丁目7-15 **위치** 지하철 오사카코역(大阪港駅) 2번 출구에서 도보 1분 **전화** 090-6605-9192 **시간** 07:30~18:00 **메뉴** 드립 커피(ドリップコーヒー) 500엔, 카페라테(カフェラテ) 500엔, 오션 브리즈(オーシャンブリーズ) 500엔 **홈페이지** 9bordencoffee.com

☕ 산마르크 카페 ST MARC CAFÉ [산마루쿠 카훼] 『오사카』

커피 맛도 좋고 다른 프랜차이즈 전문점에 비해 가격도 저렴하며 음료와 곁들이는 크루아상으로 인기가 좋은 산마르크 카페는 신사이바시스지 상점가에서 매장이 가장 넓고 흡연실도 안쪽에 별도로 마련되어 있어 쾌적하게 쉬어 갈 수 있는 곳이다. 초코 크루아상이 가장 인기가 좋은 디저트이며 파스타 같은 식사도 곁들일 수 있고 여름에 여행을 한다면 셰이크나 여름 한정 메뉴인 피치 에이드 같은 음료도 선보이고 있다. 무엇보다 넓고 에어컨도 매우 시원하기 때문에 편히 쉬어 갈 수 있는 곳이다.

주소 大阪府大阪市中央区南久宝寺町3丁目6-13 **위치** 지하철 혼마치역(本町駅) 11번 출구에서 도보 2분 **전화** 06-6120-9309 **시간** 월~금 07:00~22:00, 토·일 07:30~21:00 **메뉴** 산마르크 블렌드 커피(サンマルクブレンド S-size) 300엔, 초코 크루아상(チョコクロ) 220엔 **홈페이지** www.saint-marc-hd.com/hd/

☕ 엑셀시어 카페 EXCELSIOR CAFFÉ [에쿠세루시오루 카훼] `오사카`

오사카에서는 스타벅스보다 많은 체인점을 보유한 커피 전문점이다. 원두 맛이 강한 에스프레소나 아메리카노보다는 달콤한 커피 메뉴가 인기가 좋다. 참고로 엑셀시어 카페의 간판은 파란색과 검은색 두 종류가 있는데, 파란색이 일반 매장이고 검은색은 프리미엄 매장(EXCELSIOR CAFFE BARISTA)이어서 좀 더 메뉴가 다양하고 분위기도 더 고급스럽다. 신사이바시스지를 여행하다 보면 의외로 커피 전문점이 눈에 띄지 않는데 이곳은 상점가에 위치하고 있고 1층에 있어 방문하기 편리하기 때문에 쇼핑을 즐기다 힘들 때 잠시 쉬어 가도록 하자.

주소 大阪府大阪市中央区心斎橋筋2丁目3-23 **위치** 지하철 신사이바시역(心斎橋駅) 6번 출구에서 도보 5분 **전화** 06-6214-5440 **시간** 08:45~22:00 **메뉴** 카페라테(カフェラテ R-size) 480엔 **홈페이지** www.doutor.co.jp/exc/

☕ 털리스 커피 TULLY`S COFFEE [타리이즈 코오히] `오사카`

1992년 미국 워싱턴에서 시작한 털리스 커피는 일본에서는 1997년 도쿄 긴자에 처음 오픈을 한 이후로 꾸준히 전국적으로 매장을 늘리고 있고 오사카에서 정말 흔하게 볼 수 있는 가게이다. 진하고 깊은 맛의 브라질 원두를 사용하고 아메리카노와 라테를 다양한 디저트와 함께 맛볼 수 있어서 더욱 좋다. 최근 오전에는 팬케이크와 토스트 메뉴를 전면에 내세워 브런치를 선호하는 일본 사람들에게 인기를 얻고 있어 오전에 특히 자리가 꽉 차는 매장이 많다.

주소 大阪府大阪市中央区難波4丁目1-1 **위치** 지하철 난바역(なんば駅) 21번 출구 바로 앞 **전화** 06-6616-9789 **시간** 08:00~22:00 **메뉴** 모카 마키아토(モカマキアート) 559엔, 아이스커피(アイスコーヒー) 420엔 **홈페이지** www.tullys.co.jp

Theme Travel 6

오사카에서 맛보는
일본 음식 A to Z

금강산도 식후경! 오사카 여행 중 빠질 수 없는 것이 먹는 즐거움이다. 하지만 막상 맛집을 찾아가도 일본어 메뉴를 몰라 고생하는 여행자가 적지 않다. 먹거리가 무궁무진한 오사카, 알고 가야 맛있는 음식도 먹을 수 있는 법! 오사카에 가면 꼭 먹어 봐야 할 일본 요리와 인기 음식이 뭐가 있는지 메뉴의 이름과 함께 알아보자.

초밥 ずし [스시]

초밥이 빠지면 일본 여행을 다녀왔다고 말할 수 없을 정도로 초밥은 일본 여행에서 필수다. 초밥은 해물의 신선도가 생명인데 테이블 회전율이 빠른 가게일수록 신선하다. 한국 사람들은 회전 초밥집을 선호하는데 먹고 싶은 것을 골라 먹을 수 있고 일본어를 못해도 어려움이 없기 때문이다. 일본의 초밥집은 가게마다 가격이 천차만별이니 입구에서 가격을 먼저 확인하고 들어가자. 회전 초밥집에서도 먹고 싶은 음식을 따로 주문할 수 있다. 아래의 메뉴를 참고해 주문해 보자.

참치 まぐろ
[마구로]

연어 サーモン
[살몬]

방어 ぶり
[부리]

광어 ひらめ
[히라메]

문어 たこ
[다코]

오징어 いか
[이카]

가리비 ほたてがい
[호타테가이]

새우 えび
[에비]

장어 うなぎ
[우나기]

바닷장어 あなご
[아나고]

꽁치 さんま
[산마]

고등어 さば
[사바]

달걀말이 たまご
[다마고]

유부초밥 いなり
[이나리]

성게 알 うに
[우니]

오이 김밥 かっぱ巻き
[갓파마키]

낫토 김밥 納豆巻き
[낫토마키]

참치 마요네즈 김밥 つなまよ巻き
[쓰나마요마키]

🍱 면 요리

일본의 가장 대표적인 면 요리로 라멘(일본 라면)과 우동(가락국수), 그리고 소바(메밀국수)를 들 수 있다. 특히 오사카는 면 요리 전문점들이 많으므로 여행 전에 면 요리에 대해 알아보자.
라멘은 인스턴트 면이 아니라 쫄깃쫄깃한 생면과 직접 끓인 육수를 사용한다. 한국 사람들이 좋아하는 라멘으로는 국물 간을 소금으로 한 시오 라멘(塩ラーメン), 간장으로 한 소유 라멘(醬油ラーメン), 된장으로 한 미소 라멘(味噌ラーメン)을 꼽을 수 있다. 나가사키 짬뽕 같은 얼큰한 라멘도 인기 있다.
우동의 생명은 면발이다. 우동 맛집을 찾으려면 면을 수타로 뽑는지, 국물을 직접 내는지 확인하는 것이 중요하다. 따뜻한 국물의 우동도 좋지만 카레 우동도 한국인들이 좋아하는 메뉴이니 참고하자.
소바는 냉소바와 온소바로 나눌 수 있는데 둘 다 어떤 재료를 넣고 육수를 끓이느냐에 따라 맛의 깊이와 육수의 빛깔이 결정된다. 면은 수타로 만든 것이 더 쫄깃하다. 냉소바의 면은 우리에게도 익숙한 쫄깃한 맛이지만 온소바는 따뜻한 국물 때문에 면이 다소 텁텁하게 느껴질 수 있다.

── 면 요리 ──

라멘 ラーメン
[라멘]

우동 うどん
[우동]

소바 蕎麦
[소바]

── 면 요리 사이드 메뉴 ──

군만두 餃子
[교자]

주먹밥 おにぎり
[오니기리]

튀김 てんぷら
[덴푸라]

TIP 우리 입맛에 맞는 라멘은?

일본 라멘은 돼지뼈와 닭뼈를 오랜 시간 고아 국물을 내는데, 누린내 때문에 입맛에 안 맞을 수도 있으니 평소 사골 국물을 싫어하는 사람이라면 주의하자. 일본 라멘에 처음 도전한다면 비린내도 적고 깊은 국물 맛을 느낄 수 있는 시오 라멘을 추천한다.

 덮밥

오사카 여행 중에 많이 접하는 음식 중 하나는 덮밥으로, 요시노야(吉野家)나 마쓰야(松屋) 같은 프랜차이즈 식당이 많아서 일본식 패스트푸드로 여겨진다. 덮밥은 메인 요리를 밥 위에 올려 비벼 먹는 음식으로, 초장이나 고추장에 비벼 먹는 한국의 비빔밥과는 달리 간장이나 와사비를 넣어 섞어 먹는다. 밥 위에 올라가는 재료에 따라 이름이 달라지는데, 장어가 듬뿍 올라간 우나기돈(うなぎ丼), 뜨거운 밥 위에 돈가스와 계란을 부은 가쓰돈(カツ丼), 소고기 덮밥인 규돈(牛丼), 밥 위에 튀김을 올려 조금씩 비벼 먹는 텐돈(天丼) 그리고 회를 가득 올리고 와사비와 간장을 넣어 비벼 먹는 회 덮밥인 가이센돈(海鮮丼) 등이 있다.

소고기 덮밥 牛丼
[규돈]

돼지고기 덮밥 豚丼
[부타돈]

닭고기 덮밥 親子丼
[오야코돈]

돈가스 덮밥 カツ丼
[가쓰돈]

튀김 덮밥 天丼
[텐돈]

회 덮밥 海鮮丼
[가이센돈]

장어 덮밥 うなぎ丼
[우나기돈]

기타 식사와 간식

부드러운 계란으로 감싼 오므라이스와 진하고 향이 풍부한 일본의 카레, 부드러운 살코기와 바삭한 튀김옷이 일품인 돈가스는 일본 관광지 어디에서든 흔하게 접할 수 있는 메뉴이다. 일본의 빈대떡인 오코노미야키와 몬자야키 그리고 야키소바는 시원한 맥주와 어울리는 음식이다. 오사카를 대표하는 간식 다코야키는 허기질 때 간단히 먹을 수 있는 인기 간식이고 닭의 여러 부위를 맛볼 수 있는 꼬치구이는 시원한 맥주 또는 향긋한 일본 사케와 잘 어울린다. 가벼운 한 끼를 원한다면 일본의 햄버거 프랜차이즈인 모스버거도 추천할 만하고, 백화점 지하나 역사 내의 도시락집 또는 편의점에서 도시락을 사서 먹는 것도 좋다. 이때 음료수는 일본에서만 맛볼 수 있는 탄산음료인 라무네를 마셔 보자.

오므라이스 オムライス
[오무라이스]

돈가스 豚カツ
[돈카츠]

소고기 돈가스 牛カツ
[큐카쓰]

카레 カレー
[카레]

오코노미야키 お好み焼き
[오코노미야키]

몬자야키 もんじゃ焼き
[몬자야키]

볶음 메밀국수 やきそば
[야키소바]

닭꼬치 鳥焼き
[토리야키]

다코야키 たこ焼き
[타코야키]

모스버거 モスバーガ
[모스바-개]

도시락 べんとう
[벤토우]

라무네 ラムネ
[라무네]

디저트

여행하다 힘들 때 달콤한 디저트를 먹으면 여행의 활력을 얻을 수 있다. 신사이바시-난바 쇼핑 거리를 여행하다 보면 인기 있는 치즈 케이크 가게 앞으로 길게 줄을 서 있는 것을 볼 수 있다. 일본 사람들은 달고 부드러운 스펀지 치즈 케이크를 좋아하므로 꼭 맛을 보도록 하자. 백화점 지하 베이커리에는 크림빵, 카레빵, 푸딩 등 간단하게 먹을 수 있는 맛 좋은 디저트가 많다. 최근 홍대나 대학로에서 볼 수 있는 일본식 팥빙수인 안미쓰(あんみつ)는 시원한 맛뿐 아니라 각종 과일의 달콤함을 느낄 수 있어 여름철 디저트로는 최고라 할 수 있다.

크레이프 クレープ
[쿠레푸]

단고 だんご
[단고]

닌교야키 人形燒
[닌교야키]

치즈 케이크 チーズケーキ
[치즈케키]

크림빵 クリームパン
[쿠리무 판]

안미쓰 あんみつ
[안미쓰]

카레빵 カレーパン
[카레판]

푸딩 プディング

커피 コーヒー
[코히]

요거트 ヨーグルト
[요-구루토]

🍶 일본 술

여행 후 저녁에 마시는 시원한 맥주 한잔이 여행의 고단함을 깨끗이 날려 버릴 것이다. 처음 일본에 방문하는 사람은 병맥주보다는 생맥주를 마셔 보자. 술을 잘 못 마시는 사람은 과일 향이 나면서 도수가 낮은 탄산주가 좋고 일본 술에 대해 더 깊이 알고 싶다면 일본식 발포주인 핫포슈나 일반 니혼슈(일본 술)가 좋다. 하지만 가격이 만만치 않아 좋은 일본 술을 마시려면 각오를 단단히 해야 할 것이다.

생맥주 なまビール
[나마비루]

맥주 ビール
[비루]

발포주 發泡酒
[핫포슈]

과일맛 탄산주 チューハイ
[츄하이]

위스키 ウィスキー
[위스키]

일본 술 日本酒
[니혼슈]

오사카 편의점 먹거리 완전 정복!

오사카를 여행할 때 세븐일레븐, 패밀리마트, 로손 같은 편의점을 쉽게 만나볼 수 있는데 우리나라의 편의점보다 훨씬 다양한 상품들을 판매하고 있어 편의점 쇼핑도 너무 재미있다. 특히 다양한 먹거리를 놓고 편의점 브랜드끼리 서로 치열한 경쟁을 하고 있는데 어떤 대표 음식들이 인기를 끌고 있는지 알아보자.

세븐일레븐 Seven-Eleven

세븐일레븐은 편의점 중에서도 자체 상품(PB 제품)을 많이 판매하고 있으며 관광객들에게도 가장 선호도가 높은 곳이다. 우선 세븐일레븐은 세븐 카페(Seven-Café)를 운영하며 저렴하게 원두 커피를 판매하고 있으며 음료 회사와 콜라보한 자체 상품도 가성비가 좋아 인기가 좋다. 그리고 커피에 곁들일 수 있는 샌드위치가 눈길을 끄는데 계란 샌드위치를 비롯한 다양한 종류가 있어 골라 먹는 재미가 있다. 또한 아이스크림과 푸딩도 자체 상품으로 저렴하게 판매하고 있으며 최근에는 말차 초콜릿 케이크가 인기를 끌고 있으니 꼭 먹어 보도록 하자.

세븐 카페

푸딩

말차 초콜릿 케이크

패밀리 마트 Family Mart

세븐일레븐이 디저트나 음료에 강점이 있다면 패밀리 마트는 즉석 제품이 아주 인기가 좋다. 모든 편의점이 즉석 도시락을 판매하고 있지만 패밀리 마트의 도시락이 종류가 다양하고 메뉴의 구성이 좋다. 또한 치킨이나 핫바 등 바로 먹을 수 있는 음식도 판매하는데 뭐니 뭐니 해도 따뜻한 국물의 오뎅이 패밀리 마트를 대표하는 히트상품이다. 추운 겨울에는 저녁에는 오뎅이 다 떨어지는 곳이 많을 정도로 인기가 좋고 오뎅의 종류도 다양하여 골라 먹는 재미가 있다. 본인이 직접 용기에 오뎅을 골라 담고 카운터에서 바로 간단하게 계산할 수 있으니 여행을 마치고 숙소로 돌아갈 때 꼭 오뎅을 구매해 보자.

도시락

오뎅

즉석 치킨

로손 Lawson

로손은 예전부터 빵에 대해서만큼은 다른 편의점에 비해 인기가 좋은데 자체 상품인 우치 카페(UCHI CAFÉ)라는 브랜드의 빵과 음료로 진열장 꽉 채울만큼 자부심이 강하다. 슈크림빵부터 케이크, 과자까지 로손의 베이커리는 정말 가성비가 뛰어나고 맛있다. 또한 최근에는 다양한 종류의 음료까지 자체 상품으로 판매하고 있어 빵과 함께 묶음 상품 할인 이벤트도 매장별로 진행하고 있다. 먼 거리를 이동하거나 출출할 때 로손의 우치 카페를 꼭 이용해 보자.

우치 카페 빵

우치 카페 음료

말차 팬케이크

Theme Travel 7

한눈에 알 수 있는
오사카 쇼핑의 모든 것

오사카 여행에서 빠질 수 없는 것이 쇼핑이다. 난바와 우메다를 중심으로 백화점과 쇼핑몰을 쉽게 볼 수 있고 전자 제품 전문 매장과 하비 숍, 드럭스토어, 돈키호테의 쇼핑도 빼놓을 수 없다. 최근에는 일본의 다양한 식품을 구매하기 위해 대형 슈퍼마켓과 편의점도 많이 찾고 있다. 그런데 막상 쇼핑을 하려면 같은 체인 매장이면 가격이 같은지, 더 좋은 제품은 없는지, 좀 더 저렴하게 구매할 방법이 없을지 등등 고려할 점이 많다. 즐거운 쇼핑을 위해 어떤 사항을 체크해야 하는지 알아보자.

🛍 백화점

오사카의 관광 중심부인 난바-신사이바시 그리고 우메다에서는 대형 백화점을 쉽게 볼 수 있다. 명품 브랜드나 고가의 의류·잡화의 경우 백화점 제품이 관리가 잘 되어 있고 품질이 우수하다. 하지만 같은 브랜드라도 백화점에 따라 가격이 다를 수 있고 연말이나 할인 행사 때에는 좀 더 저렴하게 구매할 수 있으니 다음 사항을 체크하자.

첫째, 자신의 여행 동선에 어떤 백화점이 있는지 사전에 파악한다. 둘째, 미리 홈페이지 검색을 통해 자신이 원하는 브랜드가 있는가를 확인하고 한국에서 구매했을 때의 가격과 비교하자. 화장품의 경우 백화점이 가장 비싸고 면세점이 오히려 저렴하므로 가격을 잘 비교하는 현명함이 필요하다. 셋째, 우리나라 면세 한도를 잘 지켜서 구매해야 한다. 나중에 귀국할 때 면세 한도를 넘겨서 세금을 납부할 수 있으니 주의하자. 마지막으로 대부분의 백화점이 면세 카운터를 운영하고 있다. 외국인은 영수증과 여권이 있으면 면세 혜택을 받을 수 있으니 제품을 구매하고 바로 꼭 세금을 환급받자.

참고로 우메다의 다이마루 백화점과 한큐 백화점 그리고 난바의 다카시마야 백화점은 지하 1층 식품관에 다양한 먹거리가 가득하므로 꼭 방문해 보자.

추천 백화점
❖한큐 백화점, 다이마루 백화점(우메다) ❖다카시마야 백화점(난바) ❖다이마루 백화점(신사이바시) ❖긴테쓰 백화점(덴노지)

🛍 쇼핑몰

오사카를 여행하다 보면 백화점만큼이나 큰 규모의 복합 쇼핑몰을 만날 수 있는데 아이템이 다양하고 아이쇼핑을 하기 편하기 때문에 부담없이 구경하고 구매할 수 있다는 장점이 있다. 다만 백화점과 달리, 같은 제품이라도 점포마다 판매 가격이 다른 경우가 많고 이월 상품의 경우 파격적인 할인 금액으로 구매가 가능한 제품도 있으니 사전에 인터넷을 이용하여 확인하는 것이 필수이다. 또한 쇼핑몰에는 백화점보다 좀 더 저렴하고 다양한 레스토랑들이 많아 쇼핑과 식사를 함께 해결할 수 있으니 참고하자. 쇼핑몰도 구매한 제품은 모두 면세 혜택을 받을 수 있으니 잊지 말고 세금을 환급받자.

추천 쇼핑몰
❖그랜드 프런트 오사카(우메다) ❖난바 시티, 난바 파크스(난바)

🛍 아웃렛

오사카 시내에서는 대형 아웃렛 매장을 볼 수 없지만 간사이 국제공항 근처에서는 린쿠 프리미엄 아웃렛을 만나볼 수 있다. 간사이 국제공항과 한 정거장 떨어져 있어서 귀국편이 오후 비행기라면 마지막 쇼핑 코스로 아웃렛 매장을 들러 보는 것을 추천한다. 사전에 인터넷을 통해 입점 매장들을 확인할 수 있으므로 미리 체크하고 오사카의 마지막 쇼핑을 즐겨 보자. 아웃렛도 면세 혜택을 받을 수 있으니 세금 환급을 잊지 말자.

추천 아웃렛
❖린쿠 프리미엄 아울렛

🛒 쇼핑 아케이드

오사카에는 상점과 음식점들이 줄지어 들어선 골목인 쇼핑 아케이드가 특성화되어 있다. 더운 날은 햇빛을 막아 주고 비 오는 날은 우산 없이도 편하게 쇼핑을 즐길 수 있다는 장점이 있다. 백화점이나 아웃보다 대중적인 매장들이 많고 드럭스토어나 음식점도 많아 오사카 여행에서는 절대 빠질 수 없는 일정이 쇼핑 아케이드 관광이다. 혼마치-신사이바시-난바까지 이어지는 신사이바시스지 상점가가 가장 대표적인 오사카 쇼핑의 핵심 지역이다. 또한 오사카 북쪽에 위치한 덴마 상점가는 일본에서 가장 긴 쇼핑 아케이드로 관광객보다는 현지인들이 많이 찾는 곳이다. 쇼핑 아케이드는 매장별로 면세가 안되는 곳이 많으니 물건을 구매하기 전 확인하도록 한다.

추천 쇼핑 아케이드
❖신사이바시스지 상점가 ❖덴마 상점가

🏛 명품 매장

오사카에서의 명품 쇼핑은 북쪽의 우메다와 남쪽의 신사이바시에 몰려 있다. 백화점으로는 덴노지의 긴테쓰 백화점도 빼놓을 수 없지만 명품 단독 매장들은 우메다와 신사이바시의 미도스지 거리에 줄지어 있다. 일본에는 명품의 수요가 많아 대부분의 제품이 입고되므로 신상뿐만 아니라 국내에 없는 디자인도 많다. 명품 매장을 방문할 때 매장에 따라 드레스 코드를 확인하여 추입을 제안할 수 있고 많은 방문객으로 예약 고객만 출입이 가능한 경우도 있으니 사전에 홈페이지를 통해 확인하도록 하자.

추천 명품 매장
❖ 힐튼 플라자(우메다) ❖ 미도스지 거리(신사이바시)

🏛 전자 제품 전문점

과거에는 일본 전자 제품의 우수성 때문에 많은 관광객이 전문점을 방문했지만, 지금은 우리나라의 제품들이 워낙 뛰어나고 일본 제품과 전압이 맞지 않으며 AS가 어려워 아이쇼핑만 하는 경우가 많다. 북쪽에서는 요도바시 카메라, 남쪽에서는 빅 카메라를 관광객들이 많이 찾는데 최근에는 난카이난바역 앞에 에드온(ED-ON)이라는 새로운 전문점이 오픈하여 주목을 받고 있다. 또한 전자 제품뿐만 아니라 프라모델, 피규어를 비롯한 하비 숍과 술 전문점, 자전거 매장, 음식점, 드럭스토어 등 다양한 매장을 함께 운영하고 있어 볼 것이 많아졌다. 면세 환급은 필수!

추천 전자 제품 전문점
❖ 요도바시 카메라(우메다) ❖ 빅 카메라, 에드온(난바)

전자 제품 및 생활용품 구매 시 주의점

전자 제품을 구매할 때 주의할 점은 일본과 우리나라의 전압이 110V와 220V로 다르다는 것이다. 자동 변환이 되는 제품이면 괜찮지만 중고나 변환이 안되는 제품은 변압기를 별도로 구매해야 하는 번거로움이 있으니 사전에 체크하자. 또한 컴퓨터나 노트북, 태블릿 PC의 경우 소프트웨어의 버전 및 언어 충돌로 사용을 못하는 경우도 발생하므로 구입 시 주의하자.
생활용품을 구매할 때 규모가 큰 인테리어 제품이나 가구의 경우 반입 과정에서 파손이 있을 수 있다. 꼭 구매를 하고 싶다면 구매처에 해외 반출이라고 이야기하고 포장을 꼼꼼히 해야만 상태를 깨끗이 보존할 수 있다.

🏛 가구・생활용품 전문점

일본의 대표적인 생활용품 매장인 도큐 핸즈는 '핸즈'로 이름을 바꾸었고, 코로나19로 신사이바시 매장이 문을 닫고 파르코 백화점에 작게 이사를 하였다. 대표적인 생활 가구 전문점인 니토리도 매장 수를 줄이면서 영업 활동이 주춤했으나 최근 다시 공격적으로 사세를 확장하고 있으며 우리나라에도 진출했다. 하지만 무인양품은 다른 업체와 달리 대대적으로 매장 수를 늘리고 식품·의류 특화 매장들을 오사카의 주요 관광지에 문을 열면서 시장을 주도하고 있다. 우리나라에도 무인양품 매장이 있지만 가격도 더 저렴하고 다양한 제품들을 경험할 수 있으니 한번 방문해 보자.

추천 매장
❖니토리 ❖핸즈 ❖무인양품

🏛 드럭스토어

오사카를 돌아다니다 보면 상점가나 지하철역에서 드럭스토어를 쉽게 볼 수 있어 화장품과 의약품, 건강 기능 식품들을 많이 구매한다. 예전에는 돈키호테가 워낙 저렴했기 때문에 드럭스토어는 상대적으로 비싼 곳으로 인식되었는데, 지금은 가격대가 비슷비슷하고 오히려 돈키호테보다 종류가 다양한 대형 매장도 많다. 시간적인 여유가 있다면 서프(SURF)라는 앱을 다운받으면 구매하고자 하는 제품의 가격을 매장별로 비교할 수 있으니 좀 더 경제적인 구매가 가능하다.

추천 매장
❖OS 드럭스토어 ❖고쿠민 ❖마쓰모토키요시 ❖선드럭

🏛 돈키호테

일본을 방문하는 관광객이라면 돈키호테 방문을 절대 빼놓을 수 없다. 식품·생활잡화부터 명품까지 모든 것이 다 있는 만물상이고 가격도 저렴하여 우리나라 관광객들에게 방문 1순위로 꼽히는 쇼핑 매장이다. 매장 규모에 따라 판매하는 제품의 종류가 다르고 가격도 매장마다 차이가 있으며 점포마다 영업 시간의 제한을 두고 있는 경우가 많으니 사전에 홈페이지를 통해 확인하자. 관광객들은 대부분 난바에 위치한 돈키호테 매장(총 3곳)을 방문하지만 오사카에서 가장 큰 매장은 메가 돈키호테 신세카이점(MEGA ドン・キホーテ 新世界店)이다. 5,500엔 이상 구매시 면세 혜택을 받을 수 있고 카카오톡에 '돈키호테'를 검색하면 모바일 웹 쿠폰을 통해 추가 할인을 받을 수 있으니 참고하자.

추천 매장
❖메가 돈키호테 신세카이점 ❖돈키호테 도톤보리 미도스지점

🏛 다이소

과거에는 일본 여행 기념품이나 가성비 좋은 제품을 구매하기 위해 다이소를 많이 찾았지만 지금은 돈키호테의 기세에 밀려 관광객이 많이 줄었다. 돈키호테에 비해 판매 제품의 다양성과 종류가 적고 가격 경쟁력도 없지만 문구류는 돈키호테보다 강점이다. 여전히 가격이 저렴한 편이고 여행지를 다니다가 돈키호테보다 쉽게 방문할 수 있는 매장이니 가볍게 둘러보자.

추천 매장
❖ 신사이바시 북쪽 상점가 다이소

🏛 슈퍼마켓

일본을 방문할 때 많이 구매하는 것이 식품인데 돈키호테 같은 매장보다도 대형 슈퍼마켓이 종류도 다양하고 더 저렴한 경우가 많다. 또한 즉석 도시락이나 편의점 식품은 더 저렴하고 다양한 종류로 선택할 수 있고 커피, 라면, 과자 등 가공 식품도 종류가 다양하다. 다만 관광지 주변에서는 대형 슈퍼마켓을 보기 힘든데 JR 난바역 근처에 위치한 센트럴 스퀘어 난바점(セントラルスクエアなんば店)은 정말 다양한 식품들을 볼 수 있고 면세 혜택도 받을 수 있으니 꼭 방문해야 할 쇼핑 매장으로 추천한다.

추천 매장
❖ 센트럴 스퀘어 난바점

🏛 편의점

편의점은 여행 중 어디를 가더라도 쉽게 볼 수 있을 정도로 눈에 많이 띄는데 24시간 운영되기 때문에 간단히 끼니를 때우기도 좋고 언제든지 간식이나 비품들을 구매할 수 있다. 술과 담배를 판매하는 곳은 편의점 입구 간판에 술(酒), 담배(たばこ)가 표시되어 있고 간혹 신분증을 요구하는 경우도 있다. 편의점마다 제품의 차이가 있고 도시락도 종류가 다양하며 각 편의점마다 자체 브랜드의 PB 상품이 있어 쇼핑의 재미를 더한다. 편한 시간에 아무 때나 편의점 쇼핑을 즐기는 것도 오사카 여행에서 또 하나의 재미이다.

추천 매장
❖ 로손(빵, 샌드위치가 인기) ❖ 패밀리마트(도시락, 치킨, 오뎅이 인기) ❖ 세븐일레븐(PB 음료, PB 커피가 인기)

Theme Travel 8

시원하게 나이스 샷!
고베 골프 여행

최근 골프를 즐기는 사람들의 숫자가 많이 늘면서 회원권이 없다면 골프장 예약이 힘들고 금액도 상당하다. 그래서 골프 마니아들이 가격도 적당하고 가까운 일본으로 골프 여행을 떠나는 경우가 늘고 있는데, 고베의 골프장은 관리가 잘 되어 있고 수려한 자연 경관을 보면서 골프를 즐길 수 있어 간사이 지역에서 가장 인기가 좋다. 클럽하우스가 아닌 고베 시내 호텔에 묵으면 라운딩 후 시내 관광도 즐기고 맛있는 것도 다양하게 먹을 수 있어 만족도가 높다. 지금부터 간사이 지역 골프의 성지인 고베 골프장을 소개하고자 한다.

다이고베 GC 大神戸ゴルフ倶楽部 [다이코-베 고루후 쿠라부]

시내 호텔에서 30분 거리에 위치한 골프코스로 1966년 9월19일 개장한 36홀, 총12,490야드의 골프 코스이다. 마야 코스와 스마 코스가 있는데, 마야 코스는 비거리가 길고 산악 지형에 어울리지 않을 정도로 페어웨이가 넓어 대담한 샷으로 공격적인 플레이가 가능하다. 스마 코스는 산악 지형으로 골짜기와 능선에 만들어져 지형을 그대로 살려 만들어진 코스로, 페어웨이가 좁고 벙커 등을 배치해 정교한 레이아웃과 높은 트래핑을 가지고 있어 섬세한 두뇌 플레이가 요구되는 골프 코스이다.

모든 골프 코스의 그린에 대한 평가가 우수한 곳으로 어렵게 온그린 한 후 퍼팅 실력을 남김 없이 발휘할 수 있는 곳이다. 초보자는 마야 코스를 추천하며 어느 정도의 실력을 자랑하는 골퍼들은 스마 코스를 추천한다. 일반적으로 좋은 골프장으로 평가받기 위해서는 레이아웃, 그린 관리 상태, 조경 등 다양한 내용을 검토하지만 대부분의 골퍼들에게는 타수가 잘 안 나오면 나쁜 골프장로 여겨지는 경우가 많다. 따라서 좋은 골프 코스가 되기 위해서는 마야 코스로 손님이 많이 가야 한다는 농담을 전하기도 한다.

시내에서 멀지 않아 라운딩 후 저녁 시간은 고베 시내에서 재미있게 보낼 수 있으니 골프텔이 아닌 산노이먀역 근처나 하버랜드 쪽 호텔을 이용하자.

주소 兵庫県神戸市西区櫨谷町友清357 **전화** 078-991-0321 **개장 연도** 1966년 9월 19일 개장 **총 홀수** 36홀 **면적** 12,490야드 **홈페이지** www.daikobegc.jp

효고 CC 兵庫カンツリー倶楽部 [효오고 칸츠리-쿠라부]

효고 CC는 고베 시내에서 북쪽으로 30분 거리에 위치한 롯코산 자락이 바라다보이는 아름다운 자연에 둘러싸인 전형적인 산악 지형의 골프 코스이다. 1960년에 개장한 18홀 코스로 코로나가 유행하기 전인 2017년에 새롭게 리뉴얼되었다. 해발 500m에 울창한 숲으로 둘러싸인 전체 길이 6,516야드 18홀 골프 코스로 적당한 언듈레이션을 그리는 페어웨이와 벤트그래스 그린으로 산악 지형에 맞지 않는 넓직한 페어웨이는 폭 넓은 세대가 즐길 수 있는 코스로 되고 있다. 평점은 중급 정도이고 뛰어  난 골프 코스는 아니지만 난이도에서 평범하므로 초보 골퍼들과 보기 플레이어에게는 점수가 잘 나와서 좋은 골프장이라는 평가가 나오는 곳이기도 하다. 특히 해발 500m에 위치해 있어서 여름에도 시원하게 골프가 가능한 곳이다. 효고CC를 이용할 때 시내 호텔을 이용해도 좋지만 전용 차량으로 움직인다면 아리마(有馬)에 숙소를 잡고 온천을 즐기는 일정을 더해도 좋다.

주소 兵庫県神戸市北区山田町原野 字鹿見山109番地 **전화** 078-581-1315 **개장 연도** 1960년 3월 19일 개장 **총 홀수** 18홀 **면적** 6,516야드 **홈페이지** www.hyogocc.com

즈이엔 CC 隨縁カントリークラブ 西神戸コース [즈이엔 칸토리이 쿠라부 니시코-베 코오스]

즈이엔 CC는 다이고베 바로 아래에 붙어 있으며 아카시해협대교가 내려다보이는 장엄한 경관과 홀마다 다채로운 표정을 보여 주는 18홀 골프 코스를 갖추고 있다. 즈이엔 서고베 코스는 1988년도에 세계적인 골프 코스 설계가인 로버트 본 헤기(Robert Bong Heggie)의 디자인으로 개장한 페어웨이에 언듈레이션이 있는 구릉지 코스이다. 홀들이 다양한 표정을 보여 주는 모양의 레이아웃이고 경주의 왕릉 단지와 같은 모양이어서 스릴이 넘치고 각 홀마다 급작스러운 전개가 펼쳐지는 코스이다. 로버트 본 헤기의 코스 설계가 돋보이는 골프 코스로 다양한 기술을 필요로 하는 골프장으로 알려져 있는 곳이다. 최근 들어서 많은 한국의 골퍼들이 즐겨 찾는 골프장 중 하나인데, 주위에 다이고베 CC를 비롯하여 30여 분 거리의 니시고베 골프 코스 G-스타일 GC도 있어 3색의 다양한 코스 체험이 용이한 곳이기도 하다.

즈이엔 서고베 코스는 클럽 하우스와 대욕장 사우나 시설, 레스토랑, 연습장이 갖추어져 있으며 다양한 홀을 경험하려는 골퍼들의 도전 의식을 자극하지만 타수가 안 나올 가능성이 높아 호불호가 갈리는 곳이다. 다이고베 GC와 마찬가지로 시내에서 멀지 않아 라운딩 후 저녁 시간은 고베 시내에서 재미있게 보낼 수 있으니 골프텔이 아닌 산노이먀역 근처나 하버랜드 쪽 호텔을 이용하자.

주소 兵庫県神戸市西区伊川谷町前開700 **전화** 078-997-9700 **개장 연도** 1988년 **총 홀수** 18홀 **면적** 6,625야드 **홈페이지** zuien.net/kobe/

·TIP·
골프 전문 여행사

고베 골프 여행을 준비할 때 단독으로 예약하는 경우도 있지만, 대부분은 여행사를 통해 골프 여행 상품을 구매한다. 이때 단순히 상품 가격만 보지 말고 내용을 꼼꼼히 확인하도록 하자. 가격이 저렴한 것처럼 보이지만 잘 살펴보면 불포함 사항이 많거나 이동 거리가 멀고 가격이 낮은 골프장을 일정에 넣는 경우가 있다. 따라서 현지 골프장과 직접 연계한 골프 전문 여행사를 통해 예약하는 것을 추천한다.

추천 골프 여행사 SS골프랜드 ㈜가온레저산업
주소 서울특별시 강남구 개포로249 신영빌딩, 302호 **전화** 02-556-3601 **홈페이지** www.gaontour.com

추천 코스

- 직장인을 위한 2박 3일 주말 여행
- 미식가를 위한 3박 4일 먹방 투어
- 아이와 함께하는 4박 5일 가족 여행
- 나홀로 떠나는 7박 8일 간사이 여행
- Special Trip. 자전거로 즐기는 1박 2일 교토 여행

직장인을 위한 2박 3일 주말 여행

금요일 업무를 끝내고 주말을 오사카에서 보내고 싶은 바쁜 직장인을 위한 일정이다. 금요일 밤늦게 오사카에 도착해 일요일 저녁에 귀국하는 코스로, 짧은 일정이므로 핵심 관광지를 중심으로 여행 계획을 세운다.

PLAN TIP

금요일 퇴근 후에 저녁 비행기를 타고 오사카로!
김포 국제공항에서 출발하는 항공편은 코로나19로 항공편이 줄어 아직 저녁 항공편이 없는 관계로 인천에서 출발하는 가장 늦은 비행기인 피치항공을 이용한다.

첫날은 공항 근처 호텔로 예약하자!
저녁 비행기편으로 11시 전후에 간사이 국제공항에 도착하여 입국 심사를 받고 짐을 찾으면 자정에 가깝다. 도심으로 가는 교통편 막차는 난카이선 공항급행 23시 55분 출발이다. 따라서 자칫 시내 숙소까지 비싼 요금의 택시를 탈 수 있으니 가까운 호텔에서 푹 자고 움직이는 것을 추천한다. 또한 공항에 있는 호텔보다 린쿠타운 주변 호텔이 더 깨끗하고 저렴하므로 택시비(약 3,500엔, 10분 소요)를 감안하여 요금을 비교해 보자.

1일차

- **22:50** 간사이 국제공항 도착
  - ▽ 택시 10분
- **00:30** 린쿠타운 주변 호텔 체크인

2일차 우메다·난바

- **07:00** 🍽 아침 호텔 조식 후 체크아웃
  - ▽ 지하철 39분(난카이선 공항급행, 린쿠타운역→난카이난바역)
- **09:00** 난바역 주변 호텔에 도착해 짐 맡기기
  - ▽ 지하철 9분(미도스지선, 난바역→우메다역)
- **10:00** 한큐 3번가 & 요도바시 카메라 P.180, P.183
- **11:30** 🍽 점심 간타로 P.191
- **12:30** 그랜드 프런트 오사카 P.183
- **14:00** 헵 파이브 P.179

- ▽ 지하철 8분(미도스지선, 우메다역→난바역)
- **15:30** 덴덴타운 P.162
- **16:40** 난바 파크스 P.156
- **18:00** 🍽 저녁 섹스 머신 P.141
- **19:30** 도톤보리·센니치마에·난카이도리·에비스바시스지 상점가 관광 P.131, P.154, P.153, P.152
- **22:00** 🍽 야식 철판신사 P.165
- **00:00** 호텔 체크인

도톤보리

3일차 신사이바시 · 린쿠타운

- **08:30** 호텔 체크아웃하고 짐 맡기기
- **09:00** 🍴**아침** 긴류 라멘 P.145
  - ⬇ 지하철 4분(미도스지선, 난바역 → 혼마치역)
- **10:10** 신사이바시스지 상점가 P.124, P.127

- **12:00** 🍴**점심** 북극성 P.140
- **13:00** 돈키호테(도톤보리 미도스지점) P.133
- **14:30** 호텔에서 짐 찾기
  - ⬇ 지하철 34분(난카이선 공항급행, 난카이난바역→린쿠타운역)
- **15:30** 린쿠타운역 사물함(또는 관광안내소)에 짐 맡기기
- **15:50** 린쿠 프리미엄 아웃렛 P.224
- **17:30** 린쿠타운역 사물함에서 짐 찾기
  - ⬇ 지하철 6분(난카이선 공항급행, 린쿠타운역→간사이쿠코역)
- **18:00** 간사이 국제공항 도착

총 예상 경비

★ **왕복 항공료**(피치항공 인천-오사카 기준, 공항 이용료 · 유류세 포함) 약 430,000원

★ **2일 숙박료**(간사이 에어포트 워싱턴 호텔 2인 1실 기준, 조식 포함 / APA 호텔 난바에키히가시 2인 1실 기준) 약 250,000원

★ **현지 교통비** 약 61,800원

★ **식비**(간식비 포함) 약 137,000원

합계 약 878,800원(기타 개인 경비 제외)

(※ 환율 기준 100엔=1,000원이며, 항공료와 숙박료는 여행사 및 예약 시점에 따라 차이가 있을 수 있음.)

미식가를 위한 3박 4일 먹방 투어

맛의 고장 오사카 여행에서 맛집을 중심으로 계획하는 여행이다. 많이 먹기 보다는 식사와 간식, 그리고 야식까지 다양하게 맛보고 사이사이에 쇼핑이나 관광을 하며 오사카 시내는 물론, 고베와 나라까지 둘러보자.

PLAN TIP

여행 경비를 먹거리에 올인하고 다른 경비는 최소화!
다양한 먹거리에 여행 경비를 넉넉히 사용하기 위해서 다른 경비는 아끼는 콘셉트로 일정을 구성했다. 항공료가 저렴한 인천-오사카 저비용 항공사를 이용하고 숙소도 가성비 호텔을 이용한다.

맛집과 맛집 사이에는 관광과 쇼핑을 하며 걷자!
먹거리도 좋지만 쇼핑이나 볼거리도 빠지면 섭섭하다. 다양하게 먹으려면 소화를 시켜야 하니 많이 걷도록 하자. 하루 2만 보에 도전해 보자!

1일차 난바

- **09:50** 간사이 국제공항 도착
  - 지하철 44분(난카이선 공항급행, 간사이쿠코역→난카이난바역)
- **12:00** 난바역 주변 호텔에 도착해 짐 맡기기
- **12:30** 점심 니혼바시 마루에이 P.170
- **13:30** 덴덴타운 P.162
  - 지하철 6분(센니치마에선, 니폰바시역→니시나가호리역)
- **15:15** 호리에(오렌지 스트리트) P.159
- **16:40** 커피 스트리머 커피 컴퍼니 P.141
- **17:30** 아메리카무라 P.134
- **18:30** 저녁 섹스 머신 P.141
- **20:00** 돈키호테(도톤보리 미도스지점) P.133
- **21:00** 야식 2차 바 P.141
- **23:00** 호텔 체크인

2일차 고베·우메다

- **08:00** 아침 긴류 라멘 P.145
  - 지하철 45분(한신난바선 쾌속급행, 오사카난바역→아마가사키역/한신본선 쾌속급행으로 환승→고베산노미야역)
- **10:20** 기타노이진칸 P.281
- **12:00** 점심 스테이크랜드 P.293
- **13:00** 모토마치 상점가 & 난킨마치 P.286
- **14:30** 메리켄 파크 P.287
- **15:00** 우미에 모자이크 & 우미에 P.289, P.288
  - 지하철 26분(도카이도산요본선 신쾌속, JR 고베역→우메다역)
- **17:40** 저녁 간타로 P.191

19:00	그랜드 프론트 오사카 P.183
20:30	요도바시 카메라 P.183
	⬇ 지하철 8분(미도스지선, 우메다역 → 난바역)
22:30	🍴 야식 철판신사 P.165

3일차 나라·덴노지

08:00	🍴 아침 마쓰야(또는 요시노야)
	⬇ 지하철 38분(긴테쓰난바·나라선 급행, 긴테쓰난바역 → 긴테쓰나라역)
10:00	도다이지 P.307
11:00	나라 공원 P.306
12:00	🍴 점심 우동 센몬텐 가마이키 P.308

13:00	🍴 간식 산조도리(상점 구경하며 아이스크림·떡·당고 등 즐기기) P.304
	⬇ 지하철 33분(야마토지쾌속, JR나라역 → JR덴노지역)
15:00	아베노 하루카스 P.205
17:00	신세카이 P.203
18:00	🍴 저녁 점보 낚싯배 쓰리키치 P.207
20:00	메가 돈키호테
	⬇ 지하철 4분(미도스지선, 도부쓰엔마에역 → 난바역)
22:00	호텔에 쇼핑 물품을 두고 다시 외출
22:20	라이프 센트럴 스퀘어 P.158

4일차 신사이바시·난바

09:00	호텔 체크아웃하고 짐 맡기기
09:30	🍴 아침 빗쿠리돈키 P.143
10:30	🍴 간식 신사이바시스지 상점가(상점 구경하며 산책하다 우지엔에서 말차 아이스크림 사 먹기) P.124, P.127, P.139
12:00	🍴 간식 도톤보리(거리 구경도 하고 다코야키 크레오루에서 다코야키도 맛보기) P.131, P.144

13:00	🍴 점심 구시야 모노가타리 P.173
14:30	난바 파크스 P.156
15:30	호텔에서 짐 찾기
	⬇ 지하철 44분(난카이선 공항급행, 난카이난바역 → 간사이쿠코역)
16:30	간사이 국제공항 도착

총 예상 경비

★ **왕복 항공료**(티웨이항공 인천-오사카 기준, 공항 이용료·유류세 포함) 약 400,000원
★ **3일 숙박료**(일그란데 호텔 2인 1실 기준) 약 210,000원
★ **현지 교통비** 약 46,300원
★ **입장료** 약 36,000원
★ **식비**(간식비 포함) 약 279,580원

합계 약 971,880원(기타 개인 경비 제외)

(※ 환율 기준 100엔=1,000원이며, 항공료와 숙박료는 여행사 및 예약 시점에 따라 차이가 있을 수 있음.)

아이와 함께하는 4박 5일 가족 여행

10세 미만의 아이와 함께하는 여행이다. 아이는 물론 엄마 아빠도 즐겁게 시간을 보낼 수 있는 여행지들을 고르고, 아이가 지치지 않도록 동선을 최소화하여 온 가족이 즐거운 추억을 만들어 보자.

PLAN TIP

아이들 위주로 여행 계획 세우기
아이들과 함께 시간을 보낼 수 있는 여행 장소를 미리 확인하고, 아이의 체력과 집중력을 감안해 일정을 세우자. 음식도 초밥이나 장어 요리 같은 것은 제외하고 아이와 함께 먹을 수 있는 메뉴로 정하자.

파스모 카드 활용하기
아이들과 함께 교통편을 이용할 때, 매번 티켓을 구매하려면 불편하니 교통카드인 파스모(PASMO)를 만들자. 아이들은 어린이 요금이 적용되며 티켓머신에 생년월일을 입력하면 담당자가 여권을 확인한 후 교통카드를 받을 수 있다. 보증금이 500엔이며 귀국할 때 보증금과 잔액을 돌려받을 수 있다.

1일차 난바·덴마·우메다

- **10:45** 간사이국제공항 도착
- **11:30** 간사이쿠코역에서 파스모 카드 만들기
  - 지하철 44분(난카이선 공항급행, 간사이쿠코역→난카이난바역)
- **12:40** 점심 돈가스 KYK P.170
- **13:30** 난바역 주변 호텔에 짐 맡기기
  - 지하철 9분(사카이스지선, 닛폰바시역→오기마치역)
- **14:30** 키즈 플라자 오사카 P.196
  - 지하철 1분(JR순환선, JR 덴마역→JR 오사카역)
- **17:30** 저녁 야부 소바 P.186
- **18:30** 요도바시 카메라 P.183
  - 지하철 9분(미도스지선, 우메다역→난바역)
- **21:00** 호텔 체크인

2일차 나라·덴노지

- **08:00** 아침 호텔 조식
  - 지하철 38분(긴테쓰난바·나라선 급행, 긴테쓰난바역→긴테쓰나라역)
- **10:00** 도다이지 P.307
- **11:00** 나라 공원 P.306

- **12:30** 점심 우동 센몬텐 가마이키 P.308
- **13:30** 산조도리 P.304
  - 지하철 36분(JR간사이본선 쾌속, JR 나라역→덴노지역)
- **15:00** 덴노지 동물원 & 공원 P.205
- **17:00** 쓰텐가쿠 P.204
- **18:00** 저녁 점보 낚싯배 쓰리키치 P.207

19:30	메가 돈키호테
	↓ 지하철 4분(미도스지선, 도부쓰엔마에역→난바역)

3일차 이케다・난바・신사이바시

08:00	🍴 아침 호텔 조식
	↓ 지하철 40분(미도스지선, 난바역 → 우메다역 / 한큐우메다역으로 도보 이동하여 한큐선으로 환승→이케다역)
10:00	컵라면 박물관 P.52
	↓ 지하철 40분(한큐선, 이케다역 → 한큐우메다역 / 우메다역으로 도보 이동하여 미도스지선으로 환승→난바역)
12:30	🍴 점심 구시야 모노가타리 P.173
14:00	난바 파크스 P.156
	↓ 지하철 1분(미도스지선, 난바역 → 신사이바시역)
15:40	다이마루 백화점 P.128

16:30	신사이바시스지 상점가 & 도톤보리 P.124, P.127, P.131
17:40	톤보리 리버 크루즈 예약 (인터넷으로 예약하지 못했을 경우) P.133
18:00	🍴 저녁 지보 P.146
20:00	톤보리 리버 크루즈 탑승 P.000

4일차 유니버설 스튜디오 재팬

07:00	🍴 아침 호텔 조식 후 체크아웃
	↓ 지하철 33분(한신난바선, 난바역 → 니시쿠조역 / JR사쿠라지마선으로 환승→유니버설시티역)
09:00	유니버설 스튜디오 재팬 주변 호텔에 짐 맡기기
09:20	유니버설 스튜디오 재팬 P.226

© Universal Studios

21:10	호텔 체크인

4일차 린쿠타운

08:00	🍴 아침 호텔 조식 후 체크아웃
	↓ 공항 리무진버스 50분
11:40	간사이 국제공항 1층 JAL ABC에 짐 맡기기
	↓ 지하철 6분(난카이선 공항급행, 간사이쿠코역→린쿠타운역)
12:20	🍴 점심 시클 2층 푸드코트
13:30	린쿠 프리미엄 아웃렛 & 시클 P.224
	↓ 지하철 6분(난카이선 공항급행, 린쿠타운역→간사이쿠코역)
17:40	간사이 국제공항 도착

총 예상 경비(4인 가족)

★ 왕복 항공료 (대한항공 김포-오사카 기준, 공항 이용료・유류세 포함) 약 1,460,000원

★ 4일 숙박료 (난바 오리엔탈 호텔+호텔 긴테쓰 유니버설시티 4인 1실 기준, 조식포함) 약 1,560,000원

★ 현지 교통비 약 214,600원

★ 입장료 및 부대 비용 약 475,500원

★ 식비 (간식비 포함) 약 568,400원

합계 약 4,278,500원 (기타 개인 경비 제외)

(※ 환율 기준 100엔=1,000원이며, 항공료와 숙박료는 여행사 및 예약 시점에 따라 차이가 있을 수 있음.)

나홀로 떠나는 7박 8일 간사이 여행

오사카·교토·나라·고베까지 간사이 지역 전체를 혼자서 두루 둘러보는 여행이다. 혼자 떠나는 여행이고 기간도 긴 편이므로 사전에 전체 일정을 꼼꼼하게 준비하자.

1일차 교토

- **09:00** 간사이 국제공항 도착
- **09:30** 간사이쿠코역에서 하루카 예매 티켓을 탑승 티켓으로 교환
  - ⬇ 지하철 80분(하루카 기차, JR 간사이쿠코역 → JR 교토역)
- **11:45** JR 교토역 주변 호텔에 짐 맡기기
  - ⬇ 버스 15분(7번 버스, JR 교토역 → 시조가와라마치)
- **12:20** 🍴 점심 가네쇼 P.271
  - ⬇ 버스 20분(12번 버스, 시조가와라마치 → 니조조마에)
- **13:40** 니조성 P.248
  - ⬇ 버스 20분(12번 버스, 니조조마에 → 긴카쿠지미치)
- **15:30** 긴카쿠지(금각사) P.253
  - ⬇ 도보 + 버스 30분(北8번 버스, 센본기타오지 → 쇼쿠부츠엔키타몬마에)
- **17:00** 🍴 저녁 캐피탈 동양정 본점 P.269
  - ⬇ 도보 + 버스 40분(37번 버스, 기타오지버스터미널 → 시조게이한마에)
- **18:40** 기온 P.259
  - ⬇ 버스 20분(58, 86, 206번 버스, 기온 → JR 교토역)
- **21:00** 호텔 체크인

2일차 아라시야마·교토·난바

- **08:00** 🍴 아침 호텔 조식 후 체크아웃하고 짐 맡기기
  - ⬇ 지하철 25분(JR산인본선, JR 교토역 → 우마호리역)
- **10:00** 도롯코 열차 타기
  - ⬇ 기차 20분(도롯코 열차, 도롯코 가메오카역 → 도롯코 아라시야마역)
- **10:30** 아라시야마 대나무 숲 P.267
- **11:00** 나카쓰지도리 P.268
- **12:00** 🍴 점심 오즈루 P.273
  - ⬇ 지하철 19분(한큐전철, 한큐 아라시야마역 → 가쓰라역 / 한큐 교토선 특급으로 환승 → 가와라마치역) + 버스 10분(58, 207번 버스, 시조가와라마치 → 기요미즈미치)
- **14:30** 기요미즈데라 P.261
  - ⬇ 버스 20분(58, 86, 206번 버스, 기요미즈미치 → JR 교토역)
- **16:20** 호텔에서 짐 찾기
  - ⬇ 지하철 40분(도카이도산요본선, JR 교토역 → JR 오사카역 / 지하철 우메다역으로 도보 이동하여 미도스지선으로 환승 → 난바역)
- **17:30** 난바역 주변 호텔 체크인

기온

아라시야마 대나무 숲

| 18:00 | 🍴 저녁 오사카 돈가스 P.266 |
| 19:00 | 도톤보리 P.131 |

3일차 유니버설 스튜디오 재팬

07:00	🍴 아침 호텔 조식
	⬇ 지하철 33분(한신난바선, 난바역 → 니시쿠조역 / JR사쿠라지마선으로 환승 → 유니버설시티역)
09:00	유니버설 스튜디오 재팬 P.226
	⬇ 지하철 30분(JR사쿠라지마선, 유니버설시티역 → 니시쿠조역 / 한신 난바선으로 환승 → 난바역)

4일차 고베

08:00	🍴 아침 호텔 조식
	⬇ 지하철 45분(한신난바선 쾌속급행, 오사카난바역 → 아마가사키역 / 한신본선 쾌속급행으로 환승 → 고베산노미야역)
10:20	기타노이진칸 P.281

12:30	🍴 점심 스테이크랜드 P.293
13:50	이스즈 베이커리 P.294
14:00	모토마치 상점가 & 난킨마치 P.286
16:00	메리켄 파크 & 고베 포트 타워 P.287, P.288
17:30	우미에 모자이크 & 우미에 P.289, P.288
19:00	🍴 저녁 이소노 갓텐즈시 P.297

| | ⬇ 지하철 50분(도카이도산요본선 신쾌속, JR고베역 → JR오사카역 / 지하철 우메다역으로 도보 이동하여 미도스지선으로 환승 → 난바역) |

5일차 오사카성·덴노지

07:30	🍴 아침 호텔 조식
	⬇ 지하철 13분(미도스지선, 난바역 → 혼마치역 / 주오선으로 환승 → 모리노미야역)
09:00	오사카성 공원 & 천수각 P.214, P.213
	⬇ 지하철 5분(다니마치선, 다니마치온초메역 → 시텐노지마에유히가오카역)
11:10	시텐노지 P.206
12:50	🍴 점심 리큐 P.208
14:00	아베노 하루카스 P.205
15:30	긴테쓰 백화점 본점
17:30	신세카이 P.203
19:00	🍴 저녁 니혼바시 마루에이 P.170

6일차 나라·우메다

08:00	🍴 아침 호텔 조식
	⬇ 지하철 38분(긴테쓰난바·나라선 급행, 긴테쓰난바역 → 긴테쓰나라역)
10:00	도다이지 P.307

| 11:00 | 나라 공원 P.306 |
| 12:00 | 🍴 점심 우동 센몬텐 카마이키 P.308 |

린쿠 프리미엄 아웃렛

13:00	산조도리 P.304
	🚇 지하철 55분(야마토지쾌속, JR 나라역→JR 오사카역)
15:00	한큐 3번가 & 요도바시 카메라 P.180, P.183
16:30	그랜드 프런트 오사카 P.183
18:00	🍴 저녁 간타로 P.191
19:00	헵 파이브 P.179
	🚇 지하철 8분(미도스지선, 우메다역→난바역)

7일차 호리에 · 신사이바시 · 난바

09:00	🍴 아침 호텔 조식
10:00	센니치마에 도구야스지 P.155
	🚇 지하철 3분(센니치마에선, 난바역→니시나가호리역)
11:00	호리에(오렌지스트리트) P.159
13:00	🍴 점심 북극성 P.140
14:00	아메리카무라 P.134
15:30	신사이바시스지 상점가 P.124, P.127
18:00	🍴 저녁 철판신사 P.165
19:30	라이프 센트럴 스퀘어 P.158
21:00	돈키호테(난바 센니치마에점)

8일차 린쿠타운

08:30	🍴 아침 호텔 조식 후 체크아웃
	🚇 지하철 40분(난카이선 공항급행, 난카이난바역→린쿠타운역)
11:00	린쿠타운역 사물함(또는 관광안내소)에 짐 맡기기
11:20	시클 P.224
13:00	🍴 점심 시클 2층 푸드코트
14:00	린쿠 프리미엄 아웃렛 P.224
17:00	린쿠타운역 사물함에서 짐 찾기
	🚇 지하철 5분(난카이선 공항급행, 린쿠타운역→간사이쿠코역)
17:40	간사이 국제공항 도착

총 예상 경비

★ 왕복 항공료(제주항공 인천-오사카 기준, 공항 이용료 · 유류세 포함) 약 400,000원
★ 7일 숙박료(이이다 호텔 1박+닛세이 호텔 6박, 1인 1실 기준, 조식 포함) 약 458,800원
★ 현지 교통비 약 117,600원
★ 입장료 약 198,000원
★ 식비(간식비 포함) 약 368,090원

합계 약 1,146,490원(기타 개인 경비 제외)

(※ 환율 기준 100엔=1,000원이며, 항공료와 숙박료는 여행사 및 예약 시점에 따라 차이가 있을 수 있음.)

자전거로 즐기는 1박 2일 교토 여행

일본의 천년 수도인 교토를 자전거로 여행한다면 나만의 특별한 추억을 남길 수 있지 않을까? 날씨가 좋고 체력이 받쳐 준다면 교토의 옛 모습을 구석구석 더 자세히 볼 수 있는 자전거 여행을 적극 추천한다.

PLAN TIP

자전거 대여소

교토에서 자전거를 대여할 때 가장 추천하고 싶은 곳은 KCTP이다. 여러 지점이 있지만 여행객들이 편하게 들를 수 있는 JR 교토역 지점은 주인이 아주 친절하고 잘 정비된 자전거를 대여해 준다. 안장을 키 높이에도 맞춰 주며 대여 시 기어 작동이나 자물쇠의 이용 방법 등을 친절하게 설명해 주는데 일본어를 모르더라도 한글 설명이 있어 좋다. 또한 전기 자전거부터 MTB 자전거까지

종류도 다양하고, 자전거 종류에 따라서는 다른 KCTP 대여소에 반납하는 것도 가능하여 훨씬 더 편안한 여행을 할 수 있다(600엔 추가 지불, 전기 자전거는 불가). 홈페이지에 대여점에 대한 위치와 설명이 자세히 되어 있고 사전 예약도 가능하니 참고하도록 하자.

주소 京都府京都市下京区油小路通塩小路下ル東油小路町552-13 **위치** JR 교토역 중앙 출구에서 도보 3분 **전화** 075-354-3636 **시간** 09:00~18:00 **요금** 1일 1,000엔~ **홈페이지** www.kctp.net

1일 자전거 주차권(1-day Bicycle Parking Pass)

교토의 관광지에서는 자전거도 주차 요금을 받는데 매번 요금을 낸다면 배보다 배꼽이 더 커질 수 있다. 따라서 주요 관광지에 주차를 할 수 있는 1일 주차 통합권이 있는데 비용은 하루 200엔이며 주요 관광지에 주차하면서 구매(6곳에서 구매)할 수 있다.

1일 자전거 주차권 사용 관광지

- 기요미즈자카(清水坂) 주차장(기요미즈데라(清水寺) 아래 주차장) : 패스 구입 가능
- 아라시야마(嵐山) 주차장 : 패스 구입 가능
- 타카오(高雄) 주차장 : 패스 구입 가능
- 니조성(二条城) 주차장 : 패스 구입 가능
- 토미노코지(富小路) 주차장 : 패스 구입 불가
- 간카쿠지(銀閣寺) 주차장 : 패스 구입 가능
- 오카자키 공원(岡崎公園) 주차장 : 패스 구입 가능
- 미사야마(御射山) 주차장 : 패스 구입 불가
- 폰토초(先斗町) 주차장 : 패스 구입 불가

여행 전 준비 사항

- 자전거 여행을 할 때 가장 중요한 것은 안전이다. 사고가 나면 안 되니 교통 안전 수칙을 잘 지키고 절대로 급하게 운전하지 않도록 마음가짐을 다지도록 하자.
- 기본 체력을 키워야 한다. 평지에서의 자전거 여행은 크게 힘들지 않지만 교토의 관광지는 언덕 위에 있는 경우도 많아 체력이 없으면 어렵다. 전기 자전거를 이용하여 도움을 받을 수 있지만 배터리가 방전되면 온전히 본인의 힘으로 달려야 한다. 따라서 출발하기 전에 체력부터 단련하는 것도 좋다.
- 여행 계획을 잘 세워야 한다. 교토의 관광지를 많이 둘러보려면 사전에 동선에 따른 여행 계획을 잘 세워야 한다. 교토의 대로는 바둑판 모양으로 잘 짜여져 있어 다니기 어렵지 않지만 동선이 꼬이면 고생을 많이 하게 된다. 따라서 출발 전에 방문할 관광지를 체크하고 효율적인 동선으로 다닐 수 있도록 미리 준비하도록 하자.

1일차

- **09:00** KCTP 자전거 대여소(JR 교토역 지점)에서 자전거 2일 대여
  - ↓ 자전거 5분(평탄한 길)
- **09:30** 도지 P.265
  - ↓ 자전거 20분(처음에는 평탄한 큰길이지만 도후쿠지 근처부터는 오르막길)
- **11:00** 도후쿠지 P.266
  - ↓ 자전거 10분(내리막길)
- **12:10** 점심 도후쿠지역 근처 식당
  - ↓ 자전거 15분(경사가 급한 오르막이라서 전기 자전거가 아니라면 걸어 올라가는 것도 좋다.)
- **13:30** 센뉴지 P.266
  - ↓ 자전거 10분(내리막길)
- **14:30** 산주산겐도 P.260
  - ↓ 자전거 1분
- **15:10** 교토 국립 박물관 P.260
  - ↓ 자전거 10분+도보 10분(오르막길과 골목길)
- **17:00** 기요미즈데라 P.261

  - ↓ 자전거 20분+도보 10분(내리막길로 시작하여 큰길로 진입)
- **19:00** 저녁 가네쇼 P.271
  - ↓ 자전거 5분
- **20:00** 호텔 체크인
- **20:30** 기온 산책 & 야식 P.259

PLAN TIP
여행 중 주의할 점

- 자전거를 대여할 때에는 기어가 있는 MTB 자전거나 전기 자전거를 선택해야 한다. 주요 관광지 몇 군데만 둘러봐도 10km 이상 자전거를 타야 하고 북쪽 지역은 대부분이 오르막길이라 기어가 있는 자전거나 전기 자전거가 필수이다. 또한 관광지 근처에 모래가 많거나 보도블럭이 많은 길에서는 자전거 바퀴가 밀려 다칠 수 있으니 주의하자.
- 큰길에는 자전거 전용 도로가 갖춰져 있으나 좁은 길에서는 차도 왼쪽 끝으로 주행해야 한다. 이때 작은 골목에서 나오는 차량도 조심해야 한다. 교통 안전 수칙을 잘 지켜 안전하게 여행해야 한다는 것은 항상 명심하자.
- 목적지에 도착하여 자전거를 세울 때 자전거 주차장이 마련되어 있는 경우는 꼭 그곳에 주차를 해야 하며, 없다면 주차장 구석에 세운다. 인기 관광지의 경우 자전거를 위한 별도 주차장이 있는데 무료로 운영하는 곳도 있지만 유료로 운영하는 곳이 많다. 불법으로 아무 데나 주차하는 경우 견인될 수 있으며 벌금으로 2,300엔을 지불해야 하니 주의하자.
- 자전거를 세우고 관광을 할 때에는 꼭 자물쇠로 채우도록 하자. 자칫 자전거를 잃어버리는 불상사가 생기면 여행 일정이 모두 흐트러진다. 잊지 말고 잠금 장치를 꼭 확인하자.

2일차

08:00 🍽 **아침** 호텔 조식

09:00 **지온인** P.258
　🔽 자전거 3분 (시내의 평탄한 길)

10:00 **헤이안진구** P.258
　🔽 자전거 15분+도보 10분 (긴카쿠지 아래까지는 평탄한 길, 이후 언덕은 도보 이동)

11:00 **긴카쿠지** (은각사) P.257

　🔽 자전거 10분+도보 10분

12:30 🍽 **점심** 야마모토멘조 P.273
　🔽 자전거 30분 (처음에는 평탄한 길을 달리다가 점점 경사 도로)

14:00 **긴카쿠지** (금각사) P.253

　🔽 자전거 20분 (처음에는 내리막길이고 시가지가 나오면 평탄한 길)

15:30 **니조성** P.248
　🔽 자전거 15분 (평탄한 길)

17:30 KCTP 자전거 대여소에서 자전거 반납

총 예상 경비

★ **1일 숙박료** (오모5 교토 기온 기준) 약 120,000원
★ **자전거 대여료** (2일, KCTP 기준 Middle class) 약 28,000원
★ **자전거 주차비** (2일) 약 4,000원
★ **입장료** 약 74,000원
★ **식비** (간식 비용 포함) 약 60,000원

합계 약 286,000원 (기타 개인 경비 제외)

(※ 환율 기준 100엔=1,000원이며, 숙박료는 여행사 및 예약 시점에 따라 차이가 있을 수 있음.)

여행 준비

· 여행 전 체크 리스트
· 출입국 체크 리스트
· 오사카의 교통수단
· 알아 두면 좋은 정보

Osaka
여행 전 체크 리스트

여권 만들기

여권은 해외여행 시 여행국에 여행자의 신분과 국적을 증명하고 보호를 의뢰하는 문서다. 여권이 없으면 외국 어느 나라에도 출입이 불가하다. 여행 중 분실하거나 파손되었을 때는 본인이 직접 오사카에 위치한 한국 대사관을 방문하여 재발급을 받을 수 있다. 단수 여권과 복수 여권이 있는데 단수 여권은 유효 기한이 1년(발급 금액 20,000원)이고 1회 사용 시 효력이 상실된다. 복수 여권은 사용 기간이 10년(발급 금액: 58면 53,000원, 26면 50,000원)으로 횟수 제한 없이 사용할 수 있다. 여권 발급 신청은 본인이 직접 방문하여 접수하는 것이 원칙이지만 미성년자 자녀의 여권 발급이나 장애·질병·사고가 있는 가족의 경우 대리 접수가 가능하다. 여권은 외교부가 지정한 시청·구청·도청에서 발급하고 있으며 여권 발급에는 보통 3~5일 정도 소요된다. 휴가철이나 명절에는 5일에서 길게는 10일까지 소요될 수 있으니 미리 접수해야 한다. 여권 발급에 필요한 서류와 발급 비용과 관련한 자세한 사항은 홈페이지에서 확인이 가능하다.

홈페이지 www.passport.go.kr

비자 발급

코로나19가 발생했던 2022년 10월까지는 비자가 없는 경우 일본 방문이 제한이 되었지만, 지금은 방문 기간이 90일이 넘지 않을 경우 비자를 발급받지 않아도 된다. 단, 90일 이상의 장기 여행, 학업이나 취업 활동을 목적으로 하는 경우에는 사전에 입국 목적에 맞는 비자를 주한 일본 대사관을 통해 발급받아야 한다. 비자에 관련된 자세한 사항은 홈페이지에서 확인할 수 있다.

홈페이지 www.kr.emb-japan.go.jp

여행 정보 수집

오사카를 여행지로 결정했더라도 어떻게 여행할 것인지, 무엇을 먹을 것인지, 잠은 어디에서 잘 것인지도 정하고 예약도 해 두어야 한다. 오사카 여행 관련 여행 블로그와 카페, 여행사 홈페이지와 JNTO(일본 정부 관광국) 홈페이지에서 손쉽게 여행 정보를 얻을 수 있다. 무엇보다 〈인조이 오사카〉에 웬만한 오사카 여행 정보가 다 들어 있으니 적극 활용하자.

- **추천 사이트**

  JNTO(일본 정부 관광국) www.welcometojapan.or.kr
  네일동(네이버 일본 여행 동호회) cafe.naver.com/jpnstory
  트립어드바이저 www.tripadvisor.co.kr/Attractions-g294232-Activities-Japan.html
  라이브재팬 livejapan.com/ko/in-tokyo/

JNTO 홈페이지

여행 일정 짜기

오사카 시내뿐만 아니라 주변에 교토, 나라, 고베 등 매력적인 도시가 많아 일정을 짤 때 고민이 많아진다. 3박 4일 이하의 짧은 일정이라면 오사카 시내를 중심으로 계획을 세우는 것이 좋고 그 이상이라면 주변 도시 중 어느 곳에 갈지 선택해 보자. 또, 숙소를 어느 지역에 예약할지 먼저 정한 후 동선이 복잡해지지 않게 일정을 정해야 시간 낭비 없이 알찬 여행을 할 수 있다. 이 책의 추천 코스를 활용하는 것도 좋은 방법이다. 다음의 고려 사항을 참고해 나만의 여행 일정을 준비해 보자.

- 일정 체크 리스트
  - ★ 나의 여행 기간은?
  - ★ 출발과 도착 항공편은 어느 지역으로 할 것인가?
  - ★ 숙소는 어느 지역으로 정하는 것이 좋을까?
  - ★ 최적의 이동 거리와 교통편은 무엇인가?
  - ★ 관광지의 관람 시간과 비용은 어느 정도 될까?
  - ★ 어디서 무엇을 먹을 것인가?

항공권 예약

대략적인 여행 일정을 준비하였다면 일정에 맞는 항공권을 구매하도록 하자. 가격도 천차만별이고 출국 시간과 귀국 시간을 모두 고려하여 여행 일정에 맞는 공항과 항공사를 선택하자. 같은 항공권이라도 어느 사이트에서 예약을 하는지에 따라, 그리고 항공권의 조건(환불 조건, 수화물 기준, 날짜 변경)에 따라 가격이 많이 다르기 때문에 비교를 해 보고 구매해야 후회하지 않는다. 우선 항공사가 운영하는 홈페이지에서 가격을 확인하고 여행사가 운영하는 홈페이지의 가격을 비교하고 결제 조건(제휴 카드, 숙박 예약 시 할인, 어플 예약 할인 등)을 따져 보도록 한다.

- 추천 여행사(모바일 검색 및 예약 추천)
  인터파크투어 tour.interpark.com
  여행이지 www.kyowontour.com
  하나투어 www.hanatour.com
  노랑풍선 www.ybtour.co.kr

숙소 예약

숙소 예약은 어느 여행사 홈페이지에서 예약하는가에 따라 항공 예약보다 더 가격 차이가 많이 나고 어렵다. 우선 먼저 계획한 여행 일정에 맞는 위치를 고려하고 가격을 비교해야 한다. 단, 가격이 저렴한 곳만 찾았다가는 이동에 드는 시간과 교통비가 더 많이 들 수도 있다. 그리고 비싼 곳이라고 무조건 좋은 것은 아니기 때문에 호텔 정보를 꼼꼼히 확인하자.

보이는 요금은 저렴한데 결제 단계에 들어가면 예약 비용 및 서비스 비용을 포함하여 가격이 확 올라가는 경우가 많으므로 꼭 결제 단계의 요금을 비교해야만 한다. 또한 인터넷 사용에 관한 것과 부대시설 등을 미리 체크하자.

민박집의 경우는 다인실을 이용해야만 저렴하고 샤워실을 공동으로 사용해야 하는 불편함이 있다. 오사카에는 다양한 가격대의 비즈니스급 호텔이 많아 민박집을 이용하는 것보다는 비즈니스 호텔을 추천한다. 항공권과 함께 예약하면 추가로 할인 혜택을 받을 수 있는 여행사도 많고 연박 할인이 되는 호텔도 많으니 잘 체크하자.

- 추천 여행사(모바일 검색 및 예약 추천)
  여기어때 www.goodchoice.kr
  야놀자 www.yanolja.com
  인터파크투어 tour.interpark.com
  아고다 www.agoda.com
  호텔스닷컴 kr.hotels.com

오사카 여행을 위해 유용한 어플리케이션 · TIP ·

JAPAN TRAVEL NAVITIME
전철의 구간별 요금, 환승, 시간을 실시간으로 검색할 수 있는 오사카 교통의 필수 어플.(한국어 지원, JR선 제외)

Payke
일본에서 제품을 구매하기 전에 바코드를 스캔하면, 한국어로 제품 상세 설명을 알 수 있어 유용한 어플.

Universal Studios Japan
오사카의 유니버설 스튜디오 재팬을 방문할 고객이라면 무조건 설치해야 하는 필수 어플.

네이버 파파고
일본어를 번역하거나 오사카 여행에서 일본어 메뉴판을 읽고 싶을 때, 사진 한 장으로 바로 번역할 수 있어 안심.

카카오T
일본에서 택시를 타야 할 상황이라면, 카카오T를 이용하면 이동 경로와 예상 비용까지 모두 확인 가능!

여행자 보험 가입

해외여행 중에는 도난, 상해 등 여러 돌발 상황이 생길 수 있는데 이에 대한 보상을 받기 위해서는 여행자 보험에 꼭 가입해야 한다. 여행자 보험은 보험 회사, 여행 기간과 보상 금액에 따라 가입 비용이 다르므로 보험 약관이나 가입 안내서를 자세히 살펴보자. 또한 여행사에서 항공권 혹은 호텔 예약 시 여행자 보험을 할인하여 가입할 수 있고, 로밍을 하는 경우 통신사를 통해 할인 적용을 받을 수도 있다. 보험료 청구 시 약관에 따라 현지의 관공서나 병원에서 발행하는 확인서, 영수증 등의 증빙 서류가 필요하니 사고 발생시 꼭 챙겨 두자.

- **여행자보험 추천 홈페이지**
  KB손해보험 direct.kbinsure.co.kr
  현대해상 다이렉트 direct.hi.co.kr
  삼성화재 다이렉트 direct.samsungfire.com

교통패스·입장권 구입

간사이 국제공항에서 시내로 이동할 때 교통편(난카이선·공항 리무진)을 미리 확인하고 특별석은 미리 예매를 하자. 간사이 스루 패스나 주유 패스는 교통편 이용과 관광지 입장에서도 할인 및 특전을 받을 수 있으니 여행 계획에 맞춰 구매하도록 하자. 또한 유니버설 스튜디오 재팬(USJ)의 입장권 및 특정 지역 확약권은 인터넷으로 사전 예약을 하도록 한다.

환전

여행 출발 전에 여행 경비를 환전해 두어야 한다. 오사카 현지에서도 환전이 가능하지만, 수수료가 비싸기 때문에 사전에 꼭 환전하도록 하고 만약 여행 시 현금이 부족하면 신용카드를 사용해야 하지만 카드에 따라 해외 결제 수수료가 청구된다는 점을 참고하자.

현금으로 환전

가까운 은행이나 사설 환전소를 찾아가 엔화로 환전한다. 자신이 이용하는 주거래 은행 혹은 인터넷 환전소를 이용하면 보다 저렴한 수수료를 내고 환전할 수 있다.

트래블 월렛·트래블로그에 충전

트래블 월렛은 선불 충전 카드로, 수수료 없이 카드 결제나 현금 인출이 가능하다는 장점이 있다. 대부분의 대형 은행들이 트래블 월렛과 제휴가 되어 있어 자신의 주거래 은행에서 발급 신청을 하면 된다. 현금을 많이 들고 다닐 필요가 없고 필요할 때 일본 ATM 기계에서 수수료 없이 찾을 수 있다는 장점이 있어서 최근 사용자가 부쩍 늘어났다. 다만 하루 인출한도가 USD 기준으로 하루 1,000불, 한 달에 2,000불로 정해져 있으니 참고해야 한다.

이런 불편함을 없애기 위해 한도를 늘린 트래블로그 카드가 있는데, 기본적으로 트래블 월렛과 동일한 기능이지만 한도가 1일 6,000불, 한달에 10,000불까지 사용이 가능하다. 자세한 사항은 www.travel-wallet.com에서 확인하도록 하자.

여행자수표를 준비

과거에는 큰 비용은 여행자 수표로 준비하여 현지에서 필요한 만큼 현금으로 바꿔 사용하였다. 하지만 은행이나 환전소를 방문하여 다시 현금으로 환전해야 하는 번거로움이 있어 최근에는 거의 사용을 하지 않는다.

사전 입국 심사·세관 신고 등록

간사이 국제공항에 도착하면 입국 심사와 세관 신고를 하게 되는데 사전에 입국 신고와 세관 신고를 하고 빠르게 입국장을 빠져나갈 수 있다. 비지트 재팬 웹(Visit Japan Web)에 접속하여 안내에 따라 여권 정보, 항공 정보, 숙소 정보를 입력하여 입국 신고와 세관 신고를 사전에 입력하면 된다. 한국어 서비스가 지원되므로 어렵지 않게 등록이 가능하며 등록이 완료되면 QR코드가 표시가 되는데 입국 심사와 세관 신고를 할 때 이 QR코드를 제시하면 된다. 혹시 깜빡 잊고 사전 입국 심사나 세관 신고를 하지 못했다면 기존과 같이 종이로 작성하여 제출하면 된다.

홈페이지 vjw-lp.digital.go.jp/ko/

로밍·포켓 와이파이·유심 신청

오사카 현지에 도착하면 사전 입국 심사부터 모바일을 사용하게 되므로 본인이 사용하는 통신사의 로밍 서비스나 포켓 와이파이 대여 또는 유심(USIM) 구매를 사전에 준비해야 한다. 이용하는 방법에 따라 장단점이 있으니 사전에 확인하고 자신에게 맞는 것을 선택하도록 하자.

통신사 로밍 서비스

본인이 이용하는 통신사의 로밍 서비스를 이용하는 경우 사전에 신청해 놓으면 오사카에 도착해서 바로 로밍 전환이 되므로 편하게 이용할 수 있다. 또한 각 해당 통신사의 어플 전화를 이용하면 무료로 통화를 할 수 있는 서비스가 있어 과거보다 이용이 더 편리하다. 다만 인터넷 사용이 다소 느리고 선택한 로밍 서비스에 따라 인터넷 지원 용량이 다소 적기 때문에 와이파이와 병행해서 사용하는 것을 추천한다.

포켓 와이파이

한때 비싼 로밍 요금 때문에 포켓 와이파이를 많이 신청했지만 지금은 사용하는 사람들이 다소 줄어들었다. 간사이 공항에 도착해서부터 바로 사용할 수 있고 비용이 로밍보다 저렴하고 인터넷 사용 용량이 넉넉한 것이 장점이지만 교통수단을 타고 이동하는 중에는 인터넷 서비스가 자꾸 끊어지는 현상이 발생하고 인터넷 전화를 사용할 때에도 이동 중에는 품질이 떨어진다는 단점이 있다.

유심(USIM)

최근에 관광객들이 유심(USIM)을 많이 사용하는데 인터넷 사용을 많이 하는 경우 비용은 가장 적고 빠른 속도의 사용이 가능하며 용량도 넉넉하다. 오사카를 여행할 때 지도나 정보 검색을 해야 하는 경우 유심을 사용하면 다른 방법보다 빠르게 이용할 수 있다. 간사이 국제공항에 도착하여 현지 유심을 구매할 수도 있지만 긴 줄에 너무 힘들기 때문에 출발 전 사전에 신청하는 것을 권장한다. 다만 유심을 교체해야 하는 번거로움이 있고 유심을 교체하면서 기존에 본인 휴대폰에 장착되어 있던 유심을 분실하거나 망가지는 경우가 많으니 주의하자.

짐 꾸리기

짐은 최대한 가볍게 꾸리도록 하고 얇은 옷으로 여러 벌을 준비하는 것이 유용하다. 또한 신발은 여행 일정에 따라 다르겠지만 가급적 편한 운동화를 신는 것이 좋다. 오사카의 다양한 음식을 맛보는 것도 여행의 큰 매력인데 굳이 한국 음식을 싸 가느라 불필요한 짐을 준비하지 말자. 또한 출발 전 현지 날씨를 꼭 확인하는 것도 잊지 말자.

위탁 수화물은 항공사에 따라 구매 티켓의 등급에 따라 무게를 다르게 규정하고 있으니 항공권 구매 시 위탁 수화물에 대한 규정을 꼭 체크해야 추가 요금을 지불하지 않는다. 또한 액체 수화물은 우리나라 공항 보안 검사를 통과할 수 없으며 외부 반입이 금지되어 있으니 모두 위탁 수화물에 넣어야 한다. 휴대폰의 충전 배터리는 위탁 수화물로 반입이 되지 않으니 꼭 소지하고 비행기를 탑승하자.

- **준비물 체크 리스트**
- ▶ 여권, 항공권, 현금, 신용카드
- ▶ 일정에 맞는 옷
- ▶ 카메라, 휴대폰, 어댑터(돼지코)
- ▶ 여행 계획표 혹은 자료
- ▶ 작은 배낭
- ▶ 긴급 연락처 정보, 여권 사본
- ▶ 〈인조이 오사카〉 가이드북

Osaka

출입국 체크 리스트

공항 도착

국제선 항공을 탑승하기 위해서는 출발 2시간 전까지 공항에 도착하도록 하자. 성수기에는 공항에 사람이 많아 출국 수속에 시간이 많이 걸릴 수도 있으니 충분한 시간 여유를 갖고 공항에 도착하는 것이 좋다. 인천 공항은 공항 리무진, 공항 철도, 택시, 자가용 등을 이용할 수 있지만 도심과 거리가 있어 이동 소요 시간을 잘 체크해야 한다. 김포 공항은 도심에서 가깝지만 자동차로 이동할 때는 교통 체증을 고려해 시간 여유를 두고 출발하자.

인천 국제공항

2001년 개항한 인천 국제공항은 4개의 활주로를 갖춘 최대 규모의 국제공항이자 우리나라 대표 관문이며 오사카로 가는 항공편의 80%는 인천 국제공항에서 출발한다. 두 개의 터미널 중 제1터미널은 아시아나항공을 비롯한 스타얼라이언스, 원월드, 저비용 항공사가 운항하고 있으며 제2터미널은 대한항공을 비롯한 스카이팀 항공사가 운항하고 있다. 서울(서울역 기준)에서 인천 국제공항까지는 공항 철도로 43분 정도 소요되며 리무진 버스로는 교통 사정에 따라 다르지만 1시간 이상 소요된다.

제1터미널 이용 항공사 아시아나항공, 에어부산, 에어서울, 제주항공, 티웨이항공, 피치항공
제2터미널 이용 항공사 대한항공, 진에어

김포 국제공항

1988년 개항한 김포 국제공항은 국내선과 국제선을 운영하다 2001년 국제선이 모두 인천 국제공항으로 이전한 후 국제선 운영을 중단하였다가 김포↔하네다 노선이 신설되면서 국제선 운영을 재개하였다. 현재 김포↔하네다 노선과 김포↔오사카 노선을 운영하고 있다. 서울(서울역 기준)에서 김포 국제공항까지 공항 철도로 22분 정도 소요되며 버스와 택시 등 다양한 교통편을 이용할 수 있어 접근성이 가장 좋은 국제공항이다.

김포 국제공항 취항 항공사 대한항공, 아시아나항공, 제주항공

김해 국제공항

부산을 비롯한 경상남도의 관문인 김해 국제공항은 하루 평균 7편의 항공기가 간사이 국제공항으로 취항하고 있으며 거리가 가까워 비행 시간은 1시간 남짓 소요된다. 부산(부산역 기준)에서 김해 국제공항까지는 전철로 42분 정도 소요되며 지역에 따라 버스로 이동하는 것이 더 빠를 수 있으니 출발지에서 교통편을 사전에 체크하도록 하자.

출국 수속

탑승권 발급(위탁 수화물 맡김) → 출국장 → 보안 검사 → 출국 심사 → 면세 구역 이용 및 탑승 대기 → 항공기 탑승 및 이륙

탑승권 발급 및 위탁 수화물 맡기기

공항에 도착한 후에 인천 공항은 3층, 김포 공항과 김해 공항은 2층에 있는 항공사 탑승 수속 데스크로 가자. 최근에는 탑승 수속을 키오스크(무인 등록기)로 하는데 안내 직원들이 항시 있으므로 잘 모를 때는 도움을 받도록 하자. 키오스크에서 항공권을 발급받은 후 해당 항공사에 위탁 수화물을 등록하여 맡기도록 한다. 이때 항공사마다 위탁 수화물 기준이 있으니 짐을 쌀 때 항공사나 여행사를 통해 미리 확인하고, 액체 수화물은 기내 반입이 불가능하니 미리 위탁 수화물에 넣어 두자. (유아를 동반할 경우 유아용 음식과 음료 반입 가능)

출국장 입장

항공권을 받고 위탁 수화물을 맡겼다면 이제 출국장으로 들어가도록 한다. 인천 공항과 김포 공항 모두 3층에, 김해 공항은 2층에 출국장이 있다. 출국장으로 들어갈 때에는 탑승권과 여권을 소지한 사람만 입장이 가능하다. 출국장으로 들어가면 보안 검사를 받기 전에 세관 신고를 할 수 있다. 고가의 물품을 소지하였거나 미화 10,000달러를 초과하는(증명서가 있어야 함) 현금을 가지고 출국할 때는 미리 신고를 해야 귀국 시 벌금 등의 불이익을 받지 않는다

보안 검사

외투와 소지품을 검색대에 올린다. 때에 따라 신발까지 검사하는 경우도 있다. 노트북 컴퓨터나 태블릿 PC는 가방에서 따로 꺼내 검사를 받아야 한다. 복용 중인 특수 의약품을 반출할 때는 의사의 진단서를 첨부해야 할 수 있으니 사전에 병원을 통해 확인해야 한다. 임신부나 영유아를 동반한 경우 검색대에 소지품을 올려 두고 검사원에게 이야기를 하면 보안 검색대를 통과하지 않고 별도의 검사를 받을 수 있다

출국 심사

보안 검사를 끝내고 나오면 출국 심사를 받는데 한 줄로 서서 여권과 탑승권을 제출하고 선글라스와 모자는 벗어야 한다. 가족 단위, 유아, 장애인은 보호자와 함께 출국 심사를 받을 수 있다. 또한 만19세 이상 국민이라면 자동 출국 심사대를 통해 간편하게 출국 심사를 받을 수 있다.

면세 구역 이용 및 탑승 대기

출국 심사가 끝나면 면세 구역으로 들어서게 된다. 이곳에서 탑승 시간 전까지 면세점 쇼핑을 즐길 수 있으며 시내 면세점을 이용한 경우 면세 구역의 안내 표지판에 따라 면세품을 수령하는 인도장으로 가서 수령하면 된다. 자칫 쇼핑을 하다가 출발 시간을 지키지 못하는 경우가 있는데 다른 여행객들에게 민폐가 가는 행동이니 꼭 출발 30분 전까지 해당 게이트로 이동하도록 하자.

항공기 탑승 및 이륙

항공권에 해당 항공기의 탑승장 번호와 탑승 시간이 표기되어 있으니 확인하고 탑승 시간에 맞춰 탑승장으로 이동하자. 또한 유모차의 경우는 탑승 전 항공사에 위탁 수화물로 맡겨야 하니 탑승 시간보다 일찍 게이트의 항공사 카운터에 가서 접수하도록 한다. 간혹 탑승권에 있는 탑승장 번호가 변경되는 경우가 있으니 탑승장으로 이동하기 전에 한 번 더 체크하는 것이 좋다.

오사카 도착

오사카의 간사이 국제공항에 착륙해 안전벨트 사인의 불이 꺼지면 자리에서 일어나 짐을 챙겨 순서대로 내린다. 도착 게이트를 빠져나와 입국 심사장으로 이동한다.

간사이 국제공항

1994년에 개항한 해상 공항인 간사이 국제 공항은 두 개의 터미널을 운영하고 있으며 국제선은 제1터미널을 사용하고 있다. 국제선 청사인 제1터미널과 간사이쿠코역(関西空港駅)이 바로 연결되어 있어 시내로의 이동이 어렵지 않다. 또한 간사이 국제공항 1층에 푸드코트가 잘 갖춰져 있으니 탑승 수속을 한 후 식사를 하고 출국장으로 들어가자. (간사이 공항 면세구역 내에는 식사할 장소가 마땅히 없음) 난카이난바역을 기준으로 간사이쿠코역까지 약 45분 정도 소요되므로 우리나라로 돌아올 때 공항에 늦지 않게 도착하도록 사전에 체크하자.

일본 입국 수속

간사이 공항 도착 → 입국 심사 → 위탁 수화물 찾기 → 세관 신고 및 보안 검사 → 입국장

입국 심사

입국 심사 줄을 설 때는 외국인(Foreigner, 外國人) 줄에 서서 한 명씩 입국 심사를 받으며 심사관에게 입국 심사를 받을 때 비지트 재팬 웹(Visit Japan Web)으로 사전 등록한 QR코드를 입국 심사대에 있는 단말기에 찍고 여권을 심사관에게 제시한다. 그리고 심사관의 안내에 따라 얼굴 사진과 양쪽 검지의 지문 스캔을 한다.

위탁 수화물 찾기

입국 심사를 받고 나온 후 위탁 수화물이 있다면 해당 항공편이 표시된 수화물 수취대에서 짐을 찾는다. 이때 비슷한 가방이 있을 수 있으니 자기 것이 맞는지 꼭 확인하자.

세관 신고 및 보안 검사 후 입국장으로!

위탁 수화물을 찾고 입국장으로 나가기 전 세관 신고 및 보안 검사를 하는데 안내원의 지시에 따라 비지트 재팬 웹(Visit Japan Web)을 통해 사전에 등록한 세관 신고 QR코드를 제출하거나 세관통로 앞에 있는 컴퓨터에 QR코드를 인식시키고 간단한 보안 검사를 받는다.

일본 출국 수속(귀국할 때)

공항 도착 → 탑승권 발급(위탁 수화물 맡김) → 출국장 → 보안 검사 → 출국 심사 → 면세 구역 이용 및 탑승 대기 → 항공기 탑승 → 출발(이륙)

탑승권 발급 및 위탁 수화물 맡기기
한국에서 출발할 때와 마찬가지로 2시간 전까지 간사이 국제공항 제1터미널(국제선)에 도착하도록 하자. 단, 피치항공(국제선)과 제주항공은 제2터미널에서 탑승 수속을 진행하니 꼭 참고하자. 항공사 카운터와 출국장은 간사이 국제공항 제1터미널 4층에 위치해 있으며(피치항공·제주항공은 제2터미널 1층) 탑승 수속과 위탁 수화물을 맡기는 과정은 한국 출국 시와 동일하다. 오사카에서 구매한 물건들로 무게가 초과하는 경우가 많으므로 짐을 쌀 때 항공사나 여행사를 통해 허용 중량을 미리 확인하자.

보안 검사 및 출국 심사
항공권을 받고 위탁 수화물을 맡겼다면 이제 출국장으로 들어가서 보안 검사와 출국 심사를 받는다. 간사이 국제공항의 출국장은 제1터미널의 경우 4층에 있으며 제2터미널의 경우 1층에 위치해 있다. 액체 수화물 반입 제한이 있기 때문에 보안 검사를 받기 전 음료는 모두 마시거나 버리고 들어가야 한다.

면세 구역 이용 및 탑승 대기
출국 심사가 끝나면 면세 구역으로 들어서게 된다. 이곳에서 탑승 시간 전까지 면세점 쇼핑을 즐길 수 있는데 우리나라에 가져갈 선물들을 구매하다 자칫 출발시간을 지키지 못하는 경우가 있는데 이런 일이 없도록 시간 체크를 잘 하도록 한다.

항공기 탑승 및 이륙
항공권에 표기된 탑승장 번호와 탑승 시간을 확인하고 탑승 시간에 맞춰 탑승장으로 이동하자. 간혹 탑승권에 있는 탑승장 번호가 변경되는 경우가 있으니 탑승장으로 이동하기 전 한번 체크하는 것이 좋다.

우리나라 입국 수속(귀국할 때)

공항 도착 → 입국 심사 → 위탁 수화물 찾기 → 세관 신고 → 입국장

공항 도착
우리나라 공항에 착륙해 안전벨트 사인의 불이 꺼지면 자리에서 일어나 짐을 챙겨 순서대로 내린다. 도착 게이트를 빠져나와 입국 심사장으로 이동한다.

입국심사
입국 심사는 내국인 줄에 서서 입국 심사관에게 여권을 제시하고 선글라스와 모자는 벗어야 한다. 가족 단위, 유아, 장애인은 보호자와 함께 입국 심사를 받을 수 있다. 또한 출국 때와 마찬가지로 만19세 이상 국민이라면 자동 입국 심사대를 통해 간편하게 입국 심사를 받을 수 있다.

위탁 수화물 찾기
입국 심사를 받고 나온 후 위탁 수하물이 있다면 해당 항공편이 표시된 수하물 수취대에서 짐을 찾는다. 이 때 비슷한 가방이 있을 수 있으니 자기 것이 맞는지 꼭 확인하자

세관 신고 후 입국장으로!
2023년 5월 1일부터 신고 물품(면세 초과 물품, 농축산물 등)이 있는 여행자만 휴대품 신고서를 작성하며 신고할 물품이 없는 여행객들은 세관 신고 의무가 폐지되어 위탁 수화물을 찾고 바로 입국장으로 나가면 된다.

오사카의 교통수단

Osaka

공항에서 오사카 시내로 가는 방법

간사이 국제공항에서 오사카 시내로 들어가는 방법은 크게 두가지로 나눌 수 있다. 난카이선 전철을 이용하여 난카이난바역으로 가는 방법과 리무진 버스를 이용하여 우메다역으로 이동하는 것이다. 물론 JR선을 이용하여 이동할 수도 있지만 비용과 시간을 감안했을 때 추천하지 않는다. 난카이선을 이용하는 경우 특급 열차인 라피도 β 또는 공항 급행을 이용하는데 특급 열차가 좌석이 편하고 빠르지만 종착지인 난바역까지의 시간 차이는 그렇게 나지 않으므로 공항 급행을 이용하는 것이 더 좋다. (특급권을 구매하거나 교환하기 위한 대기 줄이 너무도 길다.)

- **난카이선 특급 라피도 β** (난카이난바역 도착)
  요금 1,490엔 소요 시간 약 41분
- **난카이선 공항 급행** (난카이난바역 도착)
  요금 970엔 소요 시간 약 46분
- **공항 리무진 버스** (한큐 우메다역 도착)
  요금 1,600엔 소요 시간 약 50분
  ※ 1층 매표소에서 티켓을 구매한 후, 5번 승차장에서 탑승

공항에서 교토로 가는 방법

최근에 교토를 여행하는 관광객이 늘어나면서 공항에서 교토로 바로 이동하여 여행을 시작하는 사람들이 많아졌다. 공항에서 교토로 바로 이동할 때에는 두 가지 방법이 있는데 JR하루카(はるか) 특급을 탑승하여 가는 것과 공항 리무진 버스를 이용하는 것이다. JR하루카 특급은 사전에 예약이 가능하고 공항 JR 티켓 머신에서 탑승권으로 교환하여 이용해야 한다. 관련 사항은 홈페이지를 참고하자.

홈페이지 www.westjr.co.jp/global/kr/

- **JR하루카 특급 지정석** (JR 교토역 도착)
  요금 3,640엔(인터넷 사전 구매 시 2,200엔)
  소요 시간 약 1시간 18분
- **공항 리무진 버스** (JR 교토역 도착)
  요금 2,600엔 소요 시간 약 1시간 30분
  ※ 1층 매표소에서 티켓을 구매한 후, 8번 승차장에서 탑승

철도 이용 시 주의할 점
- JR선과 지하철 그리고 민영 철도를 환승할 때에는 우리나라와 다르게 티켓을 별도로 구매를 하고 탑승장을 이동해야 한다.
- 교통 패스나 카드를 사용하는 경우는 출구 게이트를 나올 때 꼭 패스와 카드를 받도록 한다. 재발급 불가!
- 장거리 노선의 특급 열차(지정석·자유석)을 이용할 때에는 별도의 티켓을 구매해야 하며 대부분 여행일 오전에 출발하므로 여행일 전날까지 트레블센터 혹은 인터넷에서 사전 구매를 하도록 한다.

오사카 시내 교통

오사카의 철도 교통은 크게 세 가지로 분류할 수 있는데 국가에서 운영하는 JR선, 일반 회사에서 운영하는 민간 철도, 그리고 오사카 지하철이 있다. 민간 철도로는 대표적으로 한신선(阪神線), 한큐선(阪急線), 긴테쓰선(近鉄線)을 꼽을 수 있고 오사카 지하철은 미도스지선(御堂筋線), 주오선(中央線) 등 9개의 노선으로 구성된다. 한 회사의 노선만을 이용할 시에는 승차권을 한 장만 구매하면 되지만 여러 회사의 노선을 이용하려면 환승역에서 하차하여 외부 혹은 내부로 연결되어 있는 별도의 승차장으로 이동하여 추가로 티켓을 구매해야 한다. 다행히 오사카 시내에서는 대부분 지하철로 이동하게 되는데 지하철 9개 노선이 모두 내부로 연결되어 있고 한 장의 티켓으로 환승이 가능하다. 하지만 시 외곽으로 가는 한신선, 한큐선, 긴테쓰선을 이용할 때에는 외부 환승을 해야 하며 별도의 요금을 내야 하므로 무조건 티켓을 내고 게이트로 나와 추가 티켓을 구매해야 한다. 티켓은 대부분 티켓 머신에서 구매할 수 있고, 일어와 영어가 기본이지만 기기에 따라 한글 서비스도 가능하다. 이러한 티켓 구매의 번거로움을 덜기 위해 교통 카드(PASMO, SUICA)를 사용하거나 간사이 스루 패스 또는 오사카 주유 패스를 구매하여 이용하기도 한다. 버스는 거리에 비례하여 요금 차이가 있으며 뒷문으로 타서 앞문으로 내리고 내릴 때 요금을 지불한다. 택시는 택시의 종류와 거리에 따라 기본 요금과 이용 요금이 다르다. 하지만 오사카 시내를 여행할 때 버스와 택시는 오히려 불편하고 요금도 비싸므로 꼭 필요할 때만 이용하자.

JR순환선(大阪環状線)

오사카 시내를 순환하는 JR 철도를 JR순환선(환상선)이라고 한다. 도쿄 여행은 야마노테선을 이용하는 것이 가장 효과적이지만 오사카의 경우는 JR순환선보다 지하철을 이용하는 것이 가장 편리하고 효과적이다. 간사이 스루 패스나 주유 패스 소지자는 무조건 지하철을 이용하고 패스를 구매하지 않은 여행객들도 이동 시간 및 비용을 계산하여 가급적 지하철을 이용할 것을 추천한다. 기본 요금은 140엔부터이며 추가 구간에 따라 요금이 20~30엔씩 올라간다. 오사카 시내에서는 JR선이 지하철보다 가격은 저렴하지만 이용이 더 불편하고 주요 지점을 연결하지 못하므로 지하철 이용을 권장한다.

오사카 지하철(大阪地下鉄)

오사카를 여행할 때 가장 편리한 교통수단인 지하철은 9개의 노선(난코선 포함)이 오사카 시내를 그 물망처럼 연결하고 있어 웬만한 여행지에는 모두 갈 수 있다. 기본 요금은 190엔부터이며 총 5개 구간으로, 190엔부터 390 엔까지 구분되어 있다. 예를 들어 난바역 기준으로 요도야바시역까지 지하철 미도스지 라인으로 3 정거장(1구간) 190엔인데 우메다역까지는 4 정거장(2구간) 240엔이다. 참고로 지하철에서 다른 지상 철도나 사철, JR선을 이용할 경우에는 내부 환승이 아닌 외부 환승이므로 표를 다시 끊고 갈아타야 하는 불편함이 있다.

오사카 지하철 노선	기호	색상	주요 경로
미도스지선(御堂筋線)	M	빨강	덴노지-난바-신사이바시-우메다
다니마치선(谷町線)	T	퍼플	히가시우메다-다니마치욘초메-덴노지
요쓰바시선(四つ橋線)	Y	파랑	니시우메다-난바
주오선(中央線)	C	녹색	혼마치-오사카코
센니치마에선(千日前線)	S	분홍	난바-니폰바시
사카이스지선(堺筋線)	K	갈색	나가호리바시-미나미모리마치-니폰바시
나가호리쓰루미료쿠치선(長堀鶴見 地線)	N	연두	신사이바시-나가호리바시
이마자토스지선(今里筋線)	I	주황	시기노역-미도리바시역
난코포트타운선(南港ポートタウン線)	P	하늘	코스모스퀘어-트레이드센터마에

오사카 지하철

오사카 지하철 이용하기

오사카는 여러 노선의 지하철로 주변 도시와 연결된다. 우리나라와 다르게 노선 및 행선지별로 이용하는 역이 다르므로 사전에 알아보고 역을 잘 확인하자. JR선으로 환승할 때에는 별도로 티켓을 구매해야 한다. 티켓을 구입할 때는 자판기를 이용해야 하는데, 한국어를 지원하므로 편리하게 이용할 수 있다.

오사카 지하철 大阪地下鉄

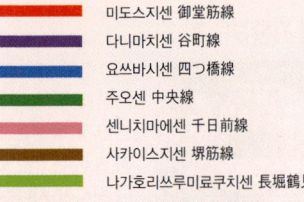

- 미도스지센 御堂筋線
- 다니마치센 谷町線
- 요쓰바시센 四つ橋線
- 주오센 中央線
- 센니치마에센 千日前線
- 사카이스지센 堺筋線
- 나가호리쓰루미료쿠치센 長堀鶴見緑地線
- 이마자토스지센 今里勤線
- 난코 포트타운센 南港ポートタウン線

오사카 사철 大阪私鉄

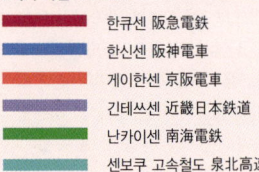

- 한큐센 阪急電鉄
- 한신센 阪神電車
- 게이한센 京阪電車
- 긴테쓰센 近畿日本鉄道
- 난카이센 南海電鉄
- 센보쿠 고속철도 泉北高速鉄道

기타 철도 노선

- JR
- 신칸센 新幹線

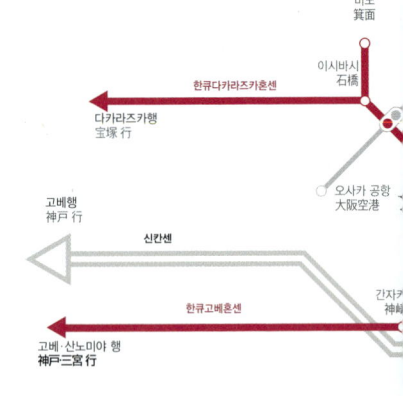

한신선(阪神線)·한큐선(阪急線)·긴테쓰선(近鉄線)

오사카에서 근교 지역으로 이동할 때 이용하는 민간 철도로 한신선은 고베 지역으로 이동할 때 주로 이용하는 철도이며, 한큐선은 고베와 교토로 이동할 때, 긴테쓰선은 난바에서 나라나 나고야로 이동할 때 이용한다. 근교 지역의 경우 JR선을 이용해서도 갈 수 있으므로 이동거리, 목적지, 시간, 금액 등을 따져 보고 이들 민간철도와 JR선 중에서 선택하도록 하자.

버스(バス)

버스를 이용하면 시내 구경을 하면서 이동할 수 있지만, 차가 막히면 시간을 길에서 허비할 수도 있다. 또 일본어를 모르면 고생할 수 있으니, 오사카에서는 가급적 지하철을 이용하도록 하자.
교토에서는 지하철역이 많지 않아 버스를 이용해야만 주요 관광지를 손쉽게 찾아갈 수 있다. 시내버스 기본 요금은 거리에 상관없이 210엔(어린이 110엔)이며 교통 카드가 있다면 편하게 이용이 가능하지만 현금 계산은 잔돈을 거슬러 주지 않으므로 참고하자.

택시(タクシー)

택시는 원하는 여행지를 빠르고 자유롭게 다닐 수 있지만, 요금이 상당히 비싸 부담스러울 수 있다. 지역과 택시 회사, 차종에 따라 다르지만 기본 요금이 500엔 정도이고, 5분만 타도 1,000엔이 훌쩍 넘어 버린다. 따라서 급하거나 길을 못 찾는 경우를 제외하고는 웬만하면 지하철을 이용하자. 참고로 택시의 뒷문이 자동문이어서 승하차 시 자동으로 열리니 문을 직접 열거나 닫지 말도록 한다.

스이카(SUICA)·파스모(PASMO)·이코카(ICOCA) 교통 카드

최근 여행객들이 많이 구매하는 교통 카드로, 한 번 충전하면 모든 교통 수단과 카드 결제 대용으로 사용할 수 있는 편리함이 있다. 충전 금액을 다 사용하면 수시로 모든 역의 티켓 머신에서 충전할 수 있으며 전철이나 지하철, 버스를 이용할 때에는 따로따로 티켓을 구입하는 가격보다 할인을 받을 수 있어 여행객들에게 아주 유용하다. 여행을 마치고 돌아갈 때 보증금 500엔을 환급받을 수 있는데, 파스모(PASMO)는 이용객의 영문 이름도 카드에 새길 수 있어 보증금을 환급받지 않고 여행 기념품으로 많이 가져오기도 한다. 환급받을 때에는 수수료로 220엔을 지불하게 된다는 것도 참고하자. 모든 역사의 티켓 머신에서 손쉽게 구매가 가능하며 어린이권을 구매할 경우에는 티켓 창구를 통해 여권을 확인한 후 구매할 수 있다.

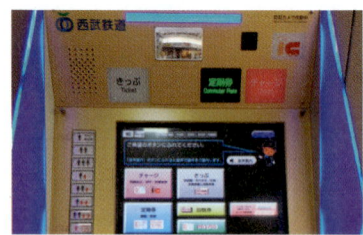

파스모(Pasmo) 교통 카드 구매 순서
티켓 머신의 언어 버튼 중 'KOREAN'을 선택한다.
교통 카드 'SUICA/PASMO'를 선택한다.
'처음 구매'를 선택하고 구매 금액을 누른다.
카드에 새길 영문 이름과 생년월일을 입력한다.
해당 금액을 넣고 교통 카드와 잔돈을 수령한다.

교통 패스(지정 기간 내 무제한 사용 가능)

항공권과 호텔 그리고 식사 비용 못지않게 현지에서의 교통 요금과 입장료도 여행 경비의 상당 부분을 차지한다. 이 지출 비용을 줄이기 위해 간사이 스루 패스와 오사카 주유 패스 구입을 고민하게 되는데 과연 나의 일정에는 어떤 것이 더 좋을지 잘 판단해야 비용을 줄일 수 있다. 우선 교토와 고베 그리고 나라를 비롯한 오사카시 주변 여행에 따른 교통비와 입장료를 줄이기 위해서는 간사이 스루 패스를 추천하고, 오사카 시내 여행만 계획을 한다면 오사카 주유 패스를 추천한다. 또한 이 두 종류의 티켓을 모두 구입하여 적절하게 이용한다면 교통 비용을 많이 줄일 수 있고 부가적으로 입장료에 대한 무료 또는 할인 혜택과 더불어 제휴 음식점의 할인 혜택까지 받을 수 있으니 오사카 여행에 필수 준비물이라 할 수 있다.

간사이 스루 패스(KANSAI THRU PASS)

오사카 시내를 중심으로 교토, 나라, 오사카, 고베, 와카야마 등에서 한 장의 카드만으로 JR를 제외한 10개 회사의 지하철, 민영 철도, 버스 등을 2~3일 동안 자유롭게 타고 내릴 수 있으며, 350개의 관광 명소, 역사 유적지, 온천 등의 시설에서 다양한 할인 혜택을 받을 수 있다. 비연속적인 사용이 가능하여 사용하고자 하는 날짜를 선택할 수 있다. 예를 들어 여행 일정이 3박 4일인데 교통비가 가장 많이 발생하는 여행 날짜가 2일째와 4일째라면, 간사이 스루 패스 2일권을 구매하고 이 두 날을 지정해서 패스를 사용할 수 있다. 기준 시간은 사용 당일 첫 열차 사용 기준으로 24시간이다. 주의 사항으로는 이용 구간을 넘어서는 구간 이용에 대해서는 별도 비용을 지불할 수 있고, 지정석이나 레벨이 높은 열차를 탑승할 경우 추가 요금을 지불해야 한다는 것이다. 또한 티켓을 분실하면 재발급이 안 되며, 티켓을 부정 사용하는 경우 사용 티켓은 무효화되며 추가 할증 비용을 지불해야 한다. 기타 안내 사항은 홈페이지를 통하여 자세히 확인하도록 하자.

요금 ❶ 2DAYS 패스-어른 4,380엔, 어린이(초등학생) 2,190엔 ❷ 3DAYS 패스-어른 5,400엔, 어린이(초등학생) 2,700엔
홈페이지 www.surutto.com

오사카 주유 패스(OSAKA AMAZING PASS)

간사이 스루 패스가 오사카 위성 도시 관광에 필수라고 한다면 오사카 주유 패스는 오사카 시내 관광에 있어 필수다. 오사카 시내에서 JR를 제외한 모든 교통 이용이 가능하며 52개 관광 명소에 무료로 입장하거나 시설 이용을 할 수 있을 뿐만 아니라 수십 개의 관광 명소와 제휴 음식점에서 할인을 받을 수 있는 오사카 여행의 필수 아이템이다. 간사이 스루 패스와는 다르게 연속으로 사용해야 하므로 2일권을 구매할 경우 2일 연속으로 오사카 시내 여행을 해야 비용을 절감할 수 있다. 패스를 분실하면 재발급이 안 되며, 티켓을 부정 사용할 경우 사용 티켓은 무효화되며 추가 할증 비용을 지불해야 하므로 주의하자. 또한 1일권과 2일권의 이용 교통의 범위나 이용할 수 있는 교통편에 차이가 있으므로 홈페이지에서 사전에 확인하자. 또한 미리 할인 혜택 및 무료 특전을 확인하면 여행 일정과 비용을 계산하는 데 큰 도움이 된다

요금 1일권 2,800엔, 2일권 3,600엔 ※ 어린이권은 별도로 없음
구매처 홈페이지 참고
홈페이지 www.osp.osaka-info.jp

한국에서 간사이 스루 패스 구입하기

간사이 스루 패스를 간사이 공항에 입국하여 구매하는 경우 비용이 더 비싸고 대기 시간이 길 수 있으므로, 출발 전에 한국 내 판매 여행사에서 사전에 구매하는 것이 더 저렴하고 시간을 줄일 수 있다.

한국 내 간사이 스루 패스 판매 여행사
여행박사, 하나투어, 모두투어, 오마이티켓, 내일투어, 인터파크투어, 와그트래블, 마이리얼트립
※일본 내의 간사이 스루 패스 판매 장소는 홈페이지를 참고하자.

Osaka
알아 두면 좋은 정보

기후

오사카를 비롯한 간사이 지역은 일 년 내내 온난한 세토내해(瀬戸内海) 기후에 속해 여름은 매우 덥고 습하며 일본에서 가장 더운 지역 중 하나이다. 여름에는 열대야 때문에 잠을 못 이루는 날이 많으니 여름에 여행할 때는 꼭 냉방이 잘 되는 숙소를 선택하도록 하자.

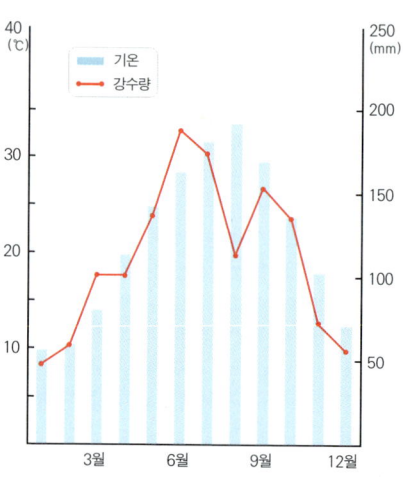

화폐

화폐 단위는 엔(¥, 円)으로 표기하며 동전은 1엔, 5엔, 10엔, 50엔, 100엔, 500엔이며 지폐는 1,000엔, 5,000엔, 10,000엔이 있다.

전압

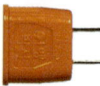 일본은 우리나라보다 낮은 100V의 전압을 사용하고 있다. 따라서 여행을 할 때에는 돼지코라 불리는 어댑터를 준비해야 하고 일본에서 구매하려는 전자제품은 100V이므로 자동 변환이 되는 제품인지, 변압기가 필요한지 꼭 확인하도록 하자.

공휴일

1월 1일	설날
1월 둘째 주 월요일	성인의 날
2월 11일	건국기념일
2월 23일	일왕탄신일
3월 20일	춘분
4월 29일	쇼와의 날
5월 3일	헌법기념일
5월 4일	식목일
5월 5일	어린이날
7월 셋째 주 월요일	바다의 날
9월 셋째 주 월요일	경로의 날
9월 23일	추분
10월 둘째 주 월요일	체육의 날
11월 3일	문화의 날
11월 23일	근로 감사의 날

여행 시즌

오사카를 여행하기에는 따뜻한 3월~4월 그리고 날씨가 선선한 10월~12월 초가 가장 좋다. 참고로 관광객이 많이 몰려 항공권과 호텔 요금이 비싼 시기는 4월 말부터 5월 초까지 일본의 골든위크 기간, 여름 연휴 7월~8월, 겨울 연휴 1월~2월이다. 또한 한국 연휴 기간에 오사카를 방문하려는 관광객이 많이 몰리므로 일본의 연휴와 한국의 연휴를 잘 체크해야만 좀 더 저렴하게 여행 계획을 세울 수 있다.

전화

일본의 국가 번호는 81, 오사카의 지역 번호는 06이다. 한국에서 휴대폰(스마트폰 기준)을 가지고 가면 자동 로밍이 되는데 사전에 로밍 요금제를 신청하지 않으면 자칫 전화 요금 폭탄을 맞을 수 있다. 각 통신사별로 기간별 로밍 정액 요금이 있으니 꼭 확인하고 사전 신청하도록 하자. 로밍을 별도로 하지 않고 와이파이나 에그(포켓 와이파이)를 사용해도 되지만 장소에 따라 사용이 잘 안 될 수 있다는 점도 고려하자.

우편

일본에서 한국으로 우편물을 보내려면 우체국이나 우체국 분소 혹은 호텔(사전 비용 지불)을 통해 발송할 수 있다. 소포를 보내는 경우에는 우체국이나 우체국 분소를 방문하여 영문 혹은 일어로 표기하여 직접 작성해야 한다. 한국에서 일본으로 우편물 혹은 소포를 보내는 경우에는 영문이나 일본어를 표기해서 우체국을 방문해야 한다.

인터넷

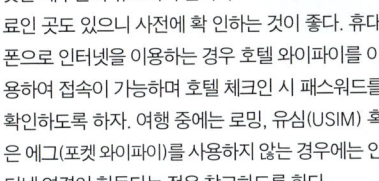

호텔에서 PC를 이용하는 인터넷은 대부분이 유료이며 간혹 무료인 곳도 있으니 사전에 확인하는 것이 좋다. 휴대폰으로 인터넷을 이용하는 경우 호텔 와이파이를 이용하여 접속이 가능하며 호텔 체크인 시 패스워드를 확인하도록 하자. 여행 중에는 로밍, 유심(USIM) 혹은 에그(포켓 와이파이)를 사용하지 않는 경우에는 인터넷 연결이 힘들다는 점은 참고하도록 한다.

화장실

여행 중 화장실이 급하다면 백화점, 쇼핑몰, 호텔, 지하철을 이용하는 것이 가장 좋다. 참고로 길에서 많이 보이는 파친코의 화장실도 무료로 이용할 수 있다.

편의점

대로변은 물론이고 골목에서도 편의점을 쉽게 볼 수 있다. 편의점마다 자체 개발 상품(PB 상품)이 많아서 편의점을 쇼핑하는 재미도 쏠쏠하다.

자판기

자판기의 천국인 일본에서는 사람만큼 많은 것이 자판기다. 음료를 쉽게 구입할 수 있고 호텔의 자판기에서는 주류도 구매가 가능하다. 담배의 경우 외국인은 구매를 할 수 없으니 편의점 혹은 담배 판매점을 이용하도록 한다.

팁

일본은 우리나라와 마찬가지로 별도의 팁 문화가 없다. 음식점이나 상점을 이용할 때는 물론이고 호텔에서는 침구류 정리에 따라 팁을 주는 경우도 있지만 딱 정해져 있는 기준은 아니니 너무 부담 갖지 말자.

오사카 호텔 숙박세

1인 1박 기준 7,000엔 이상 15,000엔 미만의 경우 1박당 100엔의 숙박세를 지불해야 하며, 15,000엔 이상 20,000엔 미만은 200엔을 지불해야 하고, 20,000엔 이상은 300엔을 내야 한다. 호텔 체크인을 할 때 직원의 안내에 따라 사전 지불하면 된다.

긴급상황 대처 안내

여행을 하다 보면 여러 가지 긴급 상황이 생길 수 있다. 항공이나 호텔의 문제가 있다면 예약한 해당 회사에 문의를 해야 하며 여권을 분실했다면 오사카 대한민국 총영사관을 통하여 임시 여권을 신청해야 한다. 현금이나 카드를 분실하여 여행을 지속할 수 없다면 외교부의 긴급 송금 서비스를 이용할 수 있고 범죄 및 응급 상황이 발생했을 경우에는 110 혹은 070-2153-5454를 통해 도움을 요청할 수 있는데 일본어를 모르더라도 통역사를 통해 도움을 요청할 수 있다.

- **외교부**
  전화 02-3210-0404 **홈페이지** www.0404.go.kr

- **오사카 한국 대사관**
  전화 06-4256-2345 **주소** 大阪府大阪市中央区西心斎橋2丁目3-4

지역 가이드

오사카
- 신사이바시
- 난바
- 우메다
- 덴마
- 덴노지
- 오사카성
- 베이 에어리어
- 린쿠타운
- 유니버설 스튜디오 재팬

교토

고베

나라

간사이 여행 포인트

🏯 오사카

간사이 지역의 중심 도시이자 일본에서 두 번째로 큰 도시다. 예전부터 무역, 유통, 상공업이 발달한 간사이 최고의 인기 여행지이기도 하다. 1994년 개항한 간사이 국제공항도 오사카에 있는데 간사이 지역의 관문답게 약 50개의 항공사가 취항하고 있다. 오사카 여행은 상업과 교통 그리고 쇼핑의 중심인 우메다 지역과 쇼핑과 먹거리 천국이자 오사카 최대의 관광 지역인 난바·신사이바시 지역, 오사카의 역사를 볼 수 있는 오사카성 부근과 덴노지 지역, 계획 임해 부도심인 베이 에어리어 지역으로 나눌 수 있다.

🍜 고베

한신 공업 지역의 중심이자 과거 중국과의 해상 무역의 중심지였던 고베는 1994년 한신 대지진 이후 빠르게 회복하여 공업 중심지에서 상업 중심지로 변모하였다. 간사이 최고의 부촌으로 손꼽히는 포트 아일랜드와 롯코 아일랜드 지역도 고베에 있다. 고베는 과거 유럽식 건축물이 그대로 보존된 기타노이진칸 지역, 고베 최대의 상점가인 모토마치 상점가, 차이나타운인 난킨마치, 그리고 고베에서 가장 인기 있는 하버 랜드 지역으로 나눌 수 있다.

교토

일본의 천년 역사가 살아 숨 쉬는 교토는 일본의 문화·역사의 중심지다. 2,000여 개의 사찰과 과거 일본의 역사를 볼 수 있는 교토 국립 박물관은 많은 볼거리를 제공하고 있으며 1994년 교토가 세계 문화유산에 등재되면서 많은 관광객이 찾고 있다. 우리나라의 경주처럼 교토 전체가 역사 유적지이며 모든 사찰과 명소를 둘러보려면 1주일 넘게 걸린다.

후쿠이 福井

이바라 米原

시가 滋賀
大津

나고야 名古屋

주부 국제공항
中部國際空港

奈良

쓰 津

미에 三重

나라

나라는 도후쿠지나 호류지 같은 유명한 세계 문화유산을 보유하고 있지만 교토에 비해 관광객 수가 적다. 사슴과 자연이 어우러진 나라의 사찰들은 교토와는 또 다른 볼거리를 제공한다.

Kansai

오사카
여행 포인트

신사이바시

오사카에서 가장 유명한 신사이바시스지 상점가가 자리 잡고 있고 명품 매장과 백화점 그리고 수많은 상점들이 있어 쇼핑객들에게 가장 추천하는 곳이다.

난바

오사카 여행의 시작점이자 남쪽 교통의 중심지이다. 공항으로 이동하기 가장 편리한 지역이고 음식점과 백화점, 상점들이 즐비하여 관광객들이 가장 선호하는 곳이다.

우메다

고층 빌딩과 특급 호텔, 명품 숍, 유명 백화점으로 가득한 상업의 중심지이자 인기 관광 지역이다.

덴마

관광객보다는 현지인이 많이 찾는, 일본에서 가장 긴 덴진바시스지 상점가가 있으며 일본 3대 마쓰리인 덴진 마쓰리가 열리는 오사카텐만궁이 있는 곳이다.

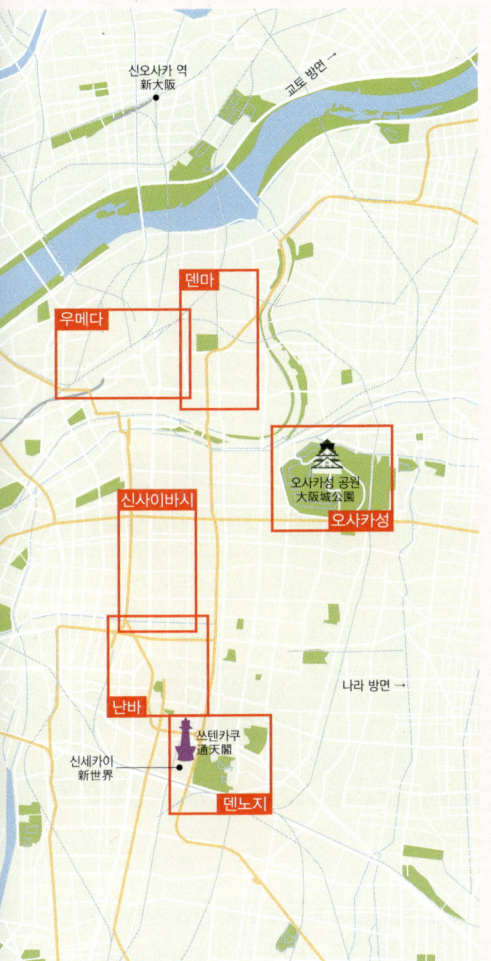

덴노지

일본 최초로 엘리베이터가 설치된 건물이자 103m의 전망대인 쓰텐카쿠와 과거 오사카의 최대 유흥 지역이었던 신세카이가 대표적인 볼거리다.

베이 에어리어

오사카의 해양 개발 계획 도시로 대형 수족관인 가이유칸과 종합 레저타운인 덴포잔 마켓 플레이스가 가장 큰 볼거리다.

오사카성

오사카의 상징이자 자부심인 오사카성은 일본의 3대 성으로서 관광객들이 빼놓지 않고 들르는 곳이다.

린쿠타운

간사이 국제공항과 가까운 지역에 위치해 있고 프리미엄 아웃렛과 대형 쇼핑몰이 있어 귀국할 때 공항 가는 길에 방문하기 딱 좋은 쇼핑 지역이다.

유니버설 스튜디오 재팬

유니버설 스튜디오 재팬은 할리우드 영화와 애니메이션을 테마로 한 글로벌 테마파크다.

Osaka

오사카
OSAKA

오감을 만족시키는 간사이의 중심 도시

　오사카는 간사이 지역의 도시 중 가장 많은 인구가 살고 있으며 이 지역의 교통, 산업, 관광의 중심지다. 넓은 태평양을 바로 앞에 두고 있어 예전부터 고베와 함께 간사이 지역의 최대 해양 도시이자 상업·무역 도시로 성장하였다.
　역사적으로 보면 오사카는 교토가 과거 수도였을 때에는 주요 지방 도시에 불과했으나 1583년 도요토미 히데요시가 오사카성을 건축하면서 크게 발전하였다. 도쿠가와 이에야스가 정권을 잡은 후 쇠퇴하기 시작하였지만 메이지 유신 때 태평양을 낀 해양 도시로 상공업과 근대 공업을 육성하여 간사이 지역의 최대 도시로 빠르게 성장하였다. 대중교통을 이용하여 주변 도시인 교토, 나라, 고베를 1시간 안에 이동할 수 있기 때문에 오사카를 중심으로 많은 외국 관광객이 방

문하고 있다. 2000년 이전에는 오사카의 심장부인 오사카역 주변과 우메다역 주변, 그리고 남쪽의 교통 요충지인 난바역 중심으로 관광지가 형성되었으며 2000년 이후에는 유니버설 스튜디오 재팬과 덴포잔에 일본 최대 규모의 수족관 가이유칸이 들어서면서 더욱 다양한 볼거리를 선사하는 도시로 발돋움하고 있다.

신사이바시

心斎橋

신사이바시 지역은 혼마치역에서 도톤보리까지 이어지는 신사이바시스지 상점가가 길게 뻗어 있고 오사카에서 가장 유명한 먹거리 지역인 도톤보리와 오사가 최고의 유흥가 소에몬초가 있어 오사카 최고의 관광 지역이다. 또한 미도스지 대로변으로는 다이마루 백화점과 파르코를 비롯해 해외 명품 숍이 많이 들어서 있어 우메다 못지않게 명품 거리로 성장하였으며 개성 넘치는 스트리트 패션과 구제 옷 가게가 몰려 있는 아메리카무라가 가까이에 있다. 신사이바시 상점가는 천장이 있는 쇼핑 아케이드로 비가 와도 365일 쇼핑을 즐길 수 있기 때문에 저녁 시간이 되면 지나가기 버거울 정도로 관광객을 비롯한 많은 사람이 몰린다. 특히 오사카의 대표 음식 거리인 도톤보리는 늦은 저녁까지 맛집을 찾아 움직이는 관광객들과 음식점 앞에서 대기하는 사람들로 항상 북새통을 이루는 먹거리 천국이다. 신사이바시 지역은 난바와 더불어 오사카 최고의 관광 지역으로 오사카 여행에서 절대 빼놓을 수 없는 핵심 지역이라 하겠다.

• 신사이바시 교통편 •

신사이바시 지역은 지하철로 이동하는 방법과 도보로 이동하는 방법이 있는데, 난바역이나 혼마치역에서 걸어가는 방법과 지하철 미도스지선(御堂筋線)과 나가호리츠루미료쿠치선(長堀鶴見緑地線) 신바시역을 이용하는 방법이다. 전체를 여유 있게 관광하고 싶다면 혼마치역에서 내려 신사이바시 북쪽 상점가부터 도톤보리까지 걸어서 내려가는 방법을 추천한다.

■ 난바역에서 이동하기 (신사이바시역 이용)
지하철 난바역 2번 플랫폼에서 미도스지선(御堂筋線)을 탑승하여 1 정거장 이동.
시간 약 2분 소요 요금 190엔

■ 우메다에서 이동하기 (혼마치역 이용)
지하철 우메다역 1번 플랫폼에서 미도스지선(御堂筋線)을 탑승하여 2 정거장 이동.
시간 약 4분 소요 요금 190엔

Travel Course

지하철 혼마치역 11번 출구에서 나와 신사이바시스지 북쪽 상점가부터 도톤보리까지 도보로 이동하면서 다양한 쇼핑과 먹거리를 즐길 수 있는 코스를 추천한다.

지하철 혼마치역 도보 1분 ➡ 신사이바시스지 북쪽 상점가 도보 1분 ➡ 신사이바시스지 남쪽 상점가 도보 1분 ➡ 도톤보리

신사이바시스지 상점가

도톤보리

아메리카무라

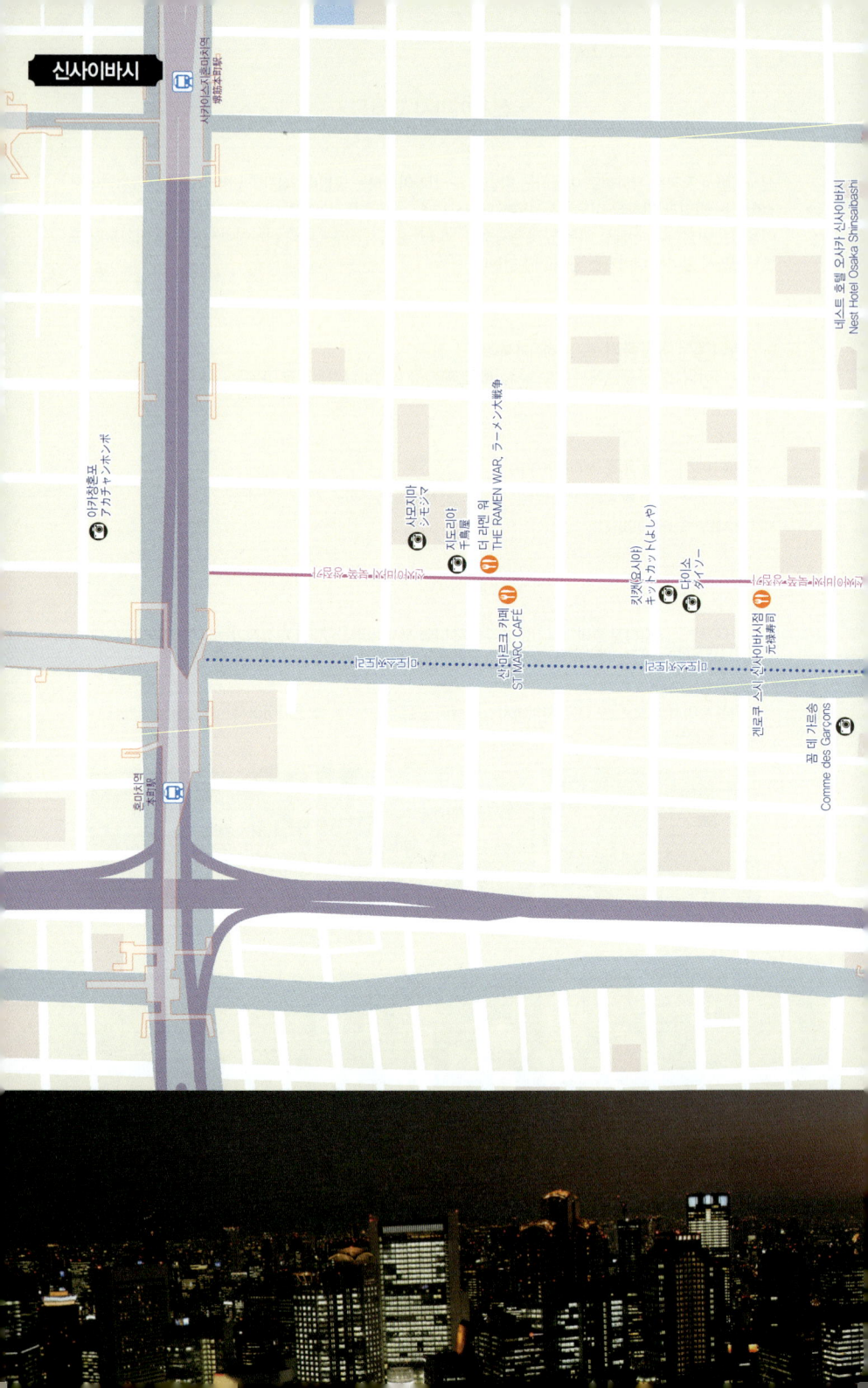

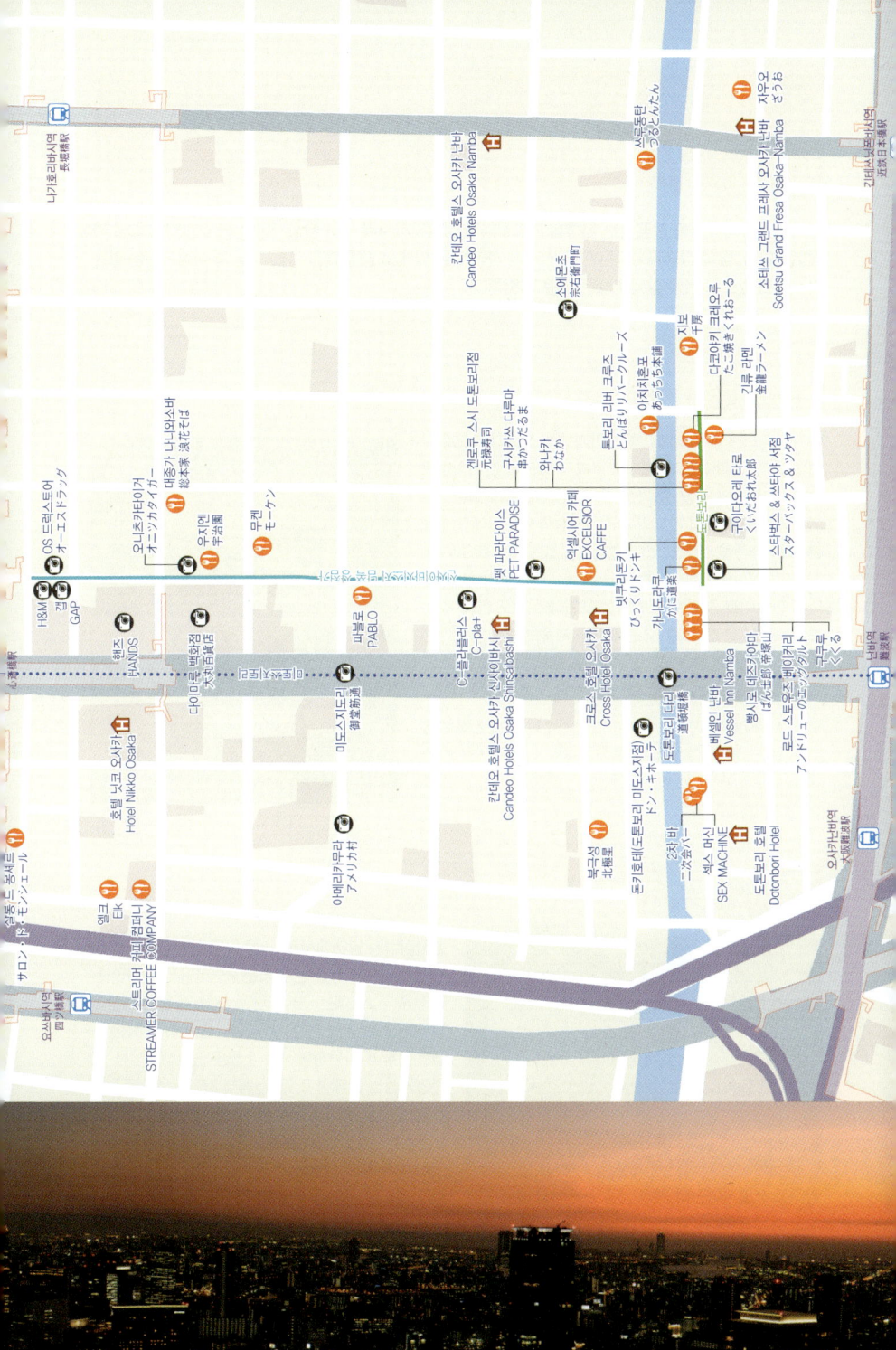

Shinsaibashi-suji North Shopping Street
신사이바시스지 북쪽 상점가

신사이바시스지 북쪽 상점가는 지하철 혼마치역과 신사이바시역 사이 상점가이며 천장이 있는 쇼핑 아케이드이다. 남쪽 상점가보다는 유동 인구가 적어 여유 있게 쇼핑을 즐길 수 있고 남쪽 상점가에는 없는 가게들도 있으니 여행 일정에 넣는 것을 추천한다.

일본 최고의 유아용품 전문 백화점
아카창혼포 アカチャンホンポ

아카창혼포는 일본을 대표하는 아기용품 전문 매장으로 우리나라 아기 엄마들에게도 잘 알려져 있으며 혼마치점은 오사카 세 곳의 지점 중 가장 큰 곳이다. 본관과 별관으로 나뉘어 있으며 아기 기저귀부터 유모차까지 유아에게 필요한 모든 제품을 갖추고 있어 엄마들에게는 필수 코스이다. 환율이 많이 떨어질 때에는 기저귀를 사재기하는 일이 많아서 한국어로 구매 수량 제한을 표기해 두기도 한다. 같은 브랜드라도 우리나라에서 판매하는 제품보다 가격이 저렴하여 쇼핑을 과하게 하는 경우도 있는데 한국으로 들고 가는 어려움도 감안하여 필요한 물건들만 구입하도록 하자.

주소 大阪府大阪市中央区南本町3丁目3-21 **위치** 지하철 혼마치역 9번 출구에서 도보 1분 **전화** 06-6258-7300 **시간** 10:00~20:00 **홈페이지** stores.akachan.jp/2

신사이바시 지역에서 가장 큰 문구 잡화점
시모지마 シモジマ

신사이바시 일대에서 가장 큰 문구 잡화점으로 우리나라의 아트박스 또는 알파문구센터를 생각하면 된다. 1층과 2층에는 PB·이벤트 제품 및 문구 제품을 판매하고 있으며 3층은 기념품을 준비하기 위한 포장용품들이 가득하며 4층과 5층에는 생활용품 및 주방용품을 판매하고 있다. 특히 3층은 선물 포장에 필요한 다양한 용품들을 볼 수 있고 선물을 포장하는 다양한 방법들을 알려 주고 있으며 위탁 포장도 가능하여 많은 사람들이 찾는다. 제품의 종류도 다양하고 시모지마만의 기획 상품도 준비되어 있으며 가격도 저렴한 편이어서 자녀를 둔 학부모들에게 추천하고 싶은 곳이다.

주소 大阪府大阪市中央区北久宝寺町3丁目3-8 **위치** 지하철 혼마치역 11번 출구에서 도보 2분 **전화** 06-6252-4361 **시간** 10:00~18:30 **홈페이지** shimojima.jp

일본식 화과자 전문점
지도리야 千鳥屋 [치도리야]

1630년 창업 이래 장인이 직접 만드는 만주로 유명한 지도리야는 현대에 들어와서는 자동화 시스템이 되었지만 다양한 종류의 화과자와 현지인뿐만 아니라 외국 관광객도 좋아하는 달콤한 맛으로 일본을 대표하는 화과자 전문점으로 자리 잡았다. 좋은 식자재를 사용하고 다양한 사람들의 입맛에 맞춘 제품들이 많지만 가격이 다소 비싸다는 것을 고려하자. 오사카에 12개의 지점이 있지만 신사이바시지에 위치한 지도리야가 제품도 다양하고 때로는 시식도 할 수 있으며 좀 더 여유 있게 제품을 구매할 수 있는 장점이 있다.

주소 大阪府大阪市中央区南久宝寺町3丁目4-14 **위치** 지하철 혼마치역 11번 출구에서 도보 3분 **전화** 06-6120-6570 **시간** 08:30~20:00 **홈페이지** www.chidoriya.jp

일본에서 대중적인 초콜릿 브랜드
킷캣(요시야) キットカット(よしや) [킷토캇토(요시야)]

킷캣 초콜릿은 스위스에 본사를 둔 네슬레가 만든 제품이지만 일본에서 대중적인 브랜드로 자리를 잡아 일본을 여행할 때 선물로 사야 할 품목으로 꼽힌다. 신사이바시지 북쪽 상점가에 위치한 이곳은 가게 이름이 요시야인데, 가게 이름은 사람들이 잘 모르지만 간판에 킷캣 로고가 새겨져 있어 흔히 킷캣 상점으로 불린다. 면세점에서도 킷캣을 판매하고 있지만 가격이 비싸고 용량이 큰 반면에 이곳에서는 다양한 제품을 선택할 수 있고 가격도 준수하기 때문에 선물로도 부담스럽지 않게 준비할 수 있는 곳이다. 다만 여름에는 초콜릿이 녹아 한국에 돌아가서는 원래 모습을 보기 힘들다는 것을 생각하고 구매하자.

주소 大阪府大阪市中央区南船場3丁目10-1 **위치** 지하철 신사이바시역 북쪽 8번 출구에서 도보 2분 **전화** 06-6241-9124 **시간** 월~금 07:15~20:45, 토 08:15~20:45, 일 08:15~19:45 **홈페이지** www.okashi.jp

일본을 대표하는 디스카운트 스토어
다이소 ダイソー

일본에는 저렴한 가격으로 쇼핑을 즐길 수 있는 디스카운트 쇼핑 매장이 많은데 그중 가장 대표되는 곳이 바로 다이소이다. 돈키호테에 밀려 우리나라 사람들의 관심에서 다소 멀어졌지만 실제 제품과 가격을 비교해 보면 다이소가 더 경쟁력이 있다. 문구류를 비롯한 액세서리, 소형 생활용품들은 대부분 100엔에 구입할 수 있으므로 오사카를 방문할 때 절대 다이소 쇼핑을 빼놓지 말자. 여행하면서 다이소 매장을 많이 볼 수 있지만 이곳 신사이바시지 매장은 규모도 크고 메인 관광지에서 조금 벗어나 더 여유 있게 쇼핑을 즐길 수 있어 추천한다.

주소 大阪府大阪市中央区南船場3丁目10-3 **위치** 지하철 신사이바시역 북쪽 8번 출구에서 도보 2분 **전화** 080-4819-8719 **시간** 09:00~21:00 **홈페이지** www.daiso-sangyo.co.jp

일본의 대표 의류 잡화 브랜드
꼼 데 가르송 Comme des Garçons [코무 데 가르손]

1969년 설립되어 실용적이면서도 독특한 디자인으로 세계적으로도 인기를 끌고 있는 일본의 대표 브랜드이며 하트 모양의 유니크한 심볼이 아주 인상적이다. 본사가 프랑스 파리에 있지만 일본인 레이 가와쿠보(川久保玲)가 창업하였고 일본에서 아주 인기가 높은 패션 브랜드로 자리 잡았다. 우리나라에도 매장을 운영하고 있지만 일본 현지의 매장에서 좀 더 저렴하고 다양한 디자인의 제품을 구매할 수 있다. 특히 신사이바시에서 운영 중인 오사카점은 인기 스트리트 패션인 베이프(Bape)와 협업한 콜라보 제품을 한정 판매하고 있어 우리나라 관광객들도 선호하는 곳이다. 평일 오후나 주말에는 많은 방문객들로 입장이 제한되는 경우가 많고 제품도 품절되는 경우가 많으니 오전 일찍 방문하는 것을 추천한다. 또한 쇼핑 공간은 넓어서 쾌적하지만 매장 직원들을 잘 볼 수 없고 고객의 문의에 대해 상당히 불친절한 것이 일반적인 평이므로 감안하자.

주소 大阪府大阪市中央区南船場4丁目4-21 **위치** 지하철 신사이바시역 3번 출구에서 도보 1분 **전화** 06-4963-6150 **시간** 11:00~20:00 **홈페이지** www.comme-des-garcons.com

신사이바시스지 남쪽 상점가
Shinsaibashi-suji South Shopping Street

신사이바시스지 남쪽 상점가는 신사이바시역부터 도톤보리 사이에 위치해 있으며 오사카 여행의 핵심 지역이다. 백화점과 인기 쇼핑 매장들이 줄지어 있어 하루 종일 많은 사람들로 북적이며 복잡하지만 가장 볼거리가 다양하게 많은 곳이라 여행 필수 코스이다.

신사이바시 상점가 입구에 위치한 대형 SPA 브랜드
H&M [에이치 안도 에무]

자라(ZARA), 유니클로와 더불어 대표적인 SPA 브랜드인 H&M은 유동 인구가 많은 신사이바시 남쪽 상점가 입구에 위치해 있다. 스웨덴의 대표 SPA 브랜드이지만 일본에서 오랫동안 인기를 얻고 있으며 제품도 다양하고 저렴하여 현지인뿐만 아니라 관광객들에게도 인기가 좋다. 특히 H&M 키즈 매장은 디즈니와 콜라보한 제품을 많이 볼 수 있는데 우리나라에서는 없는 디자인이 많아 아이들에게 인기가 좋다. 애플리케이션을 다운받아 할인을 받을 수 있으며 이벤트 상품의 경우 더욱 저렴하게 구매할 수 있으니 참고하자.

주소 大阪府大阪市中央区心斎橋筋1丁目9-1 **위치** 지하철 신사이바시역 남쪽 10번 출구에서 도보 1분 **전화** 120-866-201 **시간** 10:00~22:00 **홈페이지** www2.hm.com/ja_jp/

SPA 시스템의 선두주자이자 대중적인 의류 브랜드
갭 GAP [갸쯔푸]

1969년에 설립된 미국의 대중적인 패션 브랜드로 젊은층을 대상으로 패션 사업을 선두적으로 이끌어 왔으며 1986년부터 세계 최초로 SPA 시스템을 도입하여 글로벌 패션 산업을 선도하는 의류 브랜드가 되었다. 일본에는 1994년 현지 법인이 설립되면서 본격적인 영업을 개시하였으며 지금은 자라(ZARA), 유니클로(UNIQLO), H&M과 더불어 일본에서 SPA 패션의 선두를 다투고 있다. 2018년 신사이바시스지에 대형 매장을 오픈하여 현지인뿐만 아니라 관광객들도 많이 찾고 있으며 특히 지하 1층의 갭 키즈 베이비(GAP KIDS·BABY) 매장이 아주 인기가 좋다. 또한 홈페이지로는 체크가 다소 어렵지만 현장에서 다양한 할인 이벤트를 진행하여 생각지 못한 득템을 할 수 있으니 꼭 여행 일정에 넣어서 들러 보자.

주소 大阪府大阪市中央区心斎橋筋1丁目9-6 **위치** 지하철 신사이바시역 남쪽 10번 출구에서 도보 1분 **전화** 120-866-201 **시간** 10:00~22:00 **홈페이지** www2.hm.com/ja_jp/

새롭게 태어난 아이디어 생활용품 매장
핸즈 HANDS [한즈]

신사이바시역 근처에 대형 건물에서 운영하던 도큐 핸즈가 코로나19의 직격탄을 맞아 2020년 지금의 파르코(PARCO)로 이전을 하였으며 이름까지 핸즈로 변경을 하여 새롭게 영업을 하고 있다. 핸즈는 주로 문구류, 생활용품, 화장품 등을 판매하고 있으며 대중적인 제품보다는 아이디어 제품들을 많이 출시하여 정형화된 제품이 아닌 개성 있는 색다른 제품을 많이 만나볼 수 있는 곳이다. 파르코 백화점의 9층에서 11층까지 운영을 하고 있으며 과거보다 규모가 많이 축소되어 운영하고 있지만 역시나 재미있고 볼거리가 풍부하다.

주소 大阪市中央区心斎橋筋1-8-3 **위치** 파르코 신사이바시점 9층~11층 **전화** 06-6243-3111 **시간** 10:00~20:00 **홈페이지** hands.net

역사와 전통을 자랑하는 신사이바시의 터줏대감
다이마루 백화점 大丸百貨店 [다이마루 하츠카텐]

1726년 지금의 자리에 문을 연 다이마루 백화점은 1920년 불이 나서 기존 건물들은 소실되고 1922년 재개관을 하였다. 다이마루 신사이바시점은 다이마루 백화점의 본점으로, 신사이바시 상점가의 부흥을 주도하였으며 주변에 명품 거리를 조성하는 데 일조하였다. 딱딱한 백화점의 이미지를 탈피하기 위해 최근 9층에 〈원피스〉, 〈드래곤볼〉, 〈귀멸의 칼날〉 등 다양한 굿즈 상품들을 만나볼 수 있는 점프(JUMP) 매장, 포켓몬 센터와 카페를 열었으며 지하 2층에는 세계의 다양한 음식들을 활기 넘치는 공간에서 즐길 수 있는 푸드 홀을 론칭하여 젊은 고객들과 관광객들이 많이 찾고 있다.

주소 大阪府大阪市中央区心斎橋筋1丁目7-1 **위치** 지하철 신사이바시역 6번 출구와 연결 **전화** 06-6271-1231 **시간** 10:00~20:00 **홈페이지** www.daimaru.co.jp/shinsaibashi/

저렴한 가격으로 승부하는 드럭스토어
OS 드럭스토어 オーエスドラッグ [오-에스 도랏구]

OS 드럭스토어는 대형 매장은 아니지만 일본 느낌이 물씬 풍기는 곳으로 제품들이 빽빽히 채워져 있어 밖에서 봐도 답답함이 많이 느껴지는 드럭스토어이다. 면세는 되지 않지만 다른 대형 드럭스토어에 비해 가격이 저렴하고 제품도 더 다양하여 뜻하지 않게 많은 아이템을 찾을 수 있는 곳으로 미용과 다이어트 건강 식품과 의약품을 주품목으로 판매하고 있다. 제품을 찾기 어렵지만 직원을 통하면 쉽게 찾을 수 있고 우리나라 사람들이 주로 찾는 품목은 입구 쪽에 배치되어 있다. 특히 다이어트에 관심 있는 사람이라면 꼭 가 봐야 할 매장이다. 다만 가격은 저렴하지만 카드 결제가 안되고 현금만 가능하며 면세 혜택이 없다는 점이 다소 아쉽다.

주소 大阪府大阪市中央区心斎橋筋1丁目2-15 **위치** 지하철 신사이바시역 5번 출구에서 도보 1분 **전화** 06-6251-2500 **시간** 10:00~19:50 **홈페이지** www.osdrug.com

일본을 대표하는 패션 신발 브랜드
오니츠카타이거 オニツカタイガー [오니츠카타이가]

우리에게도 친숙한 아식스가 론칭한 복고풍 패션 슈즈 오니츠카타이거는 2002년 브랜드를 재론칭하여 세계적으로 인정받는 패션 아이템으로 성장하였다. 오사카에 많은 매장이 있지만 유동 인구가 많은 신사이바시점이 관광객들에게 가장 인기가 좋고 디자인도 다양하게 갖추고 있어 우리나라 사람들이 가장 많이 찾는 곳이다. 우리나라에도 매장이 있지만 현지에서 더 저렴하게 구매할 수 있으며 면세 혜택도 받을 수 있고 일본에서만 판매하는 디자인이 있어 마니아들이 꼭 찾는 곳이다. 참고로 종류는 신사이바시점이 많지만 가격은 매장마다 차이가 있으니 우선 디자인을 선택하고 다른 매장도 둘러본 후 좀 더 저렴하게 구매하는 것이 좋겠다.

주소 大阪府大阪市中央区心斎橋筋1丁目4-22 **위치** 지하철 신사이바시역 5번 출구에서 도보 1분 **전화** 06-6252-6610 **시간** 11:00~20:00 **홈페이지** www.onitsukatiger.com/jp/ja-jp/

새로 오픈한 인기 좋은 뽑기 가게
C-플라플러스 C-pla+ [시-푸라푸라수]

유동 인구가 많은 신사이바시지에 새롭게 등장한 가챠 숍으로, 우리나라 관광객들이 많이 찾는다. '가차(がちゃ)'는 의성어로 기계에 동전을 넣고 상품을 뽑을 때 나는 '찰칵찰칵' 하는 소리가 일본어로는 '가챠가챠'라서 가챠 숍이라고 불린다. 뽑기 기계마다 다양한 상품이 들어 있고 체크된 금액을 넣고 레버를 돌리면 상품이 나오는 방식이다. 상품이 복불복으로 나오기 때문에 많은 돈을 들여야 할 때도 있지만 시중에서 팔지 않는 가챠 숍 전문 제품도 많으며 특히 여기 매장은 우리나라 사람들이 좋아하는 애니메이션 캐릭터 제품이 많아 인기가 좋다.

주소 大阪府大阪市中央区心斎橋筋2丁目7-3 **위치** 지하철 신사이바시역 5번 출구에서 도보 3분 **전화** 090-5122-0180 **시간** 10:00~23:00 **홈페이지** toshin.jpn.com/cpla/

반려동물을 위한 백화점
펫 파라다이스 PET PARADISE [펫토 파라다이스]

최근 우리나라에도 반려동물을 키우는 사람들이 많아졌는데 펫 파라다이스는 이런 고객들을 대상으로 반려동물의 옷, 용품, 음식 등을 판매하는 곳이다. 일본에서는 아주 유명한 반려동물용품 백화점으로, 다양한 디자인과 용품들이 많아 볼거리가 풍부한 곳이다. 반려동물을 키우는 사람들이 이곳을 방문하면 시간 가는 줄 모른다고 하는데 우리나라에서는 보기 힘든 제품들이 많이 있으며 옷을 맞춤으로 제작할 수도 있고 소포로 수령할 수도 있으니 참고하자.

주소 大阪府大阪市中央区心斎橋筋2丁目3-28 **위치** 지하철 신사이바시역 5번 출구에서 도보 4분 **전화** 06-6121-2860 **시간** 11:00~20:00 **홈페이지** www.creativeyoko.co.jp

---

·TIP·

드럭스토어 저렴하게 쇼핑하기

신사이바시지 상점가에는 수많은 드럭스토어가 영업을 하고 있는데 공간들이 넓어서 여유있게 쇼핑을 즐길 수는 있지만 제품의 가격은 평균적으로 저렴하지 않다. 따라서 제품을 구경하는 것은 이곳에서 하고 구매는 번화가에서 좀 벗어난 다른 드럭스토어나 돈키호테에서 하는 것을 추천한다. 어플리케이션 Payke를 다운받아 구매하고자 하는 제품의 바코드를 스캔하면 제품에 대한 정보를 한글로 볼 수 있어 필요한 제품을 정확하게 구매할 수 있으니 참고하자.

Dotonbori
도톤보리

신사이바시스지 남쪽 상점가를 내려가다 보면 도톤보리 다리가 나오는데 이곳을 건너가면 먹거리 천국이자 오사카 여행지를 대표하는 도톤보리이다. 도톤보리강 주변으로 산책로가 정비되어 있고 다양한 음식점이 있을 뿐만 아니라 다코야키를 비롯한 길거리 음식도 많이 판매하고 있어 늦은 저녁까지 사람들로 가득 찬 관광 1번지라 하겠다.

▍도톤보리의 상징이자 대표적인 포토스폿
도톤보리 다리 道頓堀橋 [도톤보리하시]

신사이바시스지에서 도톤보리로 들어갈 때 관문처럼 건너가는 다리인 도톤보리 다리는 기념사진을 찍으려는 사람들로 항상 북새통을 이루는 곳이다. 다리를 건널 때 뛰는 사람 간판을 배경으로 사진을 많이 찍는데 이것은 빼빼로의 원조인 '포키'의 캐릭터인 글리코(グリコ)이며 '글리코 러너'라고도 불린다. 도톤보리 다리에서 기념사진도 찍고 도톤보리강 주변을 바라보며 잠시 여유 있는 시간을 가져 보자.

주소 大阪府大阪市中央区道頓堀1丁目 **위치** 지하철 난바역 14번 출구에서 도보 3분

도톤보리 만남의 장소
스타벅스 & 쓰타야 서점 スターバックス&ツタヤ [스타아밧쿠스 & 츠타야]

도톤보리 다리를 건너면 바로 맞은편에 스타벅스 커피 전문점과 쓰타야 서점이 눈에 들어오는데 이곳이 도톤보리의 만남의 장소이자 먹거리 여행의 시작점이다. 이곳뿐만 아니라 다른 지역의 쓰타야 서점도 스타벅스와 함께 입점해 있는 경우가 많은데 커피 한잔의 여유를 즐기며 책을 읽을 수 있는 공간으로 스타벅스가 활용되기 때문이지만 이곳은 절대 여유를 찾을 수 없을 정도로 많은 사람이 매장을 가득 메우고 있다. 스타벅스에서 일본 한정판 텀블러를 사기 위해 이곳을 방문하는 관광객이 많은데, 다양한 제품을 갖추고 있지만 손님이 몰려 금방 제품이 동나는 경우도 많고 구매하는 데 많은 시간이 걸릴 수 있으니 참고하자.

주소 大阪府大阪市中央区道頓堀1丁目8-19 **위치** 지하철 난바역 14번 출구에서 도보 2분 **전화** 06-6214-5130 **시간** 08:00~22:00 **홈페이지** 스타벅스 store.starbucks.co.jp, 쓰타야 서점 store-tsutaya.tsite.jp

도톤보리의 명물 북 치는 아저씨
구이다오레 타로 くいだおれ太郎 [쿠이다오레 타로오]

도톤보리를 대표하는 상징인 북 치는 아저씨 '구이다오레 타로'는 도톤보리의 기념품을 판매하는 구이다오레 상점 옆에 위치하고 있다. 도톤보리 다리에서 보이는 글리코 간판만큼이나 인기가 좋아서, 도톤보리를 넘어 오사카를 상징하는 움직이는 간판 역할을 하고 있다. 구이다오레 상점에서는 오사카나 도톤보리를 주제로 한 제품과 다양한 구이다오레 타로 굿즈를 판매하고 있는데 가격이 은근히 비싸다. 방문을 기념하기 위한 기념품을 사는 것도 좋지만 구이다오레 타로와 기념사진은 빼먹지 말고 꼭 찍도록 하자.

주소 大阪府大阪市中央区道頓堀1丁目8-25 **위치** 지하철 난바역 14번 출구에서 도보 3분 **전화** 06-6211-5300 **시간** 09:15~21:30

도톤보리 강에서 즐기는 관광 크루즈
톤보리 리버 크루즈 とんぼりリバークルーズ [톤보리 리바-쿠루-즈]

도톤보리강을 따라 움직이는 크루즈를 타고 도톤보리의 전경과 야경을 바라보며 즐기는 여행 상품은 또 다른 즐거움을 만끽할 수 있는 프로그램이다. 대표적으로 원더 크루즈와 리버 크루즈가 있는데 둘 다 주유 패스로 무료 탑승이 가능하지만 일본어를 잘 모르더라도 가이드 설명을 해 주는 리버 크루즈를 추천한다. 주유 패스가 없더라도 돈키호테 도톤보리점 뒤쪽에 매표소가 있으니 미리 시간을 예약하고 관광을 즐기다가 시간에 맞춰 탑승하는 것이 좋다. 저녁에 야경을 즐기기 위해 사람들이 많이 몰리니 일찍 예약을 서두르도록 하자.

주소 大阪府大阪市中央区宗右衛門町7-13 (승선지, 예약센터) **위치** 돈키호테 도톤보리점 뒤쪽 도톤보리강 산책로에 위치 **전화** 06-6441-0532 **시간** 월~금 13:00~21:00, 토·일 11:00~21:00 **요금** 어른 1,200엔, 중·고생 800엔, 초등학생 이하 400엔 **홈페이지** www.ipponmatsu.co.jp

신사이바시·난바 지역에서 가장 큰 돈키호테 매장
돈키호테(도톤보리 미도스지점) ドン・キホーテ [돈키호테]

돈키호테는 식품, 주류, 전기 제품, 가정용품에 이르기까지 약 4만 점의 물품을 아주 경쟁력 있는 가격으로 판매하는 디스카운트 스토어이다. 매장마다 갖춘 제품의 종류나 가격이 다르지만 이곳 미도스지점은 오사카 여행에서 만나는 돈키호테 중 가장 규모가 큰 곳이다. 돈키호테 모든 매장이 코로나19 전에는 24시간 영업을 하였지만 지금은 매장마다 영업 시간이 다르고 특히 이곳은 운영 시간이 상당히 짧다. 운영 시간이 줄어들어 오후에는 많은 사람들로 면세 혜택을 받기 어려우니 여유 있는 쇼핑을 즐기려면 오전에 방문하는 것이 좋다. 또한 카카오톡을 통해 돈키호테 할인 쿠폰을 발급받으면 면세 혜택 외에 추가 할인을 받을 수 있으니 잘 활용하도록 하자.

주소 大阪府大阪市中央区西心斎橋2丁目5-9 **위치** 지하철 난바역 25번 출구에서 도보 2분 **전화** 0570-063-911 **시간** 09:00~16:00 **홈페이지** www.donki.com

• Plus Area • 신사이바시 주변 지역 •

스트리트 패션의 중심 지역
아메리카무라 アメリカ村

아메리카무라는 오사카 청년 문화의 중심지로 의류 매장, 패션 잡화점, 소규모 공연장들이 밀집되어 있으며 스트리트 패션의 중심 지역으로 잘 알려져 있다. 아메리카무라의 중심에 있는 '삼각 공원'이라 불리는 미쓰 공원(御津公園)에서 거리 공연도 하고 스케이트보드를 타는 사람들도 많이 볼 수 있으며 주변에 의류 매장과 악기 매장들도 들어섰다. 스투시를 비롯한 빈티지 매장들이 주변에 모여 있어 관광객들도 많이 방문을 한다. 저녁에는 소음이 심하고 주변에 낙서나 길거리 음주 등이 많아 민원이 꾸준히 제기되어 단속을 강화하여 많이 줄어들었는데 코로나19 이후 다시금 불법 행위가 늘어나고 있는 실정이다. 따라서 스트리트 · 빈티지 패션에 관심이 있거나 악기 등 음악에 관심이 있다면 낮에 방문하는 것을 권장한다.

주소 大阪府大阪市中央区西心斎橋2丁目11-34 **위치** 신사이바시역 7번 출구에서 도보 5분

오사카 최고의 유흥 밀집 지역
소에몬초 宗右衛門町

소에몬초는 오사카 최고의 유흥 밀집 지역으로 낮에는 크게 느껴지지 않지만 저녁이 되면 호객 행위를 하는 사람들부터 유흥을 즐기려는 사람들까지 북새통을 이루는 곳이다. 정상적으로 운영하는 클럽들도 있지만 거리마다 퇴폐적으로 영업하는 업소들이 많고 간판의 사진이나 영상들이 19금 내용이라 낯 뜨거운 모습을 많이 보게 된다. 또한 호객꾼들이 한국어를 하면서 접근하는 경우도 많은데 잘 모르고 따라갔다가는 여행 경비를 모두 탕진할 수도 있으니 조심해야 한다. 물론 호기심이 있어서 지나가는 사람들도 많고 몇몇 비즈니스 호텔이나 돈키호테 도톤보리점을 이용하려면 이곳을 지나가야 하는 경우도 많지만 최대한 돌아가는 것이 좋다. 특히 미성년 자녀와 함께 여행을 한다면 이곳을 꼭 피하는 것이 좋다.

주소 大阪府大阪市中央区宗右衛門町 **위치** 신사이바시스지 상점가 끝에서 도톤보리 다리를 건너가기 전 좌측 골목

떠오르는 명품 신흥 지역
미도스지도리 御堂筋通

과거 미도스지도리는 난바역과 신사이바시역 사이를 잇는 주요 도로로만 인식되어 왔다. 한국 대사관을 찾거나 은행 업무를 보기 위해 찾는 경우를 제외하고는 이 지역을 찾을 일이 거의 없었지만 최근에는 우리나라 기준 엔화의 환율이 내려가서 많은 사람들이 찾고 있다. 최근에 미도스지도리 정비 사업으로 차선은 줄어들고 편하게 많은 사람들이 걸어다닐 수 있게 보도를 확장하였다. 명품 매장에 입장하려는 대기 줄이 상당히 길고, 복장 규정이 있는 상점이 많아서 편하게 옷을 입고 갔다가는 출입이 거절될 수도 있다. 또한 우리나라 입국 시 면세 한도 규정이 있고 제품 구매 시 반품이 불가한 경우가 있으니 구매할 때 꼼꼼히 제품을 살피고 구매하도록 하자.

주소 大阪府大阪市中央区心斎橋筋 **위치** 지하철 신사이바시역 사거리에서 북쪽으로는 혼마치역, 남쪽으로는 난바역까지 쭉 뻗은 대로

신사이바시 추천 맛집

독특한 스타일의 차슈 라멘 인기 맛집
더 라멘 워 THE RAMEN WAR, ラーメン大戦争 [라멘 다이센소우]

일본 라멘 중 비주얼로는 가장 특별한 라멘 맛집인 이곳은 부드럽고 얇은 차슈(チャーシュー)를 고객이 선택한 대로 라멘 그릇 위쪽에 차곡차곡 포개 주는데 최대 5장까지 선택할 수 있으며 추가 비용은 따로 없다. 이 차슈와 함께 라멘을 감싸 먹으면 일반적인 라멘과는 다른 색다른 맛을 느낄 수 있다. 사이드 메뉴로 이곳의 자랑인 차슈덮밥을 주문할 수 있는데 생각보다 부드럽고 맛이 좋아 라멘과 궁합이 딱이다. 신사이바시스지 북쪽 상점가에 있어 아직까지는 관광객보다는 현지인이 많다. 식사 시간에는 줄을 서야 하지만 회전율이 좋으니 크게 기다리지는 않는다.

주소 大阪府大阪市中央区南久宝寺町3丁目3-6 **위치** 지하철 혼마치역 11번 출구에서 도보 2분 **전화** 06-6241-3030 **시간** 11:00~23:00 **메뉴** 간사이 육수 간장 라멘(ピストル) 890엔, 아부리 차슈덮밥(炙りチャーシュー丼) 319엔 **홈페이지** ramen-daisenso.com

크루아상과 커피가 잘 어울리는 카페
산 마르크 카페 ST MARC CAFÉ [산마루쿠 카훼]

산 마르크 카페는 커피 맛도 좋고 다른 프렌차이즈 전문점에 비해 가격도 저렴하며 음료와 곁들이는 크루아상으로 인기가 좋다. 신사이바시스지 상점가에서 매장이 가장 넓고 흡연실도 안쪽에 별도로 마련되어 있어 쾌적하게 쉬어 갈 수 있는 곳이다. 초코 크루아상이 가장 인기가 좋은 디저트이며 파스타 같은 식사도 곁들일 수 있고 여름에 여행을 한다면 셰이크나 여름 한정 메뉴인 피치 에이드 같은 음료도 선보이고 있다. 무엇보다 넓고 에어컨도 무척 시원하기 때문에 편히 쉬어 갈 수 있는 곳이다.

주소 大阪府大阪市中央区南久宝寺町3丁目6-13 **위치** 지하철 혼마치역 11번 출구에서 도보 2분 **전화** 06-6120-9309 **시간** 월~금 07:00~22:00, 토·일 07:30~21:00 **메뉴** 산 마르크 블렌드 커피(サンマルクブレンド S-size) 300엔, 초코 크루아상(チョコクロ) 220엔 **홈페이지** www.saint-marc-hd.com/hd/

저렴하고 쾌적하게 먹을 수 있는 회전 초밥 전문점
겐로쿠 스시 신사이바시점 元禄寿司 [겐로쿠즈시]

오사카를 여행하다 보면 겐로쿠 스시를 많이 만날 수 있다. 가장 인기가 많은 곳은 도톤보리에 위치한 지점이지만 사람이 너무 많아 대기 줄이 길 때가 많은데, 이곳 신사이바시지 북쪽 상점가에 위치한 겐로쿠 스시는 식사 시간 때에는 사람들이 많지만 크게 줄을 서지 않고 그 외 시간에는 북적이지 않게 편하게 식사를 즐길 수 있다. 또한 자리에 주문용 모니터가 있고 한국어 지원이 가능하여, 레일에 음식이 없어도 먹고 싶은 메뉴를 편하게 주문할 수 있다. 어린 자녀들과 함께 스시를 즐기고 싶다면 상대적으로 여유 있게 테이블 자리도 있는 신사이바시점을 추천한다.

주소 大阪府大阪市中央区南船場3丁目11-1 **위치** 지하철 신사이바시역 북쪽 8번 출구에서 도보 1분 **전화** 06-6241-2150 **시간** 월~금 11:15~22:30, 토·일 11:00~22:30 **메뉴** 한 접시 143엔~ **홈페이지** www.mawaru-genrokuzusi.co.jp

달콤한 슈크림 디저트 전문점
무켄 モーケン [모오켄]

무켄은 우리나라 호두과자 사이즈의 겉은 바삭하고 속은 촉촉한 빵 안에 부드러운 슈크림이 들어 있는 프티 슈(プチシュー)를 판매하는 디저트 상점이다. 겉은 설탕이 묻어 있어 조금 달지만 슈크림은 많이 달지 않고 부드러워 질리지 않고 먹기 딱 좋다. 1인당 30개까지만 구매 가능하며 10개 단위로 살 수 있다. 아직 우리나라에는 잘 알려져 있지 않지만 상점을 방문하면 항상 줄이 서 있는데 만들자마자 금방 팔려서 타이밍이 안 맞으면 꽤 오래 줄을 서야 한다. 달콤한 프티 슈 10개가 들어 있는 1봉지를 사서 가볍게 먹으면서 신사이바시 상점가를 거니는 것도 좋다.

주소 大阪府大阪市中央区心斎橋筋1丁目5-26 **위치** 지하철 신사이바시역 5번 출구에서 도보 2분 **전화** 06-7223-8396 **시간** 수~일 11:00~20:00, 월·화 휴무 **메뉴** 슈크림(シュークリーム) 10개 800엔

역사가 있는 깔끔한 맛의 소바 맛집
대종가 나니와소바 総本家 浪花そば [소오혼케 나니와소바]

1957년 오픈한 대종가 나니와소바는 메밀가루, 물, 천연 소금만을 사용하고 매일 아침 직접 맷돌에 갈아서 면을 뽑으며, 다시마를 사용하지 않고 가다랑어를 이용한 가게만의 특제 육수를 개발하여 현지인에게 오랫동안 사랑을 받고 있는 소바 맛집이다. 가게의 오랜 이력만큼이나 소바의 맛은 쫄깃쫄깃하고 깔끔하며 특제 육수는 짠맛이 조금 강하지만 느끼하지 않고 우리 입맛에도 잘 맞는 것 같다. 저녁 식사보다는 점심 식사를 추천하며 샤부샤부 메뉴와 오리 요리도 있지만 이곳은 소바로 유명한 곳이므로 취향에 맞게 온소바나 냉소바와 함께 깨끗한 기름에 튀긴 튀김을 먹어 보자.

주소 大阪府大阪市中央区心斎橋筋1丁目4-32 **위치** 지하철 신사이바시역 6번 출구에서 도보 1분 **전화** 06-6241-9201 **시간** 월~토 11:00~22:30, 일 11:00~22:00 **메뉴** 니쿠 쓰케(肉つけ) 1,210엔, 니쿠 소바(肉そば) 1,210엔, 텐자루 소바(天ざるそば) 1,518엔 **홈페이지** naniwasoba.nishiya.co.jp

인기 있는 치즈 타르트 전문점
파블로 PABLO [파부로]

갓 구운 치즈가 듬뿍 올라간 부드러운 치즈 타르트 전문점인 파블로는 오픈 키친으로 조리하는 모습을 밖에서 기다리는 동안 볼 수 있다는 것이 특징이다. 코로나19 전에는 신사이바시에만 3개의 점포를 운영할 정도로 인기가 좋았으며 종류도 다양했지만 지금은 신사이바시에 1개의 점포만이 남았으며 종류도 많이 줄어들었다. 하지만 아직도 그 인기가 여전하여 오후부터는 줄을 서는 경우가 많은데 주말을 제외하고는 크게 기다리지 않고 구매할 수 있다. 치즈 타르트가 대표 메뉴이지만 크기가 부담스럽다면 미니 타르트도 있으며 초콜릿과 말차 타르트도 인기가 좋다.

주소 大阪府大阪市中央区心斎橋筋2丁目8-1 **위치** 지하철 신사이바시역 6번 출구에서 도보 2분 **전화** 06-6211-8260 **시간** 월~금 11:00~21:00, 토·일 10:00~21:00 **메뉴** 파블로 치즈 타르트(パブロチーズタルト) 833엔, 파블로 미니 우지 말차(パブロミニ宇治抹茶) 231엔 **홈페이지** www.pablo3.com

도토루 커피 전문점의 야심작
엑셀시어 카페 EXCELSIOR CAFFE [에쿠세루시오루 카훼]

오사카에서는 스타벅스보다 많은 체인점을 보유한 커피 전문점이다. 원두 맛이 강한 에스프레소나 아메리카노보다는 달콤한 커피 메뉴가 인기가 좋다. 신사이바시스지를 여행하다 보면 의외로 커피 전문점이 눈에 띄지 않는데 이곳은 상점가에 위치하고 있고 1층에 있어 방문하기 편리하기 때문에 쇼핑을 즐기다 힘들 때 잠시 쉬기 좋다. 오전에는 브런치 세트도 판매하며, 파니니가 인기가 좋으므로 커피 한 잔과 맛있는 파니니를 곁들인 브런치를 즐겨 보자.

주소 大阪府大阪市中央区心斎橋筋2丁目3-23 **위치** 지하철 신사이바시역 6번 출구에서 도보 5분 **전화** 06-6214-5440 **시간** 08:45~22:00 **메뉴** 카페라테(カフェラテ R-size) 480엔, 비프 & 그린리프 파니니(ビーフ&グリーンリーフ パニーニ) 580엔 **홈페이지** www.doutor.co.jp/exc/

진한 말차의 맛을 볼 수 있는 상점 및 카페
우지엔 宇治園 [우지엔]

1869년 교토에서 창업한 우지엔은 1944년 지금의 신사이바시 자리에 매장을 오픈한 역사가 깊은 차 전문 카페 & 상점이다. 우지엔의 메인 제품은 순도 높은 프리미엄 말차이지만 다양한 차 종류를 판매하고 있으며 2층에서는 차를 마시며 쉬어 갈 수 있는 카페도 운영하고 있다. 여러 종류의 차뿐만 아니라 다양한 맛의 과자, 소면, 초콜릿도 판매하고 있는데 다른 맛보다는 무조건 이곳에서는 말차가 들어간 제품을 추천한다. 더운 여름날 신사이바시지 상점가를 쇼핑하다 시원한 말차 아이스크림을 먹으려고 줄을 서는데 말차를 좋아하는 사람이라면 이곳을 꼭 들러 보자.

주소 大阪府大阪市中央区心斎橋筋1丁目4-20 **위치** 지하철 신사이바시역 6번 출구에서 도보 1분 **전화** 06-6252-7800
시간 10:30~20:00 **메뉴** 겐마겐 말차가루(玄玄抹茶 20g) 3,240엔, 말차 아이스크림(抹茶アイスクリーム) 800엔, 몽블랑 세트(モンブランセット) 1,320엔 **홈페이지** www.uji-en.co.jp

생크림이 듬뿍 들어간 도지마롤이 잘 알려진 유명한 베이커리
살롱 드 몽셰르 サロン・ド・モンシェール [사론 도 몬쉐에루]

부드럽고 달콤한 생크림이 가득 들어간 도지마롤(堂島ロール)이 유명한 살롱 드 몽셰르는 '도지마롤 몽슈슈'로도 불리며 오사카에서 가장 유명한 베이커리이다. 빵보다 크림이 더 두껍게 들어간 롤케이크는 느끼하지 않고 부드럽고 달콤함이 최고이다. 최근 우리나라에도 생크림이 가득 들어간 롤케이크를 파는 곳이 많은데 그 원조가 바로 살롱 드 몽셰르의 도지마롤이라 할 수 있다. 각종 과일과 견과류가 들어간 케이크부터 아이스크림과 쿠키 등 각종 디저트를 판매하고 있으며  바로 옆에 카페를 함께 운영하고 있어 계절 과일을 이용한 다양한 디저트와 음료를 함께 즐길 수 있다. 오사카를 대표하는 도지마롤은 꼭 추천하는 디저트이니 오사카 여행에서 꼭 방문하여 먹어 봐야 할 대표 음식이라 하겠다.

주소 大阪府大阪市中央区西心斎橋1丁目13-21 **위치** 지하철 신사이바시역 南16東 출구 바로 앞 **전화** 06-6241-4499
시간 10:00~19:00 **메뉴** 도지마롤(堂島ロール) 1롤 1,620엔, 계절의 도지마롤 딸기(季節の堂島ロールいちご) 1롤 1,980엔, 밀크레페(ミルクレープ) 1조각 486엔 **홈페이지** www.mon-cher.com

100년 전통의 일본식 오므라이스 원조
북극성 北極星 [홋쿄쿠호시]

북극성은 1922년부터 전통 있는 일본식 오므라이스의 역사를 한눈에 볼 수 있는 곳으로 지금의 신사이바시 본점은 1949년에 문을 열어 오래된 가옥을 그대로 음식점으로 사용하고 있다. 지금은 다수의 프렌차이즈점을 운영하고 있지만, 그래도 오사카에 왔으니 본점에서 식사하는 것을 추천한다. 북극성의 오므라이스에 들어가는 쌀은 찰기가 적어 오므라이스에 최적화되어 있고, 달걀은 조미료를 넣지 않고 2개를 풀어서 사용하며 토마토 소스는 신맛을 줄이고 단맛을 높여 먹기 편하게 만들었다. 한국어, 영어 메뉴판이 있어 주문하기 쉽고 밥의 양을 조절할 수 있으며 토핑도 추가할 수 있으니 원조 오므라이스를 맛있게 먹어 보자.

주소 大阪府大阪市中央区西心斎橋2丁目7-27 **위치** 지하철 난바역 25번 출구에서 도보 5분 **전화** 06-6211-7829 **시간** 11:30~21:30 **메뉴** 프티 오므라이스 세트(プチオムライスセット) 1,380엔, 치킨 오므라이스(チキンオムライス) 1,080엔, 햄버거+오므라이스(ハンバーグ付きのオムライス) 1,400엔 **홈페이지** www.hokkyokusei.online/shinsaibashi

팬케이크와 카푸치노가 어울리는 맛집
엘크 Elk [에루쿠]

푹신푹신하고 부드러운 팬케이크는 종류나 토핑이 많지는 않지만 계란을 듬뿍 넣어 직접 반죽하여 큰 철판에 구워 내어 맛있다. 비주얼로는 어느 카페보다도 뛰어난 3D 카푸치노 역시 먹기 아까울 만큼 인기가 많다. 팬케이크는 주문 후에 반죽을 시작하기 때문에 조금 시간이 걸리지만 테이블 자리나 소파 좌석이 편하여 잠시 쉬면 기다림이 아깝지 않은 팬케이크가 준비되어 나온다. 전혀 카페가 있을 것이라 생각하지 못하는 장소에 위치해 있지만 입소문을 타고 현지 젊은이들이 많이 찾고 있다. 주말에는 만석으로 다소 음식의 대기 시간이 길다는 것은 참고하자.

주소 大阪府大阪市中央区西心斎橋1丁目10-28 **위치** 지하철 요쓰바시역 3번 출구에서 도보 4분 **전화** 06-6245-3773 **시간** 10:00~20:00 **메뉴** 딸기 팬케이크(ストロベリーパンケーキ) 1,580엔, 3D 카푸치노(3Dカプチーノ) 720엔 **홈페이지** cafe-elk.com

라테 아트 챔피언이 운영하는 카페
스트리머 커피 컴퍼니 STREAMER COFFEE COMPANY [스토리-마- 코-히- 칸파니]

2008년 시애틀의 라테 아트 챔피언십에서 우승한 사와다 히로시(澤田洋史)가 만든 카페로 크림으로 스트리머 커피의 로고를 새겨 넣은 라테가 가장 유명하다. 최고급 아라비카 원두를 사용하며 자연 건조시키고 스트리머 비법의 블렌딩과 로스팅을 통해 새로운 풍미의 커피로 다시 태어난다. 오사카의 3개 매장 중 가장 접근성이 좋고 테이크아웃 손님이 많아 매장은 다소 여유가 있지만 매장 바로 입구에 흡연 시설이 있어 비흡연자들이 매장에 들어가는데 담배 냄새가 많이 나는 것은 다소 아쉽다.

주소 大阪府大阪市中央区西心斎橋1丁目10-19　**위치** 지하철 요쓰바시역 3번 출구에서 도보 4분　**전화** 06-6252-7088　**시간** 09:00~19:00　**메뉴** 스트리머 라테(ストリーマーラテ) 600엔, 아메리카노(アメリカーノ) 470엔　**홈페이지** streamer.coffee

숨은 보석 같은 야키니쿠 전문점
섹스 머신 SEX MACHINE [셋쿠스마시인]

이름부터 범상치 않은 야키니쿠 전문점으로 규모는 작지만 입안에서 살살 녹는 고기 하나만큼은 일품인 곳이다. 부위별 소고기, 돼지고기, 닭고기, 해산물 등을 일본식 화로에 구워서 먹으면 술이 저절로 당기며 비빔밥과 냉면, 김치찌개 같은 음식도 너무 맛있다. 테이블이 5개이지만 카운터 좌석이 준비되어 있으며 카운터 좌석은 1인 개별 화로로 맛있게 먹을 수 있으니 나 홀로 방문도 가능하다. 가성비가 너무도 좋아 많은 사람이 찾고 있어 자리를 잡으려면 미리 방문하여 예약을 하도록 하자. 한국어 메뉴가 준비되어 있고 영어로도 소통이 가능하며 친절하여 다시 방문하게 되는 맛집이라 하겠다.

주소 大阪府大阪市中央区道頓堀2丁目4-4　**위치** 지하철 난바역 25번 출구에서 도보 2분　**전화** 06-6211-2193　**시간** 18:00~23:00, 수요일 휴무　**메뉴** 상급 갈비(上カルビ) 1,680엔, 상급 등심(上ロース) 1,880엔, 두꺼운 안창살(厚切り上ハラミ) 2,480엔

활기찬 분위기에서 하이볼 한잔
2차 바 二次会バー [니지카이 바아]

럭비 선수 출신인 재일교포 사장님이 운영하는 바(BAR)로 항상 활기차게 손님을 응대하는 기분이 좋은 곳이다. 이곳에서는 맥주, 양주를 비롯하여 다양하고 맛있는 칵테일이나 하이볼을 마실 수 있고 메뉴판에 없어도 사장님에게 요청하면 나만의 하이볼을 정성껏 준비를 해 주신다. 술을 간단하게 마시면서 다트 게임도 즐길 수 있고 성격 좋은 사장님 덕분에 다른 일본 고객과도 허물없이 이야기를 나눌 수 있는 사랑방 같은 곳이다. 식사를 하고 간단하게 2차로 술 한잔을 하거나 일본어를 몰라도 나 홀로 편하게 술을 마시고 싶을 때 방문해 보자. 1층 섹스 머신에서 고기를 먹고 느끼함을 달래기 위해 시원한 맥주나 하이볼을 한잔 마시면 너무 좋다.

주소 大阪府大阪市中央区道頓堀2丁目4-4　**위치** 지하철 난바역 25번 출구에서 도보 2분 섹스머신 2층　**전화** 080-2502-3045　**시간** 20:00~05:00　**메뉴** 하이볼(ハイボール) 660엔, 아사히 맥주(アサヒビール) 700엔

촉촉하고 부드러운 식빵 전문 베이커리
빵시로 데즈카야마 ぱん士郎 帝塚山 [판 시로오 테즈카야마]

돌 가마 오븐에서 구운 부드럽고 촉촉한 식빵이 유명한 빵시로는 40년 역사를 가진 인기 베이커리로 도톤보리점을 오픈하였다. 홋카이도산 고급 밀가루를 사용하고 홋카이도의 추운 지역에서 자란 사탕무에서 추출하고 여과한 설탕을 사용하며 오키나와에서 정제된 소금을 사용한다. 또한 계란도 넣지 않고 유전자 변형이 있는 재료를 쓰지 않는 등 식빵에 정말 진심인 가게이다. 우유 버터 크림을 듬뿍 넣은 바게트도 판매하고 있지만 특별함이 없어, 이곳의 대표 메뉴인 식빵을 추천한다.

주소 大阪府大阪市中央区道頓堀1丁目10-7 **위치** 지하철 난바역 14번 출구에서 도보 1분 **전화** 06-6211-4646 **시간** 12:00~22:30 **메뉴** 식빵(각)(本食ぱん 角) 980엔, 식빵(산)(本食ぱん 山) 980엔 **홈페이지** panshirou.com

마카오 대표 에그타르트 전문점
로드 스토우즈 베이커리 アンドリューのエッグタルト [안도류우노 엣구타루토]

마카오의 명물인 에그타르트 전문점이 2010년 오사카의 먹거리 중심지 도톤보리에 진출했다. 우리나라 사람들은 도톤보리의 다른 음식에 빠져 에그타르트까지 돌아볼 겨를이 없지만 이곳을 찾는 일본인들은 점점 늘고 있다. 일본에서는 새로운 신메뉴도 출시를 하였는데 말차 타르트와 호박 타르트를 출시하여 현지인과 관광객들의 입맛을 동시에 잡고 있다. 에그타르트를 이곳에서 직접 만들어서 판매하기 때문에 받자마자 먹으면 입천장을 데일 정도로 뜨거우니 천천히 먹도록 하자.

주소 大阪府大阪市中央区道頓堀1丁目10-6 **위치** 지하철 난바역 14번 출구에서 도보 1분 **전화** 06-6214-3699 **시간** 11:00~21:00 **메뉴** 에그타르트(エッグタルト) 300엔, 쇼콜라(ショコラ) 350엔 **홈페이지** eggtart.jp

용두사미가 된 유명 다코야키 전문점
구쿠루 くくる [쿠쿠루]

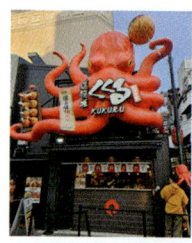 

도톤보리 서쪽 끝에 위치하고 있어 유동인구가 적은 탓에 우리나라 사람들에게는 많이 알려져 있지 않지만 일본 사람들이 많이 찾는 50년 전통의 유명한 다코야키 전문점이다. 오픈 초기에는 많은 사람들이 줄을 서 직원들이 메뉴판을 미리 보여 주며 주문을 받았지만 최근에는 도톤보리를 비롯한 주변에 다코야키 가게들이 많이 들어서면서 줄이 부쩍 줄어 크게 기다리지 않아도 된다. 다코야키를 먹고 싶은데 긴 줄이 부담스러울 때에는 다양한 토핑이 있고 맛도 별 차이가 없는 구쿠루로 가자.

주소 大阪府大阪市中央区道頓堀1丁目10-5 **위치** 지하철 난바역 14번 출구에서 도보 1분 **전화** 06-6212-7381 **시간** 월~금 11:00~21:00, 토·일 10:00~21:00 **메뉴** 큰 문어 다코야키(大たこ入りたこ焼) 840엔, 흑돼지 베이컨 다코야키(黒豚ベーコンチーズたこ焼) 980엔 **홈페이지** dotonbori-kukuru.com

도톤보리 터줏대감 게 요리 전문점
가니도라쿠 かに道楽 [카니도라쿠]

게 요리에 관해서는 오사카에서 이 음식점을 빼놓을 수 없다. 오사카의 명물인 이곳은 도톤보리의 3개 점포가 모두 성황일 정도로 손님이 끊이지 않는다. 특히 도톤보리점은 가장 많은 유동 인구가 있는 도톤보리와 에비스바시 사거리에 위치해 있어 눈에 가장 띄고 가장 큰 음식점이다. 다양한 게 요리를 먹기 위해 코스 요리를 가장 많이 주문하는데 가격이 다소 비싸지만 오사카에서 특별한 요리를 맛보고 싶다면 눈 딱 감고 이곳을 찾아가자. 게 요리뿐만 아니라 게맛 과자, 쿠키, 전병 등도 가게 입구에서 판매하는데 간식으로도 좋고 선물로도 괜찮다.

주소 大阪府大阪市中央区道頓堀1丁目6-18 **위치** 지하철 난바역 14번 출구에서 도보 2분 **전화** 06-6211-8975 **시간** 11:00~22:00 **메뉴** 점심 한정 코스 요리(るり) 3,960엔, 점심 한정 코스 요리(すみれ) 5,720엔 **홈페이지** douraku.co.jp/kansai/honten/

대중적인 스테이크 전문 체인점
빗쿠리돈키 びっくりドンキ

스테이크 전문점으로 오랫동안 일본 사람들과 관광객에게 사랑을 받고 있는 패밀리 레스토랑이다. 데이트하기에 적당한 장소이며 어린 자녀를 둔 가족에게도 괜찮은 장소이고 가격도 그다지 비싸지 않아 스테이크를 먹고 싶은 관광객들이 부담 없이 찾을 수 있는 곳이다. 주변에 다른 지점도 있지만 창가에 앉는다면 도톤보리강을 바라보면서 식사를 할 수 있기 때문에 유독 이곳 도톤보리점에 사람이 몰린다. 위치가 좋아서 저녁에는 예약을 하지 않으면 대기를 오래 해야 하기 때문에 낮에 방문하는 것을 추천한다.

주소 大阪府大阪市中央区道頓堀1丁目6-15 **위치** 지하철 난바역 14번 출구에서 도보 2분 **전화** 06-6484-2301 **시간** 월 09:00~05:00, 화~토 07:00~05:00, 일 07:00~23:00 **메뉴** 돈키 만끽 세트 레귤러 150g(ドンキー満喫セット レギュラー) 1,530엔, 에그 버거 스테이크(エッグバーグステーキ 200g) 990엔 **홈페이지** www.bikkuri-donkey.com

한국인이 가장 많이 찾는 회전 초밥집
겐로쿠 스시 도톤보리점 元禄寿司 [겐로쿠즈시]

유명한 회전 초밥집으로 신사이바시 상점가나 센니치마에 거리에도 지점이 있지만 위치가 좋은 도톤보리점이 가장 사람이 많다. 한 접시당 143엔으로 주변 초밥집보다 저렴하고 한국어 메뉴판이 있기 때문에 한국인 관광객도 많이 방문한다. 메뉴가 다양하고 회전율이 좋아 신선도는 다른 지점보다 조금 낮지만 퀄리티가 그렇게 높지는 않다. 많은 사람들이 방문하기 때문에 저녁 시간이나 주말에는 긴 줄을 서야 하는데 상황을 보고 줄이 많이 길다면 다른 지점을 방문하는 것도 생각해 보자.

주소 大阪府大阪市中央区道頓堀1丁目6-9 **위치** 지하철 난바역 14번 출구에서 도보 3분 **전화** 06-6211-8414 **시간** 월~금 11:15~22:30, 토·일 10:45~22:45 **메뉴** 한 접시 143엔~ **홈페이지** www.mawaru-genrokuzusi.co.jp

파가 많이 들어간 겉바속촉의 다코야키
와나카 わなか

보통의 다코야키는 부드럽고 푹신푹신하지만 와나카의 다코야키는 겉은 대체로 바삭바삭하고 속은 촉촉한 것이 특징이며 파가 많이 들어 있어 한국 사람들이 선호하는 맛이다. 2층에는 좌석이 있어 좀 더 편하게 먹을 수 있으며 맥주나 하이볼 같은 음료와 함께 먹을 수 있다. 저녁 시간이나 주말에는 긴 줄을 서게 되지만 회전율은 빠른 편이다. 하지만 이 시간에는 2층 자리가 만석인 경우가 많으니 가게 옆에서 먹거나 포장해서 숙소로 가져가야 한다.

주소 大阪府大阪市中央区道頓堀1丁目6-7 **위치** 지하철 난바역 14번 출구에서 도보 4분 **전화** 06-6213-6110 **시간** 월~금 11:00~21:00, 토·일 10:30~21:00 **메뉴** 다코야키 8개(たこ焼き8個) 600엔 ※ 토핑에 따라 추가 금액이 있음 **홈페이지** takoyaki-wanaka.com

도톤보리에서 가장 인기 있는 다코야키 전문점
다코야키 크레오루 たこ焼きくれおーる

도톤보리에서 가장 많은 사람들이 찾는 다코야키 가게로, 속이 크림처럼 부드러운 것이 특징이며 추가로 토핑을 올려 다양한 맛을 즐길 수 있어 인기가 좋다. 도톤보리에서만 16년째 영업을 하고 있으며 매장 안으로 들어가면 다코야키 말고도 오코노미야키나 야키 소바 같은 다양한 메뉴도 함께 먹을 수 있다. 하지만 인기가 좋은 곳이라 매장 안에서 식사를 하려면 저녁 시간이나 주말을 피해야만 긴 대기를 피할 수 있고 입구에서 판매하는 다코야키도 길게는 1시간 이상 줄을 서야 하는 경우도 있다.

주소 大阪府大阪市中央区道頓堀1丁目 **위치** 지하철 난바역 14번 출구에서 도보 4분 **전화** 06-6212-9195 **시간** 11:00~23:00 **메뉴** 다코야키(たこ焼) 8개 730엔, 10개 1,030엔, 명태 마요네즈(明太マヨネーズ) 6개 730엔 **홈페이지** dotonbori-creoru.com

오사카의 명물 꼬치튀김 전문점
구시카쓰 다루마 串かつだるま [쿠시카츠 다루마]

입구부터 꼬치를 들고 인상 쓰고 있는 아저씨 간판이 인상적인 구시카쓰 다루마는 꼬치구이와 함께 가볍게 맥주 한잔 하기에 안성맞춤인 곳이다. 이곳의 특징은 주문하는 방식에 있다. 자리에 앉으면 QR코드 종이를 주는데 그것을 휴대폰으로 찍으면 한국어 메뉴를 확인할 수 있고 주문도 모바일로 바로 가능하기 때문에 너무도 편리하다. 만약 사용법이 어렵다면 한국어 메뉴판을 요청해도 좋다. 모듬 세트도 있고 낱개로 먹고 싶은 것만 주문할 수 있는데 양(꼬치 수)을 보고 인원에 맞춰 선택하는 것이 좋다. 주위를 보면 양배추를 많이 시키는데, 느끼할 수 있는 튀김에 양배추를 함께 먹으면 궁합이 맞는다.

주소 大阪府大阪市中央区道頓堀1丁目6-8 **위치** 지하철 난바역 14번 출구에서 도보 3분 **전화** 06-6213-8101 **시간** 11:00~22:30 **메뉴** 도톤보리 세트(道頓堀セット) 1,650엔, 낱개 130엔~ **홈페이지** www.kushikatu-daruma.com

한국인 입맛에 가장 잘 맞는 일본 라멘
긴류 라멘 金龍ラーメン [킨류우 라멘]

긴류 라멘은 오사카에서 우리나라 사람의 입맛에 가장 잘 맞는 인기 가게로 신사이바시·난바 지역에만 4개의 지점이 있는데 이곳 도톤보리점이 가장 인기가 많다. 메뉴는 고기의 양이 많은 차슈면을 가장 많이 선택하며 밥과 배추김치가 무료라서 배부르게 먹을 수 있다는 장점이 있다. 진한 국물에 마늘 다대기를 넣고 면에 파와 김치를 얹어서 먹으면 칼칼한 맛이 더해져 그 맛이 일품이다. 도톤보리점이 사람이 많아 저녁이면 항상 줄을 서게 되는데 조금 떨어져 있는 센니치마에점과 에비스바시점은 비교적 자리의 여유가 있다는 점을 참고하자.

주소 大阪府大阪市中央区道頓堀1丁目7-26 **위치** 지하철 난바역 14번 출구에서 도보 4분 **전화** 06-6211-6202 **시간** 24시간 영업 **메뉴** 차슈면(チャーシューメン) 1,100엔

시원한 멜론 소다와 다코야키의 만남
아치치혼포 あっちち本舗 [아치치혼포]

짭짜름하고 달콤한 간장과 마요네즈의 환상 궁합 소스를 올린 다코야키와 시원하고 상쾌한 멜론 소다가 잘 어울리는 다코야키 맛집이다. 늦은 시간까지 영업하여 도톤보리의 야경을 바라보면서 다코야키를 즐길 수 있는 뷰 맛집이라 관광객들에게 인기가 좋고 더운 여름에는 시원한 맥주나 멜론 소다를 함께 곁들이면 맛있게 먹을 수 있다. 내부에 넓은 자리가 있어 편하게 먹을 수 있지만 그래도 밖에서 먹을 수 있는 것이 이곳의 장점이다. 세트 메뉴로 주문을 하면 조금 저렴하게 먹을 수 있으니 참고하자.

주소 大阪府大阪市中央区宗右衛門町7-19 **위치** 지하철 난바역 14번 출구에서 도보 5분 **전화** 06-7860-6888 **시간** 월~목·일 10:00~02:00, 금 09:00~02:00, 토 09:00~03:00 **메뉴** 다코야키(たこ焼き) 600엔, 멜론 소다(メロンソーダ) 200엔 **홈페이지** https://kd4h000.gorp.jp/

분위기 좋은 오코노미야키 맛집
지보 千房 [치보오]

1층부터 6층까지 건물 전체가 오코노미야키 맛집인 지보는 조금 여유 있게 식사를 하며 즐길 수 있는 분위기 좋은 맛집이라 현지인과 관광객들이 많이 찾는다. 우리나라 방송에 나오면서부터 한국 사람들의 방문이 많아져 한국 메뉴판도 준비가 되어 있어 주문하기가 편하다. 층마다 일반 테이블, 철판 테이블, 데판 카운터석 등 다양한 자리가 준비되어 있고 철판 테이블 좌석에 앉으면 가쓰오부시나 다른 토핑을 올려 기호에 맞게 추가 조리를 하여 먹을 수 있다. 오코노미야키와 야키 소바, 해산물구이도 준비되어 있으니 시원한 생맥주 한잔과 함께 좋은 시간을 가져 보자.

주소 大阪府大阪市中央区道頓堀1丁目5-5 **위치** ❶ 지하철 난바역 14번 출구에서 도보 6분 ❷ 지하철 니혼바시역 2번 출구에서 도보 4분 **전화** 050-1807-5395 **시간** 11:00~23:00 **메뉴** 도톤보리야키(道頓堀焼) 1,820엔, 믹스 야키 소바(ミックス焼そば) 1,480엔 **홈페이지** www.chibo.com

도톤보리를 대표하는 최고 인기 우동 맛집
쓰루동탄 つるとんたん [츠루동탄]

관광객들에게 아주 인기가 많은 우동 전문점인 쓰루동탄은 하루 종일 많은 사람들이 북적인다. 관광객이 많이 찾는다고 해서 일부 관광 식당처럼 대충 나오는 것이 아니라 아주 푸짐하게 음식이 잘 준비되어 나오며, 진한 국물과 쫄깃쫄깃하고 굵은 면발이 일품이다. 다양한 메뉴가 준비되어 있고 아주 큰 그릇에 푸짐한 양이 나오므로 여러 명이 함께 방문한다면 서로 다른 메뉴 여러 개를 시켜서 함께 먹는 것을 추천한다. 식사 시간에는 단체 관광객(별도의 공간에서 식사하므로 시끄럽지 않음)과 일반 손님들이 많이 몰리므로 11시 30분 이전이나 14시 이후에 방문을 하는 편이 조금 더 편하게 식사할 수 있다.

주소 大阪府大阪市中央区宗右衛門町3-17 **위치** 지하철 니혼바시역 2번 출구에서 도보 3분 **전화** 06-6211-0021 **시간** 일~목 11:00~06:00, 금·토 11:00~08:00 **메뉴** 명란 우동(明太子のおうどん) 1,200엔, 다시마 우동(昆布のおうどん) 780엔, 가쓰카레 우동(かつカレーのおうどん) 1,480엔, 게빵튀김(蟹パン揚げ) 680엔 **홈페이지** www.tsurutontan.co.jp

낚시도 할 수 있는 이색 레스토랑
자우오 ざうお

우리나라 방송을 통해서도 잘 알려진 '낚시하는 레스토랑' 자우오는 친구들이나 가족과 함께하기에 아주 좋은 레스토랑이다. 점원의 안내에 따라 자리를 잡고 낚싯대를 요청하면 낚싯대를 가져다주는데, 자리에 앉아서 낚시를 즐길 수도 있고 랍스타나 광어 등은 별도의 공간에서 낚시를 할 수 있다. 낚시를 해서 잡은 물고기로 요리를 하면 메뉴에서 할인을 받을 수 있으며 물고기를 낚으면 북을 치면서 이름을 불러 주는데 어린아이들이 함께 있다면 굉장히 좋아하며 이곳의 재미 요소 중 하나이다. 주말에는 자리를 잡기 어려울 수 있으니 사전에 인터넷으로 예약을 하는 것이 좋고 물고기를 잡으면 무조건 요리를 해야 하니 즐길 정도로만 적당히 잡도록 하자.

주소 大阪府大阪市中央区日本橋1丁目1-13 **위치** 지하철 니혼바시역 6번 출구에서 도보 2분 **전화** 06-6212-5882 **시간** 일~금 17:00~23:00, 토·일 11:30~15:00, 16:00~23:00 **메뉴** 도미 활어회(鯛活き造り) 4,180엔, 새우전(海老のチヂミ) 748엔, 제철의 해산물(바람)(旬の刺盛(風)) 2,035엔 **홈페이지** www.zauo.com

난바

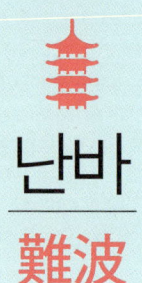

難波

오사카 여행에서 관광객들이 가장 먼저 손꼽는 지역인 난바는 오사카 남쪽 교통의 요지이며 난카이선·JR선 난바역 주변으로 볼거리·먹거리·놀거리까지 모두 풍부한 곳이다. 난카이난바역을 중심으로 북쪽으로는 상점 거리인 에비스바시스지 상점가와 먹거리가 가득한 센니치마에·난카이도리가 있으며 동쪽으로는 애니메이션과 피규어·프라모델의 성지인 덴덴타운이 위치해 있다. 남쪽으로는 쇼핑과 먹거리가 가득한 쇼핑몰 난바 파크스와 난바 시티가 있으며 서쪽으로는 셀럽들이 꼽은 소호 상점과 맛집들이 있는 호리에 지역이 위치해 있다. 또한 난바 지역의 지하는 오사카에서 최대 규모라 할 수 있는 쇼핑 아케이드인 난바 워크가 있어 어디를 가도 재미있는 시간을 보낼 수 있다. 많은 관광객들이 숙박을 정하는데 있어 가격은 다소 비싸지만 위치가 뛰어난 난바 지역을 가장 선호하며 간사이 공항에 도착하여 대부분 가장 먼저 이동하는 곳이 난바역이기 때문에 이곳이 오사카 여행의 시작점이라 할 수 있겠다.

• 난바 교통편 •

간사이 공항에 도착하여 관광객들이 가장 많이 이동하는 곳인 난바역(難波駅)은 난카이선(南海線)과 JR선이 있는데 두 노선의 난바역이 거리가 꽤 멀고 JR 난바역은 잘 이용하지 않으니 난카이선 이용을 적극 권장한다. 신사이바시스지 상점가나 도톤보리에서는 도보로 에비스바시스지를 거쳐 이동할 수 있고 지하철로는 미도스지선(御堂筋線)과 센니치마에선(千日前線) 그리고 요쓰바시선(四つ橋線)을 탑승하여 난바역으로 이동할 수 있다. 또한 나라 지역에서는 긴테쓰나라선(近鉄奈良線)을 이용하여 바로 이동할 수 있으며 유니버설 스튜디오 재팬에서도 한신난바선(阪神なんば線)을 이용하여 빠르게 움직일 수 있다.

■ 우메다역에서 이동하기
지하철 우메다역 1번 플랫폼에서 미도스지선(御堂筋線)을 탑승하여 4 정거장 이동.

시간 약 8분 소요 요금 240엔

■ 나라역에서 이동하기
긴테쓰나라역(近鉄奈良駅)에서 긴테쓰 쾌속급행(快速急行) 열차를 탑승하여 8 정거장 이동.

시간 약 38분 소요 요금 680엔

■ 간사이 국제공항에서 이동하기
- 난카이선 1·2번 플랫폼에서 라피도 β 열차를 탑승하여 7 정거장 이동.

시간 약 39분소요 요금 지정석 1,490엔

- 난카이선 1·2번 플랫폼에서 공항급행(空港急行) 열차를 탑승하여 11 정거장 이동.

시간 약 45분소요 요금 970엔

Travel Course 난바 지역 관광은 신사이바시스지 상점가에서 이어지는 에비스바시스지를 시작으로 반시계 방향으로 이동하는 일정을 추천한다.

에비스바시스지 상점가 도보 1분 ▶ 난카이난바역 도보 1분 ▶ 난바 시티 도보 1분 ▶ 난바 파크스 도보 3분 ▶ 덴덴타운 도보 3분 ▶ 난카이도리 도보 ?분 ▶ 센니치마에

난바 파크스

센니치마에

덴덴타운

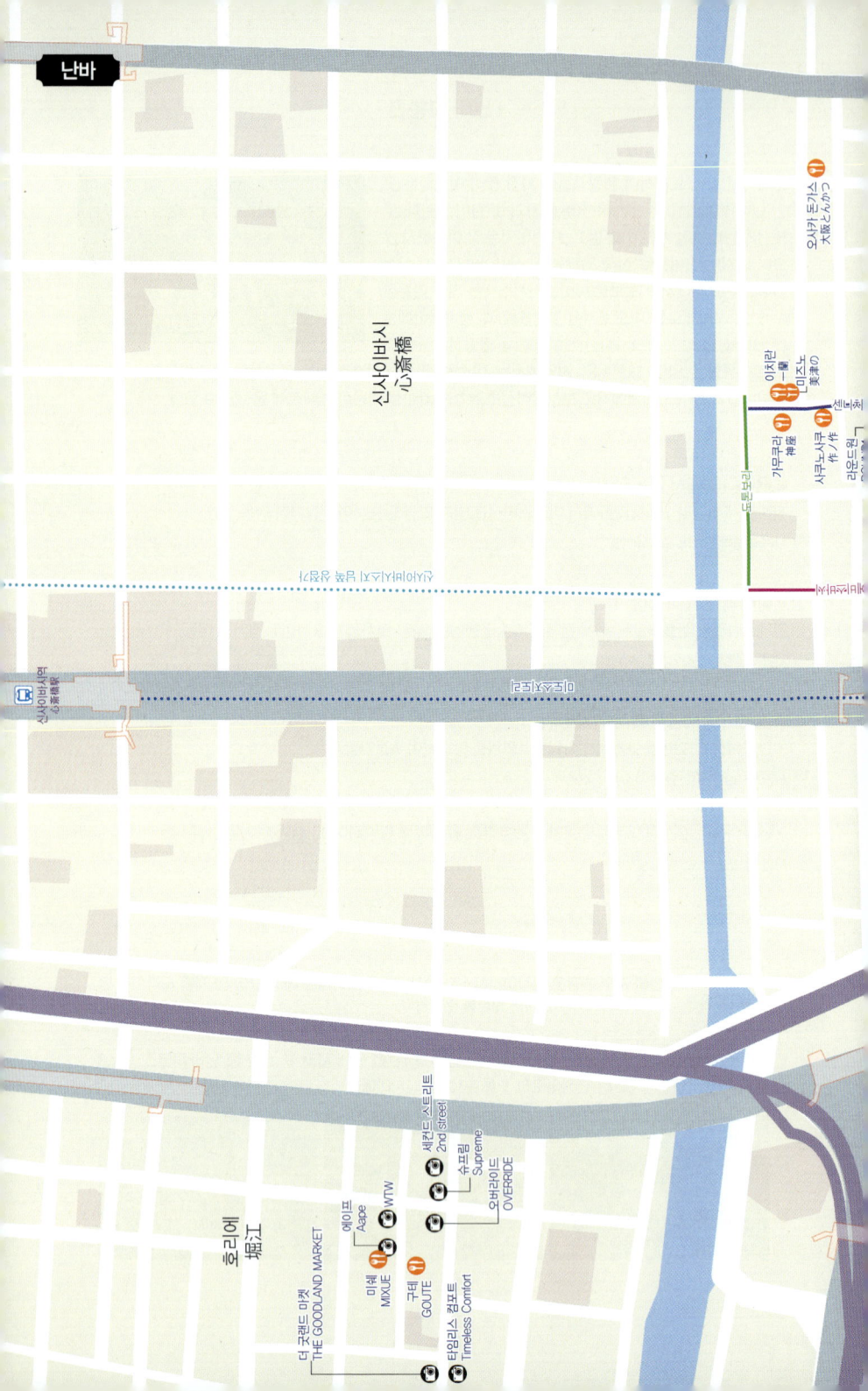

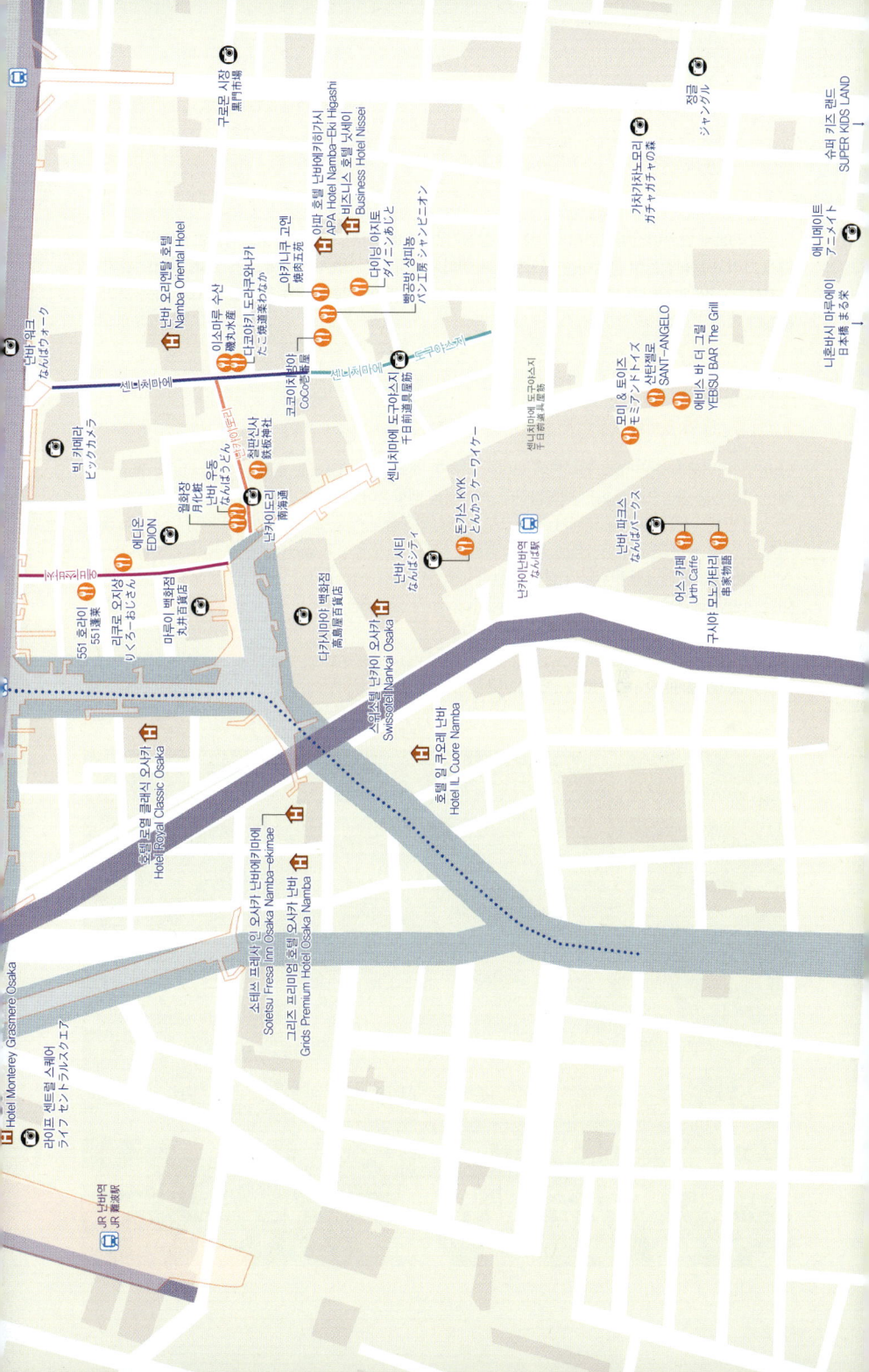

에비스바시스지 상점가

Ebisu Bashi-Suji Shopping Street

도톤보리에서 난카이난바역까지 이어지는 상점가인 에비스바시스지 상점가는 다양한 상점과 디저트 가게 그리고 음식점들이 공존하는 곳으로 신사이바시스지 상점가보다는 선호도가 낮다. 그래도 유명한 디저트 가게와 맛집이 있고 난바역 방향으로 이어지기 때문에 여행에서는 필수로 거치게 되는 곳이라 하겠다.

패션중심의 특화된 백화점
마루이 백화점 丸井百貨店 [마루이 하츠카텐]

난카이난바역을 나오면 바로 건너편에 보이는 마루이 백화점은 OIOI 또는 0101 백화점으로도 불리우며 패션 아이템을 중심으로 특화된 백화점이다. 대부분의 백화점이 1층에는 명품이나 화장품을 판매하고 있는 것에 반해, 이곳은 화장품 코너가 그리 크지 않고 생활용품과 식품 그리고 이벤트 코너가 입구부터 크게 위치해 있다. 특히 마루이 백화점은 젊은 고객들을 타깃으로 운영하고 있는데 아이폰을 많이 사용하는 일본의 젊은이들을 겨냥해 우리나라 삼성의 갤럭시 스튜디오(Galaxy Studio) 매장이 입점해 있는 점이 특징이다. 4층에 생활용품·인테리어 매장인 세리아(Seria)가 있고 6층의 GU, 7층의 유니클로(UNIQLO) 매장을 비롯하여 다양한 패션 아이템을 만나볼 수 있다.

주소 大阪府大阪市中央区難波3丁目8-9 **위치** 지하철 난바역 1번 출구에서 도보 1분 **전화** 06-6634-0101 **시간** 11:00~20:00 **홈페이지** www.0101.co.jp/085/

전자 제품 중심의 복합 쇼핑몰
에디온 EDION

가전제품 소매점에서 출발해 전자 제품 쇼핑몰로 발전한 에디온은 이제 단순한 전자 제품 쇼핑몰에서 벗어나 주류·완구·시계·생활용품까지 영역을 확대하여 판매하고 있다. 난바 지점은 특별하게도 9층에 라멘 이치자(ラーメン一座)라는 라멘 존(ZONE)을 만들어 관광객들의 방문을 유도하고 있다. 전자 제품의 경우 특별한 할인 이벤트를 진행하고 있어 이벤트 제품은 타 매장보다 현저하게 저렴하게 판매하고 있고 주류 매장과 시계 매장을 별도로 운영하고 있는 것이 특징이다. 아직은 많은 사람들의 방문이 적어 여유있게 매장을 둘러볼 수 있고 다른 전자 제품 매장과는 다르게 다양한 볼거리가 있으니 꼭 방문해 보도록 하자.

주소 大阪府大阪市中央区難波3丁目8-9 **위치** 지하철 난바역 1번 출구에서 도보 2분, E5 출구에서 도보 1분 **전화** 06-6630-6733 **시간** 10:00~21:00 **홈페이지** namba.edion.com

음식점이 즐비한 먹자골목
난카이도리 南海通

난카이난바역 북쪽 출구로 나오면 우측으로 스타벅스 매장이 보이는데 그 옆에 있는 골목이 난카이도리이다. 거리의 길이는 100m 정도로 짧지만 접근성이 좋아 맛집들이 많이 몰려 있는 먹자골목 정도로 생각하면 된다. 늦은 시간까지 영업하는 음식점이 많아 늦은 저녁까지 많은 사람들이 이곳을 찾고 있다. 센니치마에와 바로 연결이 되며, 천장이 있어 비가 오는 날에도 이동을 하기 용이하다는 장점이 있다.

주소 大阪府大阪市中央区難波5丁目 **위치** 지하철 난바역 E5 출구에서 도보 1분 **홈페이지** nambanankai.com

센니치마에
Sennichima

센니치마에 거리는 도톤보리 못지않게 맛집들이 즐비하여 식도락을 즐기려는 여행객들이 많이 찾는 곳이다. 쇼핑 상점은 그리 많지 않아 유동 인구가 도톤보리보다는 적어 상대적으로 다소 여유 있게 식사를 즐길 수 있는 곳이기도 하다.

종합 어뮤즈먼트 스포츠 센터
라운드원 ROUND1 [라운도완]

라운드원은 종합 오락실과 스포츠센터가 모두 모여 있는 곳으로 24시간 동안 어린아이부터 나이 드신 어르신까지 함께 즐길 수 있는 놀이 시설이다. 국내에서는 보기 힘든 최신 게임을 갖춰 놓고 있으며 인형 뽑기 기계 등이 있어 관광객도 많이 찾고 노래방 시설도 있어 현지 학생들도 많이 이용한다. 또한 볼링장을 기본으로 탁구장과 다트장 그리고 소규모 실내 축구장도 갖추고 있고 매일 수업도 진행하고 있다. 다만 휴식 공간들이 많아 늦은 저녁이나 이른 아침에는 술이 취한

사람들이 구석구석 쓰러져 있고 가끔 시비도 붙는 경우도 있으니 이런 시간대는 피해서 방문하도록 하자.

주소 大阪府大阪市中央区難波1丁目3-1 **위치** 지하철 난바역 15번 출구에서 도보 2분, B20 출구에서 도보 1분 **전화** 06-4708-2600 **시간** 24시간 영업 **홈페이지** www.round1.co.jp

오사카의 대표적인 전자 제품 종합 매장
빅 카메라 ビックカメラ [빗쿠카메라]

요도바시카메라와 함께 오사카에서 가장 인기가 좋은 전자 제품 쇼핑몰인 빅 카메라도 과거와는 달리 전자 제품뿐만 아니라 스포츠 용품·생활용품·주류 등 사업의 다각화를 꾀하고 있다. 특히 1층에는 자전거 특화 매장, 2층에는 주류 판매점(한국 관광객들에게 인기가 좋음)을 운영하고 있고, 7층에는 게임·장난감·문구류를 판매하고 있어 꼭 전자 제품이 아니더라도 재미있는 쇼핑을 즐길 수 있어 관광객들이 많이 찾는다. 최근에는 빅 카메라가 보장하는 중고 제품을 판매하는 별도 코너를 오픈하였는데 거의 새 제품과 다름이 없고 전압이 우리나라와 맞지는 않지만 좋은 제품을 아주 저렴하게 구매할 수 있으니 참고하자.

주소 大阪府大阪市中央区千日前2丁目10-1 **위치** 지하철 난바역 B19 출구와 연결 **전화** 06-6634-1111 **시간** 10:00~21:00 **홈페이지** www.biccamera.co.jp

오사카 최대의 주방용품 매장 밀집 지역
센니치마에 도구야스지 千日前道具屋筋

센니치마에 남쪽에 위치한 도구야스지는 주방용품 전문 매장들이 밀집한 곳으로, 코로나19를 거치면서 방문객들이 많이 줄어 그 상권이 다소 축소되었다. 기념품을 구매하려는 관광객들과 음식점 창업자들이 많이 찾고 있으며 우리나라 사람들도 요식업 아이템을 얻기 위해 이곳을 찾고 있다. 매장마다 같은 것이 없을 만큼 다양한 제품을 볼 수 있고 가격도 천차만별이므로 구매할 때는 가격을 잘 비교하여 신중히 구매하도록 하자. 또한 그릇이나 깨질 수 있는 제품은 별도의 포장을 할 수 있으니 구매할 때 꼭 참고하자.

주소 大阪府大阪市中央区難波千日前 道具屋筋　**위치** 지하철 난바역 E9 출구에서 도보 2분

오사카 남부의 대표 재래시장
구로몬 시장 黒門市場 [쿠로몬 시조]

오사카 남부에는 쓰루하시(鶴橋) 시장이 한국 상점이 많은 곳으로 알려져 있는데, 구로몬 시장은 관광지와 가까이 위치하고 있으면서 숫자는 좀 적어도 한국 상점과 음식점을 쉽게 볼 수 있는 곳이다. 한국인 관광객도 많이 보이지만 일본 현지인이나 외국 관광객도 많이 찾는 재래시장으로, 저렴한 생활용품도 많이 볼 수 있지만 무엇보다도 음식이 다양하고 저렴한 것이 특징이다. 숙소에 조리 시설이 있다면 간단한 재료들을 구매하여 조리하여 먹을 수 있다. 도시락도 판매를 하고 있어 관광객들에게도 인기가 좋으며 저렴한 선술집들이 많아 늦은 시간까지도 이곳을 찾는 사람들도 많다. 오사카에서 구로몬 시장을 제외하고는 재래시장을 보기 힘들고 의외로 시장을 구경하는 재미도 있으니 한번 방문해 보자.

주소 大阪府大阪市中央区日本橋2丁目　**위치** 지하철 니혼바시역 10번 출구에서 도보 1분　**홈페이지** kuromon.com/jp/

난카이난바역 주변
Nankai Namba Station

간사이 국제공항에서 가장 많이 선호하는 이동 수단인 난카이선 전철이 도착하는 난카이난바역은 교통의 주요 거점이자 오사카 여행의 시작점이다. 역사 내부와 주변으로도 즐길 거리가 가득하고 지하는 난바 워크와 연결되어 있으니 흥미로운 지하 상점가 여행도 색다른 경험이 될 것이다.

우리나라 관광객들이 가장 선호하는 인기 쇼핑몰
난바 파크스 なんばパークス [난바 파아쿠스]

난카이난바역 남쪽에 위치한 난바 파크스는 건축물에 도심 속 인공 숲을 조성하여 방문객들에게 갑갑한 쇼핑이 아닌 아웃렛 매장 느낌의 탁 트인 공간을 제공한다. 건축물의 규모도 크지만 매장도 여유롭게 배치하여 갑갑함이 없고 쇼핑 매장뿐 아니라 피트니스센터·미용실 등 생활형 점포들도 입점해 있고 카페와 레스토랑도 젊은 방문객들에게 인기가 많다. 1층에 토이저러스·베이비저러스 대형 매장이 운영 중이어서 어린 자녀를 둔 고객들이 많고 영화관·오락실 등도 있어 즐길 거리가 많은 곳이다. 최근에는 스트리트 패션의 대표격인 스투시 매장이 입점을 하면서 우리나라 관광객들의 방문 숫자가 부쩍 늘어났다.

주소 大阪府大阪市浪速区難波中2丁目10-70 **위치** 지하철 난바역 5번 출구에서 도보 3분 **전화** 06-6644-7100 **시간** 11:00~21:00 ※ 레스토랑은 점포마다 운영 시간이 다름 **홈페이지** nambaparks.com

크리스마스에는 난바 파크스로 가자!
크리스마스 연휴 기간에 오사카를 방문한다면 크리스마스 장식들로 눈이 즐거운 난바 파크스를 꼭 방문해보자. 난파 파크스 좌측의 캐널 시티(Canal City)부터 외부 정원까지 형형색색 아름다운 일루미네이션으로 꾸며져 쇼핑몰 전체가 모두 아름답게 반짝이는 포토존이다. 오사카에서 유니버설 스튜디오 재팬만큼이나 아름다운 크리스마스 분위기를 느낄 수 있는 곳이므로 꼭 난바 파크스를 방문하여 추억의 사진을 남기도록 하자.

레스토랑과 식료품 매장이 아주 인기가 좋은 백화점
다카시마야 백화점 高島屋百貨店 [타카시마야 하츠카텐]

다카시마야 백화점은 난카이난바역과 지하철 난바역과도 연결되어 있어 많은 사람들이 방문하는 난바·신사이바시 지역의 대표 백화점이다. 다른 백화점처럼 명품 매장을 비롯한 다양한 쇼핑 매장들을 잘 갖추고 있기도 하지만 무엇보다도 먹거리가 풍부한 백화점으로 여행객들에게는 더 잘 알려져 있다. 7~9층까지 다양한 레스토랑을 갖추고 있어 항상 붐비지만 지하 1층에 위치한 식료품 매장은 웬만한 시장 못지않게 시끌벅적하여 정신이 없을 정도로 많은 사람들이 찾는다. 다양한 디저트와 도시락 그리고 포장할 수 있는 음식들도 판매를 하고 있으니, 하루 정도는 이곳에서 먹거리를 구매하여 숙소에서 조촐하게 파티를 즐겨 보는 것도 좋을 듯하다.

주소 大阪府大阪市中央区難波5丁目1-5 **위치** 난카이난바역에서 연결, 지하철 난바역 4번·E2번 출구 바로 앞 **전화** 06-6631-1101 **시간** 10:00~20:00 ※ 레스토랑은 점포마다 운영 시간이 다름 **홈페이지** www.takashimaya.co.jp/osaka/

난카이난바역과 연결된 쇼핑 아케이드
난바 시티 なんばシティ [난바 시티]

난카이난바역에 위치한 쇼핑몰인 난바 시티는 지하 1층에는 레스토랑들이 입점해 있고 1층과 2층에는 다양한 상점들이 입점해 있다. 2016년에 개관한 난바 시티 남관은 상점보다 레스토랑이 인기가 많아 주말이면 자리를 잡기 힘들 정도로 많은 사람들이 찾는다. 아직까지는 관광객보다는 현지인들이 많이 찾고 있지만 맛집들이 소문을 타고 많이 알려져 예약이나 대기 없이는 쉽게 들어갈 수 있는 음식점이 없을 정도이다. 난바·신사이바시의 쇼핑가 못지않게 다양한 볼거리와 먹거리가 가득하므로 난바 시티와 난바 파크스를 묶어서 관광 일정을 잡는 것을 추천한다.

주소 大阪府大阪市中央区難波5丁目1-60 **위치** 난카이난바역에서 연결, 지하철 난바역 4번·5번 출구에서 도보 1분 **전화** 06-6644-2960 **시간** 11:00~21:00 ※ 레스토랑은 점포마다 운영 시간이 다름 **홈페이지** nambacity.com

| 남바 지역의 지하 쇼핑 아케이드
난바 워크 なんばウォーク [난바워어쿠]

난바 워크는 동쪽 니혼바시역(日本橋駅)부터 서쪽 JR 난바역·OCAT 터미널까지 길게 이어진 지하 쇼핑 아케이드로 입점 점포만 300개에 이르고 주요 역사와 연결되어 있어 유동 인구가 아주 많은 곳이다. 다소 답답하긴 하지만 현지인들에게 인기 있는 음식점도 많고 다양한 아이템의 쇼핑 상점도 많아 지상의 상점가 못지않게 관광객들도 많이 찾는 곳이다. 난바역과도 연결이 되어 있고 센니치마에, 에비스바시스지도 바로 이동할 수 있어 비가 오는 날에는 요긴한 이동 통로로 이용되고 있다. 지상 상점가에서는 보기 어려운 상점들도 많으니 숙소로 돌아갈 때 혹은 우천시 시간을 내어 둘러보면 아주 흥미있는 쇼핑 아케이드라 하겠다.

주소 大阪府大阪市中央区千日前1丁目 **위치** 난카이선·JR선·지하철 난바역, 지하철 니혼바시역에서 연결 **전화** 06-6643-1866 **시간** 10:00~21:00 ※ 점포마다 운영 시간이 다름 **홈페이지** walk.osaka-chikagai.jp

| 인기 만점의 도심 속 대형 슈퍼마켓
라이프 센트럴 스퀘어 ライフ セントラルスクエア [라이후 센토라루 스쿠에아]

오사카를 여행하다 보면 우리나라 마트 같은 대형 슈퍼마켓을 보기 어려운데 난바역에서 그리 멀지 않은 곳에 현지인과 관광객들이 많이 찾는 라이프 센트럴 스퀘어가 있다. 식료품 쇼핑이라 하면 돈키호테를 많이 찾는데 오히려 돈키호테보다 저렴한 품목들이 많으니 여행객들은 주목해야 할 곳이다. 과일, 식료품, 도시락, 베이커리 등 여행에서 먹을 음식이나 한국에 들고 갈 기념품들도 모두 이곳에서 사는 것을 추천할 정도로 종류도 많고 가격도 저렴하다. 난바 워크와 연결되어 있어 우천시에도 방문하기 편하고 즉석 식품을 제외하고는 면세 혜택도 받을 수 있으며 일본의 모든 식료품을 다양하게 볼 수 있어 재미도 있으니 꼭 방문하자.

주소 大阪府大阪市浪速区湊町1丁目2-3 **위치** JR 난바역과 바로 연결, 지하철 난바역 30번 출구와 연결 **전화** 06-6634-0300 **시간** 09:00~00:00 **홈페이지** www.lifecorp.jp

Horie(Orange Street)
호리에(오렌지 스트리트)

우리나라의 신사동 가로수길처럼 오사카에도 카페와 패션 상점들이 모여 있는 대표 지역이 이곳 호리에이며 오렌지 스트리트(ORANGE STREET)로도 불리운다. 코로나19 전에는 상점 숫자가 많이 늘어나서 방문객이 많았지만 지금은 상권이 크게 축소가 되었다. 그래도 우리나라에도 잘 알려져 있는 패션 상점과 인기 있는 카페들이 여전히 영업 중이니 관심 있는 관광객들이라면 시간을 내어 찾아가 보자.

다양한 제품의 라이프 스타일 편집숍
WTW [다부루티이]

의류부터 가구까지 생활에 필요한 모든 것을 판매하는 이곳은 전국적으로도 인테리어 마니아들에게 잘 알려진 가게이다. 매장에 들어서면 이곳은 무엇을 판매하는 매장일까 궁금해하는 사람들이 많은데, 기본적으로는 인테리어를 메인으로 하고 있으며 거기에 따른 소품과 가구를 판매하고 공간에 어울리는 의류까지 판매하고 있다. 우리가 흔히 접하기 어려운 디자인의 제품이 많고 가격도 저렴하지 않지만 다양한 아이디어 소품이 많으니, 인테리어에 관심이 있다면 방문해 보자.

주소 大阪府大阪市西区南堀江1丁目14-35 **위치** 지하철 요쓰바시역 6번 출구에서 도보 3분 **전화** 06-6539-5310 **시간** 11:00~20:00 **홈페이지** www.wtwstyle.com/shop/

일본을 대표하는 스트리트 패션 브랜드
에이프 Aape [에-에이프]

'BY *A BATHING APE'의 준말로 에이프(Aape)로 표기하지만 우리에게는 '베이프'라는 브랜드로 잘 알려져 있다. 호리에 지역에 단독 매장을 운영하고 있어 패션에 관심 있는 젊은이들이 많이 찾는 곳이다. 자유로움을 느낄 수 있는 감각적인 디자인의 패션·잡화에서 최근에는 생활용품까지 판매를 하고 있으며 우리나라에서도 직구로 많이 구매하는 아이템 중 하나이다. 일반적인

의류 가격도 비싸지만 명품 브랜드와 협업한 콜라보 제품의 경우는 희소성 때문인지 명품 가격보다 더 비싸게 느껴진다. 특별히 할인 행사를 많이 하지 않아 직구보다는 현지에서 구매하는 것이 다소 저렴하며 근처에 베이프(BAPE) 스토어를 운영하고 있으니 두 곳을 방문해 보자.

주소 大阪府大阪市西区南堀江1丁目14-30 (베이프 스토어: 大阪府大阪市西区南堀江1丁目19-2) **위치** 지하철 요쓰바시역 6번 출구에서 도보 3분 (베이프 스토어: 에이프 매장에서 1분 거리) **전화** 06-6695-7585 (베이프 스토어: 06-6535-2700) **시간** 11:00~20:00 **홈페이지** aape.jp

| 인기 좋은 미국 패션 브랜드
슈프림 Supreme [슈푸리이무]

미국의 인기 패션 브랜드이지만 우리나라에 정식 매장이 없고 일본에는 세 곳이 있어 희소성 때문에 우리나라 젊은이들이 선호하는 브랜드이다. 스케이트보드 회사로 시작하여 미국의 인기 스트리트 패션으로 자리 잡은 슈프림은 여러 유명 브랜드와 콜라보 제품을 선보이며 대중들에게 널리 알려졌다. 다만 콜라보 제품은 소량 생산만 하였기에 제품을 구하기도 힘들고 가격도 비싸며 매장에서는 볼 수가 없다. 일본에 있는 세 곳의 매장 중 하나가 오사카 호리에 지역에 있으며 오픈 전부터 사람들이 대기하고 있는 모습을 볼 수 있는데 사람이 많을 때는 입장 제한이 있는 경우도 많으니 참고하자.

주소 大阪府大阪市西区南堀江1丁目9-8 **위치** 지하철 요쓰바시역 6번 출구에서 도보 3분 **전화** 06-6533-0705 **시간** 11:00~20:00 **홈페이지** jp.supreme.com

| 스타일리시한 모자 전문점
오버라이드 OVERRIDE [오-바-라이도]

다양한 종류의 모자를 취급하는 오버라이드는 감각적이고 스타일리시한 디자인으로 젊은 층뿐만 아니라 노년층까지 사랑을 받는 곳이다. 연예인들도 많이 방문할 정도로 많은 인기를 얻고 있으며 의류, 생활용품 그리고 화장품까지 사업 영역을 확장하면서 제품이 다양해졌다. 주변에 스트리트 패션 브랜드가 많고 모자나 악세서리를 판매하고 있지만 오버라이드에서 더 다양한 종류의 모자를 선택할 수 있으니 새로운 패션 아이템을 장착하러 방문해 보자.

주소 大阪府大阪市西区南堀江1丁目15-4 **위치** 지하철 요쓰바시역 6번 출구에서 도보 3분 **전화** 06-6110-7351 **시간** 12:00~20:00 **홈페이지** overridehat.com

| 고급스러운 인테리어 · 주방용품 전문점
타임리스 컴포트 Timeless Comfort [타이무레스콘훠-토]

북유럽의 고급스러운 인테리어 소품과 정말로 사고 싶을 정도로 퀄리티 좋은 주방용품들을 판매하는 타임리스 컴포트는 1층 입구부터 고급스럽고 깨끗한 인테리어와 제품 디스플레이로 기분을 들뜨게 한다. 일본의 아기자기함과 북유럽풍의 고급스러움을 동시에 느낄 수 있는 제품들을 선별하여 전시하였으며 온라인에는 더 다양한 제품을 볼 수 있다. 특히 주방용품이 인기가 많은데 브랜드 제품이어서 가격이 만만치 않다. 이곳에서 크기가 큰 제품을 구매하면 한국까지 배송을 해 주지만 유료이

므로 추가 요금을 내야 하니 여행 가방에 넣을 수 있는 소품 정도만 구매하자.

주소 大阪府大阪市西区南堀江1丁目19-26 **위치** 지하철 요쓰바시역 6번 출구에서 도보 4분 **전화** 06-6533-8620 **시간** 11:00~19:00 **홈페이지** timelesscomfort.com

볼거리가 많은 재미있는 편집숍
더 굿랜드 마켓 THE GOODLAND MARKET [자 굿도란도 마아켓토]

소비자 트렌드를 연구하는 '어반리서치'라는 회사에서 런칭한 더 굿랜드 마켓은 자연 친화적인 소재를 바탕으로 패션·화장품·생활용품 등을 판매하는 편집숍이다. 1층에는 인기 있는 아이템들을 전시해 놓았고 2층에는 가방·인테리어 소품·생활용품, 3층에는 의류 및 잡화 등을 볼 수 있으며 친환경 소재로 만들어진 제품들이 많아 가격들이 만만치 않게 비싸다. 의류·잡화는 우리나라에도 잘 알려져 있어 직구로도 구매를 많이 하는데 이곳 매장에서는 세일 품목들이 많아 더 저렴하게 구매할 수 있다. 재미있는 아이디어 상품들도 많고 디자인도 신선하여 재미있는 볼거리가 가득하므로 가볍게 들러 보자.

주소 大阪府大阪市西区南堀江1丁目20-9 **위치** 지하철 요쓰바시역 6번 출구에서 도보 4분 **전화** 050-2017-9002 **시간** 11:00~19:30 **홈페이지** media.urban-research.jp

중고 의류 전문점
세컨드 스트리트 2nd street [세칸도 스토리-토]

바이어가 엄선한 중고 의류를 전문으로 판매하는 세컨드 스트리트는 명품 브랜드부터 인기 스트리트 패션까지 많은 품목을 갖추고 있다. 중고 제품이라도 상태가 상당히 좋고 세일 기간에 맞추면 아주 저렴한 가격으로 득템을 할 수 있는 곳이다. 명품 가방도 심심치 않게 볼 수 있고 근처 인기 스트리트 브랜드의 중고 제품도 판매를 하고 있다. 의류나 신발은 사이즈 때문에 제한적일 수 있지만 가방이나 악세서리의 경우 상태가 좋은 제품이 많아 가장 인기가 좋다.

주소 大阪府大阪市西区南堀江1丁目9-1 **위치** 지하철 요쓰바시역 6번 출구에서 도보 3분 **전화** 06-6535-9817 **시간** 11:00~20:00 **홈페이지** www.2ndstreet.jp

TIP 호리에 지역에 가기 전에 참고하기
호리에 지역으로의 이동은 지하철보다는 아메리카무라를 지나 도보로 이동하는 경우가 많으며 도톤보리 길을 따라 서쪽으로 이동을 해도 된다. 주말이면 인기 브랜드의 경우 사람들이 많이 몰려 입장 제한을 하는 경우가 많고 재고가 없는 경우가 많으니 오전 시간대에 방문하는 것이 좋다.

Denden Town
덴덴타운

덴덴타운은 도쿄의 아키하바라처럼 과거 전자 제품 상가가 밀집한 지역이었지만 지금은 관련 업종 점포가 많이 줄어들고 애니메이션·피규어·프라모델·게임 등의 점포들이 많이 늘어났다. 난카이난바역에서도 쉽게 이동할 수 있으니 관심이 있다면 오타쿠의 성지 덴덴타운을 방문해 보자.

애니메이션 마니아의 천국
애니메이트 アニメイト [아니메에토]

마니아들을 설레이게 하는 애니메이션 총집합소인 애니메이트는 일본의 최신 애니메이션부터 추억의 애니메이션까지 만화책, DVD를 비롯하여 학용품, 인형, 키링 등 셀 수 없이 다양한 형태의 굿즈를 판매하고 있다. 1층에는 DVD와 만화책을 판매하고 있으며 2층에는 각종 굿즈와 이벤트 제품들을 판매하고 있다. 통로가 넓어서 여유 있게 둘러볼 수 있고 할인 이벤트도 수시로 하고 있어 원하는 제품을 구매하는 데 안성맞춤이다. 우리나라에도 일본 애니메이션을 좋아하는 사람이 상당히 많아서 〈명탐정 코난〉이나 〈원피스〉 마니아들에게 큰 인기를 얻고 있다.

주소 大阪府大阪市浪速区日本橋西1丁目1-3 **위치** ❶ 지하철 에비스마치역 1-B 출구에서 도보 5분 ❷ 지하철 난바역 E9 출구에서 도보 7분 **전화** 06-6636-0628 **시간** 월~금 11:00~20:00, 토·일 10:00~20:00 **홈페이지** www.animate.co.jp

건물을 가득 채운 대형 가챠 숍
가챠가챠노모리 ガチャガチャの森

지하1층부터 지상 2층까지 건물 전체를 채운 1,030개의 가챠(캡슐 뽑기) 기계가 가득 찬 곳으로 오사카 여행에서 만나볼 수 있는 최대 규모의 가챠 숍이다. 찾는 캐릭터의 가챠 기계가 이곳에 없다면 다른 곳에서는 절대 찾을 수 없을 정도로 다양한 캐릭터의 기계가 있으며, 원하는 캐릭터를 찾는 데 한참 걸릴 정도로 규모가 크다. 시중에서 판매하지 않는 제품이 많아 특별한 굿즈를 뽑기 위해 발품을 파는 마니아들이 많은데 여기저기 다닐 필요 없이 이곳만 방문하면 체력 소모와 시간을 줄일 수 있다.

주소 大阪府大阪市浪速区日本橋西3丁目7-22 **위치** ❶ 지하철 에비스마치역 1-B 출구에서 도보 4분 ❷ 지하철 난바역 E9 출구에서 도보 8분 **전화** 06-4396-9631 **시간** 11:00~21:00

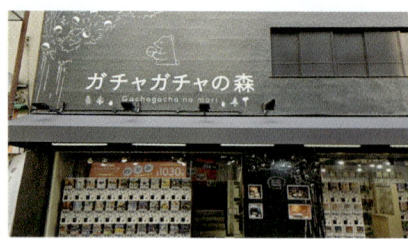 

희소성 높은 고전 애니메이션 제품 판매점
정글 ジャングル [자구루]

하비숍 정글은 최신 애니메이션의 피규어, 프라모델, 굿즈보다는 과거 히트를 쳤던 고전 제품을 많이 판매하고 있는 곳으로 젊은 층보다는 중장년층이 많이 찾는 곳이다. 아주 오래되어 생산이 절판된 제품이나 이벤트성 한정판 제품들은 생각도 못한 비싼 가격에 판매를 하고 있으며, 마니아들을 위해 경매에서 낙찰받은 고전 제품들을 전시 또는 판매하고 있다. 최근에는 우리나라에서도 20~30년 전 애니메이션 제품들을 거래하는 사람들이 많은데 이런 고전 제품들을 수집하는 마니아들에게는 정글이 딱 알맞은 가게라 하겠다.

주소 大阪府大阪市浪速区日本橋3丁目4-16 **위치** 지하철 에비스마치역 1-A 출구에서 도보 3분 **전화** 06-6636-7444 **시간** 월~금 12:00~20:00 토,일 11:00~20:00 **홈페이지** jungle-scs.co.jp

일본에서 가장 큰 프라모델 전문 하비숍
슈퍼 키즈 랜드 SUPER KIDS LAND [스우파아 킷즈란도]

2022년 새롭게 리뉴얼하여 돌아온 조신(JOSHIN) 슈퍼 키즈 랜드는 일본에서 규모가 가장 큰 프라모델 전문 하비숍이다. RC카와 조립식 프라모델 제품들의 판매·수리·교육까지 진행하며 대회도 개최하여 마니아들의 인기가 아주 높다. 특히 프라모델 건담의 경우 현재 일본에서 판매되고 있는 모든 모델을 다 갖춰 놓고 있으며 건담 쇼케이스도 갖춰 놓고 있다. 건담을 비롯한 프라모델을 좋아하는 사람들은 이곳을 무조건 방문해야 하며 이월 제품이나 재고가 많은 제품은 폭탄 할인 판매도 수시로 진행하고 있으니 참고하자.

주소 大阪府大阪市浪速区日本橋4丁目12-4 **위치** 지하철 에비스마치역 1-B 출구에서 도보 2분 **전화** 06-6634-0041 **시간** 월~금 11:00~20:00, 토·일 10:00~20:00 **홈페이지** shop.joshin.co.jp

🍴 난바 추천 맛집

오사카의 인기 중국식 만두 전문점
551 호라이 551蓬萊 [고햐쿠고주-이치 호-라이]

오사카의 대표적인 맛집으로 손꼽히는 551 호라이는 중국식 만두를 판매하는 곳으로 에비스바시스지에 위치한 이곳이 본점이고 주변에 체인점이 많다. 중국식 만두인데 겉은 촉촉하고 속 재료는 새우, 고기, 팥 등 다양하고 일본 사람들의 입맛에 맞게 개선이 되어 덜 느끼하고 담백하다. 중국식 요리부터 딤섬, 라멘도 판매를 하고 있으며 아이스바와 만주 등 디저트도 판매하고 있어 먹을 것이 다양하다. 이곳에서 식사보다는 간식으로 다양한 속이 들어간 만두나 호빵을 추천하며 본점의 경우 줄이 상당히 길어 오랜 기다림이 필요할 때가 있는데 주변의 다른 지점은 다소 여유가 있으니 상황을 보고 이동을 결정하도록 하자.

주소 大阪府大阪市中央区難波3丁目6-3 **위치** 지하철 난바역 11번 출구에서 도보 1분 **전화** 06-6641-0551 **시간** 10:00~21:30, 화요일 휴무 **메뉴** 고기만두(豚まん) 290엔, 호빵(あんまん) 280엔, 새우구이(4개입)(海老焼売) 320엔 **홈페이지** www.551horai.co.jp

수플레 치즈케이크로 오사카를 평정한 No.1 치즈케이크
리쿠로 오지상 りくろーおじさん [리쿠로 오지산]

오사카의 대표적인 디저트로 손꼽히는 오지상 치즈케이크는 부드럽고 뽀송뽀송한 수플레 치즈케이크를 판매하고 있으며 어린아이부터 연세가 많은 사람까지 맛있게 먹을 수 있는 최고의 디저트다. 케이크를 바로 만들어서 판매하고 있어 따뜻할 때 그대로 먹을 수 있어 더 부드럽고 촉촉함을 느낄 수 있다. 참고로 매장 앞에는 항상 긴 줄이 있는데 좌측 입구로는 1~2시간 전에 미리 만들어 놓은 치즈케이크를 판매하고 있어 선물로 가져간다면 긴 줄을 서지 않고 바로 구매 가능하다.

주소 大阪府大阪市中央区難波3丁目2-28 **위치** 지하철 난바역 11번 출구에서 도보 2분 **전화** 0120-57-2132 **시간** 09:00~20:00 **메뉴** 갓 구운 치즈케이크(焼きたてチーズケーキ) 965엔 **홈페이지** www.rikuro.co.jp

부드럽고 달콤한 유명 만주 가게
월화장 月化粧 [츠키게쇼오]

월화장은 겉은 부드럽고 속은 꽉 찬 맛있는 만주를 판매하는 곳으로 홋카이도산 팥으로 만든 하얀 앙금에 버터와 연유가 들어가 달콤하고 고소한 맛이 특징이다. 만주 안의 앙금에 말차나 잼 그리고 견과류가 들어간 제품들도 있고 양갱, 쿠키, 도라야키, 치즈케이크까지 다양한 메뉴가 있지만 역시 대표 제품인 우유 만주가 인기가 좋다. 갓 구운 만주를 낱개로 구매하여 먹을 수 있으니 하나는 먹고 한 박스는 집으로 돌아갈 때 선물로 가져가자.

주소 大阪府大阪市中央区難波3丁目2-15 **위치** 지하철 난바역 E5번 출구에서 도보 1분 **전화** 06-6645-1500 **시간** 월~목·일 11:00~19:30, 금·토 11:00~20:00 **메뉴** 갓 구운 월화장 焼きたて月化粧 140엔, 월화장 6개입 月化粧 6個入 864엔 **홈페이지** https://tsukigesho.com/

우동 가격이 실화인가? 가성비 최고의 우동집!
난바 우동 なんばうどん

따끈따끈하고 쫄깃한 우동과 소바를 판매하는 가게인 난바 우동은 입구에 적혀 있는 가격을 보고 놀라서 막상 들어가기 망설여지는 곳이다. 가케 우동이 260엔이기 때문에 여행 중 보기 힘든 가격으로 한 끼 식사를 할 수 있다. 가격은 저렴하지만 그 맛은 가성비 최고라 할 수 있을 정도로 쫄깃쫄깃한 면발에 진한 육수까지 만족할 만한 맛이다. 면은 우동과 소바를 선택할 수 있으며 가케 우동 외에도 다양한 토핑이 올라간 우동부터 카레 우동까지 판매하고 있으니 주머니가 가벼운 여행객들에게는 한 끼 식사로 딱 좋은 곳이다.

주소 大阪府大阪市中央区難波3丁目2-14 **위치** 지하철 난바역 E5번 출구에서 도보 1분 **전화** 06-6643-4005 **시간** 11:00~21:30, 월요일 휴무 **메뉴** 가케 우동·소바(かけうどん·そば) 260엔, 키츠네 우동·소바(きつねうどん·そば) 350엔

철판 꼬치구이 전문점
철판신사 鉄板神社 [텟판진자]

다양한 메뉴의 꼬치구이를 먹을 수 있는 곳으로, 숯불에 굽는 것이 아닌 철판에 구워 나오는 것이 특이하다. 꼬치구이 종류만 45가지이며 계절에 따른 특선 꼬치구이도 판매하는데 올리브 오일을 두른 철판에 구워 깔끔한 것이 특징이다. 또한 냉동실에 넣어둔 얼음잔에 마시는 생맥주가 일품이며 직원들이 친절하여 일본어를 못하여도 주문할 수 있게 종이와 펜을 가져다준다. 1층은 카운터석, 2층은 테이블석, 3층은 개인실로 되어 있는데 간단하게 꼬치구이를 먹는다면 1층 카운터석이 좋지만 내부에서 흡연이 가능하여 아이들이 있다면 2층이나 3층으로 올라가는 게 좋다.

주소 大阪府大阪市中央区難波千日前12-34 **위치** 지하철 난바역 E5번 출구에서 도보 2분 **전화** 06-6563-9023 **시간** 11:30~01:00 **메뉴** 새우칠리꼬치(エビチリ) 220엔, 새우빵꼬치(海老パン) 209엔, 곱창양념구이꼬치(ホルモンたれ焼) 209엔, 소갈비꼬치(牛カルビ) 165엔 **홈페이지** teppanjinjya-namba.gorp.jp

일본 최고의 인기 라멘 가게
이치란 一蘭

일본 최고의 인기 라멘 가게인 이치란은 도톤보리 본관보다는 매장도 깨끗하고 회전율이 좋은 별관을 추천한다. 입구로 들어가면 키오스크가 있는데 한국어도 지원이 되니 편하게 주문을 하고 쿠폰을 받아서 위로 올라간다. 그럼 체크하는 종이를 하나 주는데(한국어 있음) 마늘이나 파, 차슈 그리고 빨간 비밀 소스를 체크하면 된다. 자리를 안내 받아 주문 쿠폰과 체크한 종이를 내고 독서실 같은 자리에 앉으면 라멘을 주는데 매콤하게 먹으려면 빨간 비밀 소스를 꼭 체크해야 한다. 이치란 라멘은 국물은 진하고 얼큰하며 쫄깃쫄깃한 면발에 우리 입맛에 맞춰 매운맛도 조절할 수 있어 편하게 먹을 수 있다.

주소 大阪府大阪市中央区道頓堀1丁目4-16 **위치** 지하철 난바역 B20번·B22번 출구에서 도보 2분 **전화** 06-6210-1422 **시간** 24시간 영업 **메뉴** 천연 돈코츠라멘(天然とんこつラーメン) 980엔 **홈페이지** www.ichiranusa.com

다양한 토핑의 인기 오코노미야키 전문점
미즈노 美津の

난바·신사이바시 일대의 많은 음식점 중 오코노미야키로는 최고인 곳으로 식사 시간에는 긴 줄을 서야만 먹을 수 있는 인기 맛집이다. 오코노미야키와 토핑을 선택하고 야키 소바나 해산물을 주문하고 자리에 앉아서 직접 철판에 요리하는 모습도 볼 수 있다. 기본적으로 이곳의 시그니처 메뉴인 미즈노 야키(美津の焼)를 추천하는데 좀 더 부드럽고 담백하게 먹으려면 참마 야키(山芋焼)를 주문하도록 하자. 미즈노는 규모가 작기 때문에 밖에 줄이 짧더라도 식사 시간에는 1~2시간은 기다려야 하므로 식사 시간을 피해서 방문하는 것이 좋다.

주소 大阪府大阪市中央区道頓堀1丁目4-15 **위치** 지하철 난바역 B20번·B22번 출구에서 도보 2분 **전화** 06-6212-6310 **시간** 11:00~22:00, 목요일 휴무 **메뉴** 미즈노 야키(美津の焼) 1,450엔, 참마 야키(山芋焼) 1,680엔 **홈페이지** mizuno.gorp.jp

일본에서 가장 두툼한 가쓰동 맛집
오사카 돈가스 大阪とんかつ [오사카 돈카츠]

가쓰동 위에 올라가는 돈가스의 두께가 5cm로 가장 두껍다는 오사카 돈가스는 우리나라 여행객들에게는 과거 가게명인 지요마쓰(ちょ松)로 잘 알려진 맛집이다. 5cm(상)와 2.5cm(보통) 두 가지 두께의 가쓰동을 판매하며 양에 따라 가격의 차이가 있다. 다른 곳에서 먹기 힘든 5cm(상) 사이즈를 많이 주문하는데, 5cm는 돈가스가 두꺼워 생각보다 퍽퍽하고 먹기 힘들어 오히려 2.5cm를 더 선호한다는 사람들도 있다. TV에도 방송이 되어 많은 사람들이 찾는데 가게가 협소하여 대기 시간이 상당히 길 수 있고 준비된 재료가 소진되면 영업 시간 전에 폐점을 할 수 있으니 참고하자.

주소 大阪府大阪市中央区千日前1丁目1-10 **위치** 지하철 니혼바시역 2번 출구에서 도보 1분 **전화** 06-6212-5920 **시간** 11:00~21:00 **메뉴** (상)5cm 가쓰동(上5センチとじないカツ丼(370g)) 1,850엔 / (보통)2.5cm 가쓰동(並 2.5センチサービスかつ丼(200g)) 1,350엔

한국인 입맛에 잘 맞는 진국의 라멘집
가무쿠라 神座 [카무쿠라]

우리나라 유명 배우가 방문을 하면서 유명해진 라멘집으로 신사이바시·난바 일대에 많은 지점을 가지고 있는 곳이다. 작은 사이즈의 라멘을 주문해도 양이 많은 편이며 다양한 토핑과 주먹밥이나 공기밥을 추가할 수 있다. 막상 라멘을 받으면 기름이 떠 있는 느낌이어서 느끼할 것 같지만 생각보다 담백하고 함께 먹을 수 있는 양념 부추도 제공되어 느끼함이 덜하다. 이 주변은 라멘 전쟁이라 할 정도로 경쟁이 심하고 건너편의 이치란에 사람들이 몰려서 상대적으로 예전보다는 한가한 편이다.

주소 大阪府大阪市中央区道頓堀1丁目7-3　**위치** 지하철 난바역 B20번·B22번 출구에서 도보 2분　**전화** 06-6213-1238
시간 월~목 10:00~19:30, 금 10:00~20:30, 토 09:00~20:30, 일 09:00~19:30　**메뉴** 파김치 라멘(ネギキムチラーメン) 1,030엔, 삶은 계란 파 라멘(煮卵ネギラーメン) 1,030엔　**홈페이지** kamukura.co.jp

실패가 없는 아주 보통 라멘집
사쿠노사쿠 作ノ作

돼지뼈를 우려 간장 베이스로 국물을 내어 진한 맛이 느껴지는 사쿠노사쿠 라멘은 다른 라멘 가게에 비해 짠맛은 덜한 편이다. 면은 다른 라멘집에 비해 가늘지만 더 쫄깃쫄깃하고 쓰케멘이나 덮밥도 판매를 하지만 이곳에서는 돈코츠 라멘과 같이 곁들일 수 있는 교자가 인기가 좋다. 다른 인기 라멘집들은 줄을 많이 서야 하는 시간에 어쩔 수 없이 사쿠노사쿠를 처음 방문하는 여행자들이 많은데, 호불호가 별로 없지만 그렇다고 특별히 뛰어나다고 할 수는 없는 보통 라멘집이다.

주소 大阪府大阪市中央区難波1丁目1-1　**위치** 지하철 난바역 B20번·B22번 출구에서 도보 1분　**전화** 06-6212-3739
시간 24시간 영업　**메뉴** 나니와 돈코츠 라멘(浪花とんこつ) 820엔, 콜라보 교자(5개)(コラボ餃子) 400엔

신선한 해산물을 먹을 수 있는 핫 플레이스
이소마루 수산 磯丸水産 [이소마루 스이산]

우리나라에서 흔하게 볼 수 있는 횟집을 오사카에서는 생각보다 찾기 어려운데 이 소마루 수산은 저렴한 비용으로 사시미나 해산물 요리를 맛볼 수 있는 곳으로 우리 나라의 횟집과 조개구이집을 합쳐 놓은 듯하다. 사시미를 비롯하여 조개, 굴, 소라 등 해산물을 석쇠에 올려 자신만의 조리 방식으로도 먹을 수 있으며 메뉴가 다양하 고 재료가 신선하여 인기가 좋다. 또한 한국어 메뉴가 준비되어 있고 이곳은 3층까지 있 어 다른 지점에 비해 자리도 많으며 24시간 영업이라 늦은 시간에 방문해도 괜찮은 곳이다.

주소 大阪府大阪市中央区難波千日前11-22 **위치** 지하철 난바역 E5번 출구에서 도보 2분 **전화** 06-6630-6801 **시간** 24시간 영업 **메뉴** 조개 모둠(貝盛り合わせ) 1,594엔, 가리비구이(帆立の殻焼) 494엔, 방어회 659엔 **홈페이지** isomaru.jp

센니치마에에서 가장 인기 있는 다코야키 전문점
다코야키 도라쿠와나카 たこ焼道楽わなか [타코야키 도오라쿠와나카]

센니치마에 남쪽으로 내려오면 다코야키 가게가 두 개 있는데 이곳 도라쿠와나카가 가장 사람이 많고 긴 줄을 서 있다. 이곳 본점이 미슐랭에 3년 연속 올라가면서 일본 사람들은 물론 관광객까지 많은 사람들이 찾는다. 다른 다코야키 가게처럼 여러 가지 토핑이 올라간 메뉴들과 오코노미야키, 야키 소바 등 다른 메뉴 들도 다양하게 갖추고 있지만 기본 다코야키가 가장 괜찮은 가게이다. 2층에 생각보다 넓은 공간이 있어 주 말이나 저녁 시간 같은 번잡한 시간을 피한다면 다른 메뉴들과 함께 시원한 맥주를 마시며 시간을 보낼 수 있다.

주소 大阪府大阪市中央区難波千日前11-19 **위치** 지하철 난바역 E5번 출구에서 도보 2분 **전화** 06-6631-0127 **시간** 월 ~금 10:30~21:00, 토·일 09:30~21:00 **메뉴** 다코야키 8개(たこ焼 8個入) 600엔, 다코야키 12개(たこ焼 12個入) 850엔 **홈페이지** takoyaki-wanaka.com

일본의 대표적인 프랜차이즈 카레 전문점
코코이치방야 CoCo壱番屋 [코코이치반야]

일본의 대표 카레 전문점인 코코이치방야는 주원료인 강황과 울금의 함유량이 우리나라 카레와 달라 조금 더 진하고 맛이 깊다. 밥의 양을 조절할 수 있고 카레의 매운맛을 12단계로 나누어 판매하는데 1단계, 2단계는 무난한 맛이고 3단계, 4단계가 보통 우리가 즐겨 먹을 수 있는 맛이며 5단계부터는 매운맛을 많이 느끼게 된다. 12단계는 심하게 매우니 절대 도전하지 말 것! 돈가스나 오믈렛에 카레를 얹어서 주문할 수도 있으며 소고기나 돼지고기, 닭고기나 해산물이 들어간 카레도 있어서 본인의 식성에 따라 다양한 선택을 할 수 있어 좋다.

주소 大阪府大阪市中央区難波千日前10-14 **위치** 지하철 난바역 E9번 출구에서 도보 2분 **전화** 06-6649-0617 **시간** 11:00~23:30 **메뉴** 와라지 카레(わらじカツカレー) 1,100엔, 멘치카쓰 카레(メンチカツカレー) 884엔 **홈페이지** www.ichibanya.co.jp

숨은 보석 같은 동네 빵집
빵공방 샹피뇽 パン工房 シャンピニオン [판코-보- 샤피니온]

규모가 작아 그냥 지나치기 쉬운 샹피뇽은 관광객보다는 지역 주민들에게 아주 인기 있는 빵집으로 독창적인 빵들이 많아 보기만 해도 재미있는 곳이다. 외부에서 보면 정말 10명도 못 들어갈 만큼 작은 가게이지만 빵의 종류는 규모에 비해 상당히 다양하고 맛이 궁금하여 고르는 재미도 있다. 카레빵, 멜론빵도 잘 판매되지만 새롭게 선보이는 신메뉴를 가게 앞에 적어 놓는데 이것을 기다리는 사람들이 많아 가장 많이 팔린다. 오전에 방문하면 많은 빵을 만날 수 있지만 오후 5시 이후에는 없는 메뉴가 많으니 최대한 일찍 찾아가자.

주소 大阪府大阪市中央区難波千日前10-16 **위치** 지하철 난바역 E9번 출구에서 도보 2분 **전화** 06-6641-0141 **시간** 09:00~19:00, 일·월요 휴무 **메뉴** 카눌레(カヌレ) 260엔, 마카다미안 너트 대니시(マカダミアンナッツカスターデニッシュ) 280엔

다양한 부위를 맛볼 수 있는 야키니쿠 맛집
야키니쿠 고엔 焼肉五苑 [야끼니쿠 고엔]

고기 맛으로 승부를 걸어 맥주를 아주 저렴하게 판매하며, 원산지에서 직접 유통하여 양질의 다양한 부위를 맛볼 수 있는 야키니쿠 전문점이다. 건물 규모가 커서 자리도 많지만 저녁 시간이나 주말에는 많은 사람들이 찾는 인기 맛집인데 정말 이런 부위의 고기가 있을까 할 정도로 종류도 많다. 한정된 시간에 코스 요리로 무제한 먹을 수도 있지만 단품으로 시켜도 크게 비싸지 않아(양은 많지 않음) 여러 가지를 먹을 수 있는 단품 메뉴를 추천한다. 특히 야키니쿠 고엔의 자랑인 아바라는 육즙과 감칠맛이 풍부하니 꼭 먹어 보도록 하자.

주소 大阪府大阪市中央区難波千日前4-25 **위치** 지하철 난바역 E9번 출구에서 도보 2분 **전화** 06-6645-5229 **시간** 11:30~23:00 **메뉴** 고엔 명물 아바라(五苑名物アバラ) 539엔, 육즙 갈비(ジューシーカルビ) 759엔, 헤레(ヘレ) 825엔 **홈페이지** www.y-goen.com

고기맛에 충실한 와규 스테이크 맛집
다이닝 아지토 ダイニンあじと

신지 직송의 신선한 생선회와 흑소 스테이크를 판매하는 다이닝 아지토는 다양한 메뉴가 있지만 고기 맛이 일품인 흑소 와규 스테이크가 특별한 곳이다. 그날 들어온 흑소의 부위별 스테이크를 판매하고 있어 매일 판매하는 부위가 다를 수 있고 부위를 선택할 수도 있으며 고기 양에 따라 추가 비용을 지불하게 된다. 저녁 메뉴는 정말 다양하고 먹고 싶은 것이 많아 비용이 부담되는데 점심 때는 스테이크를 부위별 한정 판매하고 있어 좀 더 저렴하게 식사를 할 수 있으니 참고하자.

주소 大阪府大阪市中央区難波千日前4-20 **위치** 지하철 난바역 E9번 출구에서 도보 2분 **전화** 090-8826-0588 **시간** 11:30~14:00, 17:00~22:00 **메뉴** 흑소 오늘의 스테이크 黒毛和牛 本日のお肉のグリルステーキ 2,480엔 / (점심한정) 안창살 숯불구이 炭焼き炙りハラミ肉重 1,200엔 **홈페이지** www.dining-ajito.com/

장어덮밥과 가쓰동이 일품인 장인 맛집
니혼바시 마루에이 日本橋まる栄

마루에이는 원래는 지역 사람들이 많이 찾는 맛집이었는데 요즘은 관광객들이 부쩍 늘어나 오픈 시간부터 긴 줄을 서야 하는 인기 맛집이다. 가게는 그리 넓지 않지만 주문 후 음식을 준비하기 때문에 대기 시간이 오래 걸리는데, 그만큼 맛은 손꼽을 정도로 최고라 할 수 있다. 우리나라 사람들은 두툼한 장어가 가득 올라간 덮밥을 선호하는데 가쓰동도 다른 가게에 밀리지 않을 만큼 맛이 있으며 양도 많다. 여러 명이 가면 메뉴를 다양하게 시켜 먹을 수 있어 좋고 함께 먹을 수 있게 별도의 그릇도 준비해 준다. 한국어 메뉴도 준비되어 있어 쉽게 주문할 수 있는데 오히려 많이 시키면 양이 많다고 걱정할 만큼 직원들도 친절하다. 다만 주변이 주거 지역인데 기다리면서 시끄럽게 하거나 담배를 아무 데서나 피워서 주민 불만이 많다고 하니 이 점은 주의하도록 하자.

주소 大阪府大阪市浪速区日本橋5丁目20-3-103 **위치** 지하철 에비스초역 1-B출구에서 도보 2분 **전화** 06-6634-3606 **시간** 월~토 11:00~15:00, 17:00~20:00, 일 11:00~15:00, 17:00~19:00, 수요일 휴무 **메뉴** 가쓰동 2단(カツ丼(二段)) 1,250엔, 장어덮밥 1마리(うなぎ丼) 2,250엔

호불호가 없는 대중적인 돈카스 체인점
돈가스 KYK とんかつ ケーワイケー [돈카츠 케에와이케])

전국적으로 체인점을 운영하는 돈가스 KYK는 육즙이 가득한 흑돼지 돈가스를 메인으로 판매하는 곳으로 두께도 적당하고 부드러워 아이들과 함께 방문해도 괜찮은 곳이다. 식물성 식용유를 사용하며 양배추와 된장국이 함께 나오므로 느끼하지 않게 식사를 할 수 있으며 밥과 양배추 그리고 된장국은 리필이 가능하다. 주변에 돈가스나 가쓰동 맛집들이 있지만 줄을 서야 하는데, 이곳은 난바 시티 지하 1층이라 관광객들이 잘 몰라 크게 줄을 서지 않고 들어갈 수 있는 곳이다.

주소 大阪府大阪市中央区難波5丁目1-60 **위치** 난카이난바역 난바 시티 본관 지하 1층 **전화** 06-6635-3770 **시간** 11:00~22:00 **메뉴** 흑돼지 돈가스 정식(黒豚ロースとんかつ膳) 2,200엔, 히레 돈가스 정식(ヘレとんかつ膳) 1,460엔 **홈페이지** www.tonkatu-kyk.co.jp/tonkatu

돌가마 피자가 인기인 이탈리안 레스토랑
산탄젤로 SANT-ANGELO [산타 안제로]

음식점이 많은 난바 시티 남관에서 가장 인기가 좋은 이탈리안 레스토랑인 산탄젤로는 생치즈와 직접 만든 생햄 그리고 제철 야채와 신선한 해산물이 가득한 돌가마 피자를 즐길 수 있는 곳이다. 단품으로 주문을 해도 되지만 다양한 요리를 저렴하게 먹기 위해 코스 요리를 주문하고 메인 한두 개를 추가하여 먹는다. 점심 특별 런치는 코스 요리로 파스타와 돌가마 피자를 모두 맛볼 수 있으니 참고하자. 저녁 시간이나 주말에는 예약 없이는 긴 대기를 해야 하는 곳으로 식사 시간을 피해서 방문해야 대기 시간을 줄일 수 있다.

주소 大阪府大阪市中央区難波5丁目1-60 **위치** 난카이난바역 뒤쪽 난바 시티 남관 1층 **전화** 06-6644-2855 **시간** 월~금 11:30~15:00, 17:30~21:00, 토·일 11:30~16:00, 17:30~21:00 **메뉴** 안젤로 런치(アンジェロランチ) 1,400엔, 마르게리타 피자(マルゲリータ ピッツァ) 1,680엔 **홈페이지** www.tonkatu-kyk.co.jp/tonkatu

에비스 맥주를 즐길 수 있는 바
에비스 바 더 그릴 YEBISU BAR The Grill [에비스 바아 자 구리루]

더운 여름이나 저녁에 시원한 생맥주를 마시고 싶을 때 여기만큼 좋은 곳이 없다. 자리도 넓고 개방형 매장이라 답답함이 없고 분위기가 좋으며 스테이크와 해산물을 비롯한 다양한 음식이 준비되어 있어 맥주 한잔 하기에 아주 좋다. 에비스 맥주 5종을 작은 잔으로 마실 수 있는 메뉴도 있으며 맥주를 좋아하는 사람이라면 정해진 시간 동안 에비스 맥주를 무제한으로 마실수 있는 노미호다이(飲み放題) 코스도 준비되어 있다. 맥주를 5잔 정도 마실 수 있다면 무제한 코스 추천!

주소 大阪府大阪市中央区難波5丁目1-60 **위치** 난카이난바역 뒤쪽 난바 시티 남관 1층 **전화** 050-1807-8885 **시간** 월~금 11:00~15:00, 17:00~22:00, 토·일 11:00~22:00 **메뉴** 에비스 프리미엄 블랙 맥주(ヱビス プレミアムブラック) 682엔, 에비스 마이스터 맥주(ヱビスマイスター) 814엔, 칠복 코스(요리 3개+90분 맥주 무제한)(七福コース(お料理3皿＆飲み放題90分)) 4,400엔 **홈페이지** www.ginzalion.jp/shop/brand/yebisubar/

부드러운 반죽의 맛있는 크레이프 판매점
모미 & 토이즈 モミアンドトイズ [모미 안도 토이즈]

오사카를 여행하면서 다코야키 가게는 정말 많이 볼 수 있는데 크레이프 판매점은 상당히 보기 힘들다. 모미 & 토이즈는 반죽을 얇고 넓게 펴서 전병처럼 만든 다음, 안에 다양한 토핑을 선택하여 넣을 수 있는데 티켓 발매기에서 크레이프를 구매하고 먹고 싶은 토핑을 사진을 보고 잘 선택하도록 하자. 티켓 구매 후 순서가 되면 티켓을 내고 바로 앞에서 크레이프가 만들어지는 것을 볼 수 있다. 크레이프를 받은 다음에 주변에 벤치가 많으니 앉아서 먹고 움직이도록 하자.

주소 大阪府大阪市浪速区難波中2丁目10-70 **위치** 난바 시티 남관과 난바 파크스 1층 사이에 위치, 토이저러스 입구 앞 **전화** 080-9121-5999 **시간** 월~금 14:00~20:30, 토·일 12:00~20:30 **메뉴** 딸기 바나나 초코 휘핑(いちごバナナチョコホイップ) 640엔, 더블 초코 휘핑(ダブルチョコホイップ) 540엔 **홈페이지** momiandtoy.com

수다 떨기 좋고 라테가 맛있는 카페
어스 카페 Urth Caffe [아스 카훼]

어스 카페는 밝은 분위기의 탁 트인 공간이 상쾌하고 테이블 공간도 여유 있게 떨어져 있어 떠들기 아주 좋은 곳인데 유기농 커피와 음식까지도 맛있다. 먼저 카페에 들어가면 주문을 먼저 하는 것이 아니라 입구에서 직원이 인원 수를 체크하고 자리를 안내해 준다. 그럼 자리마다 테이블 번호가 있는데 이것을 가지고 카운터로 가서 주문을 하면 음료와 음식을 자리로 가져다줘서 너무 편한 곳이다. 유기농 원두 커피와 홍차 맛이 아주 깔끔하고 라테와 말차 라테를 많이 주문하며 점심 시간에는 간단한 음식을 곁들이도 한다. 여행을 하다 지칠 때 방문하여 피로도 풀 겸 달콤한 라테나 홍차와 함께 휴식 시간을 가져 보자.

주소 大阪府大阪市浪速区難波中2丁目10-70 **위치** 난바 파크스 2층에 위치 **전화** 06-4394-7639 **시간** 11:00~22:00 **메뉴** 카페라테(カフェラテ)(레귤러 사이즈) 660엔, 말차 라테(抹茶ラテ)(레귤러 사이즈) 660엔, 살사 치킨 센드위치(サルサチキンサンドウィッチ) 1,390엔 **홈페이지** urthcaffe-japan.com

만들어 먹는 재미가 있는 꼬치구이 뷔페
구시야 모노가타리 串家物語 [쿠시야 모노가타리]

오사카의 명물인 구시카쓰(串カツ)를 마음껏 먹을 수 있는 구시야 모노가타리는 가족과 함께 혹은 친구들과 함께 재미있게 먹을 수 있는 뷔페 식당이다. 테이블마다 튀김기가 있어서 30종류 이상의 꼬치를 직접 만들어 먹을 수 있고 각종 디저트도 제공되어 먹거리가 풍성하다. 먼저 먹고 싶은 재료를 테이블로 가지고 와서 튀김 반죽에 얇게 묻힌 다음, 개별 튀김기에 튀겨 먹는 방식이다. 크리스마스나 발렌타인데이 같은 특별한 날에는 이벤트 메뉴도 별도로 준비되어 있고 만들어 먹는 재미 때문에 아이들도 아주 좋아하는 곳이다. 주의할 점은, 직접 튀김기에 만들어 먹어야 하니 기름이 튀어 화상을 입을 수 있다는 것이다. 아이들은 특히 주의하도록 하자.

주소 大阪府大阪市浪速区難波中2丁目10-70 **위치** 난바 파크스 6층에 위치 **전화** 050-5385-3893 **시간** 11:00~22:30 **메뉴** 평일 점심 뷔페 90분(串揚げ食べ放題) 1,920엔, 주말 저녁 뷔페 90분(串揚げ食べ放題) 2,970엔 **홈페이지** nambaparks.kushi-ya.com

깊은 맛의 드립 커피와 달콤한 라테가 맛있는 곳
구테 GOUTE [구테]

이곳의 전체 이름은 'Goute Vintage Used & Coffee'인데 간략하게 '구테'라고 부르며 빈티지 구제 옷도 판매하고 프리미엄 원두로 만든 커피를 판매하는 카페도 함께 운영하고 있다. 특별하게 엄선한 원두로 내린 드립 커피와 수제 핫초콜릿이 가장 인기가 좋고 카레빵이나 케이크를 함께 주문하여 여유 있게 대화를 나누는 사람들도 많다. 가게 입구에 헌 옷 수거함이 있다는 것도 특이하고 옷뿐만 아니라 실내에서 키울 수 있는 식물들도 판매한다. 공간도 여유가 있고 북적거리는 분위기도 없고 야외에도 자리가 있으니 여유 있게 시간을 보내기에 좋은 장소이다.

주소 大阪府大阪市西区南堀江1丁目15-27 **위치** 지하철 요쓰바시역 6번 출구에서 도보 3분 **전화** 06-6533-7736 **시간** 08:00~20:00 **메뉴** 핸드 드립 커피(ハンドドリップコーヒー) 500엔, 핫초콜릿(ホットチョコレート) 550엔, 치즈 카레빵(チーズカレーパン) 350엔 **홈페이지** goute.jp

가성비 좋은 시원한 밀크티와 셰이크 맛집
미쉐 MIXUE [미이슈우]

더운 여름에 오렌지 스트리트를 방문할 때 시원하게 밀크티를 마실 수 있는 곳으로 종류도 다양하고 가격도 크게 비싸지 않아 만족스러운 곳이다. 과일 셰이크, 시원한 과일차, 레모네이드 그리고 홍차도 있는데 쫄깃쫄깃한 찹쌀떡(맛을 선택할 수 있음)이 가득 들어 있는 시원한 밀크티가 가장 인기가 좋다. 다만 음료를 들고 매장을 방문하면 입장 제한을 하는 곳도 있으니 참고하자.

주소 大阪府大阪市西区南堀江1丁目14-7 **위치** 지하철 요쓰바시역 6번 출구에서 도보 3분 **전화** 06-6964-8511 **시간** 11:00~20:30 **메뉴** 타피오카 밀크티(タピオカミルクティー) 360엔, 딸기 셰이크(イチゴふりふりシェイク) 330엔

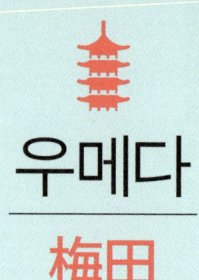

우메다

梅田

우메다는 오사카 경제의 중심지이자 오사카에서 가장 큰 상업·쇼핑·위락 지구이다. 고층 빌딩과 최고급 호텔 대부분이 이 지역에 밀집되어 있고 중심에 JR 오사카역과 한큐·한신선 우메다역이 있으며 북쪽에는 신칸센의 정차역인 신오사카역이 위치해 있어 간사이 지방 교통의 중심지이기도 하다. 우메다는 JR 오사카역을 중심으로 동쪽은 한큐 백화점, 헵 파이브와 헵 나비오를 중심으로 쇼핑몰과 단일 매장들이 많고 서쪽과 남쪽으로는 우메다 스카이 빌딩을 비롯한 고층 빌딩들이 스카이라인을 형성하고 있고 최고급 호텔과 명품 매장, 고급 레스토랑이 많다. JR 오사카역과 인접한 북쪽은 인기 쇼핑몰인 요도바시 카메라, 그랜드 프런트 오사카가 자리잡고 있으며 무엇보다도 한큐 3번가와 화이티 우메다같은 지하 상점가가 넓게 형성되어 있다. 또한 오래된 히가시도리 상점가를 중심으로 한 동쪽 지역을 최근 새롭게 정비하고 있어 세련되고 젊어진 우메다의 상업·쇼핑 시설들을 더 다양하게 만나볼 수 있겠다.

• 우메다 교통편 •

오사카 최고의 교통 요지답게 많은 교통편들이 우메다를 지나간다. 근교로 이동할 때에는 JR선, 한큐선(阪急線) 그리고 한신선(阪神線)을 이용하여 빠르게 이동할 수 있다. 또한 오사카 시내는 JR 오사카순환선(大阪環状線), 미도스지선(御堂筋線), 요쓰바시선(四つ橋線), 다니마치선(谷町線)을 이용하여 이동할 수 있다. 단, JR선, 한큐선, 한신선, 지하철은 역사가 달라 외부 환승을 해야 한다는 점 참고하자.

■ 난바역에서 이동하기
지하철 난바역 2번 플랫폼에서 미도스지선(御堂筋線)을 탑승하여 4 정거장 이동.
시간 약 9분 소요 **요금** 240엔

■ 교토역에서 이동하기
JR 교토역 5번 플랫폼에서 JR 도카이도산요본선(東海道山陽本線) 신쾌속(新快速)을 탑승하여 3 정거장 이동.
시간 약 28분 소요 **요금** 580엔

■ 간사이 국제공항에서 이동하기
• JR 간사이쿠코에키역 4번 플랫폼에서 하루카(はるか) 열차를 탑승하여 2 정거장 이동.
시간 약 47분소요 **요금** 자유석 1,200엔, 지정석 1,530엔

• 간사이 국제공항 제1터미널 5번 승차장에서 공항 리무진을 탑승하여 신한큐 호텔(新阪急ホテル)(JR 오사카역 앞)로 이동.
시간 약 58분 소요 **요금** 1,600엔

Travel Course
JR 오사카역을 중심으로 동쪽에서 서쪽으로 이동하며 쇼핑과 먹거리를 즐기고 아름다운 야경을 볼 수 있는 우메다 스카이 빌딩에서 오사카의 야경을 감상하자.

JR 오사카역 도보 1분 ▷ 다이마루 백화점 도보 2분 ▷ 한큐 백화점 도보 1분 ▷ 화이티 우메다 도보 1분 ▷ 헵 파이브 도보 3분 ▷ 한큐 3번가 도보 3분 ▷ 요도바시 카메라 도보 1분 ▷ 그랜드 프런트 오사카 도보 7분 ▷ 우메다 스카이 빌딩

우메다 스카이 빌딩

그랜드 프런트 오사카

요도바시 카메라

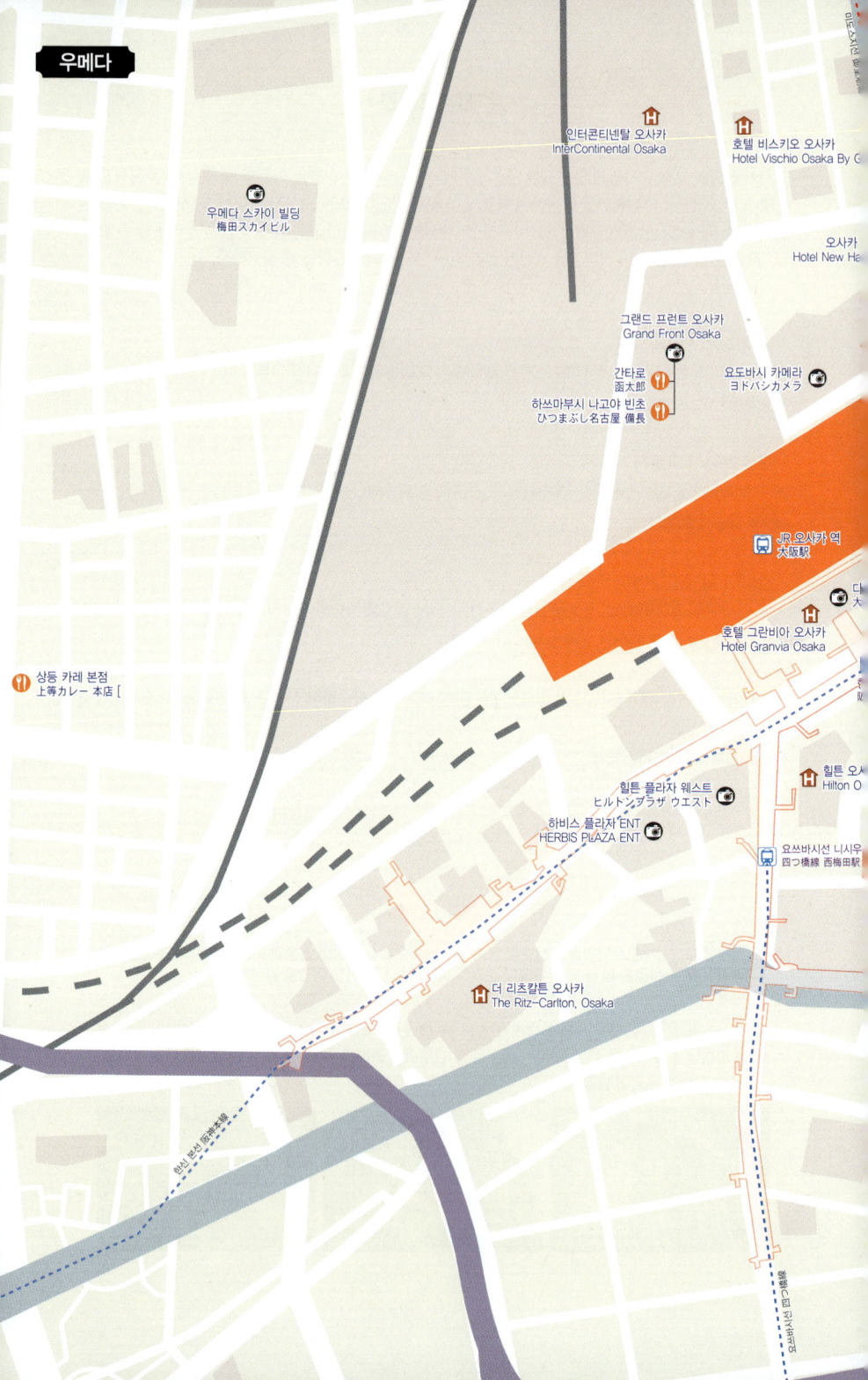

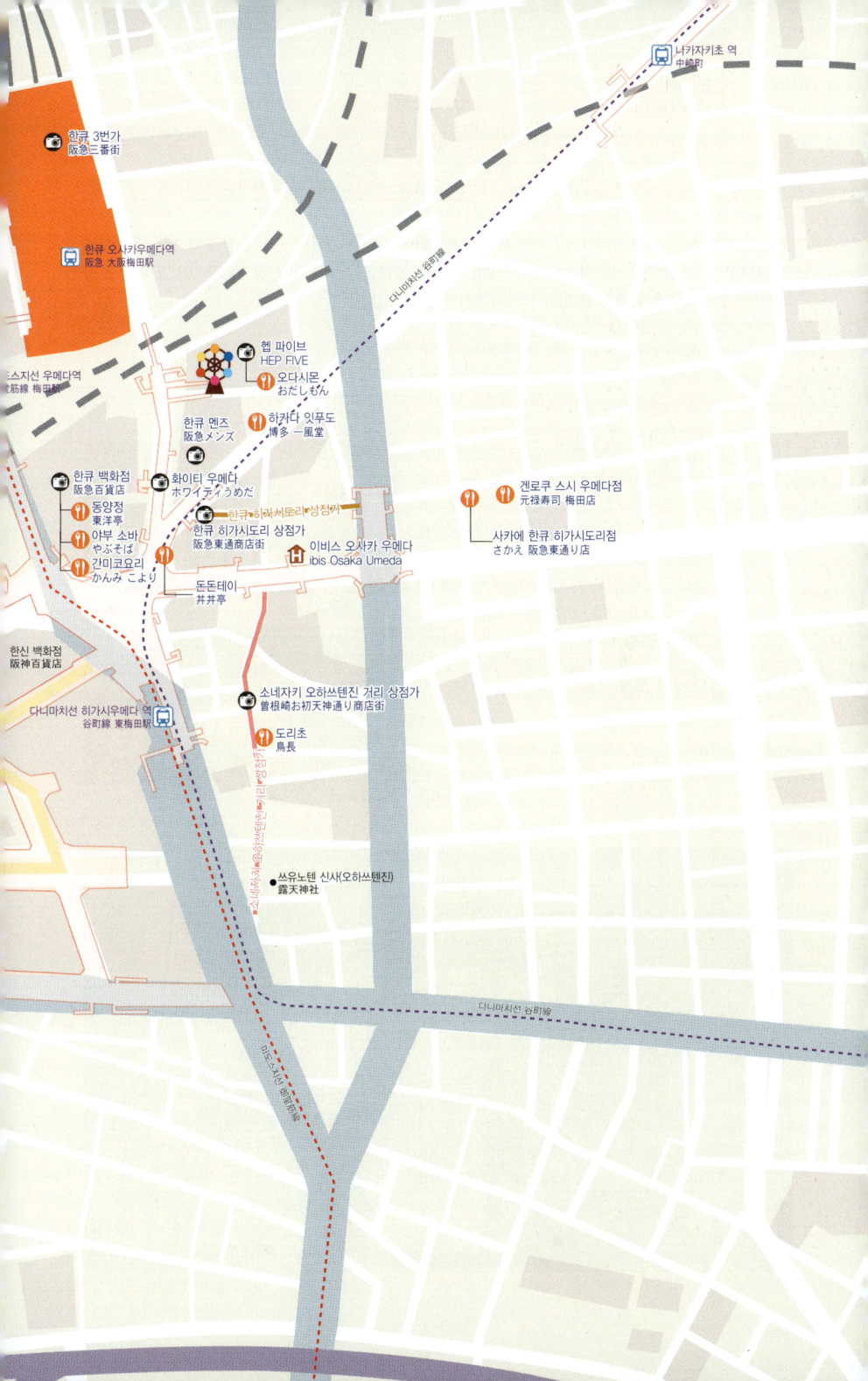

Umeda East Area
우메다 동쪽 지역

JR 오사카역을 중심으로 우메다의 동쪽 지역은 쇼핑과 먹거리가 가득한 곳이다. 대표적으로 한큐 백화점, 헵 파이브 쇼핑몰을 비롯하여 지하 쇼핑 아케이드인 화이티 우메다와 한큐 3번가 그리고 지상 쇼핑 아케이드인 오하쓰텐진 거리와 한큐 히가시도리 상점가가 있다.

100년 전통의 한큐 백화점 본점
한큐 백화점 阪急百貨店 [한큐 하츠카텐]

한큐 백화점은 1929년 한큐 철도가 개통되면서 세계 최초의 터미널 백화점이 되었으며, 증설과 확장을 거듭하다 2008년 한신 백화점과 합병하여 오사카 최대 규모의 백화점으로 거듭났다. 지하 2층부터 지상 13층까지 해외 유명 브랜드부터 인기 레스토랑까지 모든 것을 갖춘 백화점으로 연간 방문객만 5,000만 명이 넘는 대형 백화점이다. 특히 3층에 위치한 이세이미야케(イッセイミヤケ)의 바오바오(BAOBAO) 가방을 사기 위한 긴 줄이 눈에 띄며 지하 식료품 매장은 오사카에서 손꼽히는 디저트 상점들이 많아 여성 관광객들에게도 아주 인기가 높은 곳이다.

주소 大阪府大阪市北区角田町 8-7 **위치** JR 오사카역, 한큐 우메다역, 지하철 우메다역에서 도보 2분 **전화** 06-6361-1381 **시간** 상점 10:00~20:00, 레스토랑 11:00~22:00 **홈페이지** www.hankyu-dept.co.jp/honten/

남성 전문 패션 잡화 쇼핑몰
한큐 멘즈 阪急メンズ

과거 헵 나비오(HEP NAVIO) 자리에 들어선 한큐 멘즈의 2층은 프라다·구찌를 비롯한 수입 명품 매장을 운영하고 있고 나머지 층은 한큐 백화점에서 운영하는 남성 전용 팬션 잡화 쇼핑몰로 리뉴얼하여 약 80여 개의 매장이 입점해 있으니 남성 관광객이라면 한 장소에서 다양한 패션·잡화를 만나볼 수 있는 이곳을 추천합니다. 7층은 기존에 헵 나비오에서 운영하던 레스토랑 존을 축소하여 운영하고 있다. (레스토랑 운영 시간은 꼭 홈페이지를 참고할 것!)

주소 大阪府大阪市北区角田町7-10 **위치** JR 오사카역, 한큐 우메다역, 지하철 우메다역에서 도보 3분 **전화** 06-6361-1381 **시간** 상점 월~금 11:00~20:00, 토·일·공휴일 10:00~20:00, NAVIO 레스토랑 11:00~22:00(매장마다 운영 시간이 다름) **홈페이지** 한큐 멘즈 web.hh-online.jp/hankyu-mens/contents/osaka/, NAVIO 레스토랑 www.navio-dining.com

복합 엔터테인먼트 쇼핑몰
헵 파이브 HEP FIVE [헷푸 화이부]

헵(HEP)은 'Hankyu Entertainment Park'의 약자로 한큐에서 운영하는 종합 엔터테인먼트 쇼핑몰이다. 헵 파이브(HEP FIVE)는 최근 우리나라의 젊은 관광객들이 선호하는 스투시(stussy)와 엑스라지(XLARGE) 매장과 디즈니, 산리오, 마블, 짱구 등 다양한 캐릭터 매장들이 있어 볼거리가 다양한 핫 플레이스다. 또한 8층과 9층에는 반다이에서 운영하는 대형 가챠 숍과 오락실 그리고 이벤트 숍이 있어 놀거리도 다양하게 준비되어 있다. 무엇보다 7층에는 헵 파이브의 상징인 빨간색 대관람차가 있어 여유있게 우메다 시내의 야경을 보려는 관광객들이 일부러 찾는 곳이기도 하다.

주소 大阪府大阪市北区角田町5-15 **위치** JR 오사카역, 한큐 우메다역, 지하철 우메다역에서 도보 4분 **전화** 06-6313-0501 **시간** 상점 11:00~21:00, 레스토랑 11:00~22:30, 반다이 남코 오락실 11:00~23:00, 대관람차 11:00~22:45(마지막 탑승) **요금** 대관람차 1인 600엔(5세 미만은 무료) **홈페이지** www.hepfive.jp

한큐 우메다 역사 내 종합 쇼핑센터
한큐 3번가 阪急三番街 [한큐산반가이]

한큐 3번가는 한큐 전철 역사에 위치하고 있다. 한큐 우메다역의 3층은 지하철 플랫폼이고 지상 2층부터 지하 2층까지 쇼핑 매장과 레스토랑으로 구성되어 있다. 과거에는 한큐 3번가가 한큐 전철을 이용하려는 사람들로 많이 북적였지만 지금은 주변 상권이 많이 발전하여 예전만큼 방문객이 많지 않다. 하지만 2017년 리뉴얼하면서 다양한 레스토랑이 많이 입점하였고 스누피 타운과 대형 키디 랜드(KIDDY LAND)를 비롯한 다양한 캐릭터 숍과 생활용품점들이 들어오면서 우리나라 관광객들이 점점 선호하는 장소가 되었다.

주소 大阪府大阪市北区芝田1丁目1-3 **위치** 한큐 우메다역에 위치, 지하철 우메다역과 연결됨 **전화** 06-6371-3303 **시간** 상점 10:00~21:00, 레스토랑 10:00~23:00(매장마다 운영 시간이 다를 수 있음) **홈페이지** www.h-sanbangai.com

우메다 지하 대형 쇼핑 아케이드
화이티 우메다 ホワイティうめだ [호와이티 우메다]

우메다의 지상에 명품 전문 매장과 음식점이 즐비한 상점가 그리고 상업 지구가 꽉꽉 들어차 있다면, 지하에는 '화이티 우메다'라는 길이만 무려 2km 가까이 되는 쇼핑 아케이드가 그물망처럼 연결되어 있다. 화이티 우메다의 쇼핑 아케이드는 지하철과 바로 연결되어 있고 다른 쇼핑센터로 이동하기 편리하게 되어 있지만 초행길이라면 너무도 복잡하여 표지판을 꼼꼼히 체크하지 않았다간 길을 잃어버리기 쉽다. 우메다 지역의 지상을 지날 때 'WHITY'라는 지하 입구 표지판을 쉽게 볼 수 있는데 웬만한 백화점이나 쇼핑몰은 모두 지하로 연결되어 있으니 우천시 아주 유용하게 이용할 수 있다.

주소 大阪府大阪市北区小松原町 梅田地下街 4-2 **위치** JR오사카역, 한큐우메다역, 지하철 우메다역과 연결됨 **전화** 06-6312-5511 **시간** 상점 10:00~21:00 레스토랑 10:00~22:00(매장마다 운영시간이 다를 수 있음) **홈페이지** https://whity.osaka-chikagai.jp/

우메다의 음식점과 술집 최대 밀집 지역
한큐 히가시도리 상점가 阪急東通商店街 [한큐히가시도리쇼오텐가이]

우메다 동쪽에 위치한 한큐 히가시도리 상점가에는 술집과 음식점 그리고 오락 시설이 밀집해 있다. 한큐 멘즈에서 나오면 히가시도리 출입구가 보이는데, 난바·신사이바시 지역의 상점가보다 더 복잡하고 낮에는 술집들이 문을 많이 닫아 어둡다. 게다가 파친코와 성인 위락 시설이 많고, 길이 상당히 복잡해 둘러보기에 다소 어려움이 있다. 과거에는 술과 음식을 즐기기 위해 이곳을 많이 찾았으나 최근 복합 상가들이 많이 들어서고 난바 지역이 관광의 중심지로 급부상하면서 지금은 쇠락해 가고 있어 도심 정비 사업이 한창 진행 중이며 조만간 새롭게 탈바꿈한 상점가를 만나볼 수 있겠다.

주소 大阪府大阪市北区小松原町 **위치** 한큐 멘즈에서 동쪽에 위치 **홈페이지** www.higashidori.jp/

상점보다는 음식점들이 잘 알려진 식도락 상점가
소네자키 오하쓰텐진 거리 상점가
曽根崎お初天神通り商店街 [소네자키 오하츠텐진도리 쇼오텐가이]

우메다의 중심지와는 조금 거리가 있어서 과거에는 이곳을 많이 찾지 않았고 코로나 19 이후로 상권이 많이 쇠퇴했다. 하지만 덴마(天満)와 더불어 중심지에서 벗어나 일본 냄새가 물씬 풍기는 서민 음식점들을 찾는 관광객들이 늘어나면서 조금씩 활기를 띠고 있다. 우리나라에는 오하쓰텐진 상점가보다는 소네자키 거리, 오하텐도리로 알려져 있으며 우메다역에서는 꽤 떨어져 있고 히가시우메다역(東梅田駅)에서 더 가까우니, 시간을 아끼기 위해서 방문 전 홈페이지를 통해 음식점이나 상점을 먼저 검색한 후 이동하는 것을 추천한다.

주소 大阪府大阪市北区曽根崎2丁目 **위치** 히가시우메다역(東梅田駅) 7번 출구에서 도보 1분 **홈페이지** www.ohatendori.com

우메다 중앙 & 북쪽 지역
Umeda Central & North Area

JR 오사카역을 중심으로 대형 백화점인 다이마루 백화점을 비롯하여 오사카 최대 전자 제품·하비관을 갖추고 있는 요도바시 카메라, 우메다에서 가장 핫 플레이스인 그랜드 프런트 오사카가 있어 쇼핑뿐 아니라 다양한 식도락 여행을 즐길 수 있는 우메다의 핵심 지역이다.

오사카 북쪽 교통의 중심
오사카역 大阪駅 [오사카에키]

오사카역은 1874년부터 오사카 중심역으로 역할을 시작하였으며 지금도 고베·교토·나라 등 주변 위성 지역을 연결하는 핵심 기차·전철역이다. JR 오사카역 혹은 오사카우메다역으로도 불리며 하루 약 35만 명(2022년 기준)이 이용하고 있고 다이마루 백화점을 비롯한 다양한 상업 시설들이 주변에 큰 상권을 만들고 있어 우메다 지역의 중심이라 할 수 있다. 간혹 다른 지역으로 이동하기 위해 신칸센을 찾는 사람들이 많은데 신칸센은 오사카역이 아닌 신오사카역으로 가야만 탑승할 수 있다. 또한 주변 위성 도시로 움직일 때에는 일반 열차뿐만 아니라 신쾌속(新快速), 쾌속(快速) 열차 등급을 같은 금액으로 더 빠르게 이동할 수 있으니 잘 활용하도록 하자.

주소 大阪府大阪市北区梅田3丁目1-1 **위치** ❶ 지하철 우메다역에서 도보 2분 ❷ 한큐 우메다역에서 도보 3분 **홈페이지** www.jr-odekake.net

여성 중심의 '펨테크' 백화점
다이마루 백화점 大丸百貨店 [다이마루 햐쿠카텐]

1983년 문을 연 다이마루 백화점은 주변의 한큐·한신 백화점과 경쟁에 고전하다 2011년 확장 리뉴얼을 하면서 매출이 급격하게 성장하였다. 2019년에는 '펨테크(FEMTECH, 여성 Female과 기술 Technology의 합성어)' 여성 전문 매장들을 오픈하면서 다른 백화점과의 차별화에 성공하였다. 무엇보다도 13층에 대형 포켓몬 센터를 비롯한 원피스 스토어, 토미카 스토어, 닌텐도 스토어가 입점해 있어 우리나라 관광객들이 많이 찾는 곳이다. 또한 지하 1·2층에는 다양한 간식과 베이커리 상점이 많아 정말 여성 고객들에게 인기가 많은 백화점이라 하겠다.

주소 大阪府大阪市北区梅田3丁目1-1 **위치** JR 오사카역, 지하철 우메다역에서 도보 1분 **전화** 06-6343-1231 **시간** 상점 10:00~20:00, 레스토랑 11:00~23:00 **홈페이지** www.daimaru.co.jp/umedamise/

오사카 최대의 전자 제품·하비 숍 쇼핑몰
요도바시 카메라 ヨドバシカメラ

원래의 전자 제품 전문 매장에서 확장을 거듭하여 대형 하비 숍(Hobby shop)까지 갖춘 멀티미디어 복합 쇼핑몰로 탈바꿈한 요도바시 카메라는 건물 외관부터 웅장하다. 오사카에서 요도바시 카메라와 빅 카메라가 전자 제품 매장의 양대 산맥이라고 하지만, 규모와 제품의 다양성을 볼 때 요도바시 카메라가 확실히 앞선다고 할 수 있다. 지하 2층부터 4층까지는 다양한 전자 제품을 판매하고 있으며 특히 5층은 오사카에서 가장 큰 하비 숍으로 게임, 프라모델, 피규어 등을 판매하여 현지인뿐만 아니라 우리나라 관광객들에게도 큰 인기를 얻고 있다. 요도바시 카메라에서 전자 제품을 구매할 때 주의할 점이 몇 가지 있는데, 일본은 110V의 전압을 사용한다는 점과 게임팩 및 프로그램이 일본어로 되어 있어 이용이 불편하다는 점, 우리나라 제품과 호환되지 않는 경우도 있다는 점 등이니 참고하도록 하자.

주소 大阪府大阪市北区大深町1-1 **위치** ❶ 지하철 우메다역에서 도보 4분 ❷ 한큐 우메다역에서 도보 3분 ❸ JR 오사카역에서 도보 2분 **전화** 06-4802-1010 **시간** 09:30~22:00 **홈페이지** www.yodobashi.com/ec/store/0081/

우메다 최고 인기 대형 쇼핑몰
그랜드 프런트 오사카 Grand Front Osaka [구란 후론토 오사카]

2013년 JR 오사카역 북쪽에 오픈한 그랜드 프런트 오사카는 상업 시설관(타워 A), 남관(타워 B), 북관(타워 C)으로 나뉜 대형 쇼핑몰 겸 상업 시설 건물이다. 고급 명품 브랜드의 상점 때문에 많은 사람들이 찾고 있을 뿐만 아니라 빌딩의 6, 7, 8층을 중심으로 다양한 음식점이 입점해 있어 저녁이 되면 많은 일본인과 관광객들이 찾아 북새통을 이루는 곳이다. 극장, 호텔, 여러 상업 시설들이 입주해 있으며 JR 오사카역 남쪽 2층과 구름다리로 연결되어 있어 주말에는 빈 공간이 없을 정도로 많은 사람들이 찾는 곳이다. 한국 관광객들은 대부분 남관의 7, 8층 레스토랑을 찾기 위해 많이 방문하는데 점오나 저녁 6시 이후에는 긴 줄을 서야 하므로 이 시간대를 피해서 방문하자. 또한 북관 지하 1층의 상업 시설에 세계 맥주 & 와인 박물관이 있어 술에 관심이 있는 사람이라면 이곳도 재미있게 즐길 수 있다.

주소 大阪府大阪市北区大深町4-20 **위치** ❶ 지하철 우메다역에서 도보 5분 ❷ 한큐 우메다역에서 도보 4분 ❸ JR 오사카역에서 도보 3분 **전화** 06-6372-6200 **시간** 상점 11:00~21:00, 레스토랑 11:00~23:00(매장마다 운영 시간이 다를 수 있음) **홈페이지** www.grandfront-osaka.jp

Umeda West & South Area
우메다 서쪽 & 남쪽 지역

JR 오사카역을 중심으로 서쪽·남쪽 지역은 우메다 스카이 빌딩을 비롯한 상업 지구가 있으며, 비즈니스 호텔부터 특급 호텔들까지 숙박 시설들이 많고 유명 명품 매장과 고급 레스토랑들도 밀집되어 있는 곳이다.

오사카 북쪽의 초고층 전망대
우메다 스카이 빌딩 梅田スカイビル [우메다 스카이 비루]

지상 40층 높이, 173m의 우메다 스카이 빌딩은 2개의 트윈 타워 최상층을 연결하여 공중 정원과 전망대를 만들어 일반인과 관광객들에게 유료로 개방하고 있다. 그 모양이 압도적이어서 한동안은 오사카의 랜드마크로 불렸다. 1층에서 3층으로 에스컬레이터를 타고 올라가면 투명한 고속 엘리베이터가 보이는데 이 엘리베이터를 타면 35층까지 투명 통로를 통해 올라간다. 39층에서 티켓을 끊고 40층 공중 전망대에 입장한 후 한 번 더 올라가면 사방이 탁 트인 최상층 공중 정원이 있다. 전망대뿐만 아니라 22층과 39층에 오사카 전망을 보면서 식사할 수 있는 레스토랑이 있고 40층에 분위기 좋은 스카이 바가 있어 데이트 코스로도 현지에서 유명하다. 또 스카이 빌딩 지하에는 일본의 옛 거리를 재현한 다키미코지(滝見小路) 식당가가 있어서 식사 해결도 가능하다. 오사카의 야경을 감상하고 싶다면 우메다 스카이 빌딩을 추천한다.

주소 大阪府大阪市北区大淀中1丁目1-88 **위치** ❶ 지하철 우메다역에서 도보 12분 ❷ JR 오사카역에서 도보 10분 **전화** 06-6440-3899 **시간** 상점 09:30~22:30(입장 마감 22:00) **요금** 전망대-13세 이상 1,500엔, 4세~12세 700엔, 4세 미만 무료 **홈페이지** www.skybldg.co.jp/ko/

| 오사카 명품 매장 아케이드
하비스 플라자 ENT HERBIS PLAZA ENT [하아비스 푸라자 엔토]

오사카에서 명품 매장을 찾는다면 우메다로 가자. 난바의 미도스지도리(御堂筋通)에도 명품 매장이 많이 들어섰지만 우메다 지역에 비하면 많이 뒤처진다. 그중에서도 최고의 명품 매장이라면 이 하비스 플라자 ENT를 꼽을 수 있다. 최고급 호텔인 리츠 칼튼 호텔과 오사카 가든 시티가 위치한 대형 빌딩의 지하 2층부터 지상 2층까지 하비스 플라자 ENT가 들어서 있는데, 지하 2층에는 여러 고급 레스토랑이, 지하1층부터 지상 2층까지는 다양한 명품 매장이 입점해 있다. 최근에는 대기줄이 많아 입장에 제한이 있을 수 있으니 시간의 여유를 가지고 방문하도록 하자.

주소 大阪府大阪市北区梅田2丁目2-22 **위치** 지하철 우메다역 6-71번 출구에서 도보 1분 **전화** 06-6343-7500 **시간** 상점 11:00~20:00, 레스토랑 11:00~23:00 **홈페이지** www.herbis.jp

| 오사카 최대의 명품 플라자
힐튼 플라자 웨스트 ヒルトンプラザ ウエスト [히루톤 푸라자 우에스토]

오사카 최대 규모의 명품 매장이 입점해 있는 멀티 아케이드다. 하비스 플라자 ENT의 명품 매장 규모에 뒤지지 않으며, 인테리어 또한 최고급이다. 힐튼 플라자는 동관과 서관으로 나뉘는데, 동관은 지하 2층부터 지상 8층까지 영업하며, 서관은 지하 2층부터 지상 6층까지 영업한다. 동관에는 지하 2층과 7층에 레스토랑이, 지하 1층부터 4층에 명품 매장들이 입점해 있다. 서관에는 지하 2층에 레스토랑이 있고, 지하 1층과 2층에 명품 매장들이 입점해 있다. 동관에 명품 매장 수가 훨씬 많지만, 각 매장의 규모는 서관이 더 크다. 힐튼 플라자의 명품 매장은 하비스 플라자 ENT보다 복장의 규제가 더 까다롭다.

주소 日本´大阪府大阪市北区梅田2丁目2-2 **위치** 지하철 우메다역 4A번 출구에서 도보 1분 **전화** 06-6342-0002 **시간** 상점 11:00~20:00, 레스토랑 11:00~23:00(매장마다 운영 시간이 다를 수 있음) **홈페이지** www.hiltonplaza.com

우메다 추천 맛집

100년 전통의 햄버그스테이크 맛집
동양정 東洋亭 [토오요오테에]

1897년 교토에서 처음 문을 연 전통 양식 음식점인 동양정은 100년 이상의 전통만큼이나 그 맛이 뛰어나다. 햄버그스테이크에 특제 소스를 올려 은박지로 싼 다음 그릴에 구워 그대로 접시에 올려서 나오는데 은박지를 벗기면 그 향과 비주얼 그리고 맛이 일품이다. 무엇보다도 함께 먹을 수 있는 토마토는 겉껍질을 벗기고 그대로 삶아 부드럽고 달콤하여 지금까지 먹어 봤던 토마토와는 차원이 다른 일품 요리이다. 세트 메뉴로 주문하면 스프+스테이크+삶은 토마토+디저트+차까지 다 먹을 수 있다. 식사 시간이나 주말에는 1시간까지도 대기해야 하지만 기다린 만큼 만족도가 높은 곳이니 꼭 들러 보자.

주소 大阪府大阪市北区角田町8-7 阪急百貨店 12층 **전화** 06-6313-1470 **시간** 11:00~22:00 **메뉴** A코스 베이직 햄버그 코스(ベーシックハンバーグコース) 1,780엔(통토마토+햄버그스테이크+빵or밥), 햄버그 런치 B코스(ハンバーグランチBセット) 2,080엔(통 토마토+햄버그스테이크+빵 또는 밥+디저트+차) **홈페이지** www.touyoutei.co.jp/shop_post/hankyu/

메밀로 만든 전통 소바를 맛볼 수 있는 곳
야부 소바 やぶそば

야부 소바는 에도(江戸) 시대 3대 소바 중 하나로, 일본 메밀을 직접 맷돌에 갈아서 뽑아낸 쫄깃쫄깃한 면발이 일품이다. 또한 다시마와 가쓰오부시(鰹節) 간장에 넣어 3일간 숙성시킨 간장에 찍어 먹는 냉소바와 숙성 간장을 넣어 끓인 국물에 담겨 나오는 온소바도 많이 찾는다. 이곳은 세이로 소바뿐만 아니라 신선한 재료로 만든 튀김도 많이 찾는데 세트 메뉴를 선택하면 다양하고 다소 저렴하게 소바와 함께 맛볼 수 있다. 세트 메뉴를 주문할 때 냉소바나 온소바를 선택할 수 있고 면을 곱빼기로도 선택할 수 있으니 취향에 맞게 주문하도록 하자.

주소 大阪府大阪市北区角田町8-7 阪急百貨店 **위치** 우메다 한큐 백화점 12층 **전화** 06-6313-1511 **시간** 11:00~22:00 **메뉴** 모둠 튀김과 세이로 소바 세트(天ぷら盛り合わせとせいろうそばのセット) 1,980엔, 세이로 소바(せいろうそば) 847엔 **홈페이지** r.goope.jp/umedayabusoba/

달콤한 팥앙금과 함께 하는 도라야키 디저트 카페
간미코요리 かんみこより

도라야키는 밀가루와 달걀로 만든 부드러운 빵 안에 팥앙금이 들어간 전통 간식인데 간미코요리는 카스텔라처럼 부드러운 빵과 팥앙금 그리고 부드러운 생크림이 따로 나와 입맛에 맞게 만들어 먹는 디저트 카페이다. 우리에게는 생소하지만 시중에서 판매하는 도라야키보다 더 부드럽고 덜 달고 맛있으며, 만들어 먹는 재미가 있어서 아이들도 좋아한다. 과일이나 초콜릿 생크림이 올라간 도라야키와 과일과 팥앙금 그리고 생크림이 믹스된 디저트도 판매하니, 색다른 일본의 디저트를 맛보는 경험을 해 보자.

주소 大阪府大阪市北区角田町8-7 阪急百貨店 **위치** 우메다 한큐 백화점 9층 **전화** 06-6313-7699 **시간** 10:00~20:00
메뉴 도라야키 절반과 크레미아 소프트 안미쓰 세트(ハーフどら焼きとクレミアソフトあんみつセット) 1,370엔 **홈페이지** www.heart-dining.co.jp

수제 두부와 함께하는 일본식 파스타 전문점
오다시몬 おだしもん

생새우, 명란, 녹차등을 재료로 사용하여 만든 창작 파스타 요리를 선보이는 곳으로 부드러운 수제 일본식 두부를 무제한으로 함께 즐길 수 있는 곳이다. 녹차나 볶음 파스타는 우리 입맛에는 조금 맞지 않지만 생새우나 명란을 넣은 파스타는 꽤 맛있으며 오다시몬에서 만든 특제 육수를 부어 먹으면 전혀 색다른 맛의 요리를 맛볼 수 있다. 육수는 세 종류가 있으니 우선 육수를 조금 따라서 맛을 보고 조금씩 넣으면서 먹는 것이 좋다. 화과자나 크레페 등 다른 디저트도 판매하고 있지만 이곳에서는 파스타만 주문하는 것을 추천한다.

주소 大阪府大阪市北区角田町5-15 **위치** 헵 파이브(HEP FIVE) 7층 **전화** 06-6366-6192 **시간** 11:00~22:00 **메뉴** 생새우 매운고추 파스타(生桜海老のペペロンチーノ) 1,529엔, 카르보나라(カルボナーラ) 1,529엔 **홈페이지** www.saint-marc-hd.com/kamakura/

우메다 최고 인기 라멘집
하카다 잇푸도 博多一風堂

시오 라멘 국물이 끝내주는 라멘집이다. 방송에도 많이 나오는 곳이라 인기가 많다. 저녁에는 한참 줄을 서야 먹을 수 있지만 낮에는 한산한 편이다. 저녁에는 라멘에 시원한 생맥주를 한잔하면서 하루를 마무리하는 주변 샐러리맨들이 많아서이기도 하다. 돼지 뼈를 장시간 끓인 국물이 일품이며 돼지 비린내가 많이 나지 않아서 여성 고객들도 먹을 만하다.

주소 大阪府大阪市北区角田町6-7 1F **위치** 한큐 멘즈 뒤쪽 건너편 블록 모퉁이에 위치 **전화** 06-6363-3777 **시간** 11:00~23:00 **메뉴** 시로마루모토미(白丸元味) 850엔, 카라카멘(からか麺) 1,050엔 **홈페이지** stores.ippudo.com/1022

점심 피크 타임에 신선한 초밥을 맛보자
사카에 한큐 히가시도리점 さかえ阪急東通り店 [사카에 한큐 히가시도리텐]

우메다에서 저렴하고 괜찮은 회전 초밥집을 찾기가 쉽지 않은데 우메다 중심부에서 한큐 히가시도리 상점가 쪽으로 조금 벗어나면 사카에 음식점이 있다. 점심이나 저녁 시간 피크 타임을 제외하고는 자리 잡기는 어렵지 않으며 한 접시에 128엔이기 때문에 다소 저렴하게 먹을 수 있다. 식사 시간이 지나면 초밥의 종류가 적고 만들어 놓은 지 오래되어 신선함이 다소 떨어지므로 조금 복잡하더라도 식사 시간대에 가는 편이 다양하게 먹을 수 있다. 물론 일본어를 할 줄 안다면 주문하여 먹을 수 있어서 시간에 상관없이 방문해도 좋다.

주소 大阪府大阪市北区堂山町3-12 **위치** 화이티 우메다 M2번, M6번 출구에서 도보 1분, 한큐 히가시도리 상점가에 위치 **전화** 06-6361-5505 **시간** 11:00~익일 07:00, 수요일 휴무 **메뉴** 한 접시 128엔~(세금 불포함) **홈페이지** kaiten-sushi-sakae.sakaesushi.co.jp

사카에와 가격 경쟁 중인 이웃 초밥 전문점
겐로쿠 스시 우메다점 元禄寿司 梅田店 [겐로쿠스시 우메다텐]

관광객들이 많이 찾는 도톤보리에서 쉽게 볼 수 있는 겐로쿠 스시를 우메다에서도 만나볼 수 있다. 과거에는 바로 가까이에 위치한 사카에 초밥집보다 5엔 저렴하다는 장점이 있었으나 지금은 2엔이 더 비싸졌다. 가격과 종류에는 큰 차이는 없으니 사람이 몰리는 식사 시간에는 사카에와 비교하여 대기가 짧은 곳으로 가면 된다. 하지만 식사 시간 이후에는 레일에 더 종류를 다양하게 올려놓은 겐로쿠 스시를 더 추천한다. 또한 사카에와 겐로쿠 스시의 영업 시간과 휴무일이 다르니 참고하자.

주소 大阪府大阪市北区堂山町3-16 **위치** 화이티 우메다 M2번, M6번 출구에서 도보 2분, 한큐 히가시도리 상점가에 위치 **전화** 06-6312-1012 **시간** 월~금 11:15~22:30, 토·일·공휴일 11:00~22:30 **메뉴** 한 접시 130엔~(세금 불포함) **홈페이지** www.mawaru-genrokuzusi.co.jp

오랫동안 사랑받는 닭 요리 전문점
도리초 鳥長

2000년 12월 처음 문을 열었을 때부터 지금까지 닭 부위별 요리 전문점으로 우메다 지역 직장인들에게 많은 인기를 얻고 있는 곳으로 방송에도 자주 나온 맛집이다. 일본 토종닭으로만 요리를 하며 당일 잡은 닭을 재료로 사용하기 때문에 신선하여 닭의 생간이나 내장 요리 그리고 닭 사시미까지도 맛볼 수 있는 진정한 닭 전문점이다. 코스 요리를 주문하면 음료 무제한(飲み放題)을 신청할 수 있어 술을 좋아하는 사람들에게는 좋지만 생각보다 가성비가 떨어지므로 단품으로 다양한 창작 요리를 주문하는 것을 추천한다.

주소 大阪府大阪市北区曾根崎2丁目10-12 **위치** 히가시우메다역(東梅田駅) 4번 출구에서 도보 2분 **전화** 06-6315-8019 **시간** 17:00~23:00 **메뉴** 허벅지살구이(もも肉の炙り造り) 1,280엔, 모둠 세트(お造り盛り合わせ) 1,000엔, 모둠 꼬치 4종 오마카세(串おまかせ4種盛り合わせ) 1,000엔

덮밥으로 손꼽히는 숨겨진 맛집
돈돈테이 丼丼亭 [돈부리돈테에]

우리나라 관광객들은 잘 모를 수 있지만 우메다를 자주 다니는 현지인들에게는 유명한 돈돈테이는 가쓰동(カツ丼), 텐동(天丼) 등의 덮밥 맛집이다. 대표 메뉴인 가쓰동은 밥과 고기의 양을 정할 수 있고 세트로 주문하면 미니 소바를 추가할 수 있다. 바삭바삭한 튀김이 가득 올라간 텐동도 인기 메뉴 중 하나이다. 소바나 우동 메뉴도 있지만 이곳에서는 가성비 좋은 가쓰동이나 텐동을 추천하며 식사 시간에는 사람들이 많이 찾지만 회전율이 좋아 조금만 기다리면 맛있는 식사를 할 수 있다.

주소 阪府大阪市北区角田町梅田地下街2-9 **위치** 화이티 우메다 노스몰2에 위치 **전화** 06-6312-1170 **시간** 11:00~21:00 **메뉴** 가쓰동(カツ丼) 690엔(작은 사이즈), 세트는 +240엔, 텐동(天丼) 730엔 **홈페이지** www.gourmet-kineya.co.jp/brands/37/

깊은 맛의 일본식 카레 전문점
상등 카레 본점 上等カレー 本店 [조오토오 카레 혼텐]

1995년 영업을 시작한 상등 카레 본점은 가게 이름처럼 진한 일본식 카레와 좋은 식자재를 사용하여 정성 들여 만든 카레 전문점이다. 이곳의 카레는 크게 달지 않지만 달콤하고 매콤한 맛이 일품이다. 가게에 들어서면 큰 드럼통에 대형 카레 주걱이 눈에 들어오고 카레 냄새가 가게를 꽉 채운다. 테이블석뿐이고 규모도 작지만 뭔가 장인 카레를 먹을 수 있다는 좋은 느낌이 드는 가게이다. 밥 위에 돈까스나 새우튀김 같은 토핑과 생계란을 올린 후 진한 상등 카레를 뿌린 음식을 먹으면 왜 일본 카레가 최고인지를 느끼게 된다. 참고로 카드 계산은 안 되고 현금만 지불 가능하다.

주소 大阪府大阪市福島区福島6丁目14-9 **위치** ❶ JR 후쿠시마역에서 도보 6분 ❷ JR 오사카역에서 도보 10분 **전화** 06-6455-7331 **시간** 월~토 11:00~22:30, 일 11:00~21:30 **메뉴** 돈가스 카레(とんかつカレー) 1,000엔, 새우 카레(海老カレー) 1,200엔 **홈페이지** www.tokumasa.net/jyoutoucurry_osaka19

인기 만점 고급 회전 초밥 전문점
간타로 函太郎 [칸타로]

오사카 여행 중에 쉽게 볼 수 있는 저가 회전 초밥집이 아니라, 횟감의 두께도 두껍고 신선도는 두말할 것도 없어 무조건 엄지를 치켜들게 되는 회전 초밥 맛집이다. 홋카이도 직송의 신선한 횟감으로 만든 오늘의 초밥이 별도로 준비되어 있고 초밥에서 밥의 양을 조절할 수 있으며 종류도 다양하여 먹고 싶은 메뉴가 너무도 많은 곳이다. 테이블마다 모니터가 있고 한국어 지원이 가능하여 먹고 싶은 것 위주로 주문을 할 수 있고 주문과 동시에 바로 만들기 때문에 밥의 온기도 느껴진다. 가격은 저렴하지 않지만 그만큼의 가치를 느낄 수 있는 곳이므로 주머니 사정이 괜찮다면 꼭 들러 보자.

주소 大阪府大阪市北区大深町4-20 **위치** 그랜드 프런트 오사카 남관 7층 **전화** 06-6485-7168 **시간** 11:00~23:00 **메뉴** 연어구이 초밥(とろサーモン炙り) 360엔, 장어 초밥(うなぎ) 430엔, 참치 3종 초밥(まぐろ三昧) 985엔 **홈페이지** www.hk-r.jp

한 번에 세 가지 맛을 느낄 수 있는 장어덮밥 맛집
하쓰마부시 나고야 빈초 ひつまぶし名古屋 備長 [하츠마부시 나고야 빈초오]

나고야의 명물 하쓰마부시를 먹을 수 있는 맛집으로 겉은 바싹하고 속은 부드러운 통통한 장어와 함께 특유의 소스가 올라간 장어 덮밥을 먹을 수 있다. 하쓰마부시는 정석대로 맛을 보는 방법은 먼저 밥을 4등분하고 첫번째는 밥과 장어만 먹는다. 두번째로는 김, 파, 와사비를 넣어 장어와 밥을 함께 비벼먹고 다음은 녹차나 육수를 부어 말아먹는 방법이다. 마지막 네번째 밥은 셋 중 가장 맛있었던 것을 다시 먹는 것이다. 꼭 순서대로 할 필요는 없지만 가게에서 추천하는 순서이니 처음 방문을 한다면 이렇게 먹어보면 맛과 재미를 동시에 느낄 수 있다.

주소 大阪府大阪市北区大深町4-20 **위치** 그랜드 프런트 오사카 남관 7층 **전화** 06-6371-5759 **시간** 11:00~14:30, 15:00~20:30 **메뉴** 일반 하쓰마부시ひつまぶし 3,850엔, 상등 하쓰마부시上ひつまぶし 4,800엔 **홈페이지** https://hitsumabushi.co.jp/

덴마

天満

덴마 지역은 아직 우리나라에 잘 알려져 있지 않지만, 최근 방송을 통해 직장인들이 많이 찾는 지역으로 알려지면서 점점 찾는 사람들이 늘어나고 있다. 세련된 쇼핑몰이 있는 지역은 아니지만 로컬 상점들을 많이 볼 수 있으며 주변에 오사카 지방법원과 관련된 사무실이 많아 업무를 끝낸 직장인들이 찾는 이자카야가 많다. 덴마 지역의 대표적인 자랑거리인 덴진바시스지 상점가는 일본에서 가장 긴 상점가로 그 길이가 2.6km에 달한다. 또한 덴마의 남쪽에는 일본 3대 마쓰리인 덴진마쓰리(天神祭)가 열리는 오사카 텐만궁이 있어 매년 7월 24~25일에는 덴마 지역 전체가 들썩거릴 정도로 많은 사람이 몰린다. 북쪽의 오사카 시립 주택 박물관에서는 일본 전통 의상인 기모노를 입고 옛 에도 시대를 배경으로 기념사진을 찍을 수 있어 관광객들에게는 핫 플레이스로 통한다. 관광객보다는 현지인들이 많아 상점에서도 소통이 다소 어려울 수 있지만 다양한 볼거리와 먹거리가 있는 덴마 지역을 기회가 된다면 한번 방문해 보자.

• 덴마 교통편 •

덴마 지역의 가장 큰 볼거리인 덴진바시스지 상점가(天神橋筋商店街)는 워낙 길기 때문에, 덴마역(天満駅)이나 오기마치역(扇町駅) 또는 미나미모리마치역(南森町駅)에 내려서 중간부터 둘러보거나, 덴진바시스지로쿠초메역(天神橋筋六丁目駅)에서 내려서 오사카 시립 주택 박물관을 방문하고 상점가를 북쪽 입구부터 둘러보면서 남쪽으로 움직이도록 하자.

■ 우메다역에서 이동하기
JR 오사카역 2번 플랫폼에서 JR순환선(大阪環状線普通)을 탑승하여 1 정거장을 이동하여 JR 덴마역(大天満駅)에 하차.
시간 약 2분 소요 **요금** 140엔

■ 난바역에서 이동하기
지하철 난바역(難波駅) 1번 플랫폼에서 미도스지선(御堂筋線)을 탑승하여 1 정거장 이동한 다음, 닛폰바시역(日本橋駅) 사카이스지선(堺筋線) 2번 플랫폼에서 환승하여 6 정거장 이동하여 덴진바시스지로쿠초메역(天神橋筋六丁目駅)에서 하차.
시간 약 16분 소요 **요금** 240엔

Travel Course 오사카 시립 주택 박물관에서 기념사진을 찍고 덴진바시스지 상점가를 제대로 구경하는 일정으로 준비하자.

덴진바시스지로쿠초메역 도보 1분 ➡ 오사카 시립 주택 박물관 도보 1분 ➡ 덴진바시스지 상점가

덴진바시스지 상점가

오사카 시립 주택 박물관

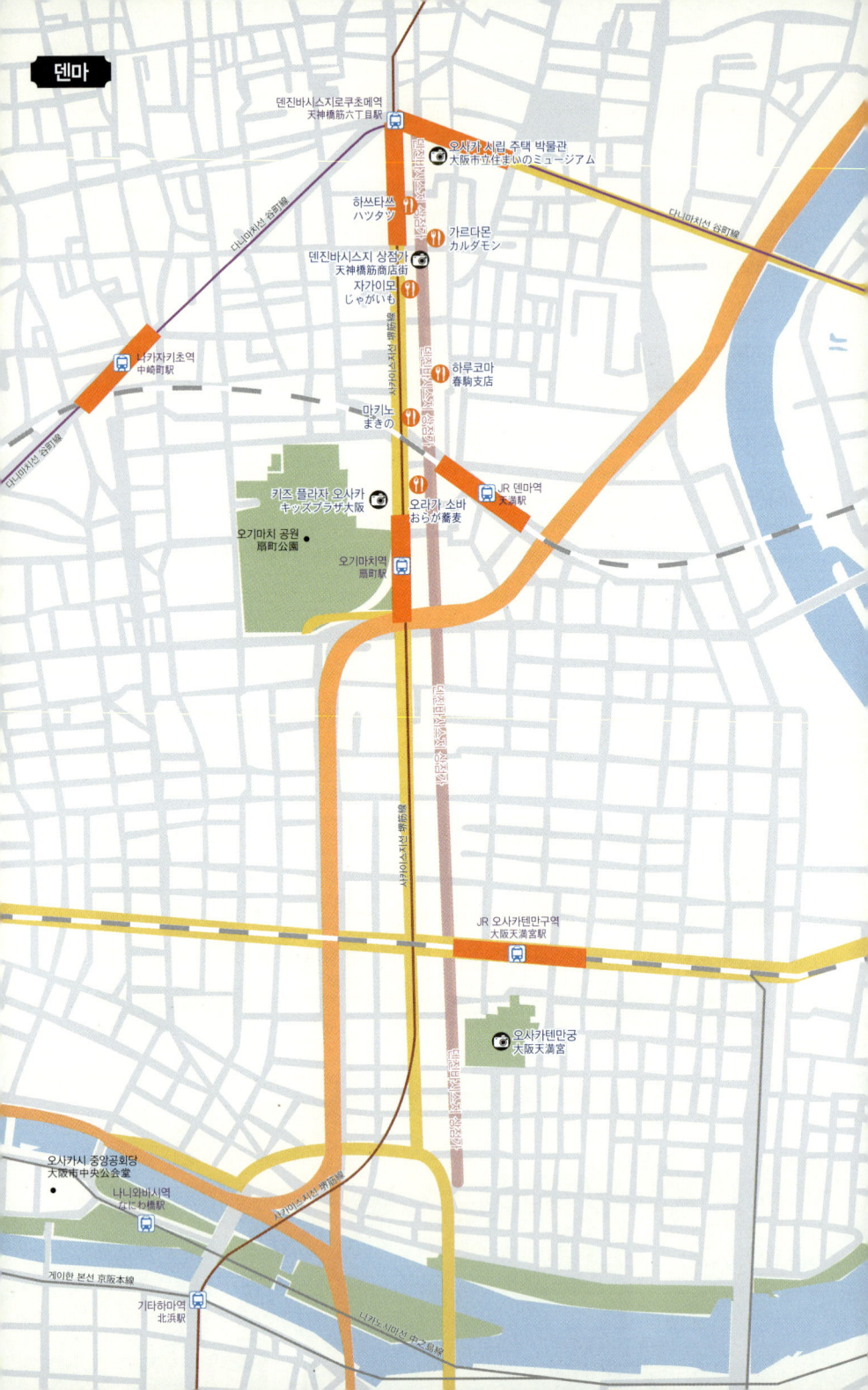

오사카 여행에서 색다른 사진을 찍을 수 있는 핫 플레이스
오사카 시립 주택 박물관 大阪市立住まいのミュージアム[오사카 시리츠 스마이노 뮤-지아무]

에도 시대(江戸時代)부터 전후 시대까지의 주거지를 재현한 자료와 모형이 전시되어 있는 오사카 시립 주택 박물관은 오사카 도시 생활의 역사를 배울 수 있는 곳이다. 건물의 8층부터 10층까지가 박물관이며 먼저 8층에 올라가서 입장을 하고 10층으로 에스컬레이터를 타고 올라가서 아랫층으로 내려가면서 관람한다. 10층에서 아래를 보면 에도 시대의 거리 모형을 볼 수 있고 9층으로 내려가면 에도 시대의 거리를 체험

해 볼 수 있다. 이때 이곳의 하이라이트인 기모노 체험을 신청할 수 있는데 관광객들에게 인기가 높고 하루 100명만 체험을 할 수 있으므로 빨리 접수를 해야만 바로 옷을 대여할 수 있다. 아이들이나 친구 또는 가족과 함께 기모노를 입고 에도 시대의 가옥들과 전시품들을 배경으로 색다른 기념사진을 남길 수 있는 체험을 적극 추천한다.

주소 大阪府大阪市北区天神橋6丁目4-20 **위치** 지하철 덴진바시스지로쿠초메역(天神橋筋六丁目駅) 3번 출구에서 연결 **전화** 06-6242-1170 **시간** 10:00~17:00 **요금** 성인 600엔, 고등학생·대학생 300엔, 특별전 300엔, 기모노 체험 1,000엔(30분 이용, 110cm이상 이용 가능) **홈페이지** www.osaka-angenet.jp/konjyakukan/

일본에서 가장 긴 전통 있는 상점가
덴진바시스지 상점가 天神橋筋商店街[덴진바시스지 쇼오텐가이]

덴진바시스지 상점가는 그 길이가 2.6km에 600여 개의 상점들이 영업 중이다. 일본에서 가장 긴 상점가로 신사이바시스지 상점가와는 또다른 매력이 있는 오래된 상점가이다. 아직까지는 관광객보다는 일본 현지인들이 더 많은 곳이지만 직장인들이 퇴근 후 시원한 맥주 한잔을 하는 모습이 우리나라 방송에 나오면서 관광객들이 조금씩 찾고 있다. 1초메부터 6초메까지 오래된 상점부터 다양한 종류의 상점들까지 많은 볼거리가 있으며 골목골목 맛집들도 많아 먹거리도 풍부하고 재미있는 곳이다. 덴진바시스지 상점가에 찾고자 하는 목적지가 있다면 가까운 지하철역을 이용하면 되지만 쭉 둘러본다고 생각하면 덴진바시스지로쿠초메역에 내려 북쪽에서 남쪽으로 이동하면서 즐기도록 하자.

주소 大阪府大阪市北区天神橋1丁目~6丁目 **위치** ❶ 지하철 덴진바시스지로쿠초메역(天神橋筋六丁目駅) 8번 출구 바로 앞(덴진바시스지 상점가 6초메) ❷ JR 덴마역 개찰구에서 도보 1분(덴진바시스지 상점가 4초메) ❸ 지하철 오기마치역 1번 출구에서 도보 1분(덴진바시스지 상점가 4초메) ❹ 지하철 미나미모리마치역 5번 출구에서 도보 1분(덴진바시스지 상점가 2초메) **홈페이지** www.tenjin123.com

아이들을 위한 재미있는 체험 박물관
키즈 플라자 오사카 キッズプラザ大阪 [킷즈 푸라자 오사카]

1997년에 오픈한 키즈 플라자는 아이들이 뛰어놀면서 다양한 체험을 할 수 있는 곳으로 언어가 통하지 않은 아이들도 즐거운 시간을 보낼 수 있는 곳이다. 아이들이 신나게 뛰어놀며 에너지를 발산할 수 있는 4층의 어린이 거리(こどもの街)와 과학·문화·사회를 체험할 수 있는 5층 체험 플로어(やってみる階)가 인기가 좋다. 특히 5층에 위치한 와이와이 스튜디오(わいわいスタジオ)에서는 아이들이 직접 아나운서·기자·PD의 역할을 직접 체험할 수 있다. 아직 우리나라 관광객들은 잘 모르는 곳이지만 아이들과 오사카를 함께 방문한다면 아주 재미있고 즐거운 시간을 가질 수 있을 것이다.

주소 大阪府大阪市北区扇町2丁目1-7 **위치** 지하철 오기마치역(扇町駅) 2-B번 출구에서 도보 1분 **전화** 06-6311-6601 **시간** 09:30~17:00, 매월 둘째·셋째 월요일 휴무(휴무일이 공휴일인 경우 다음 날이 휴무) **요금** 고등학생 이상 1,400엔, 초등학생·중학생 800엔, 3세 이상 500엔 **홈페이지** www.kidsplaza.or.jp

덴진마쓰리가 시작되는 신사
오사카텐만궁 大阪天満宮 [오사카텐만구우]

일본의 3대 마쓰리 중 하나인 덴진마쓰리가 시작되는 곳으로 잘 알려진 오사카텐만궁은 949년에 지어졌으나 화재로 소실되어 1843년 지금의 모습으로 재건되었다. 국가 지정 문화재들이 있으나 평소에는 생각보다 볼거리가 그리 많지 않은데 매화 축제(梅まつり)나 에비스 축제(えびす祭) 같은 크고 작은 축제들이 있을 때에는 볼거리가 많고 특히 7월 24일~25일 열리는 오사카의 가장 큰 축제인 덴진마쓰리는 많은 사람들이 몰려 행사를 진행하는 내내 재미를 더한다. 오사카를 방문할 때 축제 기간과 맞는다면 1년에 단 한 번 볼 수 있는 행사이므로 오사카텐만궁을 방문해 보자.

주소 大阪府大阪市北区天神橋2丁目1-8 **위치** 지하철 미나미모리마치역(南森町駅) 7번 출구에서 도보 3분 **전화** 06-6353-0025 **시간** 06:00~18:00 **홈페이지** osakatemmangu.or.jp

덴마 추천 맛집

바삭바삭한 튀김 맛집
마키노 まきの

마키노는 주문과 동시에 갓 튀긴 바삭바삭한 튀김을 판매하는 전문점으로 신선한 재료와 선택할 수 있는 다양한 메뉴가 있어서 즐거운 곳이다. 다른 곳에서는 맛보기 힘든 붕장어튀김을 비롯한 11가지 튀김을 판매하고 있다. 식사 시간에는 튀김 정식을 많이 찾지만 단품으로 먹고 싶은 튀김을 선택하여 먹는 것을 추천한다. 더운 여름날 시원한 생맥주와 함께 맛있는 튀김을 안주 삼아 잠시 쉬어 가자.

주소 大阪府大阪市北区天神橋4丁目10-18 **위치** 지하철 오기마치역(扇町駅) 1번 출구에서 도보 4분 **전화** 06-6352-6602 **시간** 11:00~20:30 **메뉴** 마키노 튀김 정식(まきの天ぷら定食) 1,210엔, 새우튀김(海老) 230엔, 큰붕장어튀김(大穴子) 540엔 **홈페이지** www.toridoll.com/shop/makino/

산지 직송의 신선한 초밥을 맛볼 수 있는 초밥 장인 맛집
하루코마 春駒支店 [하루코마]

주문과 동시에 주방장이 바로바로 만들어 주는 하루코마는 회전 초밥도 아닌데 60여 종의 질 좋은 초밥를 적당한 가격에 먹을 수 있는 덴마의 인기 맛집이다. 산지 직송으로 매일 들어오는 신선한 횟감으로 만들어 확실히 비린내가 덜하고 식감이 좋으며 바 좌석에 앉아 주방장이 초밥을 만드는 모습을 볼 수 있고 메뉴도 다양해서 골라 먹는 재미도 동시에 느낄 수 있다. 매장에 입장하여 종이에 메뉴를 적어서 직원에게 주면 바로바로 만들어서 테이블에 올려 주는 시스템으로 장어 초밥이 인기가 가장 좋다. 본점과 지점이 한 블록 차이로 가까이 위치해 있는데 지점이 좌석이 더 많아 회전율도 좋으니 지점을 추천한다.

주소 大阪府大阪市北区天神橋5丁目6-8 **위치** 지하철 오기마치역(扇町駅) 1번 출구에서 도보 4분 **전화** 06-6351-9103 **시간** 11:00~22:00, 화요일 휴무 **메뉴** 상급 장어(上うなぎ) 450엔(일반 장어는 300엔), 가리비(貝柱) 300엔, 참치 뱃살(とろ) 400엔

칼칼한 맛이 더해진 유럽 전통 카레 전문점
가르다몬 カルダモン [혼카쿠카레에 카루다몬]

일본의 카레는 진하고 조금 단맛이 많이 느껴지는 것이 보통인데 가르다몬의 카레는 진하고 칼칼하여 우리나라 관광객들이 딱 좋아하는 맛이다. 매장은 총 8석으로 작지만 회전율이 빨라 밖에 대기 줄이 있어도 생각보다 빨리 들어갈 수 있다. 카레 종류와 밥의 양을 선택하고 밥 위에 올라갈 토핑을 추가로 선택할 수 있는데 등심 카레나, 소고기 카레를 선택했다면 토핑은 추가 주문하지 않아도 괜찮을 듯하다. 카레의 맛은 좋으나 다른 카레 전문점에 비하면 가격 대비 양이 적다는 것이 약간의 흠이라 하겠다.

주소 大阪府大阪市北区天神橋6丁目5-3 **위치** 지하철 덴진바시스지로쿠초메역(天神橋筋六丁目駅) 12번 출구에서 도보 1분 **전화** 06-6358-7223 **시간** 월~금 11:30~15:00, 17:30~20:30 토・일 11:30~18:00, 화요일・공휴일 휴무 **메뉴** 소고기를 두껍게 썬 카레(牛肉厚切りカレー) 1,150엔, 등심 돈가스 카레(ロース豚カツカレー) 1,000엔 **홈페이지** cardamon.cocolog-nifty.com

덴진바시스지 상점가에서 가장 인기 있는 빵집
하쓰타쓰 ハツタツ [하츠타츠]

하쓰타쓰는 바게트와 바타르 그리고 브리오슈가 맛있는 빵집으로 덴진바시스지 상점가에서는 가장 많은 사람들이 찾는 곳이다. 다양한 종류의 빵이 준비되어 있고 그날 준비된 빵이 매진되면 문을 닫거나 사전에 운영 시간을 미리 공지를 하는 식으로 폐점 시간이 그때그때 달라지기 때문에, 신경 쓰지 않으려면 서둘러 일찍 방문하는 것이 좋다. 2층에는 구매한 빵을 먹을 수 있는 공간도 준비되어 있으나 주말에 방문한다면 장소가 협소하기 때문에 포장으로 가져가는 것이 좋겠다.

주소 大阪府大阪市北区天神橋6丁目6-14 **위치** 지하철 오기마치역(扇町駅) 8번 출구에서 도보 2분 **전화** 06-6360-4999 **시간** 10:00~19:00, 화요일 휴무, 부정기 휴무 **메뉴** 소시스에 토마토(ソーシスエトトマト) 390엔, 에비도바곤(エビドバゴン) 280엔, 판플무스(パンプルムース) 250엔, 양파 캐러멜리제(玉葱のキャラメリゼ) 140엔

입맛대로 골라 먹는 도시락 천국
자가이모 じゃがいも

자가이모는 2000개의 레시피를 가지고 매일 70여 종의 차별화된 반찬과 도시락을 판매하고 있어 골라 먹는 재미가 있는 곳이다. 스테디셀러 도시락은 고정되어 있지만 그날그날 종류가 다양하게 바뀌어 도시락을 좋아하는 사람들에게는 어느 음식점보다도 인기 있는 곳이다. 도시락을 구매해서 포장해 가는 것도 가능하지만 이곳 매장에서 식사를 할 수 있다는 것이 특이한데, 매장에서 먹으면 된장국을 서비스로 주기 때문에 점심시간에는 간단하게 한 끼 해결하려는 근처 직장인들이 꽤 찾는다. 또한 저녁 늦은 시간에는 도시락을 크게 할인하여 판매하기 때문에 집으로 돌아가는 사람들이 많이 구매하기도 한다.

주소 大阪府大阪市北区天神橋5丁目8-9 **위치** 지하철 덴진바시스지로쿠초메역(天神橋筋六丁目駅) 12번 출구에서 도보 3분 **전화** 06-6357-8044 **시간** 09:00~22:00 **메뉴** 준비된 메뉴에 따라 도시락 가격이 다름 **홈페이지** www.fukiya-meals.co.jp/company/tenpo/

가성비가 좋은 소바 체인점
오라가 소바 おらが蕎麦

프랜차이즈로 유명한 기네야에서 런칭한 오라가 소바는 직접 뽑은 식감 좋은 메밀 면에 가쓰오부시로 우려낸 깔끔한 국물을 더한 소바 가게이다. 가격도 저렴하지만 다른 소바 체인점보다 기본적인 양이 많고 곱빼기를 주문하면 2~3배로 양이 엄청나게 많다. 저녁에는 튀김이나 닭튀김만 따로 주문할 수 있어 간단하게 맥주를 한잔하는 손님들도 꽤 있다. 여름에는 시원한 자루 소바나 붓카케 소바, 겨울에는 따뜻한 국물에 나오는 기쓰네 소바가 인기가 좋다.

주소 大阪府大阪市北区天神橋4丁目8-21 **위치** 지하철 오기마치역(扇町駅) 1번 출구에서 도보 3분 **전화** 06-6358-3361 **시간** 11:00~21:00 **메뉴** 절인참치덮밥+소바 정식(漬けマグロ丼＋蕎麦) 880엔, 차가운 붓가케 소바(冷やしぶっかけそば) 570엔 **홈페이지** www.gourmet-kineya.co.jp/brands/3/

덴노지
天王寺

덴노지 지역은 에도 시대와 메이지 시대부터 주택지로 개발이 되어 비교적 동네가 조용하고 한국 교포들이 많이 살고 있는 곳이다. 과거 신세카이(新世界), 쓰텐카쿠(通天閣), 페스티벌 게이트 등 덴노지의 서쪽 지역에 많은 관광객이 몰렸지만 지금은 노후화가 진행되고 코로나19 이후 방문객들이 많이 줄어들어 상권이 많이 축소되었다. 2000년대 들어 JR 덴노지역을 중심으로 도시 재생 사업의 일환으로 상업 지구 공사가 한창이며 2014년 일본에서 두 번째로 높은 건물인 아베노 하루카스가 오픈하면서 주요 상업 지구로 급부상하고 있다. 덴노지는 난바역 못지않은 남쪽의 교통 요충지로서, 나라로 가는 JR선과 지하철 미도스지선(御堂筋線)과 다니마치선(谷町線)을 이용할 수 있다. 신이마미야역 근처에는 아주 저렴한 숙박 시설들이 밀집해 있어 많은 배낭여행객들이 비용을 절약하기 위해 찾는데 시설이나 주변 환경이 열악하다는 점은 미리 참고하자.

• 덴노지 교통편 •

덴노지는 난바역이나 우메다역에서는 지하철 미도스지선(御堂筋線)을 탑승하여 이동할 수 있고 나라 지역에서는 JR나라선(奈良線)을 이용하여 갈 수 있다. 젊은 사람이나 잘 걸을 수 있는 사람들은 난바역에서 덴덴타운-신세카이-덴노지 동물원을 거쳐 아베노 하루카스까지 걸어가면 이 지역을 제대로 볼 수 있어 적극 추천한다.

■ 우메다역에서 이동하기
지하철 우메다역 1번 플랫폼에서 미도스지선(御堂筋線)을 탑승하여 7 정거장 이동하여 덴노지역(天王寺駅)에 하차.
시간 약 17분 소요 **요금** 290엔

■ 닛폰바시역에서 이동하기
지하철 닛폰바시역 1번 플랫폼에서 사카이스지선(堺筋線)을 탑승하여 1 정거장 이동하여 에비스초역(恵美須町駅)에 하차.
시간 약 2분 소요 **요금** 190엔

■ 나라역에서 이동하기
JR 나라역(奈良駅)에서 JR간사이본선(関西本線) 쾌속(快速) 열차를 탑승하여 6 정거장 이동하여 덴노지역(天王寺駅)에 하차.
시간 약 36분 소요 **요금** 510엔

Travel Course 지하철 에비스초역에 내려서 신세카이 지역부터 관광을 시작하여 덴노지역 쪽으로 이동하거나 그 반대로 움직이는 일정을 추천한다.

신세카이 도보 1분 ▶ 쓰텐카쿠 도보 3분 ▶ 덴노지 동물원(신세카이 입구) 도보 3분 ▶ 아베노 하루카스 도보 15분 ▶ 시텐노지

아베노 하루카스

신세카이

시텐노지

오사카 남쪽의 과거 유흥 밀집 지역
신세카이 新世界

쓰텐가쿠를 중심으로 형성된 번화가인 신세카이는 과거 국내외 관광객들이 많이 찾는 유흥 밀집 지역이었으나 가까운 난바·신사이바시 지역이 성장하면서 지금은 많이 쇠퇴하였다. 신세카이 북쪽에 위치한 신세카이 시장(新世界市場)은 코로나19를 거치면서 많은 가게가 문을 닫아 찾는 사람들이 더욱 줄어들었으며 쓰텐가쿠 주변과 남쪽 센터 거리 정도만 아직 상점들을 찾는 사람들이 북적거려 과거 번화가의 명맥을 이어 가고 있다. 중국 음식점도 많고 중국 관광객도 많이 찾아 작은 차이나타운 느낌도 많이 나며 저녁이면 호객 행위가 잦고 지역이 썩 깨끗하지 않아 우리나라 관광객들의 발길이 많이 줄어들었으니 참고하자.

주소 大阪府大阪市浪速区恵美須東2丁目5-1 **위치** ❶ 지하철 에비스초역 3번 출구에서 도보 1분(신세카이 시장) ❷ 지하철 도부쓰엔마에역 5번출구에서 도보 3분(신세카이 센터 거리) **홈페이지** shinsekai.net

> **TIP**
> ### 신세카이는 낮에 방문하는 것을 추천!
> 신세카이는 쓰텐가쿠 남쪽 센터 거리 주변으로 상점들이 모여 있는데 저녁이 되면 호객 행위도 많고 상점가만 벗어나면 어둡고 노숙자도 많다. 만약 늦은 시간에 신세카이를 가게 되었다면 일정을 마무리한 후 역에서 지하철을 타고 바로 다른 지역으로 이동하거나 택시를 타고 이동하자. 특히 여성 관광객들이 방문하기에는 저녁 시간을 피하는 곳이 좋으며 먹거리를 즐기려면 낮에 방문하도록 하자.

신세카이 지역의 중심이자 상징적인 관광 명소
쓰텐가쿠 通天閣 [츠우텐카쿠]

1912년 세워진 쓰텐가쿠는 일본 최초의 엘리베이터가 있는 전망대로 당시에는 높은 건물이 별로 없었기 때문에 오사카 시내를 모두 볼 수 있는 인기 관광 명소였다. 1943년 화재로 소실된 후 1956년에 지금의 모습으로 재건이 되었으며 1980년대 초까지는 오사카 최고의 관광 명소였으나 주변 지역이 쇠퇴하고 더 높은 전망대들이 들어서면서 사람들의 발길이 뜸해졌다. 그래도 2022년 새로운 체험 어트랙션인 타워 슬라이더(TOWER SLIDER)를 설치하여, 3층에서부터 60m 길이를 단 10초 만에 내려가는 체험을 하려는 젊은 층의 방문이 늘어났다. 주유 패스가 있으면 전망대와 타워 슬라이더(평일 무료)를 무료로 이용할 수 있으니 참고하자.

주소 大阪府大阪市浪速区恵美須東1丁目18-6 **위치** ❶지하철 에비스초역 3번 출구에서 도보 3분 ❷ 지하철 도부쓰엔마에역 5번 출구에서 도보 4분 **전화** 06-6641-9555 **시간** 10:00~20:00 **요금** ❶ 전망대-성인(고등학생 이상) 1,000엔, 5세~중학생 500엔 ❷ 타워 슬라이더-성인(고등학생 이상) 1,000엔, 5세~중학생 500엔 **홈페이지** www.tsutenkaku.co.jp

수영장 & 온천 테마파크
스파 월드 スパワールド [스파 와아루도]

오사카 도심에서 온천 테마파크와 실내 워터파크가 즐길 수 있는 스파 월드는 가족 단위 또는 친구나 연인과 함께 사계절 언제든지 즐길 수 있는 엔터테인먼트 시설이다. 이곳의 핵심은 4층과 6층에 세계 온천들을 한곳에 모아 둔 온천 테마파크인데 일본을 비롯한 13개 지역의 온천을 즐길 수 있으며 매월 남성층과 여성층을 돌아가면서 변경한다. 또한 8층에는 실내 워터파크가 있어 재미있는 시간을 보낼 수 있고 3층에는 푸드 존이 있어 맛있는 식사도 가능하다. 하루 종일 즐거운 시간을 보낼 수 있는 곳으로 아이들과 함께하면 정말 특별한 경험을 할 수 있어 적극 추천한다.

주소 大阪府大阪市浪速区恵美須東3丁目4-24 **위치** 지하철 도부쓰엔마에역(動物園前駅) 5번 출구에서 도보 1분 **전화** 06-6631-0001 **시간** 온천 테마파크 10:00~08:45, 워터파크 월~금 10:00~19:00, 토·일 공휴일 10:00~20:00(키즈 풀은 30분 일찍 마감), 푸드 존은 업장에 따라 영업 시간이 다름(홈페이지 참고) **요금** ❶ 온천 테마파크+워터파크-중학생 이상 2,000엔, 초등학생 이하 1,200엔 ❷ 온천 테마파크-중학생 이상 1,500엔, 초등학생 이하 1,000엔 **홈페이지** www.spaworld.co.jp

> 벚꽃이 아름다운 도심의 휴식 공간

덴노지 동물원 & 공원 天王寺動物園·天王寺公園 [텐노-지 도오부츠엔 & 텐노-지 코-엔]

일본에서 세 번째로 오래된 동물원인 덴노지 동물원은 1915년에 문을 열어 100년이 넘는 역사를 가지고 있으며 130종의 동물들을 만날 수 있고 녹지를 잘 조성해서 도심의 휴식 공간으로 많은 사람들이 찾고 있다. 동물원에 들어가지 않아도 정문 입구에 넓게 조성된 공원은 바비큐 존과 카페 그리고 레스토랑 등 편의 시설들이 잘 갖춰져 있고 아이들이 즐길 수 있는 키즈 카페와 뛰어놀 수 있는 잔디밭이 넓게 펼쳐져 있어 나들이 가기에 아주 좋다. 특히 봄에 벚꽃이 만개할 때면 오사카성 공원과 더불어 사람들이 가장 많이 찾는 곳이니 시기가 맞으면 방문해 보자.

주소 大阪府大阪市天王寺区茶臼山町1-108 **위치** 지하철 덴노지역 3번 출구에서 도보 1분(덴노지 공원) **전화** 06-6771-8401 **시간** 09:30~17:00, 월요일 휴무 **요금** 고등학생 이상 500엔, 초등·중학생 200엔, 미취학 아동 무료 **홈페이지** www.tennojizoo.jp

> 일본 최초로 높이 300m를 넘긴 고층 빌딩

아베노 하루카스 あべのハルカス

덴노지 지역에 높게 솟아 있는 대형 고층 빌딩인 아베노 하루카스는 2014년에 오픈 당시에는 일본에서 가장 높은 빌딩이었지만 2023년 도쿄에 오픈한 아자부다이 힐즈 모리 JP타워(麻布台ヒルズ森JPタワー)에 1등 자리를 빼앗겼다. 아베노 하루카스 58~60층에는 오사카뿐만 아니라 간사이 지역 전체를 조망할 수 있는 하루카스 300 전망대(ハルカス300展望台)가 있다. 또한 지하 2층부터 지상 14층에는 단일 백화점으로는 일본에서 가장 큰 긴테쓰 백화점 본점이 있어 즐길거리가 가득한 곳이다. 특히 백화점이 일본 사람과 외국 관광객들에게 엄청난 인기를 끌고 있는데 쇼핑 매장의 수와 규모가 압도적이어서 웬만한 브랜드는 다 있으니 쇼핑족들에게는 NO.1 백화점이다.

주소 大阪府大阪市阿倍野区阿倍野筋1丁目1-43 **위치** 지하철 덴노지역 9번 출구와 연결 **전화** 06-6621-0300(전망대) 06-6624-1111(백화점) **시간** 전망대 09:00~22:00, 백화점 10:00~20:00 **요금** 전망대-18세 이상 1,800엔, 12~17세 1,200엔, 6세~11세 700엔, 4세 이상 500엔 **홈페이지** 전망대 www.abenoharukas-300.jp/observatory, 백화점 abenoharukas.d-kintetsu.co.jp

| 백제의 숨결이 숨 쉬는 사찰

시텐노지 四天王寺

시텐노지는 일본의 가장 오래된 사찰로 과거 오사카 지역을 방문하는 사찰단을 영접하는 장소로 이용됐다. 593년 쇼토쿠 태자(聖德太子)가 백제 기술자 3명을 일본에 데려와 지은 사찰이라 우리에게도 역사적인 의미가 있는 곳이다. 남대문, 오층탑, 금당을 일렬로 배치한 것을 시텐노지 양식이라고 하는데, 사실은 백제의 건축 양식이다. 사찰의 규모는 제법 크지만 제2차 세계대전 때 파괴되어 1971년 재건한 것이라 과거의 흔적이 많이 사라졌다. 시텐노지에는 2가지 큰 볼거리가 있는데, 바로 금당과 오쿠텐(奧伝) 지하에 있는 2만 2천 개의 작은 불상들이다. 금당 바로 앞에는 높이 약 40m의 오층탑이 있는데 과거에는 탑 꼭대기에서 오사카 시내를 볼 수 있었다고 한다.

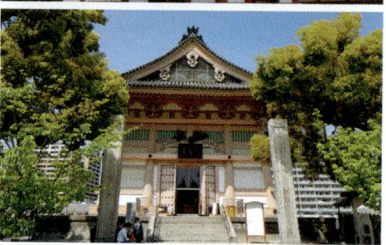

주소 大阪府大阪市天王寺区四天王寺1丁目11-18 **위치** 지하철 시텐노지마에유히가오카역(四天王寺前夕陽ヶ丘駅) 4번 출구에서 도보 3분 **전화** 06-6771-0066 **시간** 4월~9월 08:30~16:30, 10월~3월 08:30~16:00 **요금** ❶ 중앙 사원-성인 300엔, 고등학생·대학생 200엔, 중학생 이하 무료 ❷ 정원-성인 300엔, 초등학생 이상 대학생 이하 200엔, 미취학 아동 무료 ❸ 보물관(박물관)-성인 500엔, 고등학생·대학생 300엔, 중학생 이하 무료 **홈페이지** www.shitennoji.or.jp

🍴 덴노지 추천 맛집

▎산지 직송 제철 횟감으로 만든 신선한 초밥 맛집
▎로쿠센 六鮮

로쿠센은 수산 도매 직영점을 운영하고 있어 산지 직송의 신선한 제철 횟감으로 만든 초밥과 회의 인기가 좋으며 가격도 착해서 신세카이 일대에서 가장 괜찮은 음식점이다. 이자카야처럼 코스 요리를 주문하여 먹을 수도 있고 회덮밥, 장어덮밥, 튀김덮밥 등 다양한 음식이 준비되어 있어 꼭 초밥이나 회를 먹지 않아도 고를 수 있는 메뉴가 많다. 낮에는 점심 한정 세트 메뉴가 가격 대비 구성이 좋아 괜찮으며 저녁에는 먹고 싶은 단품만 따로 주문하는 것을 추천한다.

주소 大阪府大阪市浪速区恵美須東1丁目17-7 **위치** 지하철 에비스초역 3번 출구에서 도보 3분 **전화** 06-6643-1168 **시간** 11:30~22:00 **메뉴** 쓰텐가쿠 고젠(점심 한정)(通天閣御膳) 2,000엔, 초밥 단품 1개당 66엔~ **홈페이지** rokusen.co.jp

▎낚시를 즐길 수 있는 엔터테인먼트 선술집
▎점보 낚싯배 쓰리키치 ジャンボ釣船 つり吉 [자보츠리부네 츠리키치]

쓰리키치 입구로 들어가면 내부 공간이 상당히 크고 큰 배가 두 척이 보여서 깜짝 놀라게 된다. 이곳은 낚시를 즐기면서 식사를 할 수 있는 곳으로 낚싯대로 물고기를 낚으면 좀 더 저렴하게 물고기 요리를 맛볼 수 있으며 회, 찜, 튀김으로 선택할 수 있다. 또한 구시카쓰도 만들어 먹을 수 있는데, 직접 잡은 물고기로 만들어 먹을 수 있어서 더 재미있는 곳이다. 정말 다양한 음식들도 먹을 수 있고 술도 다양하게 준비되어 있으니 좋은 음식과 함께 시원한 맥주 한잔도 좋을 듯하다.

주소 大阪府大阪市浪速区恵美須東2丁目3-14 **위치** 지하철 도부쓰엔마에역 5번 출구에서 도보 3분 **전화** 06-6630-9026 **시간** 11:00~23:00 **메뉴** 오늘의 요리 7종 모둠(本日のお造り7種盛り) 3,278엔, 게 된장 그라탕(カニみそグラタン) 638엔, 새우 소금구이(1마리)(大海老旨塩焼き) 528엔 **홈페이지** tsuri-kichi.com

분위기 좋은 화덕 피자 맛집
아오이 나폴리 Aoi Napoli, 青いナポリ [아오이 나포리]

덴노지 동물원 입구 공원에 위치한 아오이 나폴리는 분위기 좋은 야외 테라스와 모던하고 개방감 있는 여유 있는 실내 공간에서 맛있는 이탈리아 요리를 맛볼 수 있는 곳이다. 이곳의 대표 메뉴는 장작불로 구운 화덕 피자인데 14종류의 피자를 선택하여 먹을 수 있고 다양한 파스타나 전채 요리가 준비되어 있으며 직접 만든 5종류의 하우스 맥주가 인기가 좋다. 분위기가 좋아 데이트를 즐기려는 사람들도 있지만 야외 테라스에서 가족 단위로 식사를 하는 사람도 많다. 주말이면 자리가 없어 대기를 해야 하므로 미리 예약하고 방문을 하면 여유 있게 식사를 즐길 수 있다.

주소 大阪府大阪市天王寺区茶臼山町5-55 **위치** 지하철 덴노지역 3번 출구 도보 1분 **전화** 050-5484-6389 **시간** 11:00~22:00 **메뉴** 오루토나라 피자(オルトナーラ) 2,101엔, 마르게리타 피자(マルゲリータ) 1,452엔, 자연산 새우와 포르치니 버섯 파스타(天然海老とポルチーニ茸) 1,738엔 **홈페이지** aoinapori-inthepark.gorp.jp

두툼하고 식감 좋은 우설구이 맛집
리큐 利久

우리나라에서는 먹기 힘든 우설(소의 혀)을 두툼한 크기로 그릴에 구워 맛있게 먹을 수 있는 맛집이다. 소의 혀로 만든 요리가 낯설어 방문을 꺼리다가도 막상 먹어 보면 모두들 고개를 끄덕이게 된다. 식감이 쫄깃쫄깃하면서도 부드럽고 감칠맛이 좋아 한번 우설 요리를 먹으면 빠져들 수밖에 없다. 고기의 양에 따라 정식 가격이 다른데 기본을 주문하면 고기의 양이 적으므로 주문할 때 고기의 양을 잘 선택하도록 하자. 다른 부위의 구이 요리도 있지만 리큐를 방문했다면 무조건 우설구이를 추천한다.

주소 大阪府大阪市阿倍野区阿倍野筋1丁目1-43 **위치** 아베노 하루카스 긴테쓰 백화점 본점 12층 **전화** 06-6627-7011 **시간** 11:00~23:00 **메뉴** 우설 정식(牛たん定食) 2,409엔, 우설구이 단품(牛たん焼単品) 1,914 **홈페이지** www.rikyu-gyutan.co.jp

복어요리 일본 NO.1 전문점
슌판로 春帆楼

시모노세키에 본점을 두고 있는 슌판로는 복어를 다루는 첫 번째 면허를 받은 상점으로 일본에서는 엄청나게 유명한 복어 요리 전문점이다. 보통 가이세키를 많이 주문하는데 요리에 나오는 복어회의 비주얼은 어떻게 만들었는지도 신기할 정도로 환상적이다. 방문 전에 창가 쪽 자리나 개인실로 사전에 예약을 하면 오사카 시내의 야경을 바라보면서 멋있고 맛있는 식사를 할 수 있으며 부모님을 모시고 오사카 여행을 할 때 꼭 추천하고 싶은 장소이다.

주소 大阪府大阪市阿倍野区阿倍野筋1丁目1-43 **위치** 아베노 하루카스 긴테쓰 백화점 본점 14층 **전화** 06-6625-2378 **시간** 11:00~23:00 **메뉴** 복어 가이세키 쓰키나미(月波) 1인 7,150엔, 복어 가이세키 후케쓰(風月) 10,450엔 **홈페이지** www.shunpanro.com

신선한 재료가 듬뿍 들어간 우동 스키 맛집
미미우 美々卯

200년의 역사를 가지고 있는 미미우는 소바와 우동 전문점으로 각종 신선한 재료와 깊은 맛의 육수 그리고 쫄깃쫄깃한 식감 좋은 우동을 조리하여 먹는 우동 스키가 유명한 맛집이다. 우선 이곳은 재료에 자부심을 가지고 있는데 소바는 홋카이도 메밀을 사용하여 직접 만든 소바와 직접 면을 쳐서 만든 수타 우동 그리고 2시간 이상 끓여서 만든 맑은 육수가 자랑거리이다. 명물 우동 스키는 테이블에서 직접 끓여서 만들어 먹기 때문에 2명 이상 방문하면 꼭 추천하는 메뉴이다. 혼자 이곳을 찾는다면 조리되어 나오는 단품이나 세트 메뉴를 주문하도록 하자.

주소 大阪府大阪市阿倍野区阿倍野筋1丁目1-43 **위치** 아베노 하루카스 긴테쓰 백화점 본점 13층 **전화** 06-6625-2370 **시간** 11:00~22:00 **메뉴** 명물 우동 스키(名物うどんすき) 4,300엔, 게모치 유자면(げ餅ゆず麺) 1,530엔, 모미지 소바 정식(もみじ) 1,800엔 **홈페이지** www.mimiu.co.jp

오사카성
大阪城

1583년 도요토미 히데요시(豊臣秀吉)가 건립한 오사카성은 16세기 당시에는 요도가와강에 이를 정도로 상당히 큰 규모였지만 대부분이 소실되어 1950년대에 재건된 일부 성채만 남아 있다. 지금은 천수각(天守閣)과 일부의 성채를 중심으로 오사카성 공원을 조성하여 많은 사람이 쉬어 갈 수 있는 도심 속 휴식 공간이 되었다. 특히 여름에는 많은 행사가 열려 내외국인 관광객들에게 즐거운 볼거리와 먹거리를 선사한다. 매주 주말에는 도쿄 하라주쿠(原宿)의 메이지 진구바시(神宮橋)처럼 코스프레 의상을 입은 사람들이 공연을 하니 주말에 방문하면 새로운 볼거리도 구경할 수 있다. 또한 오사카의 역사를 더 자세하게 볼 수 있는 역사 박물관이 가까이 있고 방송국, 전시관 및 콘서트 홀 등도 자리하고 있어 유동 인구가 꽤 많은 곳이다. 우리에게는 임진왜란이라는 아픈 역사와 관련이 있는 장소이지만 오사카 여행에서는 빼놓을 수 없는 역사적인 장소이기도 하다.

• 오사카성 교통편 •

오사카성은 공원까지 워낙 넓은 지역에 위치하고 있어서 이동할 수 있는 지하철이 여러 개가 있는데 지하철 모리노미야역(森ノ宮駅)이나 JR 오사카조코엔역(大阪城公園駅)을 이용하는 것이 편하다. 오사카 역사박물관을 함께 관람한다고 하면 지하철 다니마치욘초메역(谷町四丁目駅)을 이용하도록 하자.

■ 우메다역에서 이동하기
JR 오사카역 2번 플랫폼에서 JR순환선(大阪環状線普通)을 탑승하여 4 정거장을 이동하여 JR 오사카조코엔역(大阪城公園駅)에 하차.
시간 약 10분 소요 요금 170엔

■ 난바역에서 이동하기
지하철 난바역(難波駅) 2번 플랫폼에서 미도스지선(御堂筋線)을 탑승하여 2 정거장 이동한 다음, 혼마치역(本町駅) 주오선(中央線) 1번 플랫폼에서 환승하여 3 정거장 이동하여 모리노미야역(森ノ宮駅)에서 하차.
시간 약 17분 소요 요금 240엔

 Travel Course 오사카성과 오사카성 공원이 넓어서 걷는 시간이 꽤 걸린다. 모리노미야역에 하차하여 오사카성 공원과 오사카성을 둘러본 후 다니마치욘초메역 방향으로 걸어 나가거나 그 반대로 움직이는 동선을 추천한다.

모리노미야역 도보 1분 ▶ 오사카성 공원(입구) 도보 20분 ▶ 오사카성 천수각 도보 20분 ▶ 다니마치욘초메역

오사카성

오사카성 공원

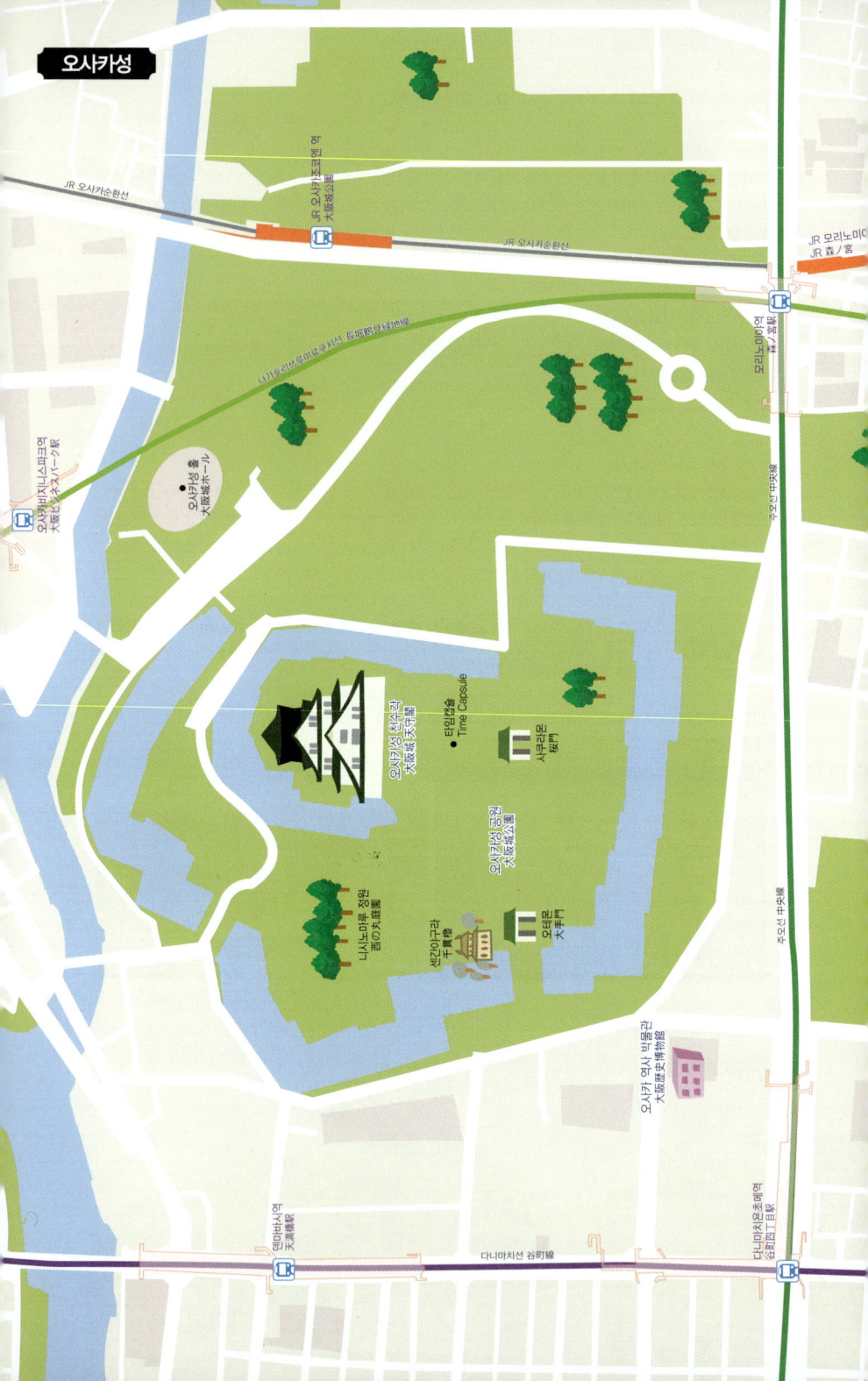

오사카성의 중심이자 화려한 전각
오사카성 천수각 大阪城 天守閣 [오사카조우 텐슈카쿠]

오사카성의 중심에 위치한 천수각은 35m 높이의 8층 구조로 되어 있으며 지금은 박물관으로 활용되어 오사카성을 방문하는 관광객들에게 오사카성의 역사와 도요토미 히데요시의 일대기를 전시하고 있다. 1층에서 티켓을 구매하여 입장하면 5층까지는 엘리베이터를 탑승하여 올라갈 수 있고 8층 전망대까지는 걸어 올라가야 한다. 8층 전망대에 올라가면 오사카성 공원을 비롯한 오사카 시내를 한눈에 볼 수 있으며 걸어 내려오면서 관련 전시물들을 관람하자.

주소 大阪府大阪市中央区大阪城1-1 **위치** ❶ 지하철 다니마치욘초메역 2번 출구에서 도보 20분 ❷ 지하철 모리노미야역 3-B번 출구에서 도보 20분 ❸ JR 오사카조코엔역 2번 출구에서 도보 20분 **전화** 06-6941-3044 **시간** 09:00~17:00 **요금** 600엔(중학생 이하 무료, 주유 패스 소지자 무료) **홈페이지** www.osakacastle.net

도심 속 휴식 공간이자 오사카의 산소 탱크
오사카성 공원 大阪城公園 [오사카조우코-엔]

전쟁으로 폐허가 된 오사카성을 재건하면서 함께 도시 공원으로 조성된 오사카성 공원은 도심 속 대형 휴식 공간이자 오사카 시민들의 놀이 공간이다. 공원 내를 걷고 뛸 수 있는 길을 조성하고 실외 스포츠 시설도 갖추고 있으며 야외 콘서트를 진행할 수 있는 공간을 마련하여 오사카성 공원을 쉬는 장소뿐만 아니라 즐길 수 있는 공간으로 만들었다. 아름다운 벚꽃이 피는 봄이 오면 오사카에서 가장 멋진 벚꽃을 볼 수 있는 장소로 여행 기간이 맞는다면 꼭 방문해야 할 곳이다.

주소 大阪府大阪市中央区大阪城1-1 **위치** ❶ 지하철 다니마치온초메역 2번 출구에서 도보 2분 ❷ 지하철 모리노미야역 3-B번 출구에서 도보 1분 ❸ JR 오사카조코엔역 2번 출구에서 도보 1분 **전화** 06-6941-1523 **홈페이지** www.osakacastlepark.jp

오사카의 역사를 한눈에 볼 수 있는 박물관
오사카 역사 박물관 大阪歴史博物館 [오사카 레키시 하쿠부츠칸]

고대부터 현재까지 오사카의 역사를 볼 수 있는 이곳은 상설 전시장과 특별 전시장으로 나뉘는데 특별 전시장은 전시가 있을 때만 관람할 수 있고 별도의 요금을 내야 한다. 보통 관광객들이 방문하는 상설 전시관은 10층으로 엘리베이터를 타고 올라간 다음 내려오면서 7층까지 관람을 할 수 있다. 과거 오사카를 1:1 크기로 부분부분 재현해 놓은 공간이 준비되어 있고 야외에도 전시물들이 있어 외국 관광객들도 생각보다 볼거리가 많은 곳이다.

주소 大阪府大阪市中央区大阪城1-1 **위치** 지하철 다니마치온초메역 9번 출구에서 도보 1분 **전화** 06-6946-5728 **시간** 09:30~17:00, 화요일 휴무 **요금** 성인 600엔, 고등학생·대학생 400엔, 중학생 이하 무료, 주유 패스 소지자 무료 **홈페이지** www.osakamushis.jp

오사카성의 역사 들여다보기

우리나라의 역사와 가장 밀접한 일본인을 꼽으라면 열에 아홉은 도요토미 히데요시(豊臣秀吉)를 떠올릴 것이다. 도요토미 히데요시는 하급 무사의 집안에서 태어났다. 한 시대를 풍미한 무사 오다 노부나가(織田信長)의 하인이었다. 추운 겨울에 오다 주군의 신발을 가슴에 품고 있는 충성스러움이 오다 노부나가의 눈에 들었고, 관직에 오를 수 있었다.

승승장구하던 도요토미 히데요시는 1582년 오다 노부나가가 죽은 후, 정권을 잡고 이듬해인 1583년 11월 오사카로 본거지를 이전하는데 이때부터 오사카의 찬란한 역사가 시작되면서 오사카성 축성이 이루어졌다. 1년 반에 걸친 대규모 공사로 완성된 오사카성은 성벽 앞에 강물이 흘러 난공불락의 요새로 만들어졌으며, 규모 또한 지금의 요도가와강까지 이를 정도로 큰 성이었다.(현재 요도가와강을 건널 때 오사카성의 일부 잔재를 볼 수 있다.) 도요토미 히데요시는 1592년 4월 12일 조선을 침략하려 했지만 이순신 장군과 조선 의병들의 저항에 밀려나 1598년 병사하였다. 도요토미 히데요시는 죽기 전, 도쿠가와 이에야스(德川家康)에게 아들인 도요토미 히데요리(豊臣秀頼)를 맡겨 그 세력을 유지하려 했다.

도쿠가와 이에야스는 도요토미 가문의 정권을 이어 간다는 명목 하에 많은 권력을 쌓았다. 1600년 패권을 잡은 그는 대부분의 지방 세력을 편입시키고 도요토미 가문과 추종 세력을 완전히 꺾고자 1614년 오사카성을 공격하기 시작했다. 하지만 난공불락의 오사카성에서 수성전을 준비한 도요토미 히데요리에게 패하고 말았다. 하지만 절치부심하던 중 강화 조약을 내세워 도요토미 히데요리의 관심을 돌리고, 그 틈을 타 성벽 앞의 강을 메운 후 성을 공략해 드디어 1615년 오사카성을 점령하고 도요토미 가문의 항복을 받았다.

전쟁으로 폐허가 된 오사카성은 1620년 도쿠가와 이에야스의 셋째 아들인 도쿠가와 히데타다(德川秀忠)가 재건을 시작하여 1629년 완성되었다. 하지만 도요토미 가문이 축성한 옛 오사카성의 잔재를 없애고자 규모가 4분의 1로 축소해서 처음의 거대한 규모는 찾아볼 수 없게 되었다.

1615년 전쟁과 함께 유실된 천수각(天守閣)은 1626년에 도쿠가와 가문의 정권 교체 상징으로 도요토미의 천수각보다 더 큰 규모로 구축하였으나, 1665년 낙뢰로 인해 불타 또 한 번 유실되고 말았다. 이후 세 번째 천수각은 1931년 오사카 시민들이 도요토미의 것을 본떠 재건하였다. 하지만 제2차 세계대전에서 미국의 공격 목표가 되어 일부 소실되었다가 1958년 재건되어 지금의 모습을 갖추게 되었다.

1983년부터 재건이 시작돼 오사카성을 복원하였고, 오사카성 공원을 조성하였다. 많은 관광객이 찾는 주요 명소가 된 오사카성은 나고야성(名古屋城)과 구마모토성(熊本城)과 더불어 일본의 3대 성으로 일본인의 상징이자 자부심으로 자리 잡았다.

베이 에어리어
Bay Area

베이 에어리어는 오사카시 서쪽 오사카만 임해 지역의 덴포잔(天保山)이 있는 축항(築港) 지역과 오사카 페리 터미널이 있는 난코 지역을 말한다. 덴포잔은 오사카 도심 서쪽을 해안 운하 공사를 통해 개발해서 만든 관광 지구로 가이유칸과 덴포잔 마켓플레이스가 있는 덴포잔 하버 빌리지가 대표적이다. 난코 지역은 1990년대 들어 오사카 국제 페리 터미널, 아시아 태평양 트레이드센터(ATC), 오사카부 사키시마 청사(구 WTC 타워) 그리고 오사카 국제 박람회장을 비롯한 상업 시설이 많이 들어섰다. 덴포잔 지역은 가이유칸 등 즐길거리가 풍부하여 관광객들이 많이 찾는 장소이지만 난코 지역은 코로나19로 관광객이 급감하여 많은 상업시설이 폐업하였다. 하지만 우리나라 부산과 오사카를 운항하는 팬스타가 영업을 재개하였고 2025년 오사카 엑스포(EXPO)가 난코 지역과 가까운 북쪽 유메시마(夢洲)섬에서 개최되므로 난코 지역도 점점 활성화가 될 것이다.

• 베이 에어리어 교통편 •

베이 에어리어의 관광 지역인 덴포잔 하버 빌리지(天保山ハーバービレッジ)는 지하철 주오선(中央線)을 이용하여 갈 수 있으며 난코 지역까지는 코스모스퀘어역(コスモスクエア駅)에서 뉴 트램(ニュートラム)으로 한 번 더 환승하여 이동해야 한다.

■ 우메다역에서 덴포잔 하버 빌리지로 이동하기
지하철 우메다역 1번 플랫폼에서 미도스지선(御堂筋線)을 탑승하여 2 정거장 이동한 다음, 혼마치역(本町駅) 주오선(中央線) 2번 플랫폼에서 환승하여 5정거장 이동하여 오사카코역(大阪港駅)에 하차.
시간 약 20분 소요 요금 290엔

■ 난바역에서 아시아 태평양 트레이드 센터로 이동하기
지하철 난바역(難波駅) 2번 플랫폼에서 미도스지선(御堂筋線)을 탑승하여 2 정거장 이동한 다음, 혼마치역(本町駅) 주오선(中央線) 2번 플랫폼에서 환승하여 6 정거장 이동한다. 그리고 코스모스퀘어역(コスモスクエア駅) 3·4번 플랫폼에서 뉴 트램(ニュートラム)으로 다시 환승하여 1 정거장 이동한 후 트레이드센터마에역(トレードセンター前駅)에 하차.
시간 약 31분 소요 요금 290엔

Travel Course
베이 에어리어 지역의 주요 관광지는 덴포잔 하버 빌리지이므로 이곳을 중점적으로 여행하고 시간의 여유가 있다면 아시아 태평양 트레이드 센터까지 둘러보자.

오사카코역 ▶ 도보 5분 ▶ 가이유칸 ▶ 도보 1분 ▶ 덴포잔 마켓 플레이스 ▶ 도보 4분 ▶ 오사카코역 ▶ 지하철 & 뉴 트램 12분 ▶ 트레이드센터마에역 ▶ 도보 1분 ▶ 아시아 태평양 트레이드 센터

가이유칸

덴포잔 마켓플레이스

대관람차

일본에서 두번째로 규모가 큰 대형 수족관
가이유칸 海遊館 [카이우우칸]

가이유칸은 오키나와의 주라우미 수족관(沖縄美ら海水族館)에 이어 일본에서 두 번째로 큰 수족관으로 깊이 9m, 최대 길이 34m에 물 5,400톤 규모인 초대형 수조는 태평양을 그대로 옮겨 놓은 듯하다. 14개의 전시 수조로 구성되어 있는데 580종, 약 4만 마리의 해양 생물과 바닷가 조류, 파충류를 볼 수 있다. 가이유칸의 구조는 특이한데, 입구에서 에스컬레이터를 타고 꼭대기까지 올라가 초대형 수조를 중심으로 나선형으로 내려오면서 관람하게 조성되어 있다. 고래상어와 펭귄의 가장 인기가 많으며 어린아이를 동반한 가족 여행객에게 적극 추천한다. 참고로 행사가 있는 특정일에는 입장료가 더 비싸므로 홈페이지에서 확인하고 주말에는 관광객을 포함한 방문객이 많아 사전에 입장 예약을 하지 않으면 입장이 불가할 수 있으니 참고하자.

주소 大阪府大阪市港区海岸通1丁目1-10 **위치** 지하철 오사카코역 1번 출구에서 도보 5분 **전화** 06-6576-5501 **시간** 월~금 10:00~20:00, 토·일 09:30~20:00 **요금** 고등학생 이상 2,700엔, 초등학생·중학생 1,400엔, 3세 이상 700엔 **홈페이지** www.kaiyukan.com

> **·TIP·**
> ### 베이 에어리어의 최대 볼거리는?
> 베이베어리어 지역의 최대 볼거리는 덴포잔 하버 빌리지에 집중되어 있으며 가이유칸과 덴포잔 마켓 플레이스에서만 4~5시간은 기본으로 보낸다. 또한 아시아 태평양 트레이드 센터의 상점들이나 레스토랑들이 아직까지는 특별한 곳이 없다. 따라서 아시아 태평양 트레이드 센터에 꼭 가야 할 목적(전시회나 대회)이 없거나 여행 일정이 빠듯하다면 덴포잔 하버 빌리지만 방문하도록 하자.

덴포잔 종합 레저 타운
덴포잔 마켓 플레이스 天保山マーケットプレース [텐호잔 마ー켓토 푸레에스]

덴포잔 하버 빌리지의 종합 레저 타운인 덴포잔 마켓 플레이스는 다양한 쇼핑 매장, 레스토랑, 오락실뿐만 아니라 레고랜드, 대관람차 등 놀거리가 풍부한 종합 엔터테인먼트 쇼핑몰이다. 2층에는 1950년대 음식점 골목을 재현한 나니와쿠이신 보요코초(なにわ食いしんぼ町)가 있어서 맛은 물론 보는 즐거움도 느낄 수 있다. 3층에는 아이들과 함께 즐거운 시간을 보낼 수 있는 레고랜드가 있으며 오사카항과 오사카 시내를 한눈에 볼 수 있는 대관람차가 있다. 저녁에 대관람차를 탑승하면 오사카와 고베의 야경과 저 멀리 아카시대교의 멋진 야경까지 감상할 수 있다. 다양한 레스토랑이 있어서 맛있는 식사를 하기에 부족함이 없고 재미있는 상점들도 많으니 즐거운 시간을 가져 보자.

주소 大阪府大阪市港区海岸通1丁目1-10 **위치** 지하철 오사카코역 1번 출구에서 도보 4분 **전화** 06-6576-5501 **시간** 상점 11:00~20:00, 레스토랑 11:00~21:00(대관람차 10:00~22:00) **요금** ❶ 레고랜드-3세 이상 2,200엔(방문 전날 인터넷 예약) ❷ 대관람차-3세 이상 900엔 **홈페이지** www.kaiyukan.com/thv/marketplace/

아직까지는 많이 부족한 쇼핑센터
아시아 태평양 트레이드센터
アジア太平洋トレードセンター [아지아 타이헤에요오 토레에도 센타아]

'Asia & Pacific Trade Center'의 약자인 ATC몰로 불리는 아시아 태평양 트레이드 센터는 대형 전시장, 아웃렛 쇼핑몰, 사무실로 구성되어 있다. 관광객들이 이곳을 찾는 이유는 아웃렛 쇼핑몰을 방문하기 위해서인데 코로나19를 겪으면서 내외국인 관광객이 급감하여 상점 수가 크게 감소하였다. 아직까지는 전시나 대회가 열리는 날이 아니면 활성화가 되지 않아 방문객들이 뜸하지만 곧 2025년 오사카 엑스포(EXPO)가 이곳에서 가까운 곳에 열릴 예정이니 앞으로 변화할 ATC몰을 기대해 보자.

주소 大阪府大阪市住之江区南港北2丁目1-10 **위치** 뉴 트램 트레이드센터마에역에서 바로 연결, 도보 2분 **전화** 06-6615-5230 **시간** 11:00~20:00 **홈페이지** www.atc-co.com

베이 에어리어 추천 맛집

깊은 맛의 진한 커피가 일품인 커피 전문점
나인 보든 커피 9 Borden Coffee [나인 보오덴 코-히-]

직접 선택한 프리미엄 생두를 당일 로스팅하여 진하고 깊은 맛이 일품인 이곳은 현지 사람들만큼이나 관광객들이 많이 찾는 인기 커피 전문점이다. 신맛보다는 쓴맛이 강한 진한 커피를 선호하는 사람들이 좋아하는 드립 커피가 인기가 좋고 오전 시간에는 샌드위치와 함께 주문하는 사람들이 많다. 카페의 내부는 넓어서 개방감이 있으며 충전을 마음대로 할 수 있어서인지 외국 관광객들은 충전기를 꽂고 커피를 마시는 경우가 많다. 덴포잔 하버 빌리지를 방문하기 전에 커피 한잔이 생각난다면 바로 이곳을 추천한다.

주소 大阪府大阪市港区築港3丁目7-15 **위치** 지하철 오사카역 2번 출구에서 도보 1분 **전화** 090-6605-9192 **시간** 07:30~18:00 **메뉴** 드립 커피(ドリップコーヒー) 500엔, 카페라테(カフェラテ) 500엔, 오션브리즈(オーシャンブリーズ) 500엔 **홈페이지** 9bordencoffee.com

직접 다코야키를 만들어 먹을 수 있는 곳
다코야키 왕국 たこ焼き王国 [타코야키 오오코쿠]

다코야키 왕국에서 단품으로 다코야키를 구매할 수도 있지만 이 가게의 특징은 다코야키를 만들어 먹을 수 있다는 것이다. 어린 자녀와 함께하거나 친구들과 함께 이곳을 방문한다면 직접 다코야키를 만들어 먹어보자. 처음부터 예쁘게 만들지는 못하지만 여러 가지 토핑을 올려 나만의 다코야키를 만들 수 있어 재미있다. 가격이 생각보다 비싸고 만들어서 먹는 시간까지 70분(점심시간 기준)이 주어져서 다소 짧게 느껴지지만, 어린 자녀가 있다면 재미있는 체험을 한다고 생각하고 방문해 보자.

주소 大阪府大阪市港区築港3丁目9-8 **위치** 지하철 오사카역 2번 출구에서 도보 3분 **전화** 06-6567-9194 **시간** 12:00~22:00(직접 만들어 먹는 뷔페 시간은 12:00~16:00, 17:30~22:00) **메뉴** 점심 뷔페 70분(직접 다코야키 만들기) 1,700엔, 저녁 뷔페 90분(직접 다코야키 만들기) 2,500엔 **홈페이지** foodsmile.co.jp/takoyakioukoku/

린쿠타운
Rinkutown

오사카 여행을 마무리하고 간사이 국제공항으로 가기 전 많은 여행객들이 들르는 린쿠타운은 프리미엄 아웃렛을 비롯하여 다양한 대형 쇼핑 상점들이 있어 마지막 쇼핑을 즐기는 곳이라 할 수 있다. 린쿠타운은 318.4ha의 해양 매립지로 공항 신도시 역할을 하고 있으며 2000년대 유통·상업·스포츠·놀이 시설이 대거 들어오면서 지금의 대형 상업 지구를 형성하였다. 우리나라 관광객들 중 쇼핑을 좋아하는 사람들이라면 린쿠타운을 절대 빼놓을 수 없는데 린쿠 프리미엄 아웃렛, 니토리, 스포츠 데포, 야마다 전기 등 쇼핑을 즐길 요소가 정말 많다. 또한 역에서 가장 가까운 쇼핑몰 씨클은 미취학 아동들이 뛰어놀 수 있는 대형 실내 놀이터와 아이들 옷·잡화·용품 매장들이 많으며 식당들이 잘 갖춰져 있어 공항으로 가기 전 식사를 하기에 딱 좋은 장소이다. 주의할 점은 쇼핑을 즐기다 공항으로 가는 시간을 놓치는 경우가 종종 있는데 항공 출발 2시간 30분 전까지 린쿠타운역으로 돌아가도록 하자.

• 린쿠타운 교통편 •

간사이 국제공항과 가까운 린쿠타운으로 가는 방법은 JR선을 탑승하거나 난카이선을 탑승하는 것이다. 난바역(難波駅)에서 이동하는 사람들은 난카이선(南海線) 공항급행(空港急行)을 이용하는 것이 편하고 우메다에서 이동하는 사람은 JR 오사카역(大阪駅)에서 JR선을 이용하도록 하자.

■ JR 오사카역에서 이동하기

JR 오사카역(大阪駅) 1번 플랫폼에서 JR간공쾌속(関空快速)을 탑승하여 14 정거장을 이동하여 JR 린쿠타운역(りんくうタウン駅)에 하차.

시간 약 1시간 1분 소요 **요금** 1,020엔

■ 난바역에서 이동하기

난카이난바역(南海難波駅) 6번 플랫폼에서 공항급행(空港急行)을 탑승하여 10 정거장을 이동하여 린쿠타운역(りんくうタウン駅)에 하차. (※ 난바역 출발 플랫폼은 열차 시간에 따라 바뀌는 경우가 많으니 탑승 전 확인 바람.)

시간 약 38분 소요 **요금** 820엔

Travel Course 린쿠타운역을 출발하여 스포츠 데포와 니토리를 둘러보고 린쿠 프리미엄 아웃렛으로 이동하자. 시클은 가장 마지막 일정으로 잡으면 다시 린쿠타운역으로 이동하기가 편하고 가깝다.

린쿠타운역 도보 3분 ➡ 니토리 & 스포츠 데포 도보 2분 ➡ 린쿠 프리미엄 아웃렛 도보 2분 ➡ 시클 도보 2분 ➡ 린쿠타운역

린쿠 프리미엄 아웃렛

시클

린쿠타운 쇼핑 전에 짐 맡기기

린쿠타운 쇼핑을 시작하기 전에 가지고 있는 캐리어 같은 큰 짐을 맡겨야 하는데 코인로커가 없으면 대략 난감하다. 우선 린쿠타운 개찰구를 나가기 전에 코인로커가 있는데 이곳에 빈 곳이 없다면 당황하지 말고 우선 표를 내고 개찰구를 나가자. 개찰구를 나가면 바로 정면에 관광안내소 우마치(まち処)에서 500엔에 짐을 맡길 수 있다. 또한 개찰구를 나와서 좌측 방향(4번 출구 방향)으로 가면 JLS라는 상점이 있는데 이곳에서는 300엔에 맡길 수 있다.

오사카 최대 규모의 아울렛
린쿠 프리미엄 아울렛 りんくうプレミアムアウトレット [린쿠우 푸레미아무 아우토렛토]

2000년 11월에 개관한 린쿠 프리미엄 아울렛은 계속 확장 공사를 하여 2020년 8월 5차 확장 공사를 끝내고 오사카 최대 규모의 아울렛 매장이 되었다. 명품부터 대중적인 브랜드까지 250개 매장이 운영 중이고 20% 이상 할인된 가격으로 구매할 수 있어 일본 사람뿐만 아니라 관광객들도 즐겨 찾는 곳이다. 여행객들은 이곳이 공항에서 가까워 돌아가는 날 많이 찾게 되며 미리 인터넷을 통해 할인 정보를 체크하면 더욱 저렴한 가격에 원하는 제품을 구매할 수 있다. 연말이 되면 폭탄 세일 기간이 있어 사람들이 많이 몰리는데 이때에는 판매 제품이 한정되어 있어 오전 시간에 방문하는 것이 좋다.

주소 大阪府泉佐野市りんくう往来南3-28 **위치** JR·난카이선 린쿠타운역 4번 출구에서 도보 5분 **전화** 072-458-4600 **시간** 10:00~20:00(2월만 10:00~19:00) **홈페이지** www.premiumoutlets.co.jp/rinku/

가족 단위의 고객들이 선호하는 레저 타운
시클 SEACLE [시이쿠루]

'Rinku Pleasure Town SEACLE'이라는 이름처럼 즐거움이 가득한 시클은 80여 개의 상점과 볼링장·오락실 같은 놀이 시설을 갖춘 상업 시설 겸 레저 타운이다. 특정 주말이나 공휴일에는 특별한 행사가 많으며 특히 어린 자녀와 함께할 수 있는 행사들이 준비되어 있다. 세리아(Seria), 100엔숍, 슈퍼마켓, 기념품 상점들이 있고 식사를 할 수 있는 레스토랑이 있어 관광객들은 린쿠 프리미엄 아울렛을 둘러본 후에 식사를 하러 많이 찾는 곳이다. 아이들과 함께라면 시클 2층에 어린아이들이 실컷 뛰어놀 수 있는 클럽 유키즈(クラブ遊キッズ)와 테이블과 의자가 아이들에게 맞춰져 있어 편하게 먹을 수 있는 푸드코트가 있으니 참고하자. 또한 린쿠노유(りんくうの湯)라는 온천이 있어 피로를 풀며 릴렉스한 시간을 가질 수 있고 85m 높이에서 간사이 국제공항과 오사카 시내 그리고 고베 지역까지 볼 수 있는 관람차 린쿠노호시(りんくうの星)도 운영하고 있다.

주소 大阪府泉佐野市りんくう往来南3 **위치** JR·난카이선 린쿠타운역 2번출구에서 연결 **전화** 072-461-4196 **시간** 일반 매장 10:00~20:00, 레스토랑 11:00~22:00(음식점마다 영업 시간이 다를 수 있음) **요금** ❶ 린쿠노유-중학생 이상 680엔, 5세~초등학생 340엔, 3~4세 230엔(코스에 따라 추가 요금이 있음) ❷ 관람차-3세 이상 700엔 **홈페이지** www.seacle.jp

스포츠 장비 및 의류·잡화 전문점
스포츠 데포 スポーツデポ

실내외 스포츠에 관련된 장비, 기구, 의류, 잡화 등 다양한 품목을 판매하고 있는 스포츠 데포는 최근 캠핑용품까지 사업을 확장하여 전시하고 있다. 특히 신발의 경우 신제품이 아닌 경우는 할인율이 커서 득템을 할 수 있으며 캠핑용품도 일본에서 생산하는 제품은 직구보다 더 저렴하게 구매할 수 있어 관심 있는 사람들이라면 한번 들러 보자. 참고로 나이키 제품은 린쿠 프리미엄 아웃렛에 나이키 팩토리가 있는데 인기 모델이 아닌 경우는 이곳이 더 저렴한 경우가 있으니 비교하여 구매하면 좋다.

주소 大阪府泉佐野市りんくう往来南 3-27 **위치** JR·난카이선 린쿠타운역 4번 출구에서 도보 3분 **전화** 072-469-0401 **시간** 10:00~21:00 **홈페이지** store.alpen-group.jp

생활용품·인테리어·가구 전문점
니토리 ニトリ

이케아(IKEA)처럼 생활용품, 인테리어, 가구, 인테리어 소품 등 다양한 제품을 판매하는 니토리는 일본에서는 이케아보다 더 인기가 좋은 No.1 브랜드이다. 제품도 다양하고 품질도 우수하며 가격도 합리적이어서 일본 현지 사람들도 많이 찾는 곳인데 이곳 린쿠타운 매장은 이벤트 할인 제품이 많다. 관광객이 부피가 큰 인테리어용품이나 가구를 구매하기는 힘들지만 생활용품이나 인테리어 소품은 많이들 구매한다. 가성비가 좋은 제품들이 많이 있으니 오사카 시내에서 들르지 못했다면 이곳을 방문해 보자.

주소 大阪府泉佐野市りんくう往来南 3-27 **위치** JR·난카이선 린쿠타운역 4번 출구에서 도보 3분 **전화** 0120-014-210 **시간** 10:00~20:00 **홈페이지** www.nitori-net.jp

유니버설 스튜디오 재팬
Universal Studios Japan(USJ)

유니버설 스튜디오 재팬은 할리우드 영화와 애니메이션을 테마로 한 글로벌 테마파크로, 2001년 3월에 개장하여 지금까지 많은 사랑을 받고 있는 오사카 최고 인기 테마파크이다. 오픈 후 10년간은 할리우드 영화 중심으로 테마가 구성되었지만 2014년 환상과 미지의 세계를 체험할 수 있는 해리포터 에어리어와 2021년 슈퍼 닌텐도 월드가 오픈하면서 코로나19 이후 관광객이 많이 증가하였다. 총 10개 구역에 총 53개의 어트랙션과 즐길 거리가 있고 매일 다양한 주제의 이벤트가 준비되어 있어 하루가 모자랄 정도이다. 예전에 가장 인기가 좋았던 스파이더맨 어트랙션은 아쉽게도 2024년 1월 22일부로 운영을 중단하였다. 어린 자녀들이 즐겁게 뛰어놀 수 있는 원더랜드 구역도 있어 가족 단위로 방문해도 재미있는 시간을 가질 수 있다. 참고로 가장 인기가 좋은 슈퍼 닌텐도 월드는 별도의 예약증이 없으면 입장이 불가할 정도로 인기가 좋으니 방문 계획이 있다면 한국 출발 전 사전에 티켓을 구매하도록 하자.

• 유니버설 스튜디오 재팬 교통편 •

우메다(梅田) 지역에서 출발하는 경우는 JR선을 탑승하여 이동하는 것이 가장 빠른 방법이고 난바(難波) 지역에서 가는 경우는 환승을 해야 하지만 한신난바선(阪神なんば線)과 JR선을 이용하면 빠르게 이동할 수 있다.

■ JR 오사카역에서 이동하기
JR 오사카역(大阪駅) 1번 플랫폼에서 니시쿠조(西九条)·덴노지(天王寺) 방면 야마토지쾌속(大和路快速)을 탑승하고 2 정거장을 이동하여 니시쿠조역에서 JR사쿠라지마선(桜島線)으로 환승한 다음, 2 정거장을 이동하여 유니버설시티역(ユニバーサルシティ駅)에 하차.

시간 약 11분 소요 요금 190엔

■ 난바역에서 이동하기
오사카난바역(大阪難波駅)에서 아마가사키(尼崎) 방면 한신난바선(阪神なんば線)을 탑승하여 4 정거장을 이동하고 니시쿠조역에서 JR사쿠라지마선(桜島線)으로 환승한 다음, 2 정거장을 이동하여 유니버설시티역(ユニバーサルシティ駅)에 하차.

시간 약 33분 소요 요금 390엔

유니버설 스튜디오 재팬 입장권 예매하기

유니버설 스튜디오의 입장권은 일본에 가기 전에 홈페이지 또는 우리나라의 여행사를 통해서 예매할 수 있다. 또한 익스프레스 티켓, 슈퍼 닌텐도 월드 입장권은 별도로 구매해야 하며 이것도 홈페이지나 우리나라 여행사를 통해 구매할 수 있다.(입장권+닌텐도 월드 확약권은 국내 여행사를 통해 구매하는 것을 추천) 주의할 점은, 날짜 지정 티켓이나 일부 패키지 티켓의 경우 취소나 환불이 불가할 수 있어 예약하기 전에 잘 체크를 해야 한다는 것이다. 입장권 이외에 행사 관련 티켓이나 투어 예약은 홈페이지를 통해서만 가능하니 참고하자.

■ 예매하기

- 유니버설 스튜디오 재팬 방문 계획 세우기 → 어떠한 티켓을 사전에 예약할지 확정하기 → 홈페이지 접속 후 운영 캘린더 확인(운영 시간) → 온라인으로 입장권 및 필요한 티켓 구매하기 → 레스토랑 사전 방문 온라인으로 지정하기(일본만 가능) → 모바일 앱 다운받기 → 유니버설 스튜디오 재팬 방문
- 홈페이지: www.usj.co.jp/web/ja/jp
- 운영 시간 필수 체크!
  ※ 날짜에 따라 운영 시간이 많이 다르므로 홈페이지에서 꼭 사전에 체크하자.
  ※ 지진이나 태풍 등 자연재해로 인해 급작스럽게 운영을 중단할 수 있다.
- 우리나라 티켓 판매 여행사 리스트
  하나투어: www.hanatour.com
  와그: www.waug.com/ko
  마이리얼트립: www.myrealtrip.com
  클룩: www.klook.com/ko/
  케이케이데이: www.kkday.com/ko
  투어비스: www.tourvis.com
  큐재팬: smartstore.naver.com/qjapan
  ※ 전매한 티켓은 사용이 불가하니 주의할 것!

■ 요금표

입장권 종류	성인(12세 이상)	어린이(4~11세)	시니어(65세 이상)
스튜디오 패스 1일권	8,600엔~	5,600엔~	7,700엔~
스튜디오 패스 1.5일권	13,100엔~	8,600엔~	13,100엔~
스튜디오 패스 2일권	16,300엔~	10,600엔~	16,300엔~
트와일라이트 패스 (15:00 이후 입장 가능)	6,000엔~	3,900엔~	6,000엔~

※ 입장 날짜에 따라 요금이 다르므로 사전에 홈페이지 확인 필수.
※ 어린이와 시니어 입장객은 여권 소지 필수(나이 확인).
※ 1.5일권은 첫날은 15:00 이후 입장 가능.
※ 그 밖의 입장권은 홈페이지를 통해 확인

■ 익스프레스 티켓

성인, 어린이, 시니어 구분 없이 6,000엔부터 티켓 종류에 따라 금액이 다르므로 꼭 홈페이지를 확인하고 구매하자. 또한 슈퍼 닌텐도 월드 입장권을 구매하려면 익스프레스 티켓 조건에 슈퍼 닌텐도 월드 입장 확약권이 포함되어 있는지 꼭 체크해야 한다.

슈퍼 닌텐도 월드™
SUPER NINTENDO WORLD™

2024년 봄 동키콩 컨트리(Donkey Kong Country) 어트랙션이 추가되면서 더욱 재미가 더해진 슈퍼 닌텐도 월드는 마리오의 세계에 들어가 야생을 체험하고 스릴 넘치는 어트랙션을 즐길 수 있는 유니버설 스튜디오의 최고 인기 지역이다. 어트랙션으로는 마리오 그리고 피치 공주와 함께 마리오 카트를 타고 스릴 넘치는 경주를 즐길 수 있는 '마리오 카트: 쿠파의 도전장(Mario Kart: Koopa's Challenge™)'과 요시의 등에 타고 보물찾기를 떠나는 '요시 어드벤처(Yoshi's Adventure™)' 그리고 골든 버섯을 되찾기 위한 쿠파 주니어와의 대혈투 '파워업 밴드 키 챌린지(Power-Up Band™ Key Challenges)'가 있다.

위저딩 월드 오브 해리포터™
THE WIZARDING WORLD OF HARRY POTTER™

압도적인 규모와 섬세한 디테일한 장식까지 〈해리포터〉 이야기 속 세계를 찾아가는 해리포터 지역은 우뚝 솟은 호그와트와 마법사들이 사는 호그스미드 마을까지 재현해 놓았다. 어트랙션으로는 3D 안경을 쓰고 해리포터의 이야기 속으로 빠져드는 '해리포터 앤드 더 포비든 저니(Harry Potter and the Forbidden Journey™)'와 히포그리프와 하늘을 질주하는 롤러코스터 '플라이트 오브 더 히포그리프(Flight of the Hippogriff™)'가 있다.

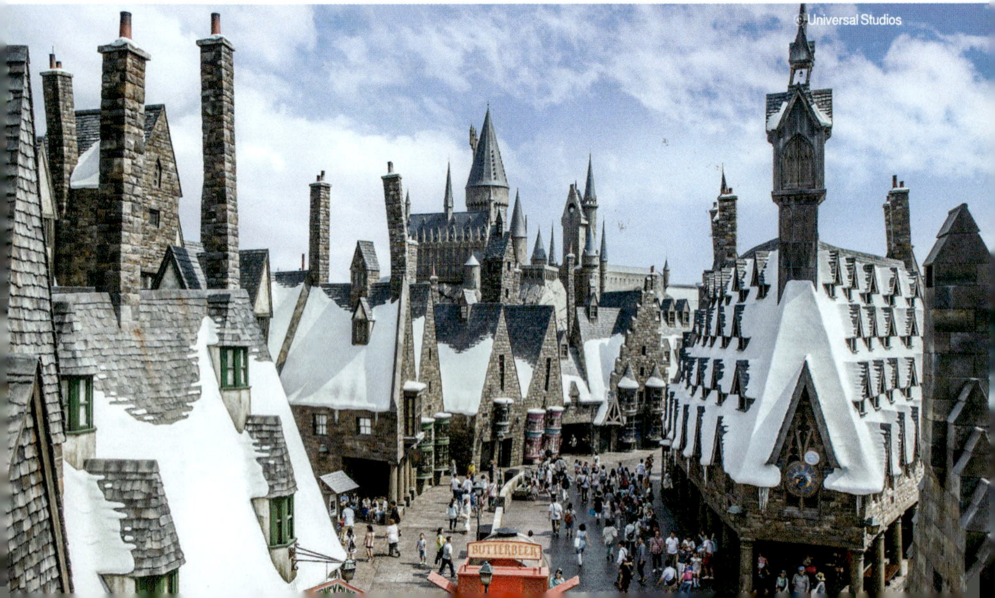

미니언 파크
Minion Park

귀여운 미니언즈와 신나게 즐길 수 있는 미니언 파크는 에어리어 안 여기저기에서 미니언즈를 만나 뒤죽박죽 유쾌한 대소동을 경험할 수 있다. 거대한 돔 스크린 위에 펼쳐지는 영상과 함께 라이드 어트랙션을 즐길 수 있는 '미니언 메이햄(Despicable Me: Minion Mayhem)'와 꽁꽁 언 얼음 위를 미끄러지며 뒤죽박죽 신나게 달리는 '프리즈 레이 슬라이더(Freeze Ray Sliders)'가 있다.

유니버설 원더랜드
Universal Wonderland

엘모, 스누피, 헬로키티가 살고 있는 원더랜드는 미취학 아이들이 가장 좋아하는 지역으로 무려 30개 이상의 엔터테인먼트가 집결해 있다. 그중 가장 인기가 좋은 곳은 헬로키티와 기념사진을 찍을 수 있는 '헬로키티 리본 컬렉션(Hello Kitty's Ribbon Collection)'과 스누피 그리고 친구들과 함께 영화 스튜디오에서 놀 수 있는 '스누피 사운드 스테이지 어드벤처(Snoopy's Sound Stage Adventure™)'가 있다. 또한 엘모와 함께하는 어트랙션과 놀이터가 있는 아이들의 천국 '새서미스트리트 펀 월드(Sesame Street Fun World)'는 원더랜드에서 가장 인기 있는 놀이 지역이다.

할리우드
Hollywood

미국의 1930~40년대 스타들이 다녔던 할리우드 거리를 재현한 할리우드 지역은 유니버설 스튜디오에 입장하자마자 가장 먼저 만나는 지역으로 상점들이 가득하고 활기찬 지역이다. 이곳은 활기찬 어트랙션이 많은데 우주선을 타고 우주의 아름다운 별들 사이를 종횡무진 질주하는 '스페이스 판타지 더 라이드(Space Fantasy - The Ride)'와 하늘을 나는 상쾌함과 스릴을 느낄 수 있는 롤러코스터 '할리우드 드림 더 라이드(Hollywood Dream - The Ride)' 그리고 43m 높이에서 상상할 수 없는 각도로 떨어지는 최고 인기 역방향 롤러코스터 '할리우드 드림 더 라이드 백드롭(Hollywood Dream - The Ride: Backdrop)'이 있다.

뉴욕
New York

수많은 명작 영화의 무대가 된 1930년대 뉴욕의 거리를 재현한 뉴욕 지역은 어트랙션은 별다른게 없지만 멋진 사진을 찍을 수 있는 포토 존과 미니언즈와 스누피와 사진을 찍을 수 있는 '42번가 스트리트 스튜디오(42nd Street Studio: Greeting Gallery)'가 있다. 뉴욕 거리를 다니면서 영화에 등장한 장소를 구석구석 산책해 보는 것도 재미있을 듯하다.

샌프란시스코
San Francisco

유니버설 스튜디오에서 가장 상쾌한 지역인 샌프란시스코는 미국 제일의 항구 마을인 피셔맨스워프(Fisherman's Wharf)와 차이나타운을 재현해 놓았다. 라군을 제외하고는 큰 특별함은 없지만 활기와 개방감 넘치는 항구 도시 샌프란시스코를 만끽하면서 기념사진을 찍자.

쥬라기 공원
Jurassic Park

영화 <쥬라기 공원>의 장면들을 그대로 재현한 쥬라기 공원 지역은 현대에 되살아난 공룡이 서식하는 정글로 스릴 만점의 모험을 즐길 수 있다. 열대의 수목이 우거진 쥬라기 공원을 탐험하면서 공룡과 조우하고 경이로움을 목격할 수 있는 리버 투어인 '쥬라기 공원 더 라이드(Jurassic Park – The Ride)'와 360°로 이리저리 맹렬한 속도로 날아다니는 플라잉코스터 '더 플라잉 다이너소어(The Flying Dinosaur)'는 쥬라기 공원의 인기 어트랙션이다.

애머티 빌리지
Amity Village

이곳은 아주 유명한 재난 영화인 <죠스>의 무대가 된 어촌 애머티를 재현해 놓은 곳으로 식인 상어 죠스를 만나는 어트랙션을 경험할 수 있다. 거대한 식인 상어가 덮쳐 오는 공포의 보트 투어인 '죠스(JAWS)' 어트랙션이 있는데, 일본어로 설명을 하기 때문에 일본어를 모르면 느낌이 확 오지는 않지만 갑자기 나타나는 죠스에 깜짝 놀라는 재미를 만끽할 수 있다.

워터월드
WaterWorld

이곳은 해상에 떠 있는 황폐한 미래 도시 '워터월드'를 그대로 재현한 지역으로 3,000석의 거대 공연장에서는 어트랙션이 가득한 수상 스턴트 쇼를 즐길 수 있다. 어트랙션 '워터월드(WaterWorld)'는 영화 속의 스턴트 액션을 그대로 재현하여 절대적인 인기를 얻고 있다. 새로운 음향 시스템으로 폭발이나 총격 소리는 더 박진감이 넘친다. 긴박감이 넘치는 수상 배틀의 한복판에서 스릴을 즐겨 보자.

점심 식사는 어디서?
·TIP·

과거에는 손등에 도장을 찍으면 유니버설 스튜디오 재입장이 가능하였지만 이제는 연간 패스를 소지하지 않으면 재입장이 불가하여 외부 식당을 이용할 수 없다. 따라서 파크 내에서 식사를 모두 해결해야 하는데 주말이나 저녁 시간처럼 사람이 많을 때에는 대기 시간이 상당히 길다. 따라서 입장 전에 레스토랑에 대한 정보를 확인하고 인터넷으로 사전 대기가 가능하다면 신청을 하고, 대부분의 레스토랑은 현지 대기 신청을 해야 하므로 최대한 일찍 해당 레스토랑에 가서 입장 대기 신청을 하도록 하자.

교토
KYOTO

일본의 천년 수도

우리나라에 천년 고도 경주가 있다면 일본에는 교토가 있다. 교토는 794년 간무천황(桓武天皇)이 도읍지로 정한 이래, 1868년 무사 정권이 가마쿠라(鎌倉)로 수도를 옮긴 200년을 제외하고는 일본 정치·문화의 중심지였다. 그래서 도시 전체가 유물로 가득 차 있는 박물관이라 할 정도로 유구한 세월의 흐름을 엿볼 수 있는 문화재가 많다. 중심부가 낮고, 북쪽으로 높고 낮은 산에 둘러싸여 있으며, 동쪽으로는 가모가와강(鴨川)이, 서쪽으로는 가쓰라가와강(桂川)이 흐르는 배산임수 지형이다. 간무천황이 중국 당나라의 수도 장안을 모방해 건설한 도시로, 도시 전체가 바둑판 모양으로 되어 있어 길 찾기가 편리하다. 과거에는 역사 탐방만을 위해 교토를 방문하였으나 최근에는 일본 전통 공예, 음식 등 다양한 일본 문화를 직접 체험하기 위해서도 많이 찾는다. 유네스코 세계 문화유산으로 지정된 곳이 17곳이나 되며, 숙박·쇼핑 시설도 계속해서 개발 중이다. 교

토 자연의 아름다움을 만끽할 수 있는 아라시야마 (嵐山)는 교토 여행의 새로운 핫 스폿으로 우리나라 관광객들의 방문이 많이 늘었다. 시조도리 가와라마치역(河原町駅) 주변에는 오사카 못지않은 대형 백화점과 명품 매장들이 들어섰고, 교토역 (京都駅) 중심으로 백화점과 놀이 시설이 발전하면서 교토 여행이 더욱 즐거워졌다.

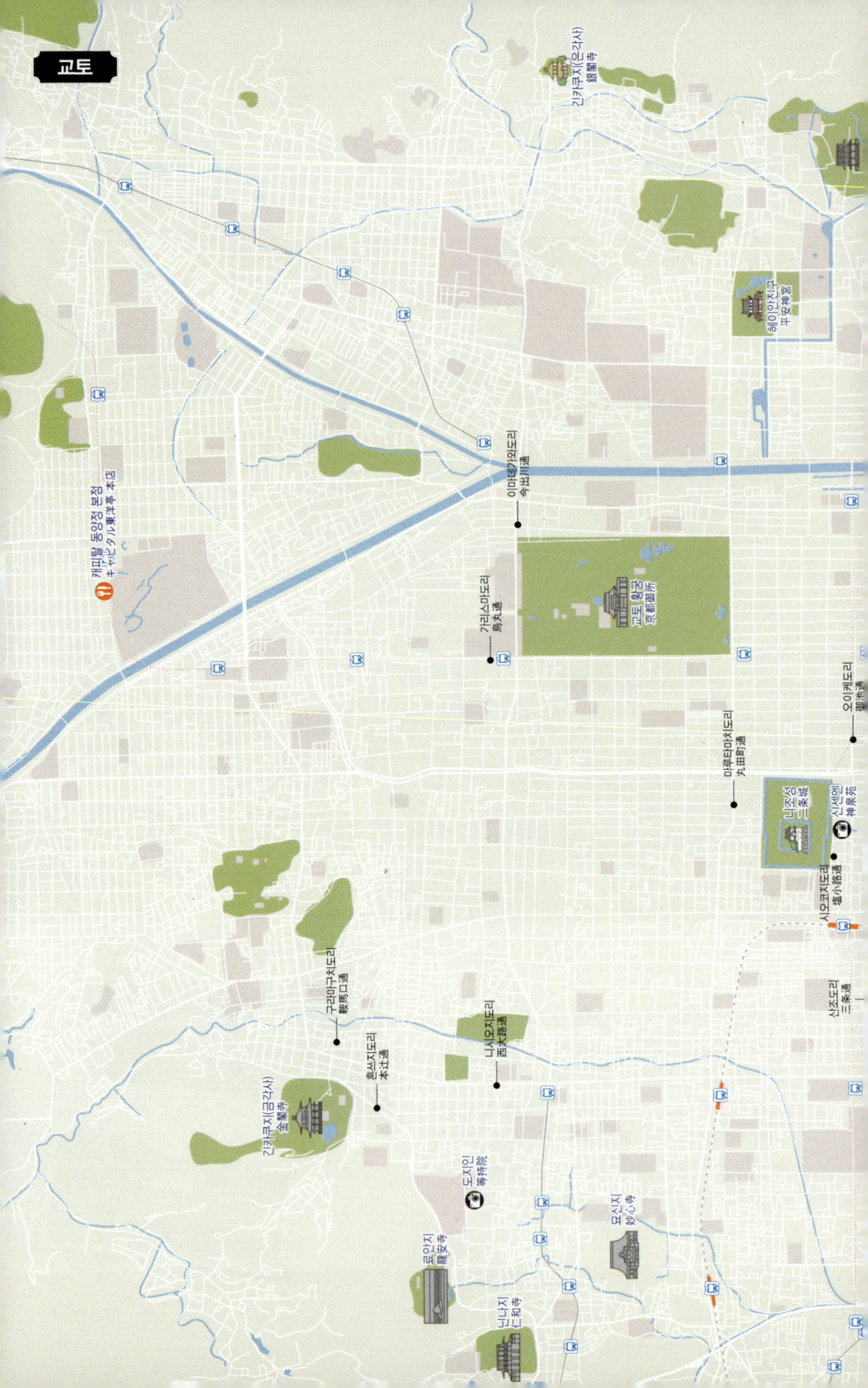

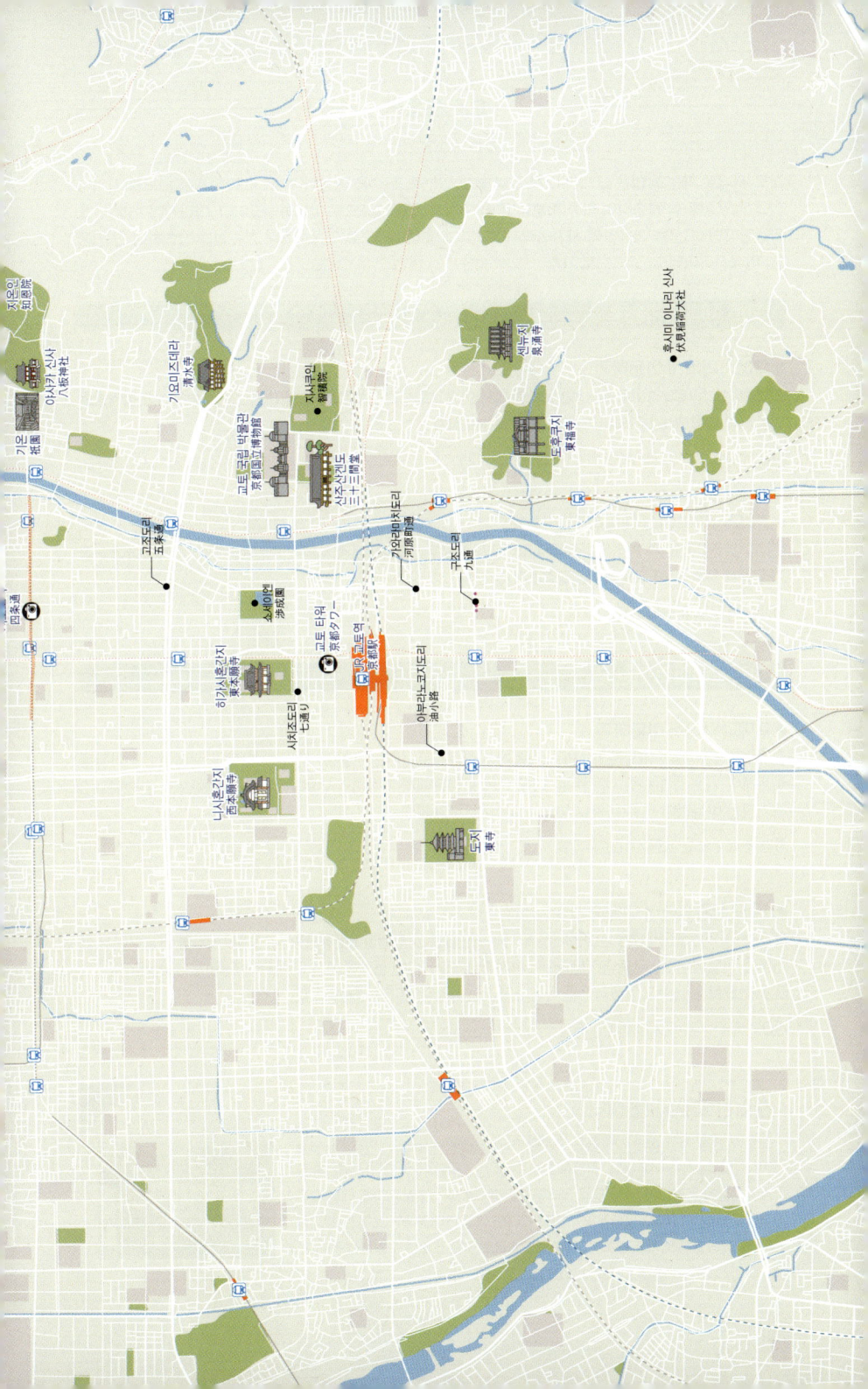

• 교토 교통편 •

교토 시내로 가는 방법은 크게 두가지로 나눌 수 있는데 JR선을 이용하여 JR 교토역(京都駅)으로 가거나 한큐선(阪急線)을 탑승하여 한큐(阪急) 가와라마치역(河原町駅)으로 이동하는것이다. 아라시야마(嵐山)를 관광한다면 JR선을 이용하여 사가아라시야마역(嵯峨嵐山駅)으로 이동하거나 한큐선을 탑승하여 한큐(阪急) 아라시야마역(嵐山駅)으로 가자.

교토 시내로 가는 길

■ 우메다역에서 이동하기
한큐(阪急) 우메다역(梅田駅) 1번 플랫폼에서 한큐교토선(阪急京都線) 특급(特急)을 탑승하여 8 정거장을 이동하여 한큐(阪急) 가와라마치역(河原町駅)에 하차.

시간 약 43분 소요 **요금** 410엔

■ JR 오사카역에서 이동하기
JR 오사카역(大阪駅) 8번 플랫폼에서 도카이도산요본선(東海道山陽本線) 신쾌속(新快速)을 탑승하여 3 정거장을 이동하여 JR 교토역(京都駅)에 하차.

시간 약 29분 소요 **요금** 580엔

아라시야마로 가는 길

■ 우메다역에서 이동하기
한큐(阪急) 우메다역(梅田駅) 1번 플랫폼에서 한큐교토선(阪急京都線) 특급(特急)을 탑승하여 6 정거장을 이동하여 가쓰라역(桂駅)에 하차한 다음, 1번 플랫폼에서 한큐아라시야마선(阪急嵐山線)으로 환승하고 3 정거장을 이동하여 한큐(阪急) 아라시야마역(嵐山駅)에 하차.

시간 약 46분 소요 **요금** 410엔

■ JR 오사카역에서 이동하기
JR 오사카역(大阪駅) 8번 플랫폼에서 도카이도산요본선(東海道山陽本線) 신쾌속(新快速)을 탑승하여 3 정거장을 이동하여 JR 교토역(京都駅)에 하차한 후 32·33번 플랫폼에서 가메오카(亀岡)행 JR 산인본선(山陰本線)으로 환승하고 7 정거장을 이동하여 사가아라시야마역(嵯峨嵐山駅)에 하차

시간 약55분 소요 **요금** 820엔

친절한 교토 여행 센터 · TIP

교토 여행을 처음 하는 사람들은 대부분 여러 난관에 부딪힌다. 이럴 때, 여행 안내 센터를 적극 이용하자. 친절한 교토 여행 전문가들이 기다리고 있다. JR 교토역 2층에 올라가면 여행 안내 센터가 있는데, 여기서 교토 관광에 대한 모든 안내를 받을 수 있다. 만약 계획을 미리 짰다면 여행 안내원에게 보여 주거나 물어 보자. 친절하게 버스 번호까지 안내해 줘 교토 여행이 훨씬 수월해질 것이다.

Travel Course

교토 시내도 하루에 보기 어려울 정도로 많은 시간이 소요되는데 아라시야마까지 관광을 하려면 최소 2일의 시간이 필요하다. 또한 시영버스를 탈 때 기다리는 시간이 길고, 사람이 많으면 한 번에 탑승하지 못하는 경우도 많아 예상보다 시간이 많이 걸린다. 따라서 여행 일정에 따라 교토 관광의 시간을 잘 배분해야만 최대한 많은 곳을 갈 수 있다.

■ Course 1. 교토 시내 관광

한큐 가와라마치역 시영버스+도보 25분 ▶ 기요미즈데라 시영버스+도보 30분 ▶ 니조성 시영버스+도보 25분 ▶ 긴카쿠지 시영버스 25분 ▶ 기온 시영버스 5분 ▶ 한큐 가와라마치역

■ Course 2. 도롯코 열차+아라시야마

JR 교토역 전철 25분 ▶ 우마호리역 도보 12분 ▶ 도롯코 가메오카역 → 도롯코 열차 탑승 → 도롯코 아라시야마역 도보 3분 ▶ 지쿠린 도보 2분 ▶ 아라시야마 메인 도로(나가쓰지도리) 도보 1분 ▶ → 도게쓰교 도보 10분 ▶ 한큐 아라시야마역

기요미즈데라

긴카쿠지

아라시야마

•Tip

교토 시영버스 타는 법

시영버스가 교토의 모든 관광지를 촘촘히 연결하고 있어 버스만 잘 타도 이동에는 큰 불편함이 없다. 각 버스의 승차장에는 버스 번호와 이동할 목적지, 방향이 적혀 있어 큰 어려움 없이 이용할 수 있다. 승차하기 전에 버스 기사에게 목적지만 말하면 친절하게 알려 준다. 일본어나 한자를 모른다고 당황하거나 기다리며 시간을 허비하지 말자. 버스 탑승은 뒷문으로 하고 구간에 따라 요금을 정산한 후 앞으로 내린다. 교토 버스는 거리 비례 요금으로 230엔부터인데, 간사이 스루 패스를 사용할 때는 패스를 체크기에 넣으면 확인 후 다시 반환된다. 만약 간사이 스루 패스가 없다면 시영버스용 1일 전용 승차권(市バス専用一日乗車カード, 요금 700엔)을 구입해야 한다. JR 교토역 중앙 입구 앞 버스 티켓 센터와 자판기에서 구입할 수 있으며, 버스 탑승 후 내릴 때 버스 기사에게도 직접 구매할 수 있으니 꼭 구입하여 비용을 절약하자.

교토 관광지 입장 시간 사전 체크

교토의 관광지는 대부분 오후 4시를 전후하여 문을 닫는다. 휴일이나 여름에는 늦게까지 연장을 하는 경우도 많지만, 사전 체크를 하지 않으면 헛걸음을 할 수 있기 때문에 여행 일정에 맞게 입장 시간을 미리미리 체크하자. 또 폐관 시간 30분 전까지만 입장이 가능한 곳이 많으니 참고하자. 낮에는 입장 시간이 있는 관광지 위주로, 저녁에는 기온이나 가와라마치역 주변 번화가와 JR 교토역 주변 위주로 다니자.

교토 지하철

■□■□ 신칸센 新幹線
토카이도 신칸센 東海道新幹線

━━ JR
JR 교토센 JR京都線
사가노센 嵯峨野線
나라센 奈良線
고세이센 湖西線

━━ 게이한 전기철도 京阪電気鉄道
게이한혼센 京阪本線

━━ 한큐 전철 阪急電鉄
한큐 교토혼센 阪急京都本線
한큐 아라시야마센 阪急嵐山線

━━ 교토 시영지하철 京都市営地下鉄
가라스마센 烏丸線
도자이센 東西線

━━ 기타
란덴아라시야마혼센 嵐電嵐山本線
사가노 관광철도 嵯峨野観光鉄道

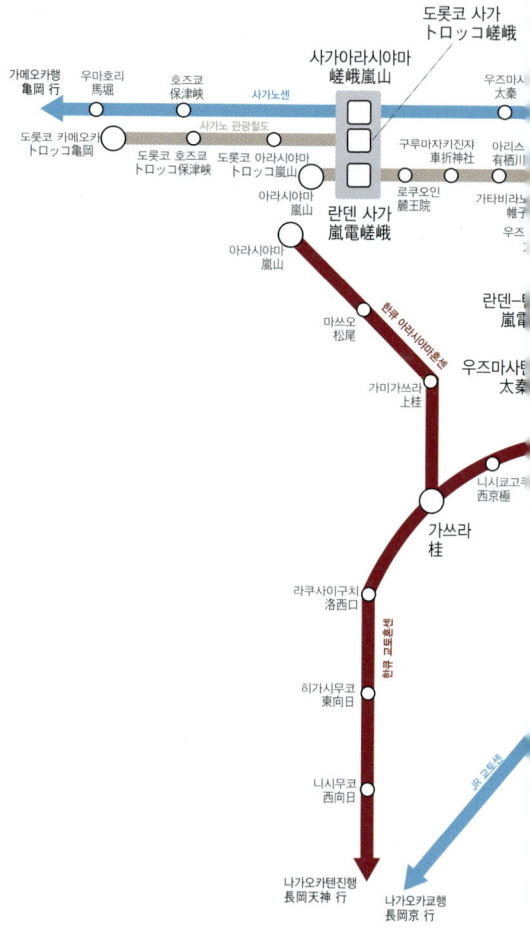

240

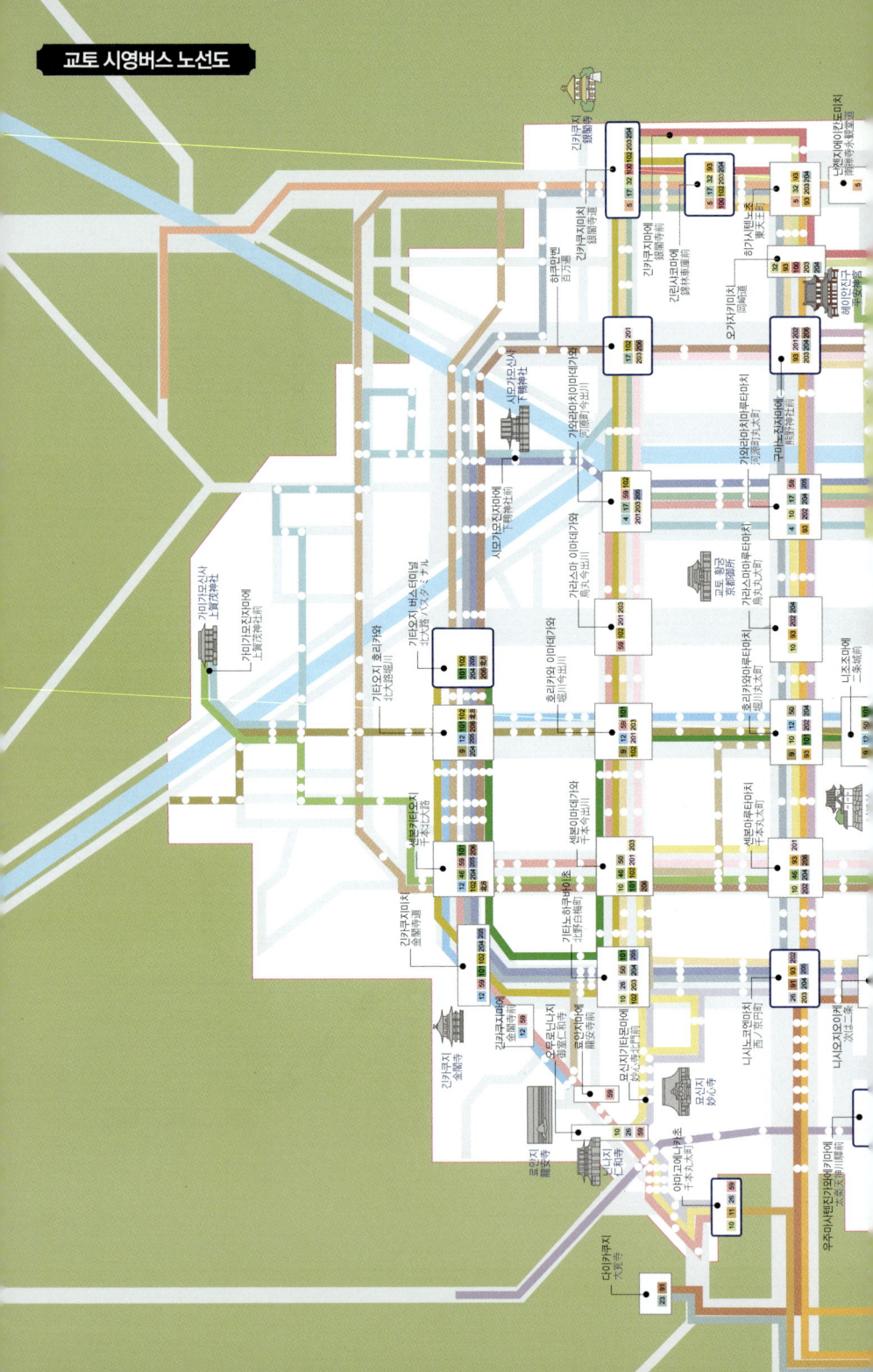

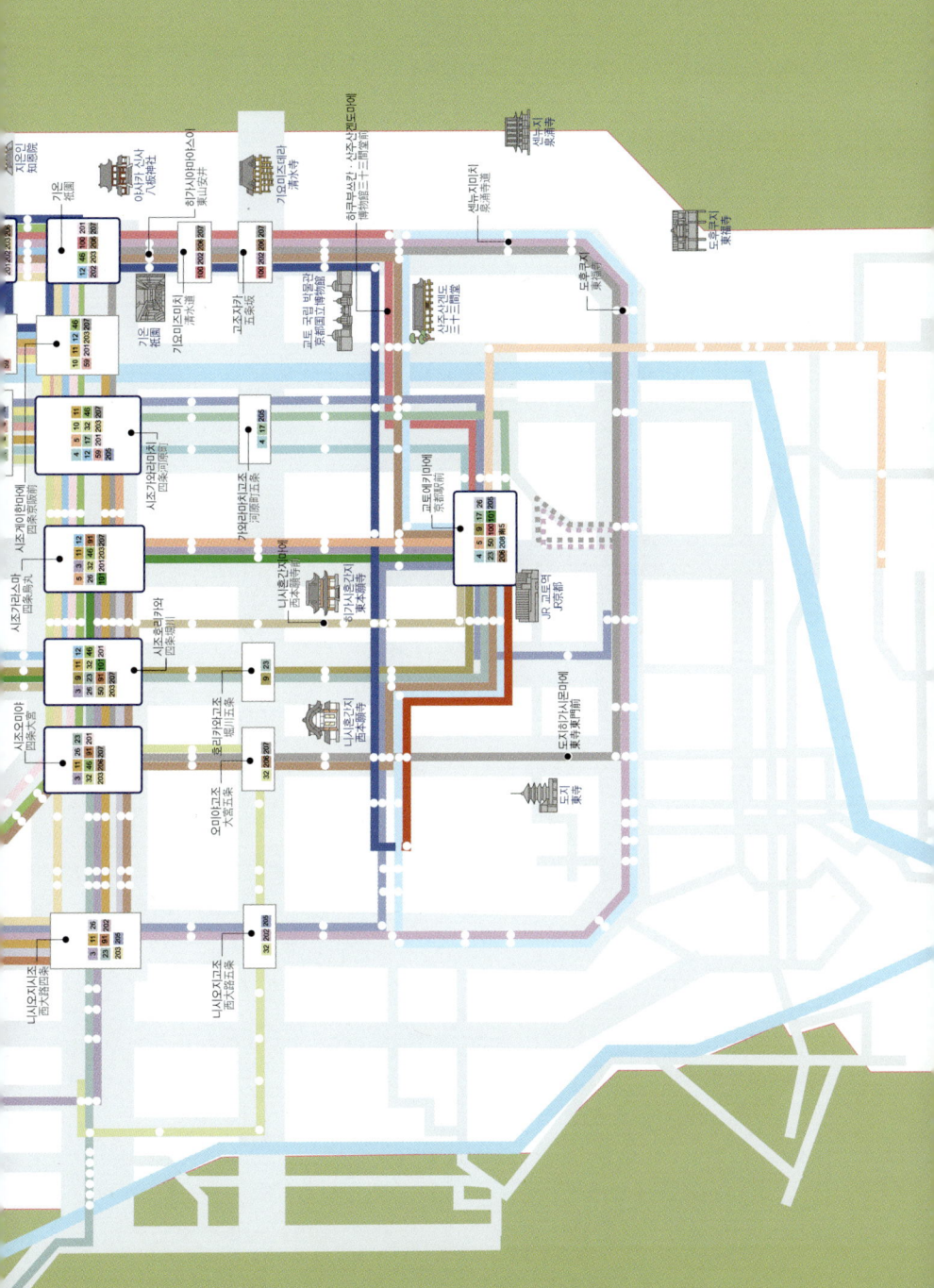

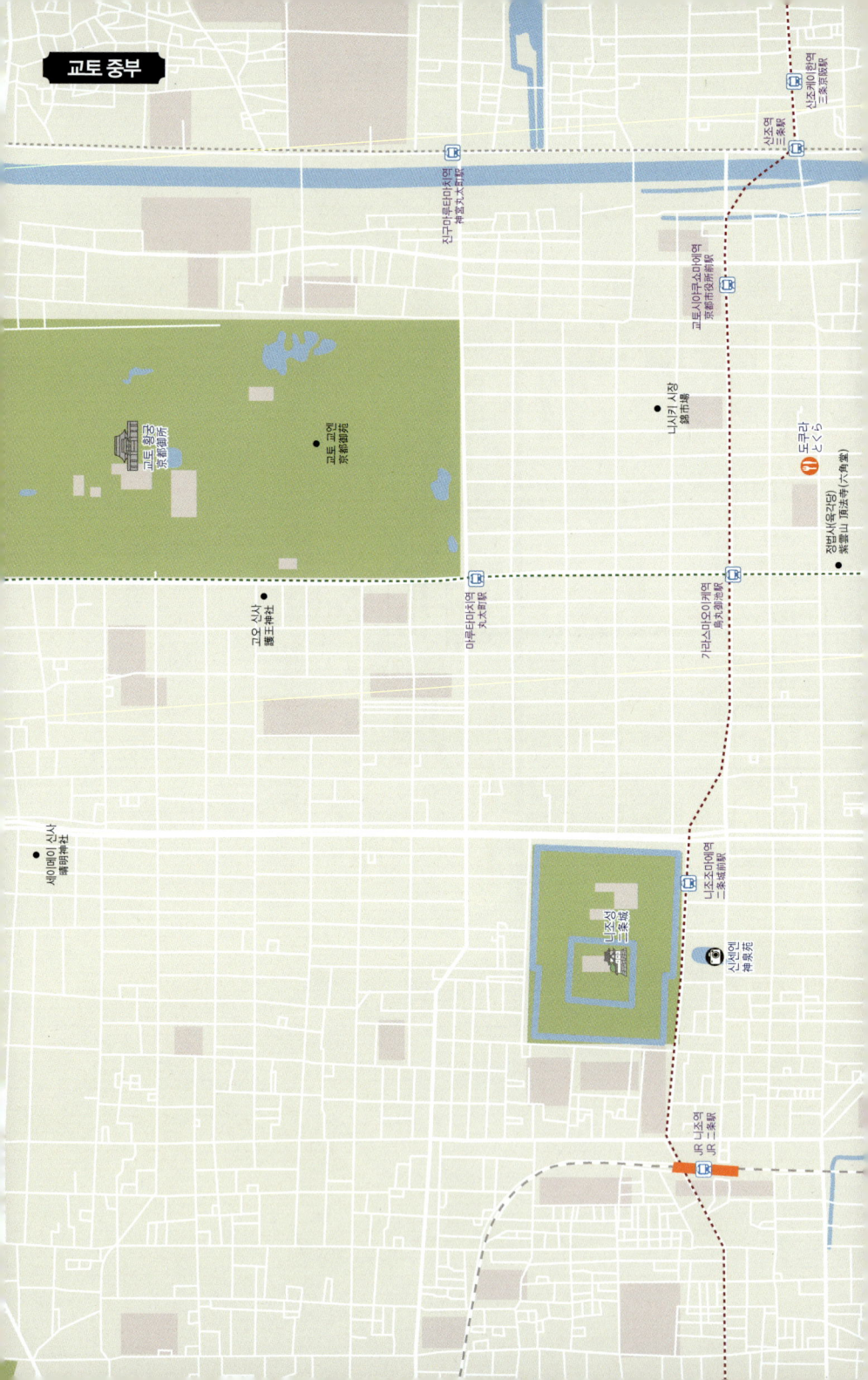

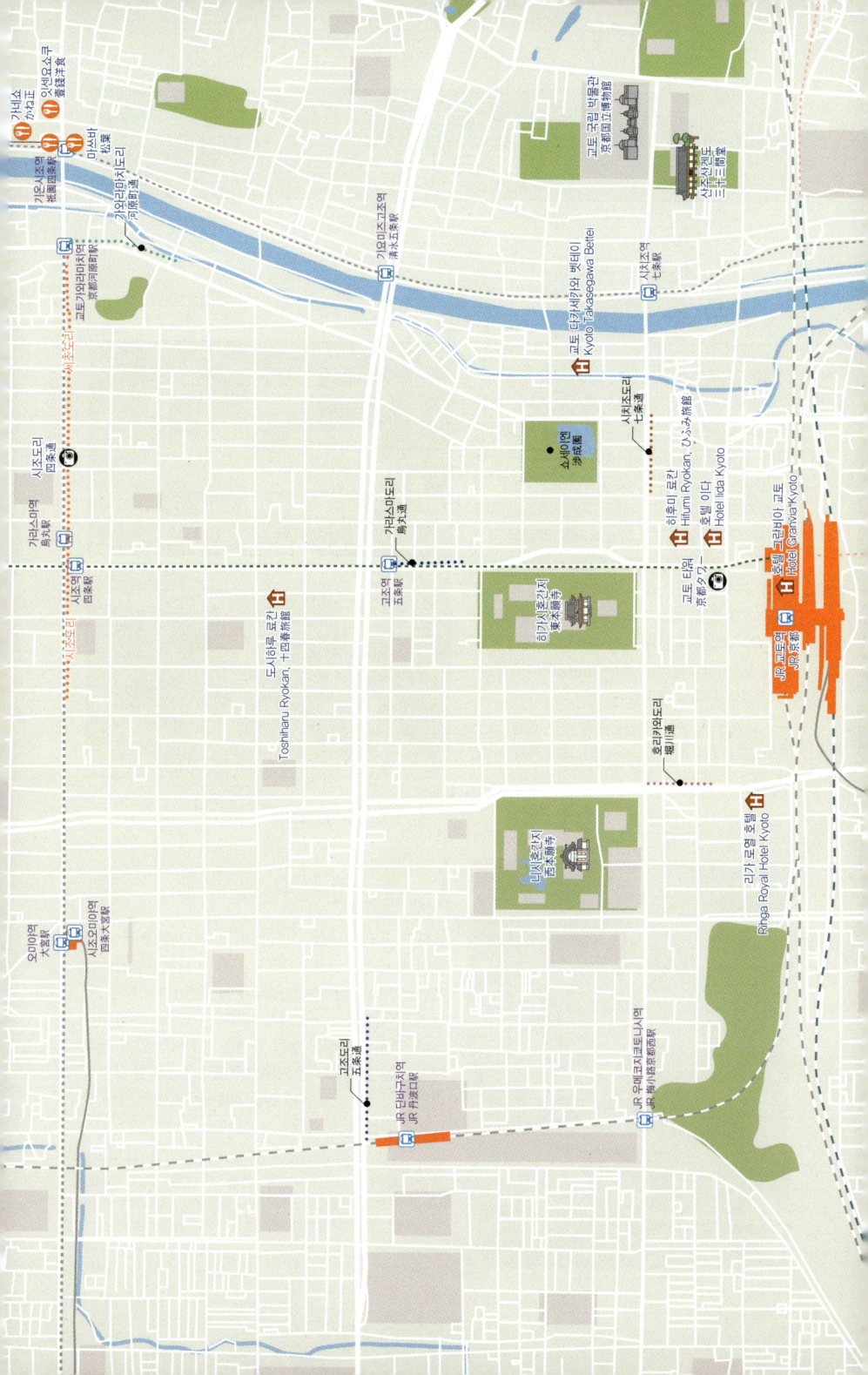

Central Kyoto
교토 중부

교토의 교통 중심지
JR 교토역 京都駅 [교토에키]

JR 교토역은 1997년 헤이안 천도 1200년을 기념하여 건설된 지상 15층의 대형 역사다. 4개의 구역으로 나뉘는데, 서쪽 구역(West Zone)과 동쪽 구역(East Zone), 중앙 구역(Central Zone), 지하 구역(Underground Mall Zone)이다. 동쪽 구역에는 호텔 그란비아(ホテルグランヴィア)와 교토 극장이, 서쪽 구역에는 이세탄 백화점과 상점가, 주차장, 일본 7개 지역의 대표 라멘을 맛볼 수 있는 교토 라멘 코지(京都拉麺小路)가 있다. 중앙 구역에는 교토역 개찰구와 중앙 홀, 쇼핑몰 포르타가 있고, 지하 구역에는 쇼핑몰 포르타의 식당과 상점들이 있다. 또한 교토역 서쪽에는 무료로 교토 시내 전경을 볼 수 있는 스카이 가든이 있어 교토 시내를 전망할 수 있다.

주소 京都府京都市下京区東塩小路町901 **위치** JR 교토역 빌딩 **전화** 075-361-4401 **홈페이지** www.kyoto-station-building.co.jp

교토의 상징
교토 타워 京都タワー [교토타와-]

교토역 중앙 출구를 나오면 맞은편에 가장 먼저 눈에 들어오는 것이 교토 타워다. 1964년 12월에 완공된 131m의 교토 타워는 오래되어 볼품없어 보이지만, 화창한 날에는 나라나 오사카 지역까지 보이는 전망대가 있다. 교토의 특성상 늦은 밤에는 어두워서 근처 시가지만 눈에 들어오므로, 교토의 아름다운 전망을 감상하려면 맑은 날 해 질 녘에 전망대에 올라가야만 멋진 교토의 전경을 볼 수 있다.

주소 京都府京都市下京区東塩小路町721-1 **위치** JR 교토역 중앙 출구에서 도보 2분 **전화** 075-361-3215 **시간** 10:00~21:00 **요금** 성인 900엔, 고등학생 700엔, 초등·중학생 600엔, 3세 이상 200엔 **홈페이지** www.kyoto-tower.jp

정치적 야욕에 분열되었던 사찰
히가시혼간지 · 니시혼간지 東本願寺·西本願寺

히가시혼간지와 니시혼간지는 원래 하나의 사찰이었다. 1272년 히가시야마에 창건되었으나, 1592년 도요토미 히데요시로부터 사찰터를 기부받아 지금의 자리로 옮겨 왔다. 도쿠가와 이에야스가 정권을 잡은 후 도요토미 히데요시를 추앙하던 무리의 세력을 약화시키기 위해 원래의 혼간지를 양분시켰고, 20세기 초 재건을 하여 지금의 모습을 찾았다. 1994년 유네스코 세계 문화유산에 등재되었다.

히가시혼간지

주소 京都府京都市下京区烏丸通七条上る **위치** ❶ JR 교토역 중앙 출구에서 도보 7분 ❷ 히가시혼간지-5, 26, 205번 버스 / 니시혼간지-205, 206, 207번 버스 **전화** 히가시혼간지 075-371-9181, 니시혼간지 075-371-5181 **시간** 히가시혼간지 06:20~16:30, 니시혼간지 05:30~17:00 **요금** 무료 **홈페이지** 히가시혼간지 www.higashihonganji.or.jp, 니시혼간지 www.hongwanji.kyoto

니시혼간지

도쿠가와 이에야스의 상징

니조성 二条城 [니조-조-]

도요토미 히데요시(豊臣秀吉)가 죽은 후 도쿠가와 이에야스(德川家康)가 정권을 잡기 위해 1603년 세운 임시 중앙 본부로, 이에야스의 손자인 도쿠가와 이에미쓰(德川家光) 때 지금의 규모로 완성되었다. 처음에는 간사이 지방의 중앙 본부 역할을 했지만, 지금의 가마쿠라에 막부(幕府) 정권이 들어선 후에는 일본 천황을 견제하는 목적이나 교토에서 외부 인사를 접견하는 용도로 이용했다. 성의 앞쪽은 수로를 만들어 외부의 침입을 어렵게 했고, 성곽을 만들어 주변 감시를 수월하게 했다. 성곽에 올라가면 니조성의 외부 전망을 볼 수 있으니 한 번쯤 올라가 보자. 경내가 매우 넓은데, 안내가 잘 되어 있어서 화살표를 따라 이동하면 쉽게 돌아볼 수 있다. 1994년 유네스코 세계 문화 유산에 등재되었다.

주소 京都府京都市中京区二条城町541 **위치** 9, 50, 101번 버스 타고 니조조마에(二条城前) 버스정류장에서 하차, 도보 1분 **전화** 075-841-0096 **시간** 08:45~17:00(입장은 16:00까지) **요금** ❶ 입장권-성인 800엔 ❷ 입장권+니노마루 정원-성인 1,300엔 중·고생 400엔, 초등학생 300엔 **홈페이지** nijo-jocastle.city.kyoto.lg.jp

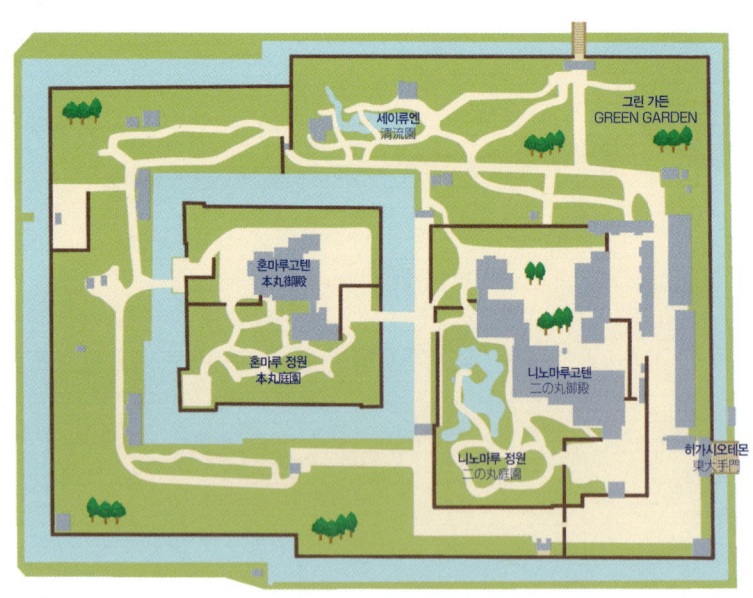

니노마루고텐 二の丸御殿

도쿠가와 이에야스가 교토에 머물 때 묵었던 거처로 소테쓰노마(蘇鉄の間), 오히로마(大広間), 시로쇼인(白書院), 도사무라이(遠侍), 시키다이(式台), 구로쇼인(黒書院)의 6개 건물이 연결되어 있다. 침입자를 대비해 복도를 걸을 때 새 울음소리가 나도록 설계되어 있으며, 각 방의 용도에 따라 다른 벽화를 그려 놓았다. 한국어 안내 자료를 입구에서 나누어 주니 참고하자.

니노마루 정원 二の丸庭園

다도로 잘 알려진 고보리 엔슈가 설계하였다. 고급스러움과 편안함이 느껴지는 정원이다. 정원의 대부분은 입장이 금지되어 있으니, 세이류엔(清流園)으로 이동할 때 잠시나마 정원을 감상해 보자.

세이류엔 清流園

니조성 관람을 마치고 출구로 나오다 보면 조그만 연못 건너편으로 작은 전각을 볼 수 있다. 예전에는 니조성을 방문한 외부 인사들의 접견 장소로 이용되었지만 지금은 개방돼 일반인들도 이용할 수 있다. 다도 이벤트도 자주 열린다.

주의 사항

니조성에서 주의할 점이 두 가지 있다. 첫 번째는 볼거리가 많고 경내가 넓어서 자칫 다음 일정을 고려하지 않고 많은 시간을 이곳에서 소비해 버릴 수 있으니 시간을 잘 조절하자. 두 번째는 니조성의 폐관 시간은 오후 4시로 다른 관광지보다 상당히 빠르므로 여행 일정을 짤 때 꼭 고려하자.

아무리 가물어도 마르지 않는 샘물
신센엔 神泉苑

니조성 입구를 나와 우측 남쪽 성곽을 돌아 나가면 작은 연못과 주황색 다리가 하나 나오는데 이것이 신센엔이다. 794년 만들어질 당시에는 넓은 황실 정원이었지만, 축성하면서 니조성으로 대부분 편입되고, 지금 남아 있는 건 작은 연못뿐이다. 다리와 작은 연못이 아름다워 결혼 야외 촬영 장소로 많이 이용된다.

주소 京都府京都市中京区門前町166 **위치** 9, 50, 101번 버스 타고 니조조마에(二条城前) 버스정류장에서 하차, 도보 3분 **전화** 075-821-1466 **시간** 07:00~20:00 **요금** 무료 **홈페이지** www.shinsenen.org

일본의 옛 수도 교토의 일왕 거주지
교토 황궁 京都御所 [교토고쇼]

1337년 지어진 황궁은 화재로 소실되었고 현재 남아 있는 교토 황궁은 1866년 에이쇼 황태후(英照皇太后)를 위해 재건된 건축물이다. 일왕이 메이지 유신 때 도쿄의 황궁으로 옮겨 가면서 지금은 국빈이나 외빈을 접대할 때 이용하고 있다. 내부의 황궁을 참관하기 위해서는 홈페이지를 통해 예약을 해야만 입장이 가능하다. 교토 황궁을 중심으로 공원이 조성되어 있는데 조경이 잘 되어 있고 도심에서 이만한 규모의 공원은 또 없으니 잠시 들러 쉬어 가는 것도 좋다.

주소 京都府京都市上京区京都御苑3 **위치** 4, 10, 17, 59, 93, 202, 204, 205번 버스 타고 가와라마치마루타마치(河源町丸太町) 버스정류장에서 하차, 도보 1분 **전화** 075-211-1211 **시간** 09:00~15:20, 월요일 휴무 **요금** 무료 ※ 홈페이지를 통해 참관 신청을 한 사람만 입장 가능 **홈페이지** sankan.kunaicho.go.jp/guide/kyoto.html

교토 최고의 번화가
시조도리 四条通

시조도리는 기온의 야사카 신사(八板神社)부터 교토를 동서로 가로지르는 대로인데, 특히 한큐(阪急) 가와라마치(河原町) 부근이 발달하였다. 상점이 많이 모여 있는 산조도리(三通り) 상점가에 비해 시조도리는 오래된 상점가다. 지금은 유동 인구가 많이 줄었으나 시조도리 상점가에 명품 매장과 대형 백화점, 많은 음식점과 유흥 주점이 들어오면서 교토 최고의 번화가가 되었다. 간사이 스루 패스를 소지한 여행객은 이곳에서 교토 여행을 마무리하고 한큐선을 이용해 오사카로 돌아가는 것이 편리하다.

위치 ❶ 한큐(阪急) 가와라마치(河原町)역 주변 ❷ 4, 5, 10, 11, 12, 17, 32, 40, 59, 201, 203, 205, 207번 버스

Northern Kyoto
교토 북부

찬란한 금빛 전각
긴카쿠지(금각사) 金閣寺 [킨카쿠지]

긴카쿠지는 아시카가 요시미쓰(足利義滿)가 1397년 개인 별장 용도로 건축한 것이다. 원래 이름은 녹원사(鹿苑寺)였으나, 스님들의 사리를 보관하는 전각에 금박을 입혀 긴카쿠지, 즉 금각사라는 이름을 얻었다. 1950년 방화로 모두 소실되었으나 1955년 복원되었으며, 지금은 교토의 대표 관광지 중 하나다. 전각 바로 앞에 있는 호수 쿄코지(鏡湖池)에 비친 금빛 찬란한 전각의 모습 또한 장관이다. 1994년 교토 문화재의 구성 요소로 유네스코 세계 문화유산에 등재되었다.

주소 京都府京都市北区金閣寺町1 **위치** 12, 59번 버스 타고 긴카쿠지마에(金閣寺前) 정류장에서 하차, 도보 3분 **전화** 075-461-0263 **시간** 09:00~17:00 **요금** 고등학생 이상 500엔, 초등·중학생 300엔 **홈페이지** www.shokoku-ji.jp/kinkakuji/

북쪽의 거대한 사찰
묘신지 妙心寺 [묘오신지]

묘신지는 잘 알려져 있지 않으나 규모가 상당히 큰 사찰이다. 1342년에 창건되었고 1355년 하나조노 천황(花園天皇)이 이 절의 승려가 되면서 탑두만 경내·외로 48개나 되는 큰 사찰로 발전하였다. 묘신지의 범종은 국보로 지정되었으며, 불전과 법당은 문화재로 지정됐다. 수많은 사람이 참선을 하고, 불전을 익히기 위해 드나드는 곳이다.

주소 京都府京都市右京区花園妙心寺町1 **위치** 26, 91, 93, 202, 203, 204, 205번 버스 타고 니시노코엔마치(西ノ京円町) 버스정류장에서 하차, 도보 5분 **전화** 075-461-5226 **시간** 3월~10월 09:00~17:00, 11월~2월 09:00~16:00 **요금** 고등학생 이상 700엔, 초등·중학생 400엔 **홈페이지** www.myoshinji.or.jp

국보가 많은 교토에서도 가장 오래된 사찰
닌나지 仁和寺

교토에서 가장 오래된 사찰이자 진언종 신사파(真言宗御室派)의 총본산이다. 888년 세워진 이래 약 1000년 동안 일왕의 아들이 주지로 있어 부와 권력의 중심에 있었다. 닌나지는 1467년 내전으로 파괴되었다가 1644년에 다시 재건되기도 했다. 유독 국보가 많은 곳인데 금당(金堂), 목조 아미타불 삼존상(木造阿弥陀三尊像), 목조 약사여래 좌상(木造薬師如来坐像) 등 총 12종이 있다. 대부분의 건축물에 한국어 설명이 있다. 닌나지 또한 1994년 유네스코 세계 문화유산에 등재되었다.

주소 京都府京都市右京区御室大内33 **위치** 10, 26, 59번 버스 타고 오무로닌나지(御室仁和寺) 버스정류장에서 하차, 도보 1분 **전화** 075-461-1155 **시간** 3월~11월 09:00~17:00, 12월~2월 09:00~16:30 **요금** ❶ 닌나지고쇼 정원-성인 800엔, 고등학생 이하 무료 ❷ 보물관-성인 500엔, 고등학생 이하 무료 **홈페이지** ninnaji.jp

아시카가 막부 쇼군들을 모신 절
도지인 等持院 [토오지인]

1341년에 세워진 사찰로 아시카가 막부의 1대 쇼군부터 15대 쇼군까지의 위패를 모신 사찰이다. 큰 특징이 있는 사찰은 아니며 봄과 가을에 경치를 보려는 사람들로 조금 붐빈다. 주택가 안쪽에 있어 찾기가 어려우니 일본 역사에 특별히 관심이 있는 사람이 아니라면 굳이 들르지 않아도 된다.

주소 京都府京都市北区等持院北町63番地 **위치** 10, 26, 50, 101, 102, 203, 204, 205번 버스 타고 기타노하쿠바이초(北野白梅町) 버스정류장에서 하차, 도보 10분 **전화** 075-461-5786 **시간** 09:00~16:00 **요금** 성인 600엔, 어린이 300엔 **홈페이지** toujiin.jp

정원이 아름다운 사찰
료안지 龍安寺 [료오안지]

아름다운 정원을 가진 사찰로 손꼽힌다. 1450년 지어진 사찰로, 지금은 대부분 소실되고 1798년 이곳에 옮겨온 방장(方丈)과 건물 일부분만 남아 있다. 방장 앞에 있는 방장 정원(方丈庭園)은 잘 정돈된 하얀 모래 위에 15개의 큰 돌이 놓여 있는데 보는 각도에 따라 돌의 수가 달라 보인다고 한다. 대부분 입장이 금지되어 있어 정면에서만 볼 수 있다. 료안지도 1994년 유네스코 세계 문화유산에 등재되었다.

주소 京都府京都市右京区龍安寺御陵ノ下町13 **위치** 59번 버스 타고 료안지마에(龍安寺前) 버스정류장에서 하차, 도보 1분 **전화** 075-463-2216 **시간** 3월~11월 08:00~17:00, 12월~2월 08:30~16:30 **요금** 성인 600엔, 고등학생 500엔, 초등·중학생 300엔 **홈페이지** www.ryoanji.jp

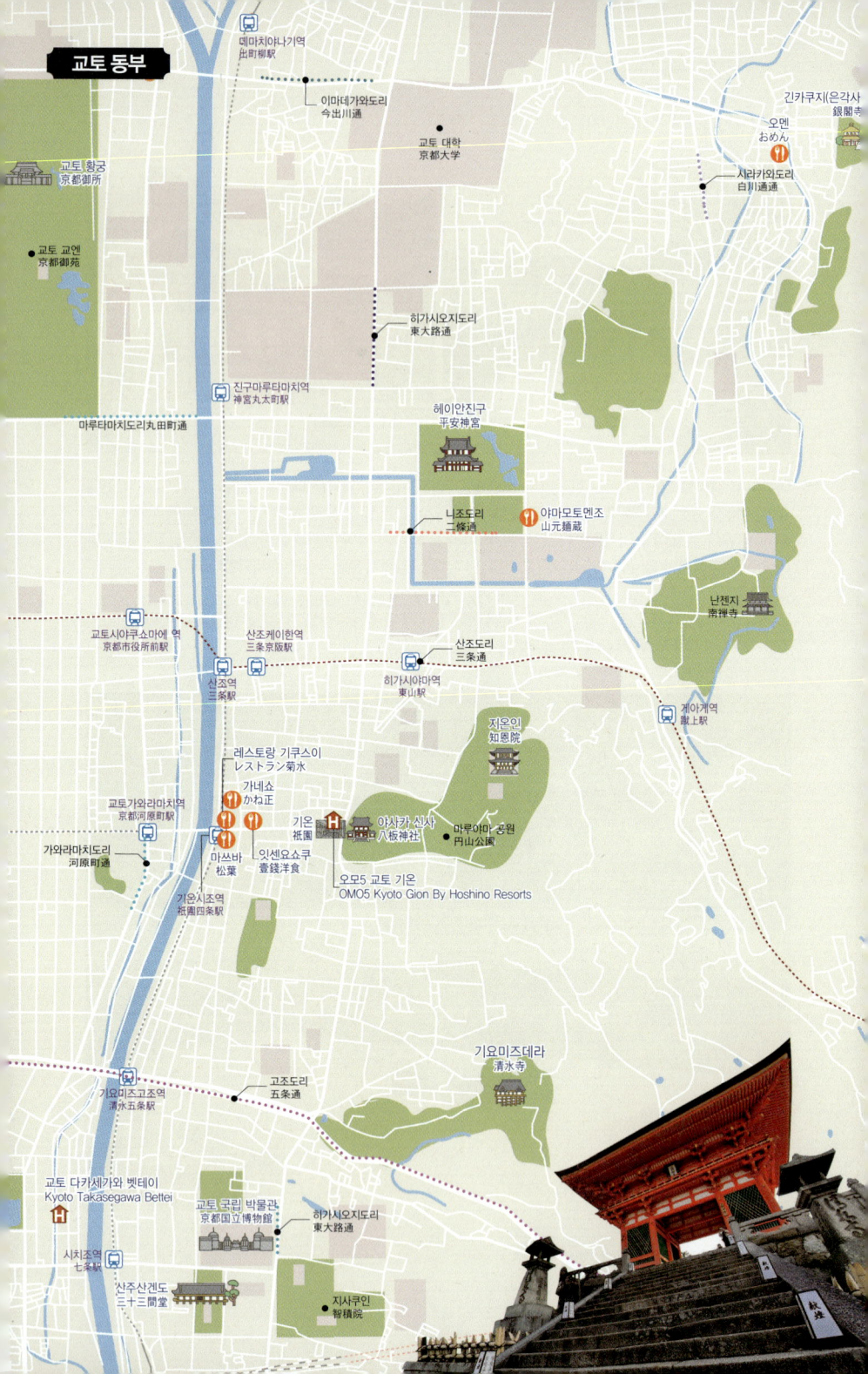

교토 동부
Eastern Kyoto

완성되지 못한 은 전각
긴카쿠지(은각사) 銀閣寺

긴카쿠지(금각사)와 긴카쿠지(은각사)는 대부분의 교토 여행자의 일정에 들어가는 사찰이다. 사람들은 은으로 덮인 전각을 기대하고 이곳을 찾는데, 실제로는 허름한 전각이다. 원래 이름은 지쇼지(慈照寺)로, 1460년 긴카쿠지(금각사)를 만든 아시카가 요시미쓰(足利義滿)의 손자 아시카가 요시마사(足利義政)가 개인 정원으로 만들었다. 금박을 입힌 긴카쿠지를 모방하여 은으로 된 전각을 세우려 한 것인데, 은박을 입히기 전에 요시마사가 죽고 말았다.

모래 정원이 아름다우며, 사찰로 올라가는 길에 상점들이 많아 기념품을 구매하기 좋다. 또한 1994년 교토 문화재의 구성 요소로 유네스코 세계 문화유산에 등재되었다.

주소 京都府京都市左京区銀閣寺町2 **위치** 5, 17, 32, 100, 102, 203, 204번 버스 타고 긴카쿠지미치(銀閣寺道) 버스정류장에서 하차, 도보 10분 **전화** 075-771-5725 **시간** 3월~11월 08:30~17:00, 12월~2월 09:00~16:30 **요금** 고등학생 이상 500엔, 초등·중학생 300엔 **홈페이지** www.shokoku-ji.jp/ginkakuji

헤이안 천도 기념 건축물
헤이안진구 平安神宮 [헤이안진구]

헤이안진구는 간무 천황의 헤이안 천도 1,100년을 기념해 1895년 만들어진 기념 건축물로, 초록색 지붕과 주황색 기둥이 인상적이다. 원래는 더 큰 규모를 계획하였으나, 자금이 부족해 계획된 크기의 절반 정도로만 지어졌으며, 1976년 화재로 소실되었다가 1979년 복원되었다. 경내는 무료로 입장할 수 있지만 정원에 들어가려면 요금을 지불해야 한다. 봄과 가을에 정원의 경치가 매우 아름답다.

주소 京都府京都市左京区岡崎西天王町97 **위치** 5, 32, 46, 100번 버스 타고 교토카이칸비주쓰칸마에(京都会館美術前) 버스정류장에서 하차, 도보 3분 **전화** 075-761-0221 **시간** 11월 1일~2월 14일 06:00~17:00, 2월 15일~3월 14일 06:00~17:30, 3월 15일~9월 30일 06:00~18:00, 10월 1일~31일 06:00~17:30 **요금** 성인 600엔, 어린이 300엔 **홈페이지** www.heianjingu.or.jp

교토에서 가장 큰 사찰
지온인 知恩院 [치온인]

정토종(浄土宗)의 총본산인 지온인은 1175년에 세워졌다. 처음에는 큰 사찰이 아니었으나 에도 시대(江戸時代) 이후 지금과 같은 규모로 커졌다. 지온인 표지판을 보고 길게 뻗은 도로를 따라 들어가면 가장 먼저 눈에 들어오는 것이 높이 24m, 폭 27m의 미카도(三門)이며, 그 뒤로 본당인 미에이도(御影堂)와 대방장(大方丈)을 볼 수 있다. 본당인 미에이도는 교토에서 규모가 가장 큰 사찰이다. 지붕 길이만 44.8m이며 4,000명을 동시에 수용할 수 있다. 대방장 주변에는 아름다운 정원이 조성되어 있다. 정문 미카도의 야경도 볼 만하다.

주소 京都府京都市東山区林下町400 **위치** 5, 12, 46, 201, 202, 203, 206번 버스 타고 지온인마에(知恩院術前) 버스정류장에서 하차, 도보 2분 **전화** 075-531-2111 **시간** 12월~2월 06:00~16:00, 3월~5월 05:30~16:00, 6월~8월 05:00~16:00, 9월~11월 05:30~16:00 **요금** ❶ 유젠엔 정원-성인 300엔, 어린이 150엔 ❷ 호조테엔 정원-성인 400엔, 어린이 200엔 ❸ 유젠엔+호조테엔 세트권-성인 500엔, 어린이 250엔 **홈페이지** www.chion-in.or.jp

기온 마쓰리의 시작점
야사카 신사 八坂神社 [야사카 진자]

교토의 동쪽을 관광하다 기온(祇園) 지역에 들어서면 주황색 기둥의 신사가 보이는데, 이곳이 야사카 신사다. 다른 신사와 달리 가정의 행복과 건강을 기원하는 서민들을 위한 곳이다. 야사카 신사 앞부터 시작되는 시조도리(四条通)는 일본 전통 공예품 등 기념품을 판매하는 상점들과 음식점, 명품 매장과 대형 백화점이 들어서 있는 쇼핑의 메카다. 야사카 신사 뒤쪽에 위치한 마루야마 공원(円山公園)에서는 일본의 3대 마쓰리인 기온 마쓰리(祇園祭)가 매년 7월 16일과 17일, 이틀 동안 열린다. 기온 마쓰리가 열리는 7월에는 이 일대가 모두 축제 분위기다.

주소 京都府京都市東山区祇園町北側625 **위치** 5, 12, 46, 201, 202, 203, 206번 버스 타고 기온(祇園) 버스정류장에서 하차, 도보 1분 **전화** 075-561-6125 **시간** 24시간 개방 **요금** 무료 **홈페이지** www.yasaka-jinja.or.jp

옛 교토의 유흥 지역
기온 祇園 [기온]

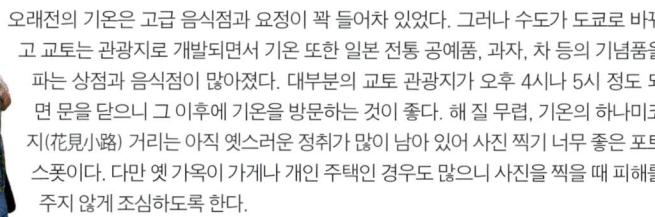

오래전의 기온은 고급 음식점과 요정이 꽉 들어차 있었다. 그러나 수도가 도쿄로 바뀌고 교토는 관광지로 개발되면서 기온 또한 일본 전통 공예품, 과자, 차 등의 기념품을 파는 상점과 음식점이 많아졌다. 대부분의 교토 관광지가 오후 4시나 5시 정도 되면 문을 닫으니 그 이후에 기온을 방문하는 것이 좋다. 해 질 무렵, 기온의 하나미코지(花見小路) 거리는 아직 옛스러운 정취가 많이 남아 있어 사진 찍기 너무 좋은 포토 스폿이다. 다만 옛 가옥이 가게나 개인 주택인 경우도 많으니 사진을 찍을 때 피해를 주지 않게 조심하도록 한다.

주소 京都府京都市祇園町南側 **위치** 5, 12, 46, 201, 202, 203, 206번 버스 타고 기온(祇園) 버스정류장에서 하차, 도보 1분 **홈페이지** www.gion.or.jp

보물로 가득한 일본 3대 박물관 중 하나
교토 국립 박물관 京都国立博物館 [교토 코쿠리츠하쿠부츠칸]

1897년 개관한 교토 국립 박물관은 헤이안 시대부터 에도 시대까지의 중요 문화재를 전시하고 있으며, 만여 점의 불교 문화재도 소장하고 있다. 1969년 박물관 본관과 정문도 문화재로 지정되었는데, 본관은 연 2회 정도 특별전을 열 때만 공개하고, 신관은 상시 공개한다. 한국의 국보급 보물들도 많이 소장하고 있는데, 특별전이 열리는 기간에만 볼 수 있다.

주소 京都府京都市東山区茶屋町527 **위치** 100, 206, 208번 버스 타고 하쿠부쓰칸·산주산겐도마에(博物館三十三間堂前) 버스정류장에서 하차, 도보 1분 **전화** 075-525-2473 **시간** 09:30~17:00, 월요일 휴무 **요금** 성인 700엔, 대학생 350엔, 고등학생 이하 무료 **홈페이지** www.kyohaku.go.jp

다른 얼굴을 가진 1,001개의 불상이 맞이하는 곳
산주산겐도 三十三間堂

산주산겐도는 1642년에 건립된 천태종 사찰로, 이름처럼 본당의 기둥과 기둥 사이에 서른세 개의 칸을 만들어 놓았다. 그 건축 양식이 우리나라 종묘와 매우 흡사하다. 각각의 칸마다 1,001개의 불상이 있는데, 모두 다른 얼굴을 하고 있어 흥미롭다. 본당 뒤쪽에는 따로 참배할 수 있는 공간이 있다.

주소 京都府京都市東山区三十三間堂廻り657 **위치** 100, 206, 208번 버스 타고 하쿠부쓰칸·산주산겐도마에(博物館三十三間堂前) 버스정류장에서 하차, 도보 1분 **전화** 075-561-0467 **시간** 11월 16일~ 3월 31일 09:00~16:00, 4월 1~11월 15일 08:30~17:00 **요금** 성인 600엔, 중·고등학생 400엔, 초등학생 300엔 **홈페이지** www.sanjusangendo.jp

신비의 물이 흐르는 곳
기요미즈데라 清水寺

기요미즈데라는 798년 설립되었는데, 1063년부터 1629년까지 기록으로 남아 있는 것만 총 9회의 화재가 일어나 소실과 재건을 반복했다. 1633년, 도쿠가와 이에미쓰(德川家光)가 재건해 지금의 모습을 이어가고 있다. 기요즈미데라는 이름처럼 물이 좋기로 이름난 곳인데, 많은 사람이 이곳의 물을 마시며 건강과 행복을 기원한다.

'청수의 무대'라 불리는 건물은 산의 경사면에서 돌출되어 지어졌는데, 크고 작은 기둥들이 떠받치고 있다. 아주 놀라운 사실은 이 거대한 건축물에 못을 하나도 사용하지 않았다는 점이다.

기요미즈데라에서 바라보는 교토 전경은 그야말로 장관이다. 사찰로 올라가는 길에 있는 산넨자카(三年坂) 거리는 먹거리와 기념품 상점들로 꽉 들어차 있어 둘러보기에 좋다. 교토 여행을 하면서 사찰에 질릴 만도 하지만, 기요미즈데라에서는 잊지 못할 매력을 느낄 수 있을 것이다. 1994년 교토 문화재의 구성 요소로 유네스코 세계 문화유산에 등재되었다.

주소 京都府京都市東山区清水1丁目294 **위치** 100, 202, 206, 207번 버스 타고 기요미즈미치(清水道) 버스정류장에서 하차, 도보 20분 **전화** 075-551-1234 **시간** 06:00~18:00(7~8월은 18:30까지) ※ 특별 야간 관람 기간 21:00까지(홈페이지 참고) **요금** 고등학생 이상 400엔, 중학생 이하 200엔 **홈페이지** www.kiyomizudera.or.jp

일본 역사 속 한국

일본의 역사를 들여다보면 한국 역사와 연결되는 부분과 한국인의 발자취를 쉽게 찾을 수 있다. 오사카, 교토, 나라를 여행하다 보면 이러한 곳을 심심찮게 만나볼 수 있는데 그 중 대표적인 명소를 살펴보자.

기요미즈데라 清水寺

교토에서 한국 관광객들이 가장 가고 싶어 하는 곳이자 가을에 단풍이 아름다운 사찰인 기요미즈데라는 과거 백제에서 건너간 도래인(渡来人, 외국에서 일본으로 건너온 사람을 뜻함)이 건축한 사찰이다. 교토를 일본의 천년 수도로 만든 장본인인 간무 천황(桓武天皇)은 아버지는 일본 사람이었지만 어머니는 백제의 무령왕의 자손인 다카노노니이가사(高野新笠)였다. 이 간무 천황의 오른팔 역할을 한 일본 최초의 쇼군, 사카노우에노 다무라마로(坂上田村麻呂) 역시 백제 귀족 출신의 도래인이었다. 이 사카노우에노 다무라마로가 간무 천황의 명을 받아 798년 기요미즈데라를 건축하였다. 기요미즈데라는 절벽 위에 전각을 세우면서 그 구조물과 지지대에 못을 사용하지 않았는데 그 당시 기술로는 상상할 수도 없는 일이었다. 이 건축물은 백제인의 풍부한 상상력과 기술이 만들어 낸 작품이라 할 수 있다. 절벽에서 10m 정도 밖으로 튀어나온 부타이에서 바라보는 교토의 자연은 많은 이들의 감탄을 자아낸다. (p.261)

시텐노지 四天王寺

오사카의 시텐노지는 쇼토쿠 태자(聖德太子)가 건립한 7대 사찰 중 하나이자 현존하고 있는 일본 최초의 사찰로 스이코 천황(推古天皇) 원년에 설립되었다. 스이코 천황은 일본의 첫 번째 여성 천황으로, 쇼토쿠 태자를 섭정으로 임명하였다. 쇼토쿠 태자는 불교를 융성하게 하였고 고구려의 혜자와 백제의 혜총 스님을 스승으로 모셨다.

시텐노지는 백제 기술자 3명을 일본에 데려와 지은 사찰이라 우리에게도 역사적인 의미가 있다. 남대문, 5층 탑, 금당을 일렬로 배치한 것을 시텐노지 양식이라고 하는데, 사실은 백제의 건축 양식이다. 시텐노지에는 2가지 볼거리가 있는데, 바로 금당과 오쿠텐(奥伝) 지하에 있는 2만 2천 개의 작은 불상들이다. 금당 바로 앞에 높이 약 40m의 5층 탑이 있으며 과거에는 이 5층 탑 꼭대기에서 오사카 시내를 볼 수 있었다고 한다. (p.206)

도다이지 東大寺

나라의 도다이지는 불교 화엄종의 총본산이자 세계 최대의 목조 건축물인 다이부쓰덴이 있는 곳으로 쇼무 천황(聖武天皇)에 의해 743년 건축되었다. 세계에서도 인정하는 일본 대표 건축물인 도다이지는 백제계 도래인의 후손인 양변(良辯), 승정(僧正)이 사찰 건설에 크게 공헌을 하였으며, 백제의 고승 행기(行基) 스님은 다이부쓰덴의 15m의 비로자나 불상 건설을 위한 기금을 모으기 위해 전국을 다녔다. 현재 행기 스님의 동상이 긴테쓰(近鐵) 나라역(奈良驛) 앞에 위치하고 있어 도다이지 건설을 위해 동분서주한 행기 스님의 공헌을 인정하고 있다. 도다이지는 나라를 대표하는 사찰이자 관광지로 일본인의 오랜 사랑을 받고 있다. 한국 관광객도 나라를 방문할 때 꼭 들를 정도로 인기 사찰이다. 백제인의 지혜와 열정이 담긴 곳이라고 생각하니 더 애착이 가는 사찰이다. (p.307)

쓰루하시 鶴橋

오사카 속 작은 한국이라 불리는 쓰루하시는 우리나라 근대사의 아픈 역사와 맥을 같이 하는 곳이다. 1920년대 쓰루하시 부근의 히라노(平野) 운하를 건설할 때 강제 징용되어 끌려온 사람들이 광복이 되어도 고국으로 돌아가지 못하고 이곳에 정착하여 터전을 잡으면서 작은 코리아타운이 형성되기 시작했다. 광복 후에도 오사카에서 무역을 하는 사람들이 이곳에 자리를 잡았다. 쓰루하시역 옆의 쓰루하시 시장에서는 한국 음식 그대로를 맛볼 수 있어서 한국 사람뿐만 아니라 한국 음식을 좋아하는 현지 일본인들도 이곳을 찾고 있다. 우리나라의 아픈 역사에서 시작되었지만 한국 관광객들이 관광 코스로만 알고 있고, 이곳에 서린 아픈 역사는 점점 잊혀지고 있는 것 같아 아쉽다.

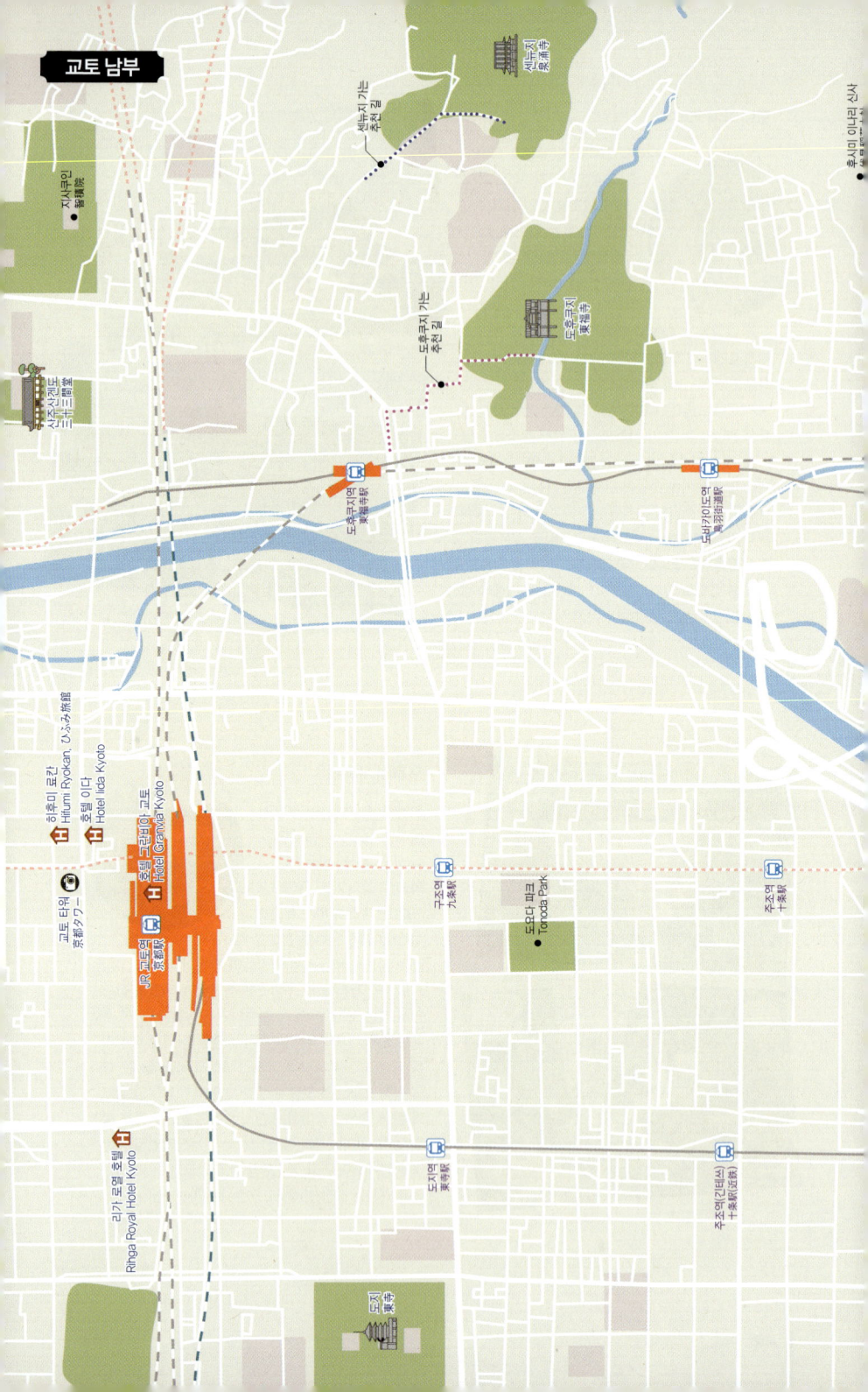

교토 남부
Southern Kyoto

잘 알려져 있지 않은 보석 같은 사찰
도지 東寺 [토-지]

많은 사람이 교토 관광 일정을 JR 교토역 북쪽에서 시작하기 때문에 JR 교토역 남쪽에 위치한 도지(東寺)는 관광객들에게 잘 알려지지 않은 곳이다. 796년 세워진 사찰로, 1603년 도요토미 히데요리(豊臣秀頼)가 재건한 웅장한 본당과 일본에서 가장 높다는 약 55m의 5층 목조 불탑이 볼 만하다. 매월 21일 경내에서 벼룩시장도 서는데, 이 벼룩시장도 250년이 넘는 역사를 자랑한다.

주소 京都府京都市南区九条町1　**위치** 207번 버스 타고 도지히가시몬마에(東寺東門前) 버스정류장에서 하차, 도보 1분　**전화** 075-691-3325　**시간** 05:00~17:00　**요금** 오층탑 1층, 금당, 강당 관람-성인 800엔, 고등학생 700엔, 중학생 이하 500엔 ※ 관람 시기와 특별전에 따라 요금이 달라질 수 있음(홈페이지 참고).　**홈페이지** toji.or.jp

가을 단풍이 아름다운 큰 사찰
도후쿠지 東福寺 [토-후쿠지]

1236년에 세워진 이 사찰은 국보급 건물을 많이 보유하고 있어 교토 5산 중 하나로 꼽힌다. 위패를 모시는 가이산도(開山堂)로 넘어가는 목조 다리 쓰텐교(通天橋)에는 단풍나무가 우거져 있다. 도후쿠지는 가을이면 단풍을 보기 위한 사람들로 북적인다. 가을에 교토 여행을 계획한다면 아름답고 볼거리 많은 도후쿠지에 들러 보자. 연못은 없지만 잘게 부서진 흰 돌과 모래를 깔아 물처럼 보이는 효과를 낸 가레이산스식 정원(龍安寺の石庭)이 신비한 분위기를 자아낸다.

주소 京都府京都市東山区本町15丁目778 **위치** 南5번 버스 타고 도후쿠지미치(東福寺道) 버스정류장에서 하차, 도보 10분 **전화** 075-561-0087 **시간** 12월 첫째 주 월요일~3월 09:00~15:30, 4월~10월 09:00~16:00, 11월~12월 첫째 주 일요일 08:30~16:00 **요금** ❶ 혼보 정원-성인 500엔, 어린이 300엔 ❷ 쓰텐교·가이산도-성인 600엔, 어린이 300엔 ❸ 혼보 정원·쓰텐교·가이산도 통합권-성인 1,000엔, 어린이 500엔 ※ 11월~12월 첫째 주는 통합권을 발매하지 않으며 쓰텐교·가이산도 입장권만 판매(성인 1,000엔, 어린이 500엔) **홈페이지** tofukuji.jp

가을 정취가 좋은 조용한 사찰
센뉴지 泉涌寺 [센뉴우지]

산속의 조용한 사찰 센뉴지는 가을 단풍이 아름다워 도후쿠지와 함께 남부 최고의 가을 정취를 느낄 수 있는 사찰 중 하나다. 843년 건축된 센뉴지는 진기한 보석이 박혀 있는 양귀비 보살 관음좌상으로 유명하며, 센뉴지간엔소(泉涌寺勸緣疏) 같은 국보도 보유하고 있다. 버스정류장부터 걸어가면 상당히 긴 오르막을 올라야 하고, 경내가 넓어 관람하는 데 꽤 오랜 시간이 걸린다.

주소 京都府京都市東山区泉涌寺山内町27 **위치** 202, 207, 208번 버스 타고 센뉴지미치(泉涌寺道) 버스정류장에서 하차, 도보 20분 **전화** 075-561-1551 **시간** 3월~11월 09:00~16:30, 12월~2월 09:00~16:00 **요금** 고등학생 이상 500엔, 중학생 이하 300엔 **홈페이지** mitera.org

• Plus Area • 아라시야마 여행 •

아라시야마의 상징인 대나무 숲길
아라시야마 대나무 숲 嵐山竹林 [아라시야마 치쿠린]

오카와치 산장정원(大河内山荘庭園) 앞에서부터 나가쓰지도리(長辻通)까지 400m가 넘게 이어진 울창한 대나무 숲길인 지쿠린은 하늘까지 뻗은 긴 대나무가 빽빽하게 차 있어 그 전경이 압권이다. 아라시야마를 방문하는 사람들은 한 명도 빼놓지 않고 지쿠린을 방문하는데 천천히 대나무 숲의 상쾌한 녹음을 느끼면서 천천히 걸어 보자. 오전 이른 시간부터 관광객들이 상당히 많으니 기념사진을 찍기가 어렵지만 그래도 지쿠린을 배경으로 찰칵!

주소 京都府京都市右京区嵯峨小倉山田淵山町 **위치** ❶ 도롯코 아라시야마역에서 도보 2분 ❷ 노노미야 버스정류장에서 도보 1분 **전화** 075-343-0548 **시간** 24시간

머리카락을 모시는 신사
미카미 신사 御髪神社 [미카미 진자]

일본에서 유일하게 머리카락을 모시는 신사로 도롯코 열차의 마지막 하이라이트에 해당하는 장소이다. 현재 미용사의 창시자로 알려진 후지와라 마사유키를 신으로 모시고 있으며 이곳에서 참배하면 머리와 머리카락에 효능이 있다는 소문 때문에 미용사들이나 머리카락이 많이 빠지는 사람들이 많이 방문한다는 웃픈 이야기도 있다. 빗과 가위 모양의 예쁜 부적들을 판매하고 있어 여자 방문객들에게 인기가 많다.

주소 京都府京都市右京区嵯峨小倉山田 **위치** 도롯코 아라시야마역에서 도보 3분 **전화** 075-882-9771 **시간** 24시간

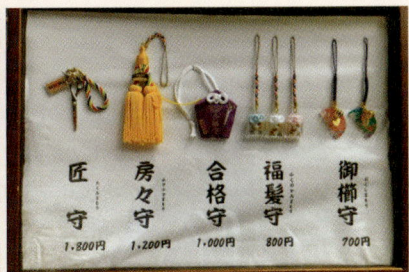

아라시야마의 상점들이 몰려 있는 메인 도로
나가쓰지도리 長辻通 [나가츠지도리]

도게쓰교(渡月橋) 건너편에 시작되는 나가쓰지도리는 아라시야마의 메인 상점가로 각종 기념품 상점과 음식점들이 길 양쪽에 줄지어 있는 곳이다. 평일에도 사람들이 많지만 주말에는 일본인과 외국 관광객들이 몰려 길을 다니기에도 복잡한 곳이다. 이곳에서만 판매하는 특별한 캐릭터 숍과 간식거리가 많으니 길 양쪽을 오가며 즐거운 시간을 가져 보자.

주소 京都府京都市右京区嵯峨天龍寺北造路町48-1 **위치** 한큐 아라시야마역에서 도보 12분

석가모니를 모시는 선종 사원
덴류지 天龍寺 [덴류우지]

1343년 설립한 덴류지는 1358년부터 1864년까지 크고 작은 화재가 무려 8차례나 일어나 과거의 모습은 모두 사라지고 재건된 사원이다. 아라시야마에서 가장 넓은 경내를 자랑하는 사찰로 12개의 중요 문화재와 국가 지정 특별 명승지 및 사적으로 지정된 정원 등 볼거리가 많다. 경내 북쪽으로는 대나무 숲인 지쿠린과 연결되어 가볍게 산책하는 마음으로 둘러보는 것이 좋겠다.

주소 京都府京都市右京区嵯峨天龍寺芒ノ馬場町68 **위치** 한큐 아라시야마역에서 도보 15분 **전화** 075-881-1235 **시간** 08:30~17:00 **요금** 정원 관람료-고등학생 이상 500엔, 중학생 이하 300엔 ※ 사찰 관람료는 정원 관람료+300엔 **홈페이지** www.tenryuji.com

·TIP·
도롯코 열차 타기

도롯코 열차를 탑승하여 아라시야마의 절경을 감상하려면 이것만은 체크하자!

1. 아라시야마의 도롯코 열차를 탑승하려면 현장에서 티켓을 구매하는 것보다 사전에 온라인으로 예매를 하도록 하자. 또한 왕복 티켓보다는 도롯코 가메오카역에서 출발하는 편도 티켓을 추천한다.

도롯코 열차 예매 사이트 ars-saganokanko.triplabo.jp
편도 요금 성인 880엔~, 어린이 440엔~

2. 도롯코 열차를 편도로 이용할 때 가장 좋은 루트는 JR 교토역에서 JR 산인본선(山陰本線) 열차를 탑승하여 우마호리역에 하차하여 도보로 도롯코 가메오카역으로 걸어가서 열차를 탑승하는 것이다.

3. 도롯코 열차 운행 중 사진을 찍으려 무리하게 일어나거나 창밖으로 카메라나 핸드폰을 내미는 경우 다른 사람에게 방해가 되거나 자칫 물건을 떨어트릴 수 있으니 주의하도록 하자.

교토 추천 맛집

100년 전통의 스테이크 맛집
캐피탈 동양정 본점 キャピタル東洋亭 本店 [캐피타루 토-요-테이 혼텐]

오사카와 교토 여러 곳에 지점을 운영 중인 스테이크 맛집 동양정의 본점인 이곳은 멋진 서양식 가옥의 인기 레스토랑이다. 1897년 문을 열어 100년이 넘는 전통을 지닌 만큼 맛이 뛰어나다. 햄버거 스테이크에 특제 소스를 올려 은박지로 싼 다음 그릴에 구워 그대로 접시에 올려서 나오는데, 은박지를 벗기면 그 향과 비주얼 그리고 맛이 일품이다. 무엇보다도 함께 먹을 수 있는 토마토는 겉껍질을 벗기고 그대로 삶아 부드럽고 달콤하여 지금까지 먹어 봤던 토마토와는 차원이 다른 일품 요리이다. 관광지와는 조금 떨어져 있으나 이 맛집을 가기 위해 우리나라 관광객도 많이 찾고 있으니 시간의 여유가 된다면 방문해 보자.

주소 京都府京都市北区上賀茂岩ケ垣内町28番地の3 **위치** 北8번 버스 타고 쇼쿠부쓰엔키타몬마에(植物園北門前) 버스 정류장에서 하차, 도보 1분 **전화** 075-722-2121 **시간** 11:00~22:00 **메뉴** 백년양식 햄버그(百年洋食ハンバーグ) 1,580엔, 필레비프커틀릿 & A런치(フィレビーフのカツレツ&Aランチ) 2,880엔 **홈페이지** www.touyoutei.co.jp

100년이 넘은 교토 양식당의 대가
레스토랑 기쿠스이 レストラン菊水 [레스토란 키쿠스이]

1916년 문을 연 레스토랑 기쿠스이는 옛 모습을 그대로 간직하고 있는 오래된 양식당으로 아직도 다양한 프랑스 요리와 퓨전 요리를 맛볼 수 있는 곳이다. 오래된 역사만큼이나 옛 조리 방법을 많이 고수하고 있으며, 맛은 평범하지만 재료만큼은 신선하고 믿을 수 있기 때문에 관광객보다는 일본 사람들이 많이 찾는 곳이다. 1, 2층은 레스토랑이고 3, 4층은 파티나 연회를 즐기는 공간이며 옥상에는 기온 시내를 바라보며 시원한 맥주를 마실 수 있는 비어가든이 있다. 기온에 위치하고 있으며 건물 자체가 국가등록문화재로 지정이 되어 있고 오래된 단독 건물이라 찾기는 어렵지 않다.

주소 京都府京都市東山区 四条大橋東詰町 祇園(南座前 **위치** 10, 11, 12, 46, 58, 59, 86, 201, 203, 207번 버스 타고 시조게이한마에(四条京阪前) 버스 정류장에서 하차, 바로 앞 **전화** 075-561-1001 **시간** 10:30~21:00 **메뉴** 새우튀김+샐러드(海老フライ+サラダ添) 1,870엔, 소 100% 햄버그스테이크+베이컨(牛100%ハンバーグステーキベーコン添) 1,540엔 **홈페이지** www.restaurant-kikusui.com

동네에서 소문난 햄버그스테이크 맛집
도쿠라 とくら [도쿠라]

햄버그스테이크가 메인 요리인 도쿠라는 양은 많은데 가격은 저렴하여 관광객을 비롯한 많은 사람들이 찾고 있는 맛집이다. 고기의 윗부분을 젓가락으로 눌러 보면 육즙이 줄줄 흐를 정도로 가득하고 두툼하지만 부드러운 햄버그스테이크에 소스를 선택할 수 있고 계란, 베이컨 등 곁들여 먹을 수 있는 토핑을 주문할 수 있다. 한국어 메뉴가 준비되어 있어 주문하기 쉽고 인기 맛집이라 오픈을 하자마자 금세 자리가 다 차서 대기를 해야 하는데 회전율이 좋아 20~30분 정도 기다리면 입장할 수 있다.

주소 京都府京都市中京区 高倉東入桝屋町57 **위치** 3, 5, 11, 12, 32, 46, 58, 201, 203, 207번 버스 타고 시조타카쿠라(四条高倉) 버스 정류장에서 하차, 도보 7분 **전화** 075-744-0777 **시간** 월~금 11:00~15:00, 17:00~20:30, 토~일 11:00~20:30, 수요일 휴무 **메뉴** 오리지날 햄버그스테이크(オリジナルハンバーグ) 180g 890엔, 300g 1,110엔, 명란마요 햄버그스테이크(明太子マヨネーズハンバーグ) 180g 1,165엔, 300g 1,385엔 **홈페이지** tokura-hamburg.com

장어덮밥 장인이 만든 No.1 맛집
가네쇼 かね正 [카네쇼]

가네쇼는 장어덮밥 하나로 150년 넘게 많은 사람들에게 사랑을 받아 온, 교토에서도 손꼽히는 장인 맛집이다. 두툼한 장어와 얇게 썬 계란 지단이 듬뿍 올라간 긴시동(きんし丼) 한 그릇을 먹으면 왜 이곳이 오랫동안 사랑을 받고 있는지 바로 알게 된다. 가게 좌석이 14석으로 좁고, 주문 후 준비에 들어가므로 조리에 시간이 좀 걸리고, 항상 줄이 길게 서 있어 점심 오픈하기 전 혹은 저녁 오픈하기 전에 미리 줄을 서야만 그나마 일찍 들어갈 수 있다. 카드나 전자 결제가 안 되니 현금을 준비하고 휴무일을 꼭 체크하자. 골목 안쪽에 위치하고 있어 바로 가게가 보이지 않는데 우체국 앞 빨간 우체통을 찾고 그 바로 옆 작은 문이 있는 좁은 골목으로 들어가면 바로 있다. 교토에서 가장 추천하는 맛집이니 꼭 한번 들러 보자.

주소 京都府京都市東山区常盤町155 **위치** 5, 10, 11, 12, 59, 86번 버스 타고 시조게이한마에(四条京阪前) 버스 정류장에서 하차, 도보 2분 **전화** 075-532-5830 **시간** 11:30~14:00, 17:30~21:00, 목요일·일요일 휴무 **메뉴** 긴시동(きんし丼), 장어 반 마리+계란 지단) 2,200엔, 우나주(うな重, 장어 한 마리) 3,800엔

160년 전통의 니신 소바 전문점
마쓰바 松葉 [마츠바]

마쓰바는 청어로 국물을 우려내고 그 청어 한 마리를 통째로 넣어 소바와 같이 판매하고 있는 160년 전통의 니신 소바 전문점이다. 비주얼 때문에 여성들보다는 남성들이 주로 찾으며 기존의 온(溫)소바와는 다르게 청어가 들어가서 조금은 비리다고 하는 사람도 있지만 교토에서만 맛볼 수 있는 명물 음식이다. 니신 소바는 부드러운 소바에 조금은 딱딱한 청어가 올라간 소바인데 특히 여름에는 비린맛이 강해 비위가 약한 사람은 먹기 힘들 수도 있다. 다른 메뉴도 있어 각자 기호에 맞게 주문하면 되지만, 니신 소바를 먹지 않는다면 굳이 이곳을 방문하지 말고 다른 음식점을 가도록 하자.

주소 京都府京都市東山区四条大橋東入ル川端町192 **위치** 5, 10, 11, 12, 59, 86번 버스 타고 시조게이한마에(四条京阪前) 버스 정류장에서 하차, 도보 1분 **전화** 075-561-1451 **시간** 10:30~20:30, 수요일 휴무 **메뉴** 니신 소바(にしんそば) 1,650엔, 유바두부 소바(ゆば豆腐そば) 1,650엔 **홈페이지** www.sobamatsuba.co.jp

교토식 오코노미야키를 먹을 수 있는 대표 음식점
잇센요쇼쿠 壹錢洋食

잇센요쇼쿠는 오사카에서 흔히 먹는 두꺼운 오코노미야키와는 다른 교토식 오코노미야키를 판매하고 있는 음식점으로 100년간 많은 사람들의 사랑을 받고 있다. 이곳의 오코노미야키는 우리나라의 부침개처럼 얇게 편 밀가루 반죽 위에 각종 재료를 넣고 오므라이스처럼 동그랗게 말아 주는 것이 특징이다. 메뉴는 잇센요교쿠 하나여서 선택이 쉬우나 우리 입맛에는 다소 짜기 때문에 시원한 음료나 맥주와 함께 먹으면 좀 괜찮다. 음식점의 분위기나 인테리어도 기온의 옛 정취를 느낄 수 있도록 꾸며 놓았으니 가볍게 맥주 한잔 먹는 정도로 좋겠다.

주소 京都府京都市東山区祇園町北側238 **위치** 5, 10, 11, 12, 59, 86번 버스 타고 시조게이한마에(四条京阪前) 버스 정류장에서 하차, 도보 1분 **전화** 075-533-0001 **시간** 10:30~20:30, 수요일 휴무 **메뉴** 잇센요쿠(壹錢洋食) 850엔 **홈페이지** issen-yosyoku.co.jp

쓰케멘처럼 먹는 색다른 우동
오멘 おめん

오멘은 국물과 면이 따로 나오는 우동을 판매하는 곳으로 언뜻 보면 쓰케멘 같기도 하고 다른 한편으로는 자루 소바 느낌도 나는데 확실히 우동면이라 식감이 다른 것이 특징이다. 홋카이도산 다시마와 가다랑어로 우려낸 국물에 자신이 원하는 조미료들을 넣어 맛을 낸 후 우동을 담가 먹는 방식인데 국물의 맛을 여러 가지로 낼 수 있어 재미있다. 또한 우엉, 파, 생강, 배추, 무, 당근, 시금치 등을 함께 먹으면 색다른 맛을 느낄 수 있다. 우리가 알고 있는 평범한 우동이나 튀김도 함께 판매를 하고 있으니 일행이 있다면 다양하게 시켜서 재미있게 먹어 보도록 하자.

주소 京都府京都市左京区浄土寺石橋町74-3 **위치** 32번 버스 타고 긴카쿠지마에(銀閣寺前) 버스 정류장에서 하차, 도보 3분 **전화** 075-771-8994 **시간** 11:00~21:00, 목요일 휴무 **메뉴** 명물오멘(名物おめん) 1,280엔, 곱빼기는 110엔 추가 **홈페이지** omen.co.jp

교토에서 우동면이 가장 맛있는 곳
야마모토멘조 山元麵蔵 [야마모토멘조오]

야마모토멘조는 교토에서 우동이 가장 맛있는 곳으로 미슐랭 가이드에도 올라갈 만큼 인정받은 맛집이다. 갓 삶은 우동을 얼음물에 목욕시키고 바로 나와 단단하고 쫄깃쫄깃한 맛이 일품이며 천연 가다랑어로 우려내고 메뉴에 따라 신선한 재료들을 사용하여 맛이 깔끔하다. 면 따로 국물 따로 나오는 매운맛의 빨간 국물 우동이 가장 인기가 좋은데 매운맛도 조절할 수 있고 다른 곳에서는 맛볼 수 없는 별미이기 때문에 꼭 추천하는 메뉴이다. 겉바속촉의 튀김 또한 인기가 좋은데 특히 우엉튀김은 정말 오사카 여행 중에 먹기 힘든 메뉴이기 때문에 더욱 특별하다. 주요 관광지와는 거리가 있지만 시간을 내서 방문한다면 정말 후회 없는 한 끼 식사가 될 것이다. 방문 3일 전부터 예약을 받기 때문에 예약을 해야만 그나마 많이 기다리지 않고 식사를 할 수 있으며, 예약자가 많은 경우에는 옆 가게에서 테이크아웃만 가능할 수도 있다는 점은 꼭 참고하자.

주소 京都府京都市左京区岡崎南御所町34 **위치** 5번 버스 타고 오카자키공원 동물원앞(岡崎公園 動物園前) 버스 정류장에서 하차, 도보 2분 **전화** 075-744-1876 **시간** 월·화·금·토·일 11:00~18:00, 수 11:00~14:30, ※ 면이 떨어지면 영업 종료 / 목요일, 매월 네번째 수요일 휴무 **메뉴** 붉은면스페셜(赤い麵蔵スペシャル) 1,250엔, 소+흙우엉 쓰케멘(牛と土ゴボウのつけ麺) 1,100엔, 향미유 붉은면스페셜(香味油の赤い麵蔵スペシャル) 1,350엔, 흙우엉튀김(土ゴボウ天プラ) 450엔 **홈페이지** yamamotomenzou.com

아라시야마의 대표 우동 맛집
오즈루 おづる

아라시야마는 관광지여서 정말 가격만 비싸고 맛이 형편없는 음식점들이 있는데 오즈루는 관광객들이 많아 대기 시간도 길고 다소 북적이지만 가격도 적당하고 맛도 괜찮은 우동 맛집이다. 그날 판매하는 양만 아침 일찍 만들어 판매하고 있으며 우동 면발도 쫄깃쫄깃하고 다양한 메뉴가 있어 골라 먹는 재미가 있는 곳이다. 튀김이나 유바 오리고기가 곁들여진 우동도 판매하고 있고 튀김을 별도로 주문해서 먹을 수 있다. 밥과 함께 나오는 세트 메뉴도 있지만 이곳에서는 여러 토핑이 올라간 우동을 주문하는 것을 추천한다.

주소 京都府京都市右京区嵯峨天龍寺芒ノ馬場町22-4 **위치** ❶ 게이후쿠 아라시야마역에서 도보 3분 ❷ 덴류지 입구에서 도보 1분 **전화** 0505-484-7411 **시간** 11:00~19:30 **메뉴** 도로타마우동(とろたまうどん) 950엔, 튀김우동(天ぷらうどん) 1,580엔

고베
KOBE

백만 불짜리 야경으로 빛나는 항구 도시

오사카가 볼거리, 먹거리, 즐길거리가 다양한 현대적인 대도시이고, 교토가 살아 있는 역사 도시라면, 고베는 이 두 곳의 장점을 합쳐 놓은 듯한 도시다. 고베 지역의 온천·맛집·쇼핑들이 방송을 통해 많이 알려지고 다른 위성 도시보다 가깝고 이동도 편리하여 단기로 오사카 여행을 하는 관광객들은 교토보다 고베를 많이 방문한다. 우리에게 '고베'하면 고베·한신 대지진으로 알려졌는데 1995년 강진으로 도시가 초토화되어 도시 기능이 마비되었지만, 5년 만에 복구하여 현재의 모습을 갖추게 되었다. 고베항을 통해 중국과 간사이 지방 간의 무역이 이루어져 고베항 인근에는 차이나타운이 형성되어 있고, 중국 정기선이 지금도 고베항을 통해 오간다. 고베는 교토처럼 유구한 역사를 자랑하는 유적지는 없지만, 메이지 유신 때 외국 문물을 가장 먼저 받아들여 번성하면서 19세기 이후의 유적지가 많이 남아 있다. 대지진 이후 지속적인 개발로 롯코 아일랜

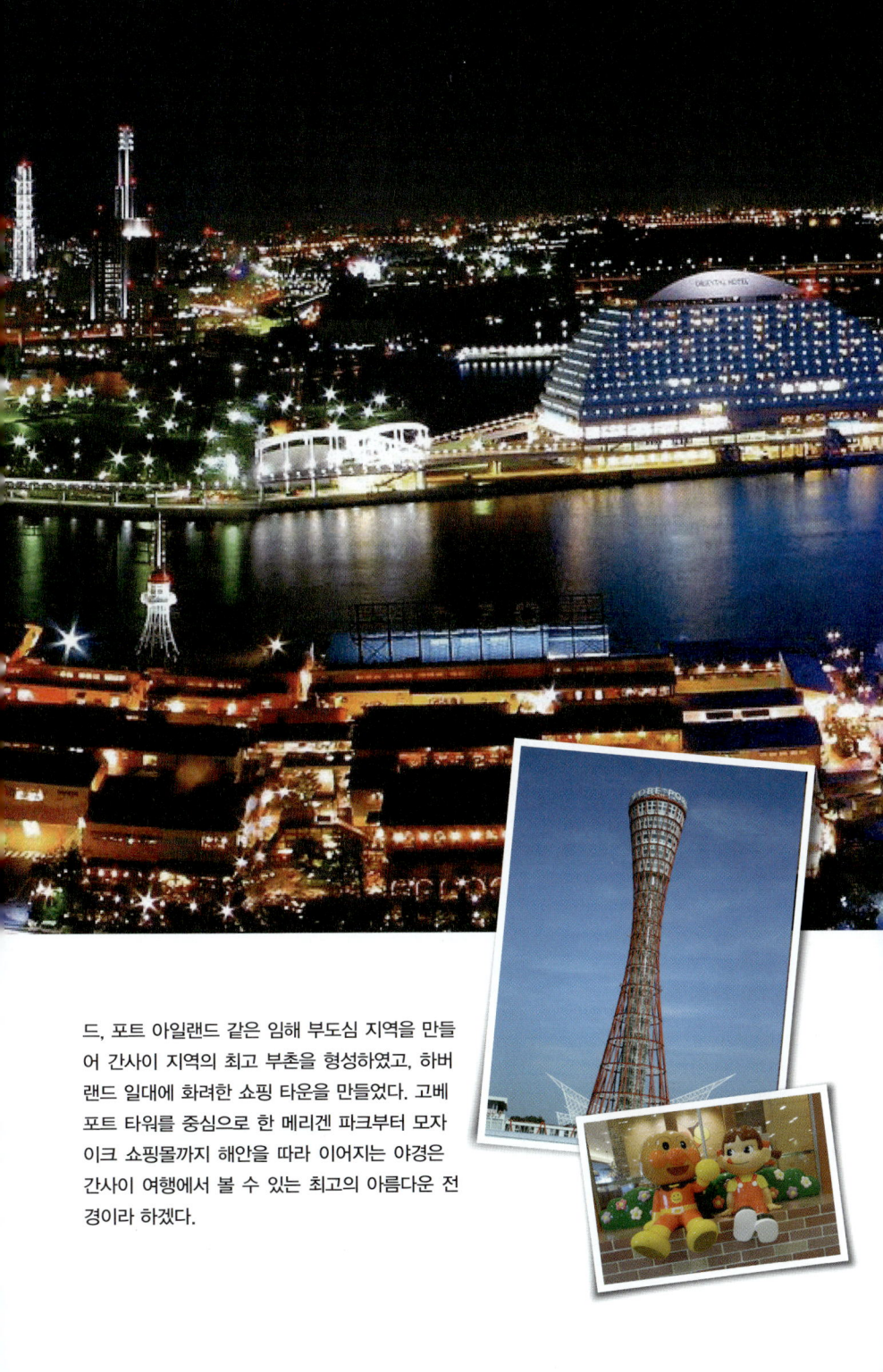

드, 포트 아일랜드 같은 임해 부도심 지역을 만들어 간사이 지역의 최고 부촌을 형성하였고, 하버랜드 일대에 화려한 쇼핑 타운을 만들었다. 고베 포트 타워를 중심으로 한 메리겐 파크부터 모자이크 쇼핑몰까지 해안을 따라 이어지는 야경은 간사이 여행에서 볼 수 있는 최고의 아름다운 전경이라 하겠다.

• 고베 교통편 •

고베의 중심인 산노미야역(三宮駅)으로 가는 방법은 우메다(梅田)에서 JR선이나 한큐선(阪急線)을 이용하여 이동하는 방법과 난바에서 한신난바선(阪神なんば線)을 이용하여 이동하는 방법이 있다. 바로 모자이크나 해양 공원 쪽으로 간다면 JR 고베역(神戸駅)으로 이동하는 것이 편하다. 고베로 이동하는 방법이 다양하므로 무엇보다 자기가 있는 위치와 목적지에 따라 적절한 방법을 선택하도록 한다.

■ 우메다역에서 이동하기
한큐(阪急) 우메다역(梅田駅) 8·9번 플랫폼에서 한큐고베선(阪急神戸線) 특급(特急)을 탑승하여 5 정거장을 이동하여 한큐(阪急) 고베산노미야역(神戸三宮駅)에 하차.

시간 약 25분 소요 **요금** 460엔

■ JR 오사카역에서 이동하기
JR 오사카역(大阪駅) 5번 플랫폼에서 도카이도산요본선(東海道山陽本線) 신쾌속(新快速)을 탑승하여 4 정거장을 이동하여 JR 고베역(神戸駅)에 하차.

시간 약 25분 소요 **요금** 460엔

■ 난바역에서 이동하기
오사카난바역(大阪難波駅)에서 아마가사키(尼崎) 방면 한신난바선(阪神なんば線) 쾌속급행(快速急行)을 탑승하여 5 정거장을 이동하여 아마가사키(尼崎駅)에서 하차한 다음, 플랫폼 이동 없이 고베산노미야(神戸三宮) 방면 한신본선(阪神本線) 쾌속급행(快速急行)으로 환승하여 6 정거장을 이동하여 한신(阪神) 고베산노미야역(神戸三宮駅)에 하차.

시간 약 45분 소요 **요금** 420엔

Travel Course

고베를 방문하는 여행객들이 가장 많이 이용하는 코스는 산노미야역을 시작으로 해양 공원 쪽으로 도보로 이동하는 일정이다. 걷는 시간이 많지만 고베의 핵심 관광지를 대부분 구경할 수 있다는 장점이 있다.

JR 산노미야역 도보 15분 ▶ 기타노이진칸 도보 20분 ▶ 모토마치 도보 1분 ▶ 난킨마치 도보 1분 ▶ 모토마치 도보 15분 ▶ 고베 포트 타워 도보 5분 ▶ 우미에 모자이크 도보 1분 ▶ 우미에

기타노이진칸

고베 포트 타워

우미에 모자이크

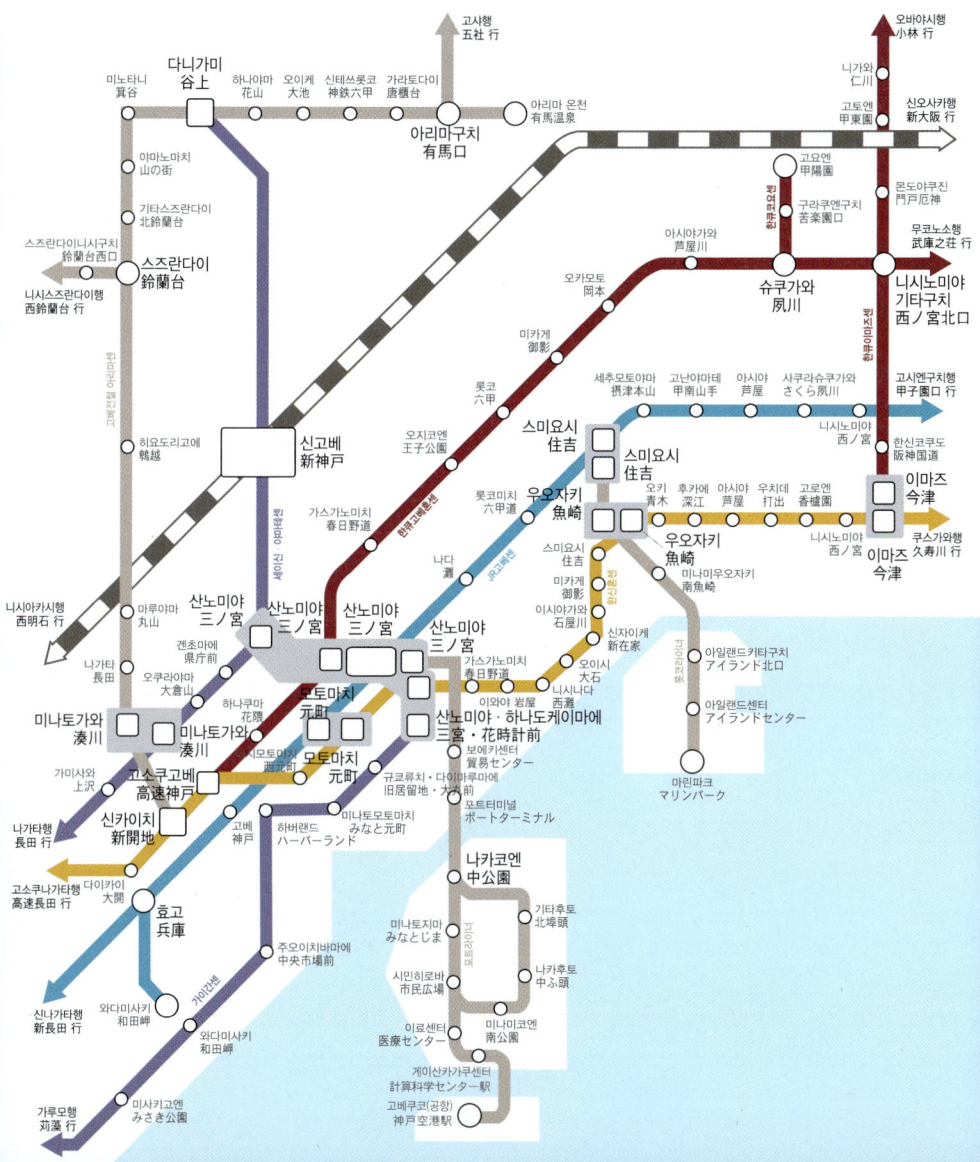

이국적인 유럽 마을이자 고베 최고의 포토 스폿
기타노이진칸 北野異人館

이국적인 유럽 마을인 기타노이진칸 지역은 메이지 유신 때 고베항을 통해 많은 서구 문물이 들어왔을 때 서양인들이 그들만의 건축 기법을 이용하여 지은 숙소와 학교, 외교 공관이 지금까지 남아 관광 명소가 되었다. 이국적인 건물을 배경으로 기념 촬영을 할 수 있는 고베 최고의 포토 스폿으로 주말이 되면 관광객들이 많이 찾는 곳이며 유럽풍 레스토랑에서 근사하게 식사를 할 수 있다. 건축물들이 언덕 위에 위치해 있어 고베 시내와 해안선까지 볼 수 있는 멋진 무료 전망대로 손색이 없는 곳이다. 몇몇 건축물은 하우스 웨딩 장소로 이용하기도 하는데 관광객 출입이 금지되어 있으니 입구에서 확인을 하고 주의하도록 하자. 기타노이진칸 지역은 언덕 위에 위치하고 있어 오르막길과 좁은 길이 많으니 고생하지 않으려면 관광 전에 미리 지도를 확인하고 계획을 세우도록 하자.

주소 兵庫県神戸市中央区北野町 **위치** JR 산노미야역 서쪽 출구에서 북쪽 방향으로 도보 20분 **전화** 078-251-8360 **시간** 24시간 ※ 내부 관람 시간은 건축물마다 다름 **홈페이지** www.kobeijinkan.com

1. 테디베어 뮤지엄(ザ・テディベアミュージアム)
2. 연두색 집(萌黄の館)
3. 풍향계의 집(風見鶏の館)
4. 키타노초 광장
5. 파라스틴 저택(パラスティン邸)
6. 덴마크관(デンマーク館)(テーマ館)
7. 우로코노이에・우로코 미술관
   (うろこの家・うろこ美術館)
8. 야마테 8번관(山手八番館)
9. 기타노 외국인 클럽(北野外国人倶楽部)
10. 옛 중국 영사관(旧中国領事館)
11. 오스트리아의 집(オーストリアの家)(テーマ館)
12. 향기의 집 네덜란드관
    (香りの家・オランダ館 ウィーン)
13. 이탈리아관(プラトン装飾美術館)
14. 고베 키타노 미술관(神戸北野美術館)
15. 벤의 집(ベンの家)
16. 라인관(ラインの館)
17. 프랑스관(洋館長屋)(仏蘭西館)
18. 영국관(英国館)
19. JR 산노미야(JR 三宮)역
19-1. 한신 산노미야(阪神三宮)역
19-2. 지하철 산노미야(三宮)역
19-3. 한큐 산노미야(阪急 三宮)역
20. 구 파나마 영사관(旧パナマ館)
21. 슈 에케 저택(シュウエケ邸)
22. 도켄카쿠(東天閣)
23. 기타노 공방(北野工房の街)

풍향계관 風見鶏の館

주소 神戸市中央区北野町3-13-3 **전화** 078-242-3223 **시간** 09:00~18:00, 2·6월 첫째 화요일 휴무 **요금** 성인 500엔, 고등학생 이하 무료 **홈페이지** kobe-kazamidori.com

모에기관 萌黄の館

주소 兵庫県神戸市中央区北野町3-10-11 **전화** 078-855-5221 **시간** 09:30~18:00, 2월 셋째 수요일 휴무 **요금** 성인 400엔, 고등학생 이하 무료

라인관 ラインの館

주소 兵庫県神戸市中央区北野町2-10-24 전화 078-222-3403 시간 09:00~18:00 요금 무료

이탈리아관(플라톤 장식미술관)
イタリア館(プラトン装飾美術館)

주소 神戸市中央区北野町1-6-15 전화 078-271-3346 시간 10:00~17:00 요금 800엔

야마테 8번관 山手八番館

주소 神戸市中央区北野町2-20-7 전화 0120-888-581 시간 4월~9월 09:30~18:00, 10월~3월 09:30~17:00 요금 550엔 홈페이지 kobe-ijinkan.net/md/yamate/

고베 기타노 미술관 神戸北野美術館

주소 兵庫県神戸市中央区北野町2-9-6 전화 078-251-0581 시간 09:30~17:30 요금 중학생 이상 500엔, 초등학생 300엔 홈페이지 www.kitano-museum.com

고베 트릭아트(불가사의한 영사관)
神戸トリックアート(不思議な領事館)

주소 神戸市中央区北野町2-10-7 전화 0120-888-581 시간 4월~9월 09:30~18:00, 10월~3월 09:30~17:00 요금 800엔 홈페이지 kobe-ijinkan.net/md/trick/

서양관(프랑스관) 洋館長屋(仏蘭西館)

주소 兵庫県神戸市中央区北野町2-3-18 전화 0120-888-581 시간 4월~9월 09:30~18:00, 10월~3월 09:30~17:00 요금 550엔 홈페이지 kobe-ijinkan.net/md/france/

기타노 외국인 클럽 北野外国人倶楽部

주소 神戸市中央区北野町2-18-2 전화 0120-888-581 시간 4월~9월 09:30~18:00, 10월~3월 09:30~17:00 요금 550엔 홈페이지 www.kitano-museum.com

우로코의 집 · 우로코 미술관
うろこの家•展望ギャラリー

주소 兵庫県神戸市中央区北野町2-20-4 전화 0120-888-581 시간 10:00~17:00 요금 1,050엔 홈페이지 kobe-ijinkan.net/md/uroko/

언덕 위의 이진칸 坂の上の異人館

주소 神戸市中央区北野町2-18-2 전화 0120-888-581 시간 4월~9월 09:30~18:00, 10월~3월 09:30~17:00 요금 550엔 홈페이지 kobe-ijinkan.net/md/sakanoue/

영국관 英国館

주소 神戸市中央区北野町2-3-16 전화 0120-888-581 시간 4월~9월 09:30~18:00, 10월~3월 09:30~17:00 / BAR 킹 오브 킹스 월~토 17:00~01:00 요금 750엔 홈페이지 kobe-ijinkan.net/md/england/

벤의 집 ベンの家

주소 兵庫県神戸市中央区北野町2-3-21 전화 0120-888-581 시간 4월~9월 09:30~18:00, 10월~3월 09:30~17:00 요금 550엔 홈페이지 kobe-ijinkan.net/md/ben/

향기의 집 네덜란드관 香りの家オランダ館

주소 神戸市中央区北野町2-15-10 전화 078-261-3330 시간 3월~12월 09:00~18:00, 1월~2월 09:00~17:00 요금 700엔 홈페이지 www.orandakan.shop-site.jp

빈 오스트리아관 ウィーンオーストリアの家

주소 神戸市中央区北野町2丁目15-18 전화 078-261-3466 시간 3월~12월 09:00~18:00, 1월~2월 09:00~17:00 요금 500엔 홈페이지 www.orandakan.shop-site.jp

덴마크관 デンマーク館

주소 神戸市中央区北野町2-15-12 전화 078-261-3591 시간 3월~12월 09:00~18:00, 1월,2월 09:00~17:00 요금 500엔 홈페이지 www.orandakan.shop-site.jp

> **기타노이진칸 세트권** *TIP.
>
> 기타노이진칸의 건축물은 대부분 유료로 입장하기 때문에 모두 둘러본다면 상당한 비용이 들어간다. 비용을 줄이려면 세트권을 이용해야 하는데 구매는 거리 곳곳에서 볼 수 있는 티켓 센터나 기타노 광장 앞에 있는 인포메이션 센터에서 구입할 수 있다. 세트권의 종류에 대해서는 홈페이지를 확인하고 일정에 맞는 것을 구매하자.
>
> 홈페이지 kobe-ijinkan.net/md/ticket/

고베 교통의 중심지이자 여행의 시작점
산노미야역 三宮駅 [산노미야에키]

산노미야역은 JR선, 한큐선(阪急線), 한신선(阪神線), 포트라이너(ポートライナー), 고베시영지하철(神戸市営地下鉄)까지 5개의 노선이 지나가는 고베 교통의 중심지이고 주변 상권이 잘 발달되어 있으며 음식점도 많아 관광객들이 필수로 찾는 곳이다. 특히 인기 음식점이 산노미야역 근처에 많아 이곳에서 점심 식사를 하고 고베 여행을 시작하는 여행객들이 많으므로 산노미야역을 고베 여행의 시작점이라 할 수 있다. 각 교통의 역사가 달라 길이 많이 헷갈릴 수 있으니 JR 산노미야역을 기점으로 움직이도록 한다.

주소 兵庫県神戸市中央区雲井通8丁目1-8 (JR 산노미야역)

고베의 대표적인 아케이드 상점가
모토마치 상점가 元町 商店街 [모토마치 쇼오텐가이]

모토마치 상점가는 다이마루(大丸) 백화점 고베점부터 니시모토마치(西元町)역 1초메부터 6초메까지 300개가 넘는 점포가 1.2km에 길게 이어져 있다. 고베 관광의 필수 코스로 꼽히며 상점과 음식점 그리고 카페가 많아 관광객뿐만 아니라 현지인들도 많이 찾는 지역이다. 상점가의 1초메와 2초메에서 한 블록 떨어진 위치에 난킨마치(南京町)가 있으니 지그재그로 둘러보는 것도 괜찮다. 상점가가 일자로 쭉 뻗어 있어 길을 잃을 염려가 없지만 중간에 고베 포트 타워나 메리켄 파크로 이동한다면 중간에서 이동을 해야 하니 안내판을 잘 보고 움직이도록 하자.

주소 兵庫県神戸市中央区元町通 **위치** JR 모토마치역 서쪽 출구에서 도보 3분 **전화** 078-391-0831 **홈페이지** www.kobe-motomachi.or.jp

고베의 아담한 차이나타운
난킨마치 南京町

요코하마와 나가사키와 더불어 일본의 3대 차이나타운 중 하나인 고베 난킨마치는 요코하마에 비하면 아담한 사이즈의 크지 않은 곳이다. 1868년 고베항이 개항하여 중국 상인들이 무역항으로 이용하면서 1926년 난킨마치 시장이 형성되어 지금까지 이어오고 있다. 과거에는 밀수품을 거래하는 곳으로 유명하여 사건 사고가 많았지만 1981년 정비 사업을 통해 지금의 모습을 갖추었다. 지금은 다양한 중국 음식을 판매하는 곳으로 유명해졌지만 우리 입맛에 맞지 않을 수 있으니 식사보다는 간식으로 신중하게 선택하자.

주소 兵庫県神戸市中央区元町通1丁目1-1 **위치** JR 모토마치역 서쪽 출구에서 도보 4분 **전화** 078-332-2896 **홈페이지** www.nankinmachi.or.jp

> 아름다운 고베의 모습을 볼 수 있는 곳
메리겐 파크 メリケンパーク [메리켄파-쿠]

1987년 해양 공원으로 조성되었으나 1995년 고베·한신 대지진으로 대부분 망가지고 이후 재정비를 거쳐 지금의 모습이 되었다. 과거 대지진을 잊지 않기 위해 공원 일부와 무너진 메리겐 부두를 복원하지 않고 그대로 방치하여 기념 공원으로 조성하였다. 메리겐 파크에서 바라보는 고베의 해양 공원과 도심은 너무도 평화롭고 저녁이 되면 포트 타워와 해양 박물관의 조명이 들어서 주변 전경이 너무도 아름답다. 고베의 아름다운 야경을 바라보면서 메리겐 파크부터 모자이크까지 잠시 거닐며 여유 있는 시간을 가져 보자.

주소 兵庫県神戸市中央区波止場町2 **위치** 고베시영지하철 미나토모토마치역 2번출구에서 도보 5분 **전화** 078-304-2503

> 돛을 형상화한 건물이 눈길을 끄는 해양 박물관
고베 해양 박물관
神戸海洋博物館 [고베카이요오하쿠부츠칸]

고베 해양 박물관은 메리겐 파크에 위치하고 있으며 외형의 철골 구조가 돛을 형상화한 건물로, 밤이면 조명이 매우 아름다워 감탄사가 절로 나온다. 1층에는 배에 관련된 자료들이 전시되어 있고, 2층에서는 해양 생태계에 관련된 자료를 볼 수 있으며, 옥외 전시실에는 콜럼버스가 아메리카 대륙을 발견할 당시 이용한 배 모형을 만들어 놓았다. 저녁이 되면 관광객들이 고베의 야경을 보기 위해 이곳을 방문하는데 고베 해양 박물관과 뒤쪽 포트 타워와 함께 보는 야경이 고베의 100만불짜리 최고의 야경이라 하겠다.

주소 兵庫県神戸市中央区波止場町2-2 **위치** 고베시영지하철 미나토모토마치역 2번 출구에서 도보 5분 **전화** 078-327-8983 **시간** 10:00~18:00, 월요일 휴무 **요금** 어른(대학생) 900엔, 초·중·고 400엔 **홈페이지** kobe-maritime-museum.com

| 아름다운 고베의 모습을 한눈에 볼 수 있는 전망대

고베 포트 타워 神戶ポートタワー [고베포-토타와-]

고베 포트 타워는 메리겐 파크를 대표하는 전망대이자 고베의 상징이다. 낮에는 그 가치가 잘 드러나지 않지만 저녁이 되면 붉은 조명이 관광객들의 마음을 사로잡는다. 높이 108m로 그리 높지는 않지만 고베항의 모습과 고베의 야경, 그리고 멀리 오사카의 야경까지 볼 수 있다. 비용이 부담스럽다면 꼭 입장료를 내고 타워에 올라가지 않아도 고베 포트 타워 앞에서 고베의 넓은 바다와 아름다운 야경을 감상하는 것만으로도 좋은 추억을 만들 수 있다.

주소 兵庫県神戸市中央区波止場町2-2 **위치** 고베시영지하철 미나토모토마치역 2번 출구에서 도보 5분 **전화** 078-327-8983 **시간** 10:00~18:00, 월요일 휴무 **요금** 어른(대학생) 900엔, 초·중·고 400엔 **홈페이지** kobe-maritime-museum.com

| 가족이 함께 즐길 수 있는 대형 쇼핑몰

우미에 ウミエ

이온몰이 운영하는 우미에는 노스 몰(North mall)과 사우스 몰(South mall), 두 개의 건물로 구성이 되어 있으며 255개의 점포가 입점해 있는 대형 쇼핑몰이다. 다른 대형 쇼핑몰과는 다르게 고가의 제품을 판매하는 매장이나 명품 매장은 없고 대중적인 브랜드의 매장들이 운영 중이며 특히 갭 키즈(GAP KIDS), 토이저러스(Toysrus), 퓨어하트(ピュアハート, 어린이 놀이터), GIGO(게임 센터) 등 아이들을 위한 쇼핑 매장과 놀이 시설들이 많다. 또한 4층의 넓은 푸드코트는 어린이 전용 의자와 테이블이 갖추어져 있고 별도의 화장실도 준비되어 있어 가족이 함께 편안하게 식사 시간을 가질 수 있다. 2층은 모자이크와 바로 연결되어 있으니 모자이크와 함께 둘러보면서 즐거운 시간을 보내도록 하자.

주소 兵庫県神戸市中央区東川崎町1丁目7-2 **위치** JR 고베역 DUOKOBE 27번 출구에서 도보 2분 **전화** 078-382-7100 **시간** 10:00~20:00 ※ 극장 OS cinemas는 운영 시간이 다름 **홈페이지** umie.jp

고베 하버 랜드의 최고 인기 쇼핑몰
우미에 모자이크 ウミエ モザイク [우미에 모자이쿠]

바다와 운하로 둘러싸여 있는 복합 상업 시설로, 1992년 개장한 이래 30년이 넘게 지났지만, 여전한 인기를 누리고 있는 쇼핑 명소다. 총 3층 건물로 각층마다 분위기가 달라 다채로운 느낌을 준다. 건물 주위의 거리와 운하는 남유럽풍의 이국적인 느낌을 주며 최근에는 스누피 타운, 토토로 캐릭터 숍인 돈구리공화국, 산리오 매장 등이 입점하여 방문객들이 많이 찾고 있다. 패션 매장은 물론, 세계의 음식을 맛볼 수 있는 다양한 레스토랑과 영화관까지 갖추고 있고 공간 자체가 예뻐서 포토 스폿으로도 잘 알려져 있다. 주변 벤치에서는 여유 있게 아름다운 고베의 야경도 감상할 수 있으니 고베를 방문한다면 모자이크를 빼놓지 말고 꼭 방문하자.

주소 兵庫県神戸市中央区東川崎町1丁目6-1 **위치** JR 고베역 DUOKOBE 27번 출구에서 도보 3분 **전화** 078-360-1722 **시간** 상점 10:00~20:00, 레스토랑 11:00~23:30 ※ 레스토랑의 영업 시간은 매장마다 다를 수 있음 **홈페이지** umie.jp

아이들의 인기 캐릭터 호빵맨과 함께 즐기는 테마월드
고베 호빵맨 어린이 뮤지엄
神戸アンパンマンこどもミュージアム [고베 안판만 코도모 뮤우지아무]

얼굴은 호빵처럼 못생기고 슈퍼맨처럼 붉은 망토를 걸치고 있는 우스꽝스러운 모습이 더욱 친숙한 호빵맨을 메인 테마로 한 놀이터이다. 호빵맨을 메인으로 여러 테마존을 운영하고 있으며 실내 어린이 놀이터도 있다. 박물관에 들어가기 전 우측에는 따로 입장료를 받지 않고 캐릭터 제품이나 기념품을 구매할 수 있는 호빵맨 잡화점이 있다. 박물관 입장권을 한번 구매하면 당일에 한하여 재입장이 가능하므로 모자이크와 우미에 쇼핑몰에서 쇼핑과 식사를 즐기면서 아이들과 즐거운 시간을 보낼 수 있다.

주소 兵庫県神戸市中央区東川崎町1丁目6-2 **위치** JR 고베역 DUOKOBE 27번 출구에서 도보 5분 **전화** 078-341-8855 **시간** 10:00~17:00 **요금** 1세 이상 2,000엔~2,500엔(날짜에 따라 입장 요금이 다름, 홈페이지 참고) **홈페이지** www.kobe-anpanman.jp

동물들과 함께할 수 있는 체험형 동물원
고베 동물 왕국 神戸どうぶつ王国 [고베 도오부츠 오-코쿠]

2014년 오픈한 고베 동물 왕국은 아이들이 동물들과 교감하고 체험할 수 있는 곳으로 동물들과 함께하는 다양한 쇼를 볼 수 있다. 모래고양이, 아메리칸쇼트헤어, 노르웨이숲고양이, 토이푸들, 기니피그, 플랑드르 자이언트는 먹이를 주고 쓰다듬을 수 있는 시간을 보낼 수 있고 열대 수련 연못에서 앵무새 쇼를 보면서 참여를 할 수 있는 시간도 있다. 또한 늑대나 호랑이 같은 맹수들에게 먹이를 주는 것을 직접 관람할 수 있고 야외 동물원에서는 말이나 낙타를 타는 체험도 할 수 있다. 규모는 동물원처럼 크지는 않지만 꽤 규모가 있고 많은 동물들과 함께할 수 있는 시간을 가질 수 있으니 가족이 함께 방문한다면 아이들에게는 정말 좋은 시간이 될 듯하다.

주소 兵庫県神戸市中央区港島南町7丁目1-9 **위치** 포트라이너 게이산카가쿠센타역(計算科学センター駅) 남쪽 출구에서 도보 1분 **전화** 078-302-8899 **시간** 10:00~17:00 **요금** 중학생 이상 2,200엔, 초등학생 1,200엔, 유아(4~5세) 500엔, 65세 이상 1,600엔 **홈페이지** www.kobe-oukoku.com

• Plus Area • 아리마 온천 여행 •

간사이 지역의 대표 온천 휴양지
아리마 온천 有馬溫泉 [아리마 온센]

많은 관광객이 오사카에 가서 먹고 싶은 것으로 초밥을 먼저 꼽고, 하고 싶은 것으로는 온천욕을 가장 먼저 꼽는다. 오사카 시내에도 온천 테마파크가 있지만 일본의 전통 온천을 경험하고 싶다면 고베 지역의 아리마 온천(有馬溫泉)으로 떠나 보자. 아리마 온천 지역은 1,300년 전부터 간사이 지역의 대표 온천 휴양지로 사랑을 받아 왔다. 도요토미 히데요시도 이곳을 즐겨 찾았다고 한다. 짧은 일정으로는 거의 목욕 수준의 경험밖에 할 수 없으므로 반나절 정도의 시간을 내어 온천욕으로 피로를 싹 풀어 보자. 아리마 온천 지역의 대표 온천으로는 긴노유(金の湯) 온천과 긴노유(銀の湯) 온천 그리고 다이코노유(太閤の湯) 온천을 꼽는다. 개인 료칸(旅館)을 운영하는 작은 온천들도 있지만 쉽게 접하기 어렵다. 모두 아리마온센역에서 도보로 5분 거리에 있으므로 대중교통은 이용하지 않아도 된다. 또 걸어가는 동안 기념품 상점이 여럿 있어 지역 특산품도 살 수 있고 온천수가 흐르는 하천도 볼 수 있다. 옛 건물들이 운치 있게 늘어서 있으므로 송영버스가 있지만 걸어 다니기를 추천한다.

위치 고베 전철 아리마선 아리마온센(有馬溫泉)역 정문에서 도보 5분 **교통** 오사카에서 출발할 경우 한큐(阪急) 우메다역(梅田駅)에서 한큐고베본선(阪急神戸本線)을 탑승하여 한큐(阪急) 산노미야역(三宮駅)에 하차, 고베시영지하철(神戸市営地下鉄)을 이용하여 신고베역(新神戸駅)으로 간다. 그 다음 호쿠신 급행(北神急行)을 타고 다니가미역(谷上駅)으로 이동한 후 고베 전철 아리마선(神戸電鉄有馬線)을 이용하여 아리마온센역(有馬溫泉駅)으로 이동한다. 단, 아리마온센역 직통이 없으면 아리마구치역(有馬口駅)으로 이동한 후 아리마온센역 전용 전철로 갈아타야 한다. 1시간 20분 정도 소요된다. 간사이 스루 패스 소지자는 무료로 탑승 가능하다.

긴노유(금탕) 金の湯 [킨노유]

긴노유는 철분이 듬뿍 함유되어 있어 물빛이 황갈색이어서 금탕이라고 불린다. 관절염에 좋다고 하여 많은 노년층이 방문하고 있으며 밖에는 별도의 족탕을 무료로 운영하고 있어 언제든지 쉬어 갈 수 있다.

주소 兵庫県神戸市北区有馬833 **위치** 아리마온센역 출구에서 도보 3분 **전화** 078-904-0680 **시간** 08:00~22:00, 둘째·넷째 화요일 휴무 **요금** ❶ 어른 800엔(평일 650엔), 어린이(초등·중학생) 350엔 ❷ 긴노유(金の湯)+긴노유(銀の湯) 통합권 1,200엔 **홈페이지** arimaspa-kingin.jp/kin-01.htm

긴노유(은탕) 銀の湯

은탕이라는 뜻의 긴노유는 라듐과 탄산염이 함유되어 있어 물이 뽀얘서 붙여진 이름으로, 피부나 미용에 관심이 있는 젊은 층이 많이 찾는 온천이다.

주소 兵庫県神戸市北区有馬町1039-1 **위치** 아리마온센역 출구에서 도보 5분 **전화** 078-904-0256 **시간** 09:00~21:00, 첫째·셋째 화요일 휴무 **요금** 어른 700엔(평일 500엔), 어린이(초등·중학생) 300엔 **홈페이지** arimaspa-kingin.jp/gin-01.htm

다이코노유 太閤の湯

한국인 여행객, 그중에서도 가족 단위의 여행객이 가장 많이 찾는 곳이다. 금탕, 은탕, 탄산탕, 암반탕 등 24개의 테마 온천 시설이 준비되어 있고 온천의 중앙 홀에는 음식을 먹고 술을 마시면서 즐길 수 있는 푸드코트도 만들어져 있어 인기 만점이다.

주소 兵庫県神戸市北区有馬町 池の尻292-2 **위치** 아리마온센역 출구에서 도보 10분 **전화** 078-904-2291 **시간** 10:00~22:00 **요금** 어른(중학생 이상) 1,980엔~, 어린이(초등학생) 1,239엔~, 유아(3~5세) 440엔~ ※ 이용 시간과 날짜에 따라 요금이 다르니 홈페이지 참고 **홈페이지** www.taikounoyu.com

다케토리테이 마루야마 竹取亭円山

고베에서 유명한 아리마 온천 지역에 위치한 다케토리테이 호텔은 비싼 가격만큼이나 부대시설이 우수한 고급 료칸이다. 노천 온천을 예약제로 운영하고 있으며 식사, 전망, 조경이 뛰어나고 방 상태도 좋아 자금 여유가 있는 관광객이 찾는 곳이다. 체크인 후 마차를 타고 객실로 이동하는 서비스도 특별하며 여성 고객에 한해 40여 종의 유카타 중 하나를 무료로 대여해 주는 서비스도 제공한다. 가격이 정말 비싸기 때문에 예산 조절을 잘 해야 한다.

주소 兵庫県神戸市北区有馬町1364-1 **위치** 아리마온센역 출구에서 도보 15분, 아리마온센역에서 송영버스로 이동 **전화** 078-904-0631 **시간** 체크인 15:00, 체크아웃 11:00 **요금** 52,000엔(2인 1실 기준) **홈페이지** www.taketoritei.com

고베 추천 맛집

고베 인기 철판 스테이크 맛집
스테이크랜드 ステーキランド [스테에키란도]

일본에서 '와규' 하면 가장 유명한 곳이 고베인데 와규의 본고장 고베에서 대중적으로 가장 인기 있는 맛집을 꼽으라고 하면 바로 이곳 스테이크랜드이다. 과거에는 진짜 고베에서 기르는 소고기로 요리를 하였지만 요즘은 호주산 와규를 쓰는 것이 일반적이다. 하지만 이곳은 호주산 소와 고베 와규 스테이크를 둘 다 판매하고 있으니, 주머니 사정이 괜찮다면 고베 와규 스테이크를 꼭 먹어 보자. 메뉴를 주문하면 테이블 앞 철판에서 요리사가 직접 고기를 구워 주는데 그 퍼포먼스에도 빠져들게 되고 고기 맛도 일품이다. 낮에는 다소 저렴한 세트 메뉴를 판매하고 있어 아주 인기가 좋아 사람이 워낙 많으니 서둘러 가지 않으면 긴 줄을 서야 한다. 본관에 줄을 서 있으면, 가까이에 자리가 넓은 별관이 있어 직원이 와서 안내해 주니 참고하자.

주소 兵庫県神戸市中央区北長狹通1丁目8-2 **위치** JR 산노미야역 서쪽 출구에서 도보 2분 **전화** 078-332-1653 **시간** 11:00~21:00 **메뉴** 스테이크S런치(ステーキSランチ) 100g 1,200엔, 고베규 스테이크런치(神戸牛ステーキランチ) 150g 3,500엔 **홈페이지** steakland-kobe.jp

역사가 있는 유럽풍 커틀릿 맛집
몬 もん

복고풍 실내 인테리어가 인상적이고 역사가 있는 이곳은 '유럽풍 요리사(欧風料理もん)'의 끝자를 따서 '몬'이라고 가게 이름을 지었다. 1936년 오픈하여 고베 지역에서 커틀릿 요리 맛집으로 관광객들보다는 현지인에게 오랫동안 사랑받고 있다. 메뉴의 종류가 많으며 그중 겉바속촉의 커틀릿과 부드러운 오므라이스가 가장 많이 찾는 메뉴이다. 맛이 유별나게 뛰어난 것은 아니지만 기본은 하며, 좋은 재료를 사용하고 차분한 분위기와 오랜 역사 때문에 많은 사람들이 찾는 듯하다. 점심시간이나 주말에는 줄을 서야 할 정도로 사람들이 많은데 저녁에는 오래 기다리지 않고 식사를 할 수 있다.

주소 兵庫県神戸市中央区北長狭通2丁目12-12 **위치** JR 산노미야역 서쪽 출구에서 도보 2분 **전화** 078-331-0373 **시간** 11:00~20:45 **메뉴** 비프커틀릿(단품)(ビーフカツレツ(単品)) 2,860엔, 오므라이스(オムライス) 1,380엔

고베를 대표하는 전통 있는 빵집
이스즈 베이커리 イスズベーカリー [이스즈 베에카리-]

1946년에 개업하여 지금까지 많은 사랑을 받고 있는 고베 대표 빵집인 이스즈 베이커리는 고베 산노미야 주변에만 4개의 매장이 있을 정도이다. 다양한 종류의 빵을 판매하고 있는데 오전 시간에 방문하지 않으면 남아 있는 빵 정도만 구경할 수 있을 정도로 지역 사람들에게도 인기가 많다. 4개의 매장 중 메뉴도 다양하고 공간이 넓어 복잡하지 않은 모토마치점을 추천한다. 대표 메뉴인 4종류의 카레빵, 바나나빵, 캐러멜빵이 가장 많이 판매되는 인기 제품이니 간단하게 하나 정도 구매하여 여행하다 출출할 때 꺼내 먹자.

주소 兵庫県神戸市中央区元町通1丁目11-18 **위치** JR 모토마치역 서쪽 출구에서 도보 3분 **전화** 078-393-4180 **시간** 08:00~21:00 **메뉴** 소힘줄조림 카레빵(牛すじ煮込みカレー) 270엔, 쇼콜라바게트(ショコラバゲット) 291엔 **홈페이지** isuzu-bakery.jp

식감 좋은 사누키 우동 맛집
산야 讚也

쫄깃쫄깃하고 부드러운 수타면으로 만든 사누키 우동 전문점인 산야는 주변 우동집 중 가장 인기가 있는 곳으로 식사 시간에는 줄을 서서 기다릴 정도로 인기가 좋다. 2008년에 처음 문을 열고 몇 년 동안은 가게가 한산했지만 지금은 메뉴도 다양해지고 관광객들도 많이 찾으면서 활기를 띠고 있다. 기본적으로 가케 우동이나 자루 우동은 먹어 봐야 하며, 튀김도 크기가 크고 맛있어 세트 메뉴로 먹는 것도 좋다. 점심시간에는 런치 세트를 구매하면 다소 저렴하고 든든하게 먹을 수 있으니 참고하자.

주소 兵庫県神戸市中央区元町通5丁目5-14 **위치** 고베시영지하철 미나토모토마치역 1번 출구에서 도보 2분 **전화** 078-362-2977 **시간** 11:00~20:00 **메뉴** 가케 우동(かけうどん) 650엔, 새우튀김 붓카케(海老天おろしぶっかけ) 1,000엔

전통 있는 오므라이스 전문점
그릴 스타십 グリルスターシップ [구리루 스타―싯푸]

노부부가 운영하는 오므라이스 & 스튜 전문점으로 1966년에 오픈하여 지금까지 옛 맛 그대로를 고수하여 오랜 단골손님이 많은 지역 맛집이다. 직접 가게에서 만든 스튜와 오므라이스 소스를 사용하고 신선한 재료를 사용하여 음식의 맛이 깔끔하다. 오므라이스와 스튜를 기본으로 커피와 샐러드까지 세트로 판매하는 것을 많이 주문하며 이곳에서만 맛볼 수 있는 오므라이스와 와규 믹스 세트도 있는데 고기 육질이 좋아 맛있다. 다만 가격이 양에 비해 다소 비싸게 느껴지는 것이 작은 흠이다.

주소 兵庫県神戸市中央区元町通5丁目3-14 **위치** 고베시영지하철 미나토모토마치역 1번 출구에서 도보 1분 **전화** 078-341-1548 **시간** 월·목·금·토 11:00~19:00, 일 11:00~14:30, 17:00~19:00, 화·수 휴무 **메뉴** 오므라이스(オムライス) 950엔, 비프스튜 세트(ビーフシチューセット) 1,800엔

| 일본에서 가장 오래된 가배점
호코도 커피 放香堂加琲 [호오코도 코오히-]

180년 전 일본에서 '가배'라고 불리운 최초의 커피를 판매한 곳으로 역사가 깊은 만큼 커피의 향과 맛이 진한 것이 특징이다. 지금의 모토마치 매장은 2015년에 리뉴얼을 거쳐 재오픈한 곳으로 가게 앞을 지날 때면 진한 커피향이 진동을 하여 한 번쯤 둘러보게 된다. 이곳의 시그니처 메뉴인 맷돌로 원두를 갈아서 만든 커피는 쓴맛과 고소한 맛이 함께 느껴지는 것이 지금의 프랜차이즈 커피와는 전혀 다른 깊은 맛이 느껴진다. 토스트와 세트 메뉴도 있고 시원한 콜드브루 커피도 있지만 이곳에서는 여름에도 커피 본연의 맛을 느껴볼 수 있는 맷돌 커피를 추천한다.

주소 兵庫県神戸市中央区元町通3丁目10-6 **위치** JR 모토마치역 서쪽 출구에서 도보 2분 **전화** 078-321-5454 **시간** 09:00~18:00 **메뉴** 맷돌로 간 커피 린타로(石臼挽きコーヒー麟太郎) 500엔 **홈페이지** www.hokodocoffee.com

| 100년 전통의 고베 토박이 베이커리
유하임 ユーハイム [유우하이무]

1921년 오픈하여 100년이 넘는 세월 동안 인기를 얻고 있는 유하임은 수제 케이크를 고집하는 장인정신으로 그 맛이 변하지 않아 단골손님이 무척 많은 곳이다. 과거부터 롤케이크나 카스텔라가 긴 시간 동안 메인 메뉴로 자리 잡고 있고, 시나몬이 듬뿍 들어간 도넛과 시폰 케이크도 인기를 얻었고, 최근에는 생크림이 듬뿍 들어간 케이크를 많이 찾는다. 여름에는 아이스크림과 과일, 과자가 듬뿍 들어간 크레페가 많이 판매된다. 고베 여행은 많이 걷는 코스가 많아 힘이 드는 일정인데 유하임에 들러서 달콤한 케이크와 음료를 먹으면서 잠시 쉬어 가자.

주소 兵庫県神戸市中央区元町通1丁目4-13 **위치** JR 모토마치역 동쪽 출구에서 도보 3분 **전화** 078-333-6868 **시간** 11:00~19:00, 수요일 휴무 **메뉴** 유하임클랜(ユーハイムクラン) 864엔, 말차 바움쿠헨(抹茶のバウムクーヘン) 3,456엔, 북해도 녹는 치즈케이크(北海道とろけるチーズケーキ) 1,296엔 **홈페이지** http://www.juchheim.co.jp

퀄리티 좋은 회전 초밥 맛집
이소노 갓텐즈시 磯のがってん寿司

모자이크에 위치한 회전 초밥 맛집인 이소노 갓텐즈시는 매일 오전에 어시장에서 공수되는 신선한 재료를 사용하여 맛있는 스시를 마음껏 먹을 수 있는 맛집이다. 각 자리에 모니터가 있으며 한글 지원이 되어 주문이 편리하여, 레일에 있는 음식 외에도 다양하게 주문하여 먹을 수 있다. 당일 산지 직송으로 들어오는 메뉴는 그날그날 달라질 수 있으며 가격도 바뀔 수 있다. 모자이크에 위치하고 있어 평일 점심시간은 다소 여유가 있지만 멋진 야경을 볼 수 있는 저녁 시간이나 주말에는 대기해야 할 수도 있다. 이때는 입구에 있는 모니터에 대기를 신청하자. 가격은 관광지의 저렴한 초밥집보다는 비싸지만 그만한 퀄리티가 있으니 만족스럽게 식사를 할 수 있다.

주소 兵庫県神戸市中央区東川崎町1丁目6-1 **위치** JR 고베역 DUOKOBE 27번 출구에서 도보 4분, 모자이크 2층 남측 끝에 위치 **전화** 078-335-7066 **시간** 11:00~22:00 **메뉴** 100엔~ **홈페이지** www.rdcgroup.co.jp/gattenbrand/isono/

달콤한 치즈케이크를 맛볼 수 있는 카페
간논야 観音屋 [칸논야]

정원이 예쁘게 잘 가꿔진 아늑하고 분위기 좋은 카페로, 향과 풍부한 풍미 그리고 상쾌한 맛의 덴마크 치즈 전문 레스토랑이다. 이곳에서는 우리가 지금까지 알던 치즈케이크가 아닌 작고 동그란 푹신푹신해 보이는 치즈케이크를 판매하는데 그 맛이 일품이다. 적당한 짠맛과 은은한 단맛의 조화가 좋고 푹신한 카스텔라와도 조합이 딱이다. 그 외에도 스파게티나 치즈 퐁듀를 먹을 수 있는데 분위기가 좋고 인기 맛집이라 항상 사람이 많다. 외부 전경을 볼 수 있는 테라스석과 창가는 일째감치 만석이기 때문에 식사 시간을 좀 피해서 일찍 방문하는 것이 좋다. 간논야의 치즈케이크는 선물로도 많이 구매하는데 숙소로 가자마자 냉동실에 넣어두었다가 출국하는 날 캐리어에 넣어 가자. 치즈이기 때문에 상할 수 있으니 여름에는 선물용으로 구매하지 않는 게 좋다.

주소 兵庫県神戸市中央区東川崎町1丁目6-1 **위치** JR 고베역 DUOKOBE 27번 출구에서 도보 3분, 모자이크 1층에 위치 **전화** 078-360-1537 **시간** 11:00~22:00 **메뉴** 치즈케이크(チーズケーキ) 408엔(포장은 400엔), 치즈케이크와 홍차 세트(チーズケーキとティーのセット) 848엔 **홈페이지** kannonya.co.jp

나라
NARA

천년의 역사가 살아 숨 쉬는 도시

나라는 '헤이조쿄(平城京)'라 불리었던 옛 일본의 수도로, 710년부터 74년간 일본의 불교 문화와 함께 번영을 누렸다. 고후쿠지(興福寺)와 도다이지(東大寺)만 보더라도 과거 나라의 불교 문화가 어느 정도였는지를 알 수 있다. 794년 수도를 지금의 교토로 옮기면서 발전이 정체되기 시작했고, 12세기 말에 내전으로 많은 문화재가 파괴되었지만 꾸준한 복원 작업을 거쳐 나라의 모습을 되찾을 수 있었다. 제2차 세계대전 중에는 종교 도시이기도 한 교토와 함께 대규모 공습을 받지 않았기 때문에 문화유산들을 보존할 수 있었다. 헤이조쿄(平城京)를 중심으로 고대 문화 유적이 산재해 있는 관광 도시이면서, 오사카 주변 위성 도시로서 대규모 주택 지구로도 개발되고 있

다. 최근에는 관광 자원 개발보다 주거 지역 개발에 더 힘을 쏟고 있어서 점점 관광객의 발길이 줄어드는 추세이긴 하지만 여전히 나라는 고대 일본 유적을 간직한 역사적인 도시이자 자연이 어우러진 따뜻한 곳이다.

• 나라 교통편 •

나라로 가는 방법은 크게 두가지로 나눌 수 있는데 출발지와 목적지가 다르므로 사전에 체크를 해야 한다. JR 오사카역에서 출발한다면 JR 나라역에 도착하며, 난바역에서 출발한다면 긴테쓰나라역에 도착하여 여행을 시작할 수 있다.

■ JR 오사카역에서 이동하기
JR 오사카역(大阪駅) 1번 플랫폼에서 야마토지쾌속(大和路快速)을 탑승하여 12 정거장을 이동하여 JR 나라역(奈良駅)에 하차.

시간 약 55분 소요 **요금** 820엔

■ 난바역에서 이동하기
오사카난바역(大阪難波駅) 1·2번 플랫폼에서 긴테쓰난바·나라선(近鉄難波・奈良線) 급행(急行)을 탑승하여 10 정거장 이동하여 긴테쓰나라역(近鉄奈良駅)에 하차.

시간 약 38분 소요 **요금** 680엔

여행객들이 가장 많이 이용하는 긴테쓰나라역에서 관광을 시작하여 도다이지까지 반시계 방향으로 움직이는 일정을 추천한다.

긴테쓰나라역 도보 1분 ▶ 히가시무카이 상점가 도보 6분 ▶ 고후쿠지 도보 3분 ▶ 나라 공원 도보 2분 ▶ 도다이지

나라 공원

고후쿠지

도다이지

자전거를 이용한 나라 관광

나라를 여행할 때는 대부분 도보로 이동하게 되는데, 관광할 곳이 몰려 있지 않아서 한곳에 오래 머물 일은 없어도 걷는 데 꽤 오랜 시간이 걸린다. 그래서 나라 여행에는 자전거를 이용하면 좀더 빠르게 이동할 수 있으니 자전거를 타고 나라 곳곳을 누벼 보자. 자칫 지루할 수 있는 여행이 이동 수단을 바꾸는 것만으로도 이색적인 여행으로 기억될 수 있을 것이다. 다만 도다이지를 관광하고 자전거  대여점까지 가는 길이 내리막길인데 자칫 속도를 내다 사고가 날 수 있으니 안전 운전을 해야 한다. 자전거 대여소는 긴테쓰나라역 부근에 네 곳이 있다.

• 야마토 관광 자전거 긴테쓰나라점 ヤマト観光レンタサイクル 近鉄奈良店

주소 奈良県奈良市内侍原町50 **위치** 긴테쓰나라역 7-N 출구에서 도보 3분 **전화** 0742-54-1549 **시간** 08:00~15:00, 수요일 휴무 **요금** 전기 보조 자전거 1,320엔(24시간), 크로스 6단 기어 자전거 1,540엔(24시간) **홈페이지** yamatocycle.com/jp/

• 나라 렌터 사이클 奈良レンタサイクル

주소 奈良県奈良市高天市町22-1 **위치** 긴테쓰나라역 7-N 출구에서 도보 2분 **전화** 0742-24-8111 **시간** 24시간 영업 **요금** 일반 자전거 1,000엔(24시간), 전기 보조 자전거 2,000엔(24시간) **홈페이지** nara-rent-a-cycle.com

• 나라 렌탈 사이클 21 奈良レンタサイクル21

주소 奈良県奈良市高天市町15-1 **위치** 긴테쓰나라역 7-N 출구에서 도보 2분 **전화** 0742-21-6200 **시간** 09:00~18:00 **요금** 어린이 자전거 1,000엔(24시간), 전기 보조 자전거 1,000엔(3시간), 2,000엔(24시간) **홈페이지** www.life-21.co.jp/nara-cycle21/wp/

• 나콜 렌터 사이클 긴테쓰나라 ナコーレンタサイクル 近鉄奈良

주소 奈良県奈良市高天町58-5内 **위치** 긴테쓰나라역 6번 출구 바로 앞 **전화** 0742-22-5475 **시간** 09:00~19:00 **요금** 일반 자전거 800엔(3시간), 1,000엔(24시간), 전기 보조 자전거 1,000엔(3시간), 1,500엔(24시간) **홈페이지** www.narakotsu.co.jp/kanren/cycle/

| 나라에서 가장 번화한 상점가
히가시무카이 상점가 東向商店街 [히가시무카이 쇼오텐가이]

긴테쓰나라역 2번 출구를 나오면 바로 우측에 위치한 히가시무카이 상점가는 나라에서 가장 번화한 상점가로 저녁 시간이나 주말에는 항상 사람들이 가득한 곳이다. 음식점이나 상점들이 많아 주말에는 특히 관광객들이 많으며 천장이 있는 상점가여서 우천시에도 편하게 둘러볼 수 있다. 대부분 식사는 이곳 히가시무카이 상점가의 식당을 이용하게 되는데 되도록이면 식사 시간을 피해야 대기 시간을 줄일 수 있다. 참고로 대부분의 관광객들이 긴테쓰 열차를 타고 나라에 도착하면 가장 먼저 이곳을 거쳐가는데 이곳의 기념품 가게에서 무턱대고 구매했다가 다른 곳에서 더 저렴한 가격을 보게 될 수 있으므로, 처음에는 가격이나 제품들만 체크하고 돌아갈 때 구매하는 것이 더 좋다.

주소 奈良県奈良市東向中町15 **위치** 긴테쓰나라역 2번 출구에서 도보 1분 **전화** 0742-24-4986 **홈페이지** higashimuki.jp

| 나라 관광의 시작, 100년 역사의 상점가
산조도리 三條通り

산조도리는 JR 나라역 건너편 동쪽에서 나라 공원을 거쳐 가스가타이샤 신사(春日大社)까지 이어지는 옛 거리로 지금은 고후쿠지(興福寺) 앞까지만 상점가가 남아 있다. 긴테쓰나라역에서 시작하는 코니시도리(小西通)와 히가시무카이 상점가(東向商店街)가 연결되는 곳이자, 나라 관광의 시작이라 불리는 곳이다. 이곳에서는 나라 기념품, 일본 전통 공예품이나 붓, 벼루 등 서예용품과 전통 과자와 떡을 주로 판매한다. 나라에서 기념품을 살 만한 곳은 히가시무카이 상점가와 도다이지 입구의 몇몇 상점과 산조도리의 상점들이 거의 전부이므로, 고후쿠지와 나라 공원으로 가는 길에 들러 보자.

주소 奈良県奈良市三条町 **위치** JR 나라역 동쪽 출구 건너편

가족의 건강을 기원하기 위한 사찰

고후쿠지 興福寺 [코오호쿠지]

고후쿠지는 많은 국보급 보물을 소장한 곳으로 유명한 사찰이다. 669년에 건축되었고 1868년 불교 배척 운동으로 사찰이 분리되고 유실되었으나, 1991년부터 지속적인 복원 사업을 진행해 지금 고후쿠지의 모습을 되찾았다. 고후쿠지의 가장 중심이 되는 금당 나카가네(中金堂)는 2018년에 복원이 되었고 도콘도(東金堂), 호쿠엔도(北円堂), 고주노토(五重塔)를 비롯한 26개의 국보와 수십 개의 중요 문화재를 보존하고 있다. 고후쿠지 입구에서 계단을 오르다 보면 왼편에 작은 불상을 볼 수 있는데, 불상 앞에 있는 물을 불상에 부으면 병이 달아난다고 하여 많은 사람들이 가족의 건강을 기원한다. 경내에 들어서면 가장 먼저 눈에 들어오는 곳이 난엔도(南円堂)인데 향을 피우고 종을 치며 가족의 건강과 행복을 기원하는 곳이다. 난엔도와 마주 보고 있는 5층 탑은 소실되었던 것을 재건한 것으로, 국보로 지정되어 있다. 5층 탑 좌측에도 국보로 지정된 도콘도, 호쿠엔도가 있다. 호쿠엔도의 미륵여래불상은 봄과 가을에만 볼 수 있으니 참고하자.

주소 奈良県奈良市登大路町48 **위치** 산조도리 동쪽 끝에 위치, 긴테쓰나라역 2번 출구에서 도보 7분 **전화** 0742-22-7755 **시간** 09:00~17:00 **요금** ❶ 국보관-어른(대학생) 600엔, 중고생 500엔, 초등학생 200엔 ❷ 나카가네(中金堂)-어른(대학생) 500엔, 중고생 300엔, 초등학생 100엔 ❸ 도콘도(東金堂)-어른(대학생) 300엔, 중고생 200엔, 초등학생 150엔 ❹ 국보관+도콘도 결합권-어른(대학생) 800엔, 중고생 600엔, 초등학생 250엔 **홈페이지** www.kohfukuji.com

고주노토

난엔도

산주노토

도콘도

건강을 기원하는 불상

일본 불교 문화유산의 보고
나라 국립 박물관 奈良国立博物館 [나라 코쿠리츠 하쿠부츠칸]

나라 국립 박물관은 도쿄와 교토 국립 박물관과 더불어 일본 3대 박물관 중 하나다. 1894년에 지어진 서양식 건물인 본관과 1973년 아제쿠라즈쿠리(あぜくら)라는 일본 고대 양식으로 지어진 신관으로 나뉜다. 본관은 일본의 중요 문화재로도 지정되었다. 고대 나라의 역사 유물뿐만 아니라, 일본 최초의 불교 문화인 아스카 문화를 꽃피운 지역인 만큼 많은 불교 예술 작품도 볼 수 있다. 52개의 국보와 306개의 중요 문화재를 비롯해 1,900점 정도의 소장품이 있으며 정기 전시회를 포함하여 1년에 약 80만 명이 찾고 있다.

주소 奈良県奈良市登大路町50 **위치** 긴테쓰나라역 2번 출구에서 도보 15분 **전화** 050-5542-8600 **시간** 09:30~17:00, 월요일 휴관 **요금** 일반 700엔, 대학생 350엔, 고등학생 이하 무료 **홈페이지** www.narahaku.go.jp

즐거운 시간을 보낼 수 있는 사슴들의 천국
나라 공원 奈良公園 [나라코-엔]

나라에 다녀온 사람들에게 가장 인상 깊었던 것이 무엇인지 물으면, 대부분 나라 공원의 사슴들을 이야기한다. 나라 국립 박물관 앞부터 동쪽 산 아래까지 펼쳐진 넓은 공원에 천여 마리의 사슴들을 방목하고 있어 어디든 쉽게 사슴을 볼 수 있다. 사람들이 과자를 주면 달려오고 사람들 주변을 어슬렁거린다. 사슴과 기념사진도 찍고, 사슴들에게 먹이도 주면서 여유로운 시간을 보내 보자. 단, 먹이를 주다가 손을 물릴 수 있으니 주의해야 한다.

주소 奈良県奈良市春日野町160-1 **위치** 긴테쓰나라역 2번 출구에서 도보 7분 **전화** 0742-22-0375 **시간** 24시간 개방 **홈페이지** www3.pref.nara.jp/park/

TIP. 나라 공원에서 사슴 먹이 주기

나라에 가면 꼭 찾게 되는 나라 공원은 야생 사슴으로 유명한 곳이다. 관광지 곳곳에서뿐만 아니라 길가에서도 쉽게 볼 수 있는데, 손에 무엇이든지 들고 내밀면 사슴들이 달려든다. 특히 냄새가 나는 과자를 손에 쥐고 있으면 수십 마리의 사슴이 달려드는데 나라에서만 경험할 수 있는 이색 체험이다. 하지만 과자가 떨어지면 가방을 물어뜯기도 하고 더 달라고 머리로 들이받기도 하니 유의하자. 사슴이 몰리는 나라 공원 주변으로는 사슴 먹이를 200엔에 판매하고 있으므로 이를 구입하여 사슴과 즐거운 시간을 보낼 수도 있다. 이때 주의할 점이 있는데 사슴에게 먹이를 줄 때 절대 손가락을 뻗어서 주면 안 된다. 손가락까지도 먹이로 오인한 사슴들이 이빨로 물 수 있다. 손바닥 위에 올려놓고 주거나 큰 과자라면 끝을 잡고 내미는 것이 좋다. 특히 어린아이들은 더 조심해야 하며 자칫 물려서 상처가 나는 경우에는 광견병이 옮을 수도 있으니 주의하자.

세계 최대의 목조 건축물
도다이지 東大寺 [토-다이지]

743년 건축된 도다이지는 세계 최대의 비로자나불이 모셔진 사찰이자, 세계 최대의 목조 건물로 헤이안 시대 최고의 건축물로 평가받고 있다. 본당인 금당(金堂)과 도다이지의 대문인 난다이몬(南大門)을 비롯한 8개의 국보를 보유하고 있는 사찰이며, 나라 관광의 중심이기도 하다. 본당인 다이부쓰덴(大仏殿)에 들어가면 앉은키 15m의 청동 불상이 눈에 들어오는데, 원래 있던 청동 불상이 소실되어 기존 규모의 3분의 1로 축소하여 재건한 것이다. 다이부쓰덴 뒤쪽의 큰 기둥 아래 네모난 구멍이 있는데, 어린아이가 이 구멍을 통과하면 불운을 막아 준다고 한다. 도다이지의 입구인 난다이몬 앞에는 기념품 상점과 다코야키 같은 먹거리 상점이 있다. 난다이몬 입구에서도 역시나 많은 사슴을 볼 수 있다.

주소 奈良県奈良市雑司町406-1 **위치** 긴테쓰나라역 1번 출구에서 도보 20분 **전화** 0742-22-5511 **시간** 07:30~17:30 **요금** 13세 이상 600엔, 6~12세 300엔 **홈페이지** www.todaiji.or.jp

난다이몬

다이부쓰덴의 불상

불운을 막아 준다는 기둥

나라 추천 맛집

가성비 괜찮은 오므라이스 전문점
오샤베리나카메 おしゃべりな亀 [오샤베리나카메]

오샤베리나카메의 오므라이스는 여러 가지 토핑을 선택하여 먹을 수 있으며 밥의 양도 조절할 수 있고 오므라이스에 올라가는 소스도 선택할 수 있다. 특별한 맛은 아니지만 무난하고 가격 대비 양이 많아서 든든하게 한 끼 식사를 할 수 있으며, 식사 후 먹을 수 있는 차, 아이스크림, 케이크 같은 디저트가 있고 더운 여름에는 산처럼 쌓인 대형 빙수가 인기가 좋다. 참고로 이곳의 오므라이스는 조금 달 수 있기 때문에 소스가 많지 않은 조금 싱거운 메뉴를 선택하는 것도 괜찮다.

주소 奈良県奈良市東向南町28-1 **위치** 긴테쓰나라역 2번 출구에서 도보 2분 **전화** 0742-26-4557 **시간** 11:00~20:00, 화요일 휴무 **메뉴** 로스가스 오므라이스(ロースポークカツオムライス) 1,030엔, 게 크림 고로케 오므라이스(カニクリームコロッケオムライス) 980엔

최고의 우동 면발로 손꼽히는 맛집
우동 센몬텐 가마이키 うどん専門店 釜粋 [우동 센몬텐 카마이키]

나라에서 아주 유명한 우동 가게인 가마이키는 탱글탱글한 면발이 일품인 곳으로, 쫄깃쫄깃한 식감이 다른 우동집과는 차원이 다르다. 수타로 만드는 우동면은 매일 아침 만들고 전날부터 말린 이리코(イリコ, 쪄서 말린 멸치)와 다시마는 당일에만 사용하여 기본 재료가 신선하다. 우동과 함께 먹을 수 있는 튀김도 깨끗한 기름에 튀겨 바삭바삭하고 깔끔하여 세트 메뉴로 주문하는 사람들이 많다. 참고로 국물이나 카레가 들어간 우동보다는 자루 우동을 먹어 봐야 쫄깃쫄깃한 우동면의 식감을 제대로 느낄 수 있다. 미슐랭에 올라간 인기 맛집이라 식사 시간이면 항상 긴 줄을 서지만 나라에 왔다면 이곳의 우동을 꼭 먹어 보도록 하자.

주소 奈良県奈良市東向南町13-2 **위치** 긴테쓰나라역 2번 출구에서 도보 2분 **전화** 0742-22-0051 **시간** 11:00~15:00, 17:00~21:00 **메뉴** 자루 우동(ざるうどん) 830엔, 치게나베야키 우동(チゲ鍋焼きうどん) 1,780엔, 새우튀김 우동 세트(エビ天ざる) 1,450엔, 카레 우동(カレーうどん) 880엔 **홈페이지** narakamaiki.com

나라의 명물 딸기 다이후쿠
다이부쓰 이치고
大仏いちご [다이부츠 이치고]

다이부쓰 이치고에서 판매하는 나라의 대표적인 간식거리인 딸기 다이후쿠(大福, 찹쌀떡)는 맛도 좋지만 비주얼이 너무나 깜찍해서 눈길이 간다. 딸기 다이후쿠는 우리가 흔히 알고 있는 찹쌀떡에 칼집을 내고 그 위에 먹음직스러운 딸기를 올린 것인데 길거리에서 많이들 먹은 인기 간식이다. 그 외에도 딸기가 올라간 소프트아이스크림이나 생과일 음료, 그리고 과일도 판매하기는 하지만, 이런 메뉴는 다른 곳과 별 차이가 없다. 따라서 이곳에서는 무조건 인기 아이템인 딸기 다이후쿠만 구매를 하자.

주소 奈良県奈良市上三条町4-1 **위치** 긴테쓰나라역 7-S 출구에서 도보 3분 **전화** 0742-42-6284 **시간** 11:00~18:00 **메뉴** 큰 딸기 다이후쿠(BIGいちご大福) 300엔, 흑임자 소프트아이스크림(黒ごまソフト) 300엔

유부 우동이 별미인 우동 전문점
멘토안 麵鬪庵 [멘토우안]

멘토안은 현지인들과 관광객들로 항상 붐비는 우동 전문점으로, 우동 맛이 특별하다기보다는 비주얼이 특이하고 유부가 맛있는 곳이다. 대표 메뉴인 긴차쿠키쓰네(巾着きつね, 주머니 우동)를 주문하면 따뜻한 국물에 큰 유부 주머니가 하나가 들어 있는데 이 유부를 터트리면 그 안에 우동이 들어 있다. 이런 특이함 때문에 많은 사람들이 찾는데 유부는 맛있지만 조금 달고 이 안에 들어 있는 우동의 식감은 평범하며 양은 적다. 우동 국물 대신 카레에 유부 주머니가 들어 있는 메뉴도 있고 튀김도 함께 먹을 수 있지만, 대표 메뉴인 긴차쿠키쓰네를 추천한다. 참고로 휴무일이 많고 영업 시간이 짧으니 잘 확인하고 방문하자.

주소 奈良県奈良市橋本町30-1 **위치** 긴테쓰나라역 2번 출구에서 도보 4분 **전화** 0742-25-3581 **시간** 월·금 11:00~15:00, 토·일 11:00~16:00, 화·목 휴무 **메뉴** 주머니 우동(巾着きつね) 1,100엔, 카레 주머니 우동(カレー 巾着きつね) 1,200엔

• 오사카 숙소, 이것만 알고 예약하자! •

일본 여행을 준비할 때 항공만큼이나 중요한 것이 여행 동안 묵을 숙소이다. 숙소를 선택할 때는 가장 먼저 고려해야 할 사항은 위치이고, 그 다음이 가격, 마지막이 시설이다. 가격만 보고 위치가 나쁜 숙소를 선택했다가는 관광지로 이동하는 데 많은 시간과 비용을 낭비할 수도 있다. 또한 호텔 시설이 아무리 좋아도 하루 종일 관광을 하는 일정이어서 호텔 시설을 즐길 시간이 없다면 굳이 비싼 곳에 묵을 필요가 없다. 따라서 여행 일정과 경비를 먼저 결정한 후, 조금 시간이 들더라도 꼼꼼히 비교하며 가장 가성비 좋은 호텔을 예약하도록 하자.

■ 동선에 맞는 숙소 선택

오사카에서 호텔 예약 시 여행객들이 가장 많이 선호하는 곳이 난카이난바역과 가까운 지역이다. 하지만 역에서 가까운 호텔은 가격이 다소 비싸다. 또한 난바역과 가깝다는 설명을 보고 예약을 했는데 직선 거리로 표시를 해 놓아서 실제로는 도보 10~20분 걸리거나 지하철로 한두 정거장 이동해야 하는 경우도 있다. 따라서 너무 난바역 주변 지역만 고집하지 말고 가고 싶은 여행지를 중심으로 일정을 짠 다음, 공항 왕복하기 편한 지역까지 고려하여 동선이 편한 곳으로 잡아야 한다. 신사이바시·도톤보리 지역이나 우메다역 주변도 체크해 보고 교토·고베·나라 여행 일정이 있다면 이동 시간을 줄이기 위해 근교 지역에서의 숙박도 고려하도록 하자.

■ 여행 경비에 기준을 잡고 숙소 선택

우선 여행 계획에 맞게 숙소 경비를 책정해야 한다. 간단히 친구와 함께, 혹은 혼자 떠나는 여행이라면 이동이 편한 곳에 다소 저렴한 비즈니스급 호텔을 예약하는 것이 좋고, 가족 여행이나 호텔의 서비스(조식 포함)를 원하는 여행이라면 1급 이상의 호텔을 추천한다. 이때에도 지역이나 역과의 거리는 체크를 해야 한다. 그 다음은 책에서 소개하는 지역의 특성에 맞게 참고하여 호텔을 검색하자.

예약 사이트 이용 시 체크 포인트

- 같은 호텔이라도 예약 사이트마다 룸 조건과 가격이 다르므로 2~3개의 사이트를 확인하자.
- 호텔 2인실 예약 시 '세미 더블'이라는 룸 조건이 나오는데, 세미 더블은 싱글 침대와 더블 침대의 중간 사이즈이다. 따라서 남자 2명이 숙박을 하려고 한다면 세미 더블은 피하자.
- 예약 사이트에서 예약 수수료를 받는 경우가 있으므로 결제 단계까지 가야만 예약 수수료를 합한 정확한 총 결제 금액을 확인할 수 있다.
- 예약 시 금연·흡연 룸을 선택할 수 있는데, 기호에 따라 선택하자. 선택할 수 없는 경우에는 예약 시 전달 사항으로 금연·흡연 룸을 요청하는 것이 좋다. 단, 호텔 상황에 따라 무작위로 방을 배정해 원하는 옵션에 머물지 못할 수도 있다는 점도 참고하자.
- 예약 조건에 따라서는 결제 후 예약 취소 시 비용을 전혀 환급받지 못할 수 있으니 예약할 때 취소 조건을 꼼꼼히 체크해야 한다. 특히 한국에 사무소가 없고 글로벌로 운영되는 호텔 사이트를 이용하는 경우 취소 환급이 상당히 늦어질 수 있다는 점도 생각하자.
- 호텔 투숙 시 지불 금액 및 예약 조건에 따라 호텔 숙박세가 부과될 수도 있다. 1인 1박당 10,000엔 미만은 비과세, 10,000엔 이상~15,000엔 미만은 100엔, 15,000엔 이상은 200엔이다.

난바 추천 숙소

공항에서 이동이 가장 편하고 지하철로 오사카 어느 곳이든 이동이 편리하여 관광객들이 가장 선호하는 지역이다. 다만 난카이난바역을 중심으로 북쪽으로는 저녁 늦게까지도 이동하기 좋지만, 남쪽으로는 다소 어둡고 늦은 저녁 이동하기에 좋은 환경이 아니므로 호텔의 위치를 잘 체크해야 한다. 난바역에 숙소를 잡으면 공항으로의 이동이 편리하여 시내 관광 시간을 편하게 많이 확보할 수 있으며 쇼핑·음식·교통 등 모든 것이 해결이 가능하니 오사카 여행에서 숙소를 잡을 때 가장 추천하는 지역이다.

오사카 여행에서 가장 좋은 위치의 호텔
스위소텔 난카이 오사카 Swissotel Nankai Osaka

오사카 여행에서 최적의 위치인 난카이난바역에 자리 잡은 스위소텔은 비용을 생각하지 않는다면 최고의 호텔이라 할 수 있다. 공항으로의 이동이 편하니 무거운 캐리어를 끌고 멀리 이동할 일도 없고 주변에 쇼핑과 식사를 할 곳이 많아 늦은 시간까지 재미있는 시간을 가질 수 있다. 특급 호텔로서 시설도 훌륭하고 조식에 대한 평도 좋으며 무엇보다 오사카의 야경을 객실에서 감상할 수 있다는 것이 가장 큰 장점이다. 주말이나 휴가철 등을 제외하고는 특별 할인가로 판매하는 패키지가 있으니 기회가 된다면 할인된 가격으로 이용해 보자.

주소 大阪府大阪市中央区難波5丁目1-60 **위치** 난카이난바역과 바로 연결됨 **전화** 06-6646-1111 **시간** 체크인 15:00, 체크아웃 11:00 **요금** 27,000엔~(2인 1실 기준) **홈페이지** www.swissotel.com

난카이난바역에 가깝고 저렴한 호텔
호텔 일 쿠오레 난바 Hotel IL Cuore Namba

난카이난바역에서 가장 가까운 비즈니스급 호텔인 일 쿠오레는 관광지로의 이동이 편리하고 가격도 저렴하다. 다만 중국 사람들이 패키지로 이용하는 호텔이고 단체 관광객이 많아 다소 시끄럽고, 오래된 호텔이라서 리뉴얼을 했다고는 하지만 침구류나 객실 상태는 좀 부족하다. 그래도 단기 여행에는 위치 좋은 호텔을 적절한 가격에 이용할 수 있으니 가성비가 괜찮은 호텔이라 할 수 있다.

주소 大阪府大阪市浪速区難波中1丁目15-15 **위치** ❶ 난카이난바역 북쪽 출구에서 도보 2분 ❷ 지하철 난바역 5번 출구에서 도보 1분 **전화** 06-6647-1900 **시간** 체크인 15:00, 체크아웃 11:00 **요금** 11,000엔~(2인 1실 기준) **홈페이지** www.ilcuore-namba.com

신축이라 깨끗한 시설의 모던한 호텔
그리즈 프리미엄 호텔 오사카 난바 Grids Premium Hotel Osaka Namba

2021년에 오픈한 호텔로 외관부터 깔끔함이 느껴지는 그리즈 호텔은 난카이난바역에서도 가깝고 다른 곳으로의 도보 이동도 편리한 곳이다. 객실은 모던하고 깨끗하며 트윈룸의 경우 다른 비즈니스급 호텔보다 공간도 넓고 침대 크기도 여유가 있다. 또한 추가 비품은 1층 카운터 앞에서 필요한 사람만 가지고 갈 수 있게 준비가 되어 있으니 연박을 하는 경우 잘 챙기도록 하자. 객실 타입이 다양하고 같은 싱글룸이나 트윈룸이라도 타입에 따라 가격이 다르기 때문에 예약을 할 때 잘 체크하도록 하자.

주소 大阪府大阪市浪速区難波中1丁目7-7 **위치** ❶ 난카이난바역 북쪽 출구에서 도보 3분 ❷ 지하철 난바역 6번 출구에서 도보 1분 **전화** 06-6641-5801 **시간** 체크인 15:00, 체크아웃 11:00 **요금** 16,000엔~(2인 1실 기준) **홈페이지** gridshotel.com/osaka-namba/

훌륭한 위치의 3성급 비즈니스 호텔
소테쓰 프레사 인 오사카 난바에키마에 Sotetsu Fresa Inn Osaka Namba-ekimae

지하철 난바역 7번 출구 바로 앞에 있고 난카이난바역에서도 가까워 위치가 아주 뛰어난 호텔이며 가격도 적당하여 여행객들에게 추천하고 싶은 호텔이다. 객실 공간은 다소 작게 느껴지지만 깨끗하고 방음이 잘 되어 대로변에 위치하고 있어도 조용하다. 또한 객실 내 필요한 비품은 로비에서 개별적으로 가져가면 되고 커피포트도 필요한 사람만 쓸 수 있게 준비하였다. 비가 오는 날은 우산을 무료로 사용할 수 있는데, 만약 우산을 다른 손님들이 다 가져갔다면 로비에 이야기하여 빌릴 수 있다. 호텔 입구 바로 옆에 패밀리마트가 있어 필요한 간식이나 음료를 아주 편하게 구매할 수 있다.

주소 大阪府大阪市浪速区難波1丁目6-5 **위치** ❶ 난카이난바역 북쪽 출구에서 도보 2분 ❷ 지하철 난바역 7번 출구 바로 앞 **전화** 06-7668-2031 **시간** 체크인 15:00, 체크아웃 11:00 **요금** 14,000엔~(2인 1실 기준) **홈페이지** sotetsu-hotels.com/fresa-inn/

웅장한 외관이 눈에 확 들어오는 1급 호텔
호텔 로열 클래식 오사카 Hotel Royal Classic Osaka

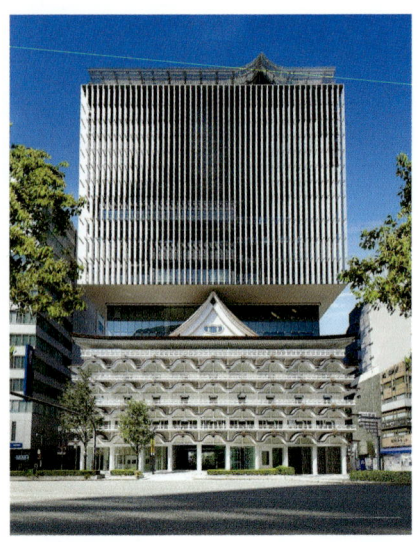

호텔 로열 클래식은 옛 전통 극장을 리모델링하고 뒤로 고층 호텔을 올려 독특한 외관의 웅장한 규모가 눈에 들어오는 호텔이다. 객실 크기는 적당하고 깨끗하며 욕실은 공간이 넓고 욕조가 커서 만족스럽다. 프런트 직원들도 친절하고 한국어를 할 수 있는 직원이 있어 편리하며 조식도 1급 호텔 기준으로 확실히 퀄리티가 좋다. 시설이 좋고 위치도 좋기는 하지만 가격이 주변 특급 호텔보다도 비싼 것이 다소 부담스럽다.

주소 大阪府大阪市中央区難波4丁目3-3 **위치** ❶ 난카이 난바역 북쪽 출구에서 도보 2분 ❷ 지하철 난바역 12번 출구 바로 앞 **전화** 06-6633-0280 **시간** 체크인 15:00, 체크아웃 12:00 **요금** 28,000엔~(2인 1실 기준) **홈페이지** hotel-royalclassic.jp

고객 만족도가 높은 1급 호텔
호텔 몬토레 그라스미아 오사카 Hotel Monterey Grasmere Osaka

여행객들이 많이 찾는 난카이난바역과는 거리가 좀 있지만 JR 오사카역과 도심 터미널 바로 옆에 위치하고 있어 그렇게 나쁜 위치는 아니다. 호텔 규모는 아주 크고 시설들도 뛰어나지만 객실 공간은 다소 좁게 느껴진다. 객실이 고층에 위치하고 있다면 다른 전망대 부럽지 않게 오사카 시내를 조망할 수 있다. 또한 호텔 주변에 음식점도 많고 대형 슈퍼마켓도 있으며 신사이바시·도톤보리로는 난바 워크를 통해 이동하면 더운 여름이나 우천 시에는 편리하다. 이렇게 이점이 많고 규모도 큰 1급 호텔인데 주변 다른 호텔보다 가격도 저렴하여 여행객들에게 좋은 곳이라 하겠다.

주소 大阪府大阪市浪速区湊町1丁目2-3 **위치** ❶ JR 난바역과 연결됨 ❷ 지하철 난바역 30번 출구 바로 앞 **전화** 06-6645-7111 **시간** 체크인 15:00, 체크아웃 11:00 **요금** 12,000엔~(2인 1실 기준) **홈페이지** www.hotelmonterey.co.jp/grasmere_osaka/

주변 상점가와 접근성이 뛰어난 호텔
난바 오리엔탈 호텔 Namba Oriental Hotel

난바 오리엔탈 호텔은 난카이도리와 센니치마에가 만나는 사거리에 위치하고 있어 주변에 음식점들이 풍부하고 상점가도 가까워 늦은 저녁 시간에도 비교적 안전하고 편하게 이동할 수 있다. 호텔 중앙에 야외 정원과 분수대가 예쁘게 갖춰져 있어 기념사진을 찍으려는 사람들이 항상 많다. 호텔이 오래되어 고풍스러운 느낌이 좋기는 하지만 객실이 오래되어 다소 어둡고 욕실의 배수가 잘 안 되는 객실도 있으며 침구류가 다른 호텔에 비해 좀 떨어진다. 위치가 좋고 직원들도 친절하지만 시설 대비 비용이 다소 비싸다 할 수 있다.

주소 大阪府大阪市中央区千日前2丁目8-17 **위치** ❶ 난카이난바역 북쪽 출구에서 도보 3분 ❷ 지하철 난바역 E5 출구에서 도보 2분 **전화** 06-6647-8111 **시간** 체크인 15:00, 체크아웃 11:00 **요금** 18,000엔~(2인 1실 기준) **홈페이지** nambaorientalhotel.co.jp

위치와 가성비가 뛰어난 비즈니스급 호텔
아파 호텔 난바에키히가시 APA Hotel Namba-Eki Higashi

아파 호텔은 센니치마에 남쪽에 위치해 있어 접근성이 좋고 저렴한 객실 요금이 매력적이어서 여행객이 많이 찾는 곳이다. 난카이난바역과 가깝고 지하철 난바역과 니혼바시역으로도 이동이 편리하며 주변에 유동인구가 많아 늦은 저녁 시간에도 안전하게 이동할 수 있다. 객실이 다소 작지만 침대는 크고 침구류도 좋으며 객실 내 비품도 잘 갖춰져 있다. 무엇보다 예약을 서두른다면 성수기에도 싱글룸이나 트윈룸을 저렴하게 예약할 수 있어 비용적인 부담을 줄일 수 있다는 것이 가장 큰 장점이라 하겠다.

주소 大阪府大阪市中央区難波千日前4-29 **위치** ❶ 난카이난바역 북쪽 출구에서 도보 4분 ❷ 지하철 난바역 E9 출구에서 도보 3분 **전화** 0570-088-411 **시간** 체크인 15:00, 체크아웃 10:00 **요금** 9,600엔~(2인 1실 기준) **홈페이지** www.apahotel.com

접근성이 좋고 저렴한 비즈니스 호텔
비즈니스 호텔 닛세이 Business Hotel Nissei

닛세이 호텔은 센니치마에 남쪽에 위치해 있고 난카이난바역과 지하철 난바역 그리고 니혼바시역으로도 이동이 편리한 곳에 위치해 있다(아파 호텔 바로 옆 건물). 객실 공간이 작고 침대도 싱글 사이즈로 작으며 시설도 다소 오래되었지만 객실 가격이 아주 저렴하여 비용을 먼저 생각한다면 괜찮은 곳이라 할 수 있다. 다만 흡연실의 경우 환기가 잘 되지 않아 냄새가 상당히 많이 나므로 예약할 때 무조건 금연실을 선택하는 것이 좋다.

주소 大阪府大阪市中央区難波千日前4-31 **위치** ❶ 난카이난바역 북쪽 출구에서 도보 4분 ❷ 지하철 난바역 E9 출구에서 도보 3분 **전화** 06-6632-8111 **시간** 체크인 15:00, 체크아웃 11:00 **요금** 8,600엔~(2인 1실 기준) **홈페이지** www.hotelnissei.com

신사이바시 · 도톤보리 추천 숙소

공항에서 난카이난바역으로 이동한 후 도보로 이동하기에 크게 멀지 않은 지역으로 여행객들이 찾는 숙소가 가장 많이 몰려 있는 지역이다. 공항에서 이동할 때만 조금 불편하고 오사카 어느 곳이든 이동이 편리하고 주변에 상점가와 음식점들이 가깝기 때문에 늦은 저녁에도 움직이기 편리하다. 신사이바시역을 중심으로 조금 거리가 있으면 가격들이 다소 저렴하고 북쪽으로 올라올수록 저렴한 숙소들을 찾기 쉽다. 다만 소에몬초 주변 숙소는 술집이 많고 거리에 호객꾼이 많아 시끄럽고 퇴폐 시설도 많으니, 어린 자녀들과 함께 여행을 한다면 절대적으로 피하도록 하자.

도톤보리 번화가와 가까운 호텔
베셀인 난바 Vessel Inn Namba

베셀인 난바는 서쪽 도톤보리에 위치해 있어 우리가 알고 있는 동쪽의 메인 도톤보리까지는 도보로 1분이면 갈 수 있을 정도로 가깝다. 난카이난바역이나 JR 난바역과도 가까워 공항에서 숙소까지의 이동도 불편함이 없다. 평범하고 방의 크기는 크지 않지만 트윈룸의 침대가 넓은 것이 장점이다. 호텔 바로 앞에도 음식점과 술집들이 저녁 늦게까지 영업을 하고 도톤보리로도 이동이 편리하지만 가격이 다소 비싸며 호텔 주변이 저녁 늦게까지 다소 시끄럽다는 단점이 있다.

주소 大阪府大阪市中央区道頓堀2丁目2番18号 **위치** 지하철 난바역 25번 출구에서 도보 2분 **전화** 06-6211-7071 **시간** 체크인 14:00, 체크아웃 11:00 **요금** 15,200엔~(2인 1실 기준) **홈페이지** www.vessel-hotel.jp/inn/namba/

독특한 외관이 눈에 띄는 호텔
도톤보리 호텔 Dotonbori Hotel

입구부터 독특한 외관으로 눈에 확 들어오는 도톤보리 호텔은 서쪽 도톤보리에 위치하고 있어 번화가로의 이동이 편리하고 난카이난바역과 JR 난바역이 그리 멀지 않아 도보로도 갈 수 있다. 호텔이 조금 오래되어 시설이 다소 낡았지만 관리가 잘 되어 있고 객실 바닥이 카펫이 아닌 마루여서 먼지가 나지 않는 장점도 있다. 베셀인 난바와 마찬가지로 주변에 음식점과 술집들이 있어 저녁 늦게까지 다소 시끄럽다는 점이 흠이다.

주소 大阪府大阪市中央区道頓堀2丁目3-25 **위치** 지하철 난바역 25번 출구에서 도보 3분 **전화** 06-6213-9040 **시간** 체크인 15:00, 체크아웃 11:00 **요금** 14,000엔~(2인 1실 기준) **홈페이지** dotonbori-h.co.jp

부대시설이 많은 특급 호텔
호텔 닛코 오사카 Hotel Nikko Osaka

호텔 닛코 오사카는 지하 아케이드에 다양한 레스토랑이 있어 편리하며 부대시설도 잘 갖추고 있는 특급 호텔이다. 신사이바시로의 이동이 편리하고 대로변에 위치하고 있으며 역이 바로 연결되어서 다른 지역으로의 이동이 편하다. 객실이 다소 오래되었고 공항으로의 이동이 조금 불편해서 부대시설을 잘 갖춘 특급 호텔이지만 가격이 다른 호텔에 비해 조금 저렴하다. 주변에 명품 매장들이 많고 길 건너에 다이마루 백화점이 있어 쇼핑을 좋아하는 사람에게는 딱 알맞은 숙소일 듯하다.

주소 大阪府大阪市中央区西心斎橋1丁目3-3 **위치** 지하철 신사이바시역 8번 출구와 연결됨 **전화** 06-6244-1111 **시간** 체크인 15:00, 체크아웃 11:00 **요금** 18,000엔~(2인 1실 기준) **홈페이지** www.hno.co.jp

위치와 뷰가 좋은 부티크 호텔
크로스 호텔 오사카 Cross Hotel Osaka

크로스 호텔 오사카는 미도스지 도로에 위치하고 있어 난카이난바역으로의 이동이 어렵지 않고 도보 1분 이내에 도톤보리와 신사이바시 상점가가 있어 늦은 저녁까지도 놀 수 있는 장점이 있다. 미도스지 도로 쪽 객실의 경우 앞이 확 트여 있어 조망이 좋으며 객실도 산뜻하게 잘 갖춰져 있고 공간도 꽤 넓다. 또한 부대시설도 괜찮고 아침 조식이 맛있어 모든 것이 만족스러운 호텔이다. 우리나라 방송에 나온 적이 있어 여행객들이 선호하는 호텔로 꼽히는데 서두르지 않으면 가격이 특급 호텔 정도로 올라가므로 크로스 호텔을 이용하려면 좀 서둘러야 적당한 요금으로 예약할 수 있다.

주소 大阪府大阪市中央区心斎橋筋2丁目5-15 **위치** 지하철 난바역 14번 출구에서 도보 2분 **전화** 06-6213-8281 **시간** 체크인 15:00, 체크아웃 11:00 **요금** 18,500엔~(2인 1실 기준) **홈페이지** cross-osaka.orixhotelsandresorts.com

도심에서 최상층 스카이 스파를 즐길 수 있는 호텔
칸데오 호텔스 오사카 신사이바시 Candeo Hotels Osaka Shinsaibashi

칸데오 호텔은 최근에 오픈한 곳으로 지상 최상층에 스파 시설을 갖추고 있고 노천탕도 즐길 수 있어 색다른 경험을 할 수 있는 곳이다. 난카이난바역과 그리 멀지 않고 신사이바시스지 상점가는 도보 1분, 도톤보리까지는 2분이면 충분히 갈 수 있어 접근성도 좋다. 객실은 다소 작은 듯하지만 깨끗하고 조망이 좋으며 호텔의 시설도 좋고 조식도 아주 만족스러워 1박이 아깝지 않은 곳이다. 인기 호텔이기 때문에 서둘러 예약하지 않으면 가격이 올라가므로 미리 준비를 하도록 하자.

주소 大阪府大阪市中央区心斎橋筋2丁目7-12 **위치** 지하철 난바역 14번 출구에서 도보 3분 **전화** 06-6926-8633 **시간** 체크인 15:00, 체크아웃 11:00 **요금** 20,000엔~(2인 1실 기준) **홈페이지** www.candeohotels.com/ja/osaka-shinsaibashi/

나가호리바시·니혼바시 추천 숙소

신사이바시·도톤보리·난바로 이어지는 오사카 여행의 메인 지역과는 조금 떨어져 있지만 도보로 이동하기에 크게 멀지 않고 지하철을 이용한 교통도 불편하지 않는 곳이다. 주변에 음식점들도 많고 바로 가까이에 신사이바시·도톤보리·난바 관광 지역이 있어 주거 지역 방향인 동쪽 구역을 제외하고는 항상 사람들이 많다. 다만 늦은 저녁 시간에는 퇴폐적인 호객꾼이 길거리에 많고 대로변에서 먼 주거 지역 안쪽 숙소는 어둡고 사람도 많이 다니지 않아 홀로 이동할 때는 조심해야 한다. 공항에서 이동할 때 조금 불편하고 지하철이나 도보를 이용하기에 애매한 위치라는 것이 흠이지만 시설 대비 가격이 괜찮은 호텔들이 꽤 있으므로 참고하도록 하자.

지하철역과 가까운 가성비 괜찮은 호텔
소테쓰 그랜드 프레사 오사카 난바 Sotetsu Grand Fresa Osaka-Namba

소테쓰 그랜드 프레사 호텔은 공항에서 이동하기에는 다소 불편함이 있지만 지하철 니혼바시역과 가까워 다른 지역으로의 이동이 편리하고 도톤보리까지는 도보 2분 거리로 가까이 있다. 우천 시에는 니혼바시역부터 이어지는 난바 워크를 통해 난바역까지 이동할 수 있어 편리하다. 객실은 다소 작고 침대도 작아 답답함이 있지만 가격이 저렴하기 때문에 가격 대비 적당한 숙소라 하겠다.

주소 大阪府大阪市中央区日本橋1丁目1-3 **위치** 지하철 니혼바시역 6번 출구에서 도보 1분 **전화** 06-7668-2030 **시간** 체크인 15:00, 체크아웃 11:00 **요금** 9,500엔~(2인 1실 기준) **홈페이지** sotetsu-hotels.com/grand-fresa/namba/

저렴한 비즈니스 호텔
네스트 호텔 오사카 신사이바시 Nest Hotel Osaka Shinsaibashi

네스트 호텔은 시설이 오래되었지만 잘 관리되어 저렴한 가격에 숙박을 할 수 있는 비즈니스 호텔이다. 공항에서 이동하기에도 멀고 신사이바시나 도톤보리까지도 도보로 10분 정도 소요되지만 숙박 요금이 저렴하니 이 정도는 감수할 만하다. 장점으로는 나가호리바시역이 바로 앞에 있어 다른 지역으로의 이동이 편리하고 우천 시 지하를 통해 신사이바시역까지 이동이 가능하다.

주소 大阪府大阪市中央区南船場2丁目4-10 **위치** 지하철 나가호리바시역 북3번 출구 바로 앞 **전화** 06-6263-1511 **시간** 체크인 14:00, 체크아웃 11:00 **요금** 7,000엔~(2인 1실 기준) **홈페이지** www.nesthotel.co.jp/osakashinsaibashi/

적당한 비용의 시설 좋은 호텔
칸데오 호텔스 오사카 난바 Candeo Hotels Osaka Namba

칸데오 호텔은 스카이 온천 시설을 즐길 수 있으며 조식도 훌륭하여 만족도가 높은 곳으로, 가격도 상대적으로 신사이바시 호텔보다 저렴하여 가성비가 좋다. 호텔 시설도 좋고 객실도 깨끗하고 훌륭하지만 위치가 상당히 애매하여 공항에서 이동하거나 전철역으로 이동할 때 좀 걸어야 한다. 그래도 도톤보리와 신사이바시까지 도보로 크게 멀지 않은 곳에 있고 니혼바시역과 나가호리바시역도 도보 5분 거리에 있다.

주소 大阪府大阪市中央区東心斎橋2丁目2-5 **위치** 지하철 니혼바시역 2번 출구에서 도보 5분 **전화** 06-6212-2200 **시간** 체크인 15:00, 체크아웃 11:00 **요금** 11,000엔~(2인 1실 기준) **홈페이지** www.candeohotels.com/ja/osaka-namba/

신이마미야 · 덴노지 추천 숙소

난바까지 지하철로 이동하기 편리하고 긴테쓰선을 이용하면 나라로의 이동이 수월하며, 공항에서 이동하기도 편하다. 같은 가격이라도 난바역 주변보다 훨씬 저렴한 금액대의 호텔이 많으며 특급 호텔도 적정한 가격 수준이라 가성비가 좋다. 다만 이 지역의 취약점은 주변 환경에 있는데 신이마미야 지역은 노숙자들이 많은 동네로 신세카이 방향이 아니면 관광객의 발걸음이 뜸하고 저녁이 되면 할렘가처럼 노숙자들이 더 많이 모여 저녁에 외출을 하기 꺼려진다. 바로 옆 덴노지 지역도 역 주변만 유동 인구가 많아 북적이고 조금만 벗어나도 주거 지역이라 저녁에는 어둡고 다니는 사람들도 적으니 이쪽에 숙박을 한다면 늦은 저녁은 외출을 삼가자.

실내외 시설이 좋은 완벽한 호텔
오모7 오사카 Omo7 Osaka By Hoshino Resorts

도심에서는 보기 어려운 멋진 조경까지 갖춘 오모7 호텔은 객실도 넓고 깨끗하며 침구류도 훌륭하여 만족도가 높다. 4개의 레스토랑을 갖추고 있으며 피로를 풀 수 있는 온천탕이 있고 유니버설 스튜디오 재팬을 방문하는 사람들은 무료 셔틀버스를 이용할 수 있다(사전 예약해야 함). 가까이에 신세카이 번화가가 있어 음식점도 많지만 신이마미야 역 근처는 아직 도시 정비도 더디고 노숙자가 많아 호텔만 벗어나면 환경이 좋지 않으니 늦은 저녁에는 외출을 삼가도록 하자.

주소 大阪府大阪市浪速区恵美須西3丁目16-30 **위치** ❶ JR 신이마미야역 동쪽 출구에서 도보 1분 ❷ 난카이선 신이마미야역 북쪽 출구에서 도보 1분 **전화** 050-3134-8095 **시간** 체크인 15:00, 체크아웃 11:00 **요금** 20,000엔~(2인 1실 기준) **홈페이지** hoshinoresorts.com/ja/hotels/omo7osaka/

전망대를 따로 갈 필요가 없는 호텔
오사카 메리어트 미야코 호텔 Osaka Marriott Miyako Hotel

아베노 하루카스 38층~57층에 위치한 미야코 호텔은 호텔 객실에서 오사카 시내를 전망할 수 있어 오사카에서 가장 뛰어난 조망을 자랑하는 호텔이다. 1급 호텔이지만 특급 호텔 못지않게 뛰어난 시설을 자랑하며 백화점과도 연결되어 있어 쇼핑을 하기에도 너무 좋다. 다만 시설만 따지면 어느 특급 호텔과 견주어도 손색이 없으나 주변은 주거 지역이 대부분이고 덴노지역 부근을 빼고는 즐길 곳이 없어 아쉽다.

주소 大阪府大阪市阿倍野区阿倍野筋1丁目1-43 **위치** 지하철 덴노지역 8번 출구에서 연결(체크인 로비 19층) **전화** 06-6628-6111 **시간** 체크인 15:00, 체크아웃 12:00 **요금** 34,000엔~(2인 1실 기준) **홈페이지** www.marriott.com/en-us/hotels/osamc-osaka-marriott-miyako-hotel/

우메다 추천 숙소

오사카 북쪽의 여행 중심지인 우메다 지역은 공항에서의 이동도 불편하지 않고 근교나 오사카 시내로의 교통이 아주 편리한 지역이다. 특급 호텔을 이용하려는 관광객들이 선호하며 주변에 쇼핑을 좋아하는 사람들을 위한 인프라가 풍부하다. 최근에는 북적북적한 난바·신사이바시 지역에 숙소를 잡는 것 보다 서비스가 좋은 특급 호텔에 숙박을 하며 좀 더 여유 있게 여행을 즐기려고 우메다 지역을 선호하는 관광객들이 많아졌다. 비즈니스급 호텔도 많지만 오히려 관광객들이 많이 찾는 남쪽 지역의 호텔보다 가격이 비싸거나 객실도 좁고 위치도 크게 좋지 않은 곳이 많으니 참고하자.

우메다의 중심에 위치한 1급 호텔
오사카 뉴 한큐 호텔 Hotel New Hankyu Osaka

961개의 객실을 갖추고 있는 대형 호텔로 우메다 중심에 위치하고 있어 한큐 우메다역이나 JR 오사카역으로 이동하기도 편하고 공항 리무진 버스가 호텔 바로 앞에 정차하기 때문에 편리하다. 주변에 백화점, 쇼핑몰, 음식점이 풍부하여 편리하면 교토나 고베로의 이동도 아주 편하다. 다만 객실이 너무도 작고 천장도 낮아 답답함이 크게 느껴지며 시설도 오래되고 침대도 다소 작고 불편한 것이 단점이다.

주소 大阪府大阪市北区芝田1丁目1-35 위치 ❶ 지하철 우메다역 1번 출구 바로 앞 ❷ 한큐 우메다역 바로 앞 전화 06-6372-5101 시간 체크인 15:00, 체크아웃 12:00 요금 11,000엔~(2인 1실 기준) 홈페이지 www.hankyu-hotel.com

다소 조용한 위치의 비즈니스 호텔
호텔 비스키오 오사카 Hotel Vischio Osaka By Granvia

지하철 우메다역에서 그리 멀지 않은 곳에 위치하고 있는 비스키오 호텔은 인터콘티넨탈 호텔 앞에 자리 잡고 있으며 주변에 유흥 시설이 없어 다소 조용한 것이 장점이다. 도보 3분 이내에 우메다의 번화가로 이동이 가능하고 공항 버스를 타고 뉴 한큐 호텔 앞에서 내려서 걸어오면 2분 정도 소요된다. 객실은 가까이에 있는 뉴 한큐 호텔에 비하면 1.5배는 큰 듯하며 침대 사이즈도 적당하고 침구류도 좋지만 위치와 시설에 비해 가격이 다소 비싼 것이 흠이라 할 수 있다.

주소 大阪府大阪市北区芝田2丁目4-10 위치 지하철 우메다역 5번 출구에서 도보 3분 전화 06-7711-1111 시간 체크인 15:00, 체크아웃 11:00 요금 16,000엔~(2인 1실 기준) 홈페이지 www.hotelvischio-osaka.jp

스파·사우나·수영장이 갖춰진 특급 호텔
인터콘티넨탈 오사카 InterContinental Osaka

사무실이 많고 유흥 시설이 없는 곳에 위치하고 있어 조용하며, 많은 부대시설이 갖춰진 특급 호텔이다. 호캉스를 즐기려는 사람들이 많이 찾는 곳으로 스파, 사우나, 수영장, 피트니스 센터를 갖추고 있고 조식을 비롯한 즐거운 식사를 할 수 있는 고급 레스토랑까지 있다. 방은 특급 호텔 수준의 적당한 크기와 고급 침구류를 갖추고 있으며 고층부 객실에서는 우메다의 전경을 감상할 수 있다. 지하철 우메다역에서 크게 멀지 않고 리무진을 이용하면 근처 뉴한큐 호텔 앞에 내려서 도보로 3분 정도 이동해야 한다.

주소 大阪府大阪市北区大深町3-60 **위치** 지하철 우메다역 5번 출구에서 도보 3분 **전화** 06-6374-5700 **시간** 체크인 15:00, 체크아웃 11:00 **요금** 52,000엔~(2인 1실 기준) **홈페이지** www.ihg.com/intercontinental/hotels/

우메다에서 가장 위치가 좋은 1급 호텔
호텔 그란비아 오사카 Hotel Granvia Osaka

그란비아 호텔은 우메다 지역 호텔 중 접근성이 가장 좋은 호텔로 JR 오사카역에 위치하고 있어 시내로의 이동이나 고베·나라·교토 같은 근교로의 이동도 편리하다. 다이마루 백화점과 요도바시 카메라 그리고 그랜드 프런트 오사카를 아주 편하게 이용할 수 있어 먹거리와 즐길 거리가 풍부하다. 또한 21층부터 27층까지 객실이 있어 360도 파노라마 뷰로 우메다 시내를 비롯한 오사카를 전망할 수 있어 큰 감동을 준다. 레스토랑을 제외하고는 호텔 시설이 다소 부족하고 객실이 다소 작다는 것이 약간의 흠이다.

주소 大阪府大阪市北区梅田3丁目1-1 **위치** JR 오사카역과 지하철 우메다역에서 연결 **전화** 570-061-235 **시간** 체크인 15:00, 체크아웃 12:00 **요금** 15,800엔~(2인 1실 기준) **홈페이지** www.granvia-osaka.jp

가성비 좋은 특급 호텔
힐튼 오사카 Hilton Osaka

힐튼 오사카는 특급 호텔답게 많은 부대시설을 갖추고 있고 객실의 크기도 적절하고 관리도 잘 되어 있어 항상 호텔을 찾는 고객들에게 만족감을 준다. 호텔 옆에 힐튼 플라자 웨스트와 하비스 플라자 ENT가 있어 명품 쇼핑을 하기에 좋은 위치이기 때문에 쇼핑을 좋아하는 관광객들이 선호하는 호텔이다. 우메다의 특급 호텔 중 가성비가 가장 좋은 호텔 중 하나이며 멤버십 가입을 하면 추가 할인을 받을 수 있으니 홈페이지의 내용을 참고하도록 하자.

주소 大阪府大阪市北区梅田1丁目8-8 **위치** JR 오사카역과 지하철 우메다역 C-30 출구와 연결 **전화** 06-6347-7111 **시간** 체크인 15:00, 체크아웃 12:00 **요금** 33,000엔~(2인 1실 기준) **홈페이지** www.hilton.com/

우메다 특급 호텔 중 가장 인기 있는 호텔
더 리츠칼튼 오사카 The Ritz-Carlton, Osaka

더 리츠칼튼 오사카는 우메다 특급 호텔 중 고객 만족도가 가장 높은 특급 호텔로 웅장한 외관, 넓은 객실과 멋진 레스토랑들을 구비한 오사카 최고의 호텔이라 할 수 있다. 하비스 플라자 ENT와 연결되어 있어 명품 쇼핑을 하기 좋은 위치에 있으며 비즈니스 센터, 피트니스 센터, 실내 수영장뿐만 아니라 실내외 스파 등 각종 부대시설도 충분하고 만족스럽다. 또한 주변 특급 호텔 중 조식이 가장 뛰어난 곳으로 정평이 나 있으니 투숙 기회가 된다면 꼭 먹어 보자.

주소 大阪府大阪市北区梅田2丁目5-25 **위치** JR 오사카역과 지하철 우메다역 C-30 출구와 연결 **전화** 06-6343-7000 **시간** 체크인 15:00, 체크아웃 11:00 **요금** 58,000엔~(2인 1실 기준) **홈페이지** www.ritzcarlton.com

좋은 위치의 가성비 좋은 비즈니스급 호텔
이비스 오사카 우메다 ibis Osaka Umeda

이비스 호텔은 우메다의 비즈니스급 호텔 중 깨끗하고 넓은 객실과 좋은 위치로 관광객들이 선호하는 곳이다. 지하철역과 연결되어 있어 우메다나 다른 지역으로의 이동이 편하고 주변에 음식점들이 풍부하여 늦은 저녁까지도 놀기 좋다. 지하 쇼핑 아케이드인 화이티 우메다로 바로 들어갈 수 있어 우천 시 더욱 호텔의 위치가 빛을 발한다.

주소 大阪府大阪市北区小松原町1-5 **위치** JR 오사카역과 지하철 우메다역 7-72 출구와 연결 **전화** 06-6363-0331 **시간** 체크인 14:00, 체크아웃 11:00 **요금** 11,000엔~(2인 1실 기준) **홈페이지** all.accor.com

유니버설 시티 추천 숙소

유니버설 스튜디오 재팬(USJ)을 방문하는 관광객들에게 아주 편리한 호텔들이 있지만 가격이 다소 비싸고 선택할 수 있는 호텔이 한정적이다. USJ를 이용하는 당일 저녁에 숙박을 하고 다음 날 시내로 이동하거나 공항으로 이동하여 출국하는 사람들이 주로 이용하며, 이틀 연속으로 USJ를 찾는 사람들에게도 좋은 호텔이다. 어린 자녀들과 함께하기에 좋은 테마 룸, 입장권과 연결된 패키지 룸도 준비가 되어 있으니 참고하여 호텔을 선택하도록 하자.

유니버설 스튜디오 재팬과 가장 가까운 호텔
더 파크 프런트 호텔 The Park Front Hotel at Universal Studios Japan

1급 호텔인 더 파크 프론트 호텔은 이 지역에서 가장 최근에 지어진 호텔로, 유니버설 스튜디오 재팬과 가장 가까운 곳에 위치하고 있다. 유니버설 시티의 호텔들은 대개 가족실을 많이 보유하고 있는데, 이곳도 넓고 편한 가족실이 있고 아침 조식도 어린 아이들이 좋아할 만한 메뉴가 많아 가족 단위로 많이 찾는 곳이다. 1층 로비에 위치한 컨시어지에서 유니버설 스튜디오 재팬의 티켓도 구매할 수 있고 유모차 대여 등 각종 서비스를 이용할 수 있으니 참고하자.

주소 大阪府大阪市此花区島屋6丁目2-52 **위치** JR 유니버설시티역 개찰구에서 도보 2분 **전화** 06-6460-0109 **시간** 체크인 14:00, 체크아웃 12:00 **요금** 26,000엔~(2인 1실 기준) **홈페이지** parkfront-hotel.com

아이들의 만족도가 가장 높은 호텔
호텔 긴테쓰 유니버설 시티 Hotel Kintetsu Universal City

유니버설 시티에 위치한 호텔 중 아이들의 만족도가 가장 높은 긴테쓰 호텔은 아이들의 눈높이에 맞게 인테리어가 된 객실을 갖추고 있는 것이 특징이다. 객실은 다른 호텔에 비해 다소 작지만 객실마다 테마가 있는 실내 인테리어, 침대, 테이블, 쇼파 그리고 비품까지 아이들을 위한 캐릭터로 꾸며져 있다. 또한 아침 조식을 위한 레스토랑도 인테리어와 분위기 그리고 테이블과 의자까지 아이들에게 맞춰져 있고 메뉴까지도 아이들이 원하는 음식들로 가득하다. 미취학 아동부터 초등학생까지의 자녀들과 함께한다면 가성비도 좋고 아이들 만족도도 높은 긴테쓰 호텔을 추천한다.

주소 大阪府大阪市此花区島屋6丁目2-68 **위치** JR 유니버설시티역 개찰구에서 도보 2분 **전화** 06-6465-6000 **시간** 체크인 15:00, 체크아웃 11:00 **요금** 22,000엔~(2인 1실 기준) **홈페이지** www.miyakohotels.ne.jp/hotel-kintetsu

교토 추천 숙소

최근에는 교토 여행 일정을 길게 계획하는 여행객들이 많아 교토에서 1박 이상 숙박을 하는 경우가 늘었다. 교토의 숙박은 서비스 수준에 따라 혹은 료칸을 이용하느냐에 따라 가격 차이가 많이 난다. 위치는 JR 교토역 주변이나 가와라마치·기온 지역이 가장 적당하다. 교토에서 숙박을 하는 경우 여유가 된다면 미리 예약을 하여 비용도 줄이고 료칸 체험을 하는 것을 추천한다.

다다미 방을 갖추고 있는 비즈니스급 호텔
호텔 이다 Hotel Iida Kyoto

JR 교토역 건너편에 위치하고 있어 접근성이 좋고 다른 지역으로의 이동이 편리하여 교토와 아라시야마를 동시에 관광하면서 1박 이상을 할 때 투숙하기에 좋은 호텔이다. 침대가 있는 싱글룸도 있지만 대부분은 다다미 객실로 구성되어 있는데, 교토에 왔으니 고급 료칸은 아니더라도 다다미 객실에서 숙박을 하는 것도 괜찮겠다. 객실의 크기는 적당하며 이 정도 시설과 위치에 가격도 크게 비싸지 않으니 가성비 좋은 숙소를 찾는다면 이곳을 추천한다.

주소 京都府京都市下京区東塩小路町717-3 **위치** JR 교토역 중앙 출구에서 도보 2분 **전화** 075-341-3256 **시간** 체크인 15:30, 체크아웃 10:00 **요금** 12,000엔~(2인 1실 기준) **홈페이지** www.hotel-iida.co.jp

객실마다 히노키탕이 갖춰진 퓨전 료칸
교토 다카세가와 벳테이 Kyoto Takasegawa Bettei

깨끗하고 잘 관리되어 방문객들의 만족도가 높은 다카세가와 벳테이는 객실이 다다미방이지만 모두 침대가 놓여 있는 퓨전 료칸이다. 객실에 딸려 있는 히노키탕은 고객들이 가장 만족해하는 시설이며 직원들 또한 매우 친절하여 하루를 편하게 보낼 수 있는 곳이다. 숙소 주변도 조용하고 앞에 다카세가와(高瀬川)강이 있어 산책하기에도 너무 좋으니, 이른 아침에 식사를 하기전에 가볍게 동네 한 바퀴 둘러보는 것도 좋다.

주소 京都府京都市下京区十禅師町196번地 **위치** 88, 206, 208번 버스 타고 나나조가와라마치(七条河原町) 버스정류장에서 하차, 도보 4분 **전화** 075-365-5060 **시간** 체크인 15:00, 체크아웃 10:00 **요금** 26,000엔~(2인 1실 기준) **홈페이지** kyoto-takasegawabettei.com

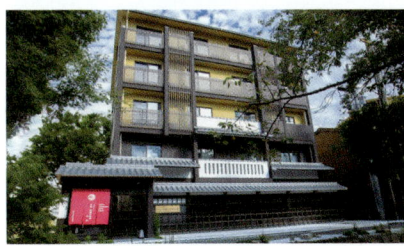

교토 전체를 조망할 수 있는 호텔
호텔 그란비아 교토 Hotel Granvia Kyoto

그란비아 호텔은 JR 교토역에 위치하고 있어 교토의 중심에 있는 호텔이라 할 수 있고 객실이 8층부터 있어 교토 시내를 한눈에 볼 수 있는 전망이 좋은 곳이다. 교토는 유적지가 많아서 개발을 쉽게 할 수 없는데 교토에서 보기 어려운 특급 호텔로, 피트니스 센터, 수영장, 비즈니스 센터, 레스토랑 등 시설이 특급 호텔 기준에 손색이 없다. 특급 호텔이지만 가격이 크게 비싸지는 않고 아라시야마로의 이동도 편리하여 2일 이상 교토를 관광하려는 여행객들에게 안성맞춤인 호텔이다.

주소 京都府京都市下京区東塩小路町901 **위치** JR 교토역에 위치. 프런트 데스크는 2F **전화** 075-344-8888 **시간** 체크인 15:00, 체크아웃 10:00 **요금** 21,000엔~(2인 1실 기준) **홈페이지** www.granvia-kyoto.co.jp

대욕탕을 갖춘 현대식 료칸
히후미 료칸 Hifumi Ryokan, ひふみ旅館

히후미 료칸은 규모가 크지는 않지만 가격도 적당하고 현대식 료칸 체험을 하기에 괜찮은 숙소이다. 1층에 위치한 대욕탕은 지하에서 끌어올린 좋은 물을 사용하는 것으로 알려져 있으며 잘 준비된 가이세키 식사 또한 만족스럽다. 객실에 히노키탕이나 온천을 느낄 수 있는 시설이 없다는 것이 아쉽지만 나름대로 다다미방 체험도 할 수 있다. JR 교토역과 버스정류장이 가까워서 다른 지역으로의 이동도 편하다.

주소 京都府京都市下京区東塩小路町901 **위치** ❶ 5, 26, 86, 88, 206, 208번 버스 타고 가라스마나나조(烏丸七条) 버스정류장에서 하차, 도보 2분 ❷ JR 교토역 중앙 출구에서 도보 4분 **전화** 075-371-1238 **시간** 체크인 15:00, 체크아웃 10:00 **요금** 18,500엔~(2인 1실 기준) **홈페이지** www.kyoto-hifumi.co.jp

교토에서 가장 뛰어난 가성비를 가진 호텔
리가 로열 호텔 Rihga Royal Hotel Kyoto

리가 로얄 호텔은 4성급 대형 호텔로 가격도 크게 비싸지 않으면서도 시설은 5성급 호텔이어서 투숙객들에게 즐거움과 만족감을 준다. 실내 수영장과 뷰가 좋은 레스토랑을 갖추고 있으며 객실도 공간의 여유가 있고 침대 크기나 침구류도 만족스럽다. 시설로는 5성급이라고 해도 손색이 없는데 교통이 JR 교토역과 그리 가깝지 않고 애매한 거리이다. 셔틀버스가 20분마다 왕복하므로 언제든지 이용하자.

주소 京都府京都市下京区松明町1番地 **위치** ❶ JR 교토역 중앙 출구에서 도보 7분 ❷ JR 교토역 하치조 출구(八条口)에서 무료 셔틀버스 탑승 가능 **전화** 075-341-1121 **시간** 체크인 14:00, 체크아웃 11:00 **요금** 13,800엔~(2인 1실 기준) **홈페이지** www.rihga.co.jp/kyoto

여러 명이 함께 투숙하기에 가장 좋은 호텔
오모5 교토 기온 OMO5 Kyoto Gion By Hoshino Resorts

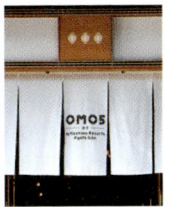

일본을 여행할 때 4인실 이상의 객실을 갖춘 곳이 극히 드문데 오모5에는 최대 6명까지 함께 지낼 수 있는 객실이 갖춰져 있어 가족 단위의 여행객들이 선호하는 호텔이다. 객실의 공간은 아주 넓고 편하며 주방 시설이 갖춰져 있어 간단한 조리도 가능하다. 또한 객실에서 홈베이킹 메뉴를 주문하면 나만의 식빵을 만들어 먹을 수 있어 투숙객들의 호응도가 높다. 또한 유료로 기모노도 대여할 수 있어 다른 호텔들이 가지지 못한 매력이 가득한 호텔이다. 기온 거리에 위치해 있고 가와라마치-시조도리까지도 도보로 이동하기 편해서 늦은 저녁까지 교토를 제대로 즐길 수 있다

주소 京都府東山区祇園町北側288 **위치** 12, 46, 58, 86, 201, 202, 203 206, 207번 버스 타고 기온(祇園) 버스 정류장에서 하차, 도보 1분 **전화** 050-3134-8095 **시간** 체크인 15:00, 체크아웃 11:00 **요금** 24,000엔~(2인 1실 기준) **홈페이지** hoshinoresorts.com/ko/brands/omo/

교토 전통 료칸의 정수를 느낄 수 있는 곳
도시하루 료칸 Toshiharu Ryokan, 十四春旅館

1909년에 지어져 110년이 넘은 도시하루 료칸은 딱 5개의 객실을 가지고 있으며 객실 하나하나가 여유 있고 전통이 느껴지는 곳이다. 객실의 테이블에 앉아 진한 말차를 마시면서 마당의 정원을 바라보고 있으면 교토의 옛 정취를 느낄 수 있다. 이 료칸에서 제공되는 아침 식사는 정갈하고 맛있으며 가옥과 주변 골목은 옛 모습을 그대로 간직하고 있어 교토다운 대표 숙소라 하겠다.

주소 京都府京都市下京区諏訪町通, 松原下る弁財天町326 **위치** 12, 46, 58, 86, 201, 202, 203 206, 207번 버스 타고 기온(祇園) 버스 정류장에서 하차, 도보 1분 **전화** 075-341-5301 **시간** 체크인 16:00, 체크아웃 10:30 **요금** 56,000엔~(2인 1실 기준) **홈페이지** www.14haru.com

자연 속에 푹 빠져 힐링이 되는 호텔
교토 아라시야마 란잔 호텔 Kyoto Arashiyama Ranzan Hotel

바쁜 일상에서 벗어나 아름다운 자연과 함께 힐링이 되는 숙소인 란잔 호텔은 아라시협곡(嵐峽)과 도케츠교(渡月橋)를 바라보며 편안한 시간을 보낼 수 있다. 아라시야마역 쪽으로 관광객들이 많이 찾는 번화가도 있지만 저녁이 되면 조용하고 편안하게 온전히 나만의 시간을 가질 수 있는 곳이다. 오사카 여행에서 만나는 숙소들은 대부분 도심에 위치하고 있지만 아름다운 자연과 함께하는 아라시야마에서 숙박을 할 때는 일상을 잊어버리고 조용한 하루를 보내 보자. 주변에 시설들이 잘 갖춰진 숙소들도 많지만 란잔이 가성비가 좋고 객실도 넓으며 대욕탕도 갖추고 있어 즐겁고 편안한 시간을 가질 수 있다.

주소 京都府京都市右京区嵯峨天龍寺芒／馬場町33-33 **위치** 한큐 아라시야마역에서 도보 10분 **전화** 0120-750-084 **시간** 체크인 15:00, 체크아웃 10:00 **요금** 22,000엔~(2인 1실 기준) **홈페이지** www.kyoto-ranzan.jp

🧥 고베 추천 숙소

고베는 오사카에서 이동이 편리하여 1박 이상을 이용하는 관광객들이 많지는 않지만 아리마 온천 지역을 여행하거나 특별한 날 가성비 좋은 호텔을 원하는 사람들이 종종 찾는 지역이다. 모자이크 지역의 호텔에서 특별한 숙박을 원하는 경우 추천하지만, 그 외의 경우라면 고베에서 숙박하는 것이 특별한 장점이 없으니 참고하자.

일본속 유럽을 느낄 수 있는 호텔
고베 기타노 호텔 Kobe Kitano Hotel

고베 기타노 호텔은 서양풍 가옥들이 많은 기타노 이진칸 지역에 위치해 있어 외관도 서양 건축물이지만 내부에서는 더욱 유럽을 느낄 수 있는 호텔이다. 실내 공간은 다른 일본 호텔과 다르게 넓고 여유가 있으며 욕실도 크고 답답함이 없다. 아침 조식을 먹을 때는 날씨가 좋으면 야외 테라스에서 식사를 할 수 있는데 이때 고베 시내를 바라보며 상쾌한 시간을 가질 수 있다. 다만 가격이 비싸고 이진칸 지역에 있어 분위기는 좋지만 다른 지역으로 이동이 불편하다는 단점이 있다.

주소 兵庫県神戸市中央区山本通3丁目3-3 **위치** JR 산노이야역 서쪽 출구에서 도보 7분 **전화** 078-271-3711 **시간** 체크인 15:00, 체크아웃 12:00 **요금** 44,000엔~(2인 1실 기준) **홈페이지** www.kobe-kitanohotel.co.jp

교통이 아주 편리한 위치의 1급 호텔
렘플러스 고베 산노미야 remm plus Kobe Sannomiya

JR 산노미야역 바로 옆에 위치한 렘플러스 호텔은 고베 어느 지역으로의 이동이 모두 편리하고 주변에 인기 있는 음식점이 많아 안전하게 늦은 시간까지 보낼 수 있는 곳이다. 한큐 호텔에서 리모델링을 하면서 고객들의 숙면을 위해 침대를 모두 교체하여 만족도가 높고 29층 레스토랑에서 고베 시내 및 항만까지 조망하면서 아침 식사 시간을 가질 수 있다. 17층에 프런트 카운터가 있으며 JR·한큐 산노미야역과 직결되어 있다.

주소 兵庫県神戸市中央区加納町4丁目2-1 **위치** ❶ JR 산노이야역 서쪽 출구에서 바로 연결 ❷ 한큐 산노미야역 동쪽 개찰구에서 바로 연결 **전화** 078-571-0606 **시간** 체크인 14:00, 체크아웃 12:00 **요금** 12,000엔~(2인 1실 기준) **홈페이지** www.hankyu-hotel.com/hotel/remm/kobe-sannomiya

분위기 최고의 아름다운 해상 호텔
메리겐 파크 오리엔탈 호텔 Kobe Meriken Park Oriental Hotel

고베 메리켄 파크에 위치한 오리엔탈 호텔은 마치 대형 여객선 같은 외관의 대형 호텔이다. 저녁이 되면 아름다운 고베항의 백만 불짜리 야경을 감상할 수 있어 아마도 야경이 가장 아름다운 호텔이라 할 수 있고 잔잔한 파도 소리를 가까이서 들으면서 잠 들 수 있는 해상호텔이다. 가까이에 우미에 모자이크와 우미에 쇼핑몰이 있어 즐거운 시간을 보낼 수 있는 인프라가 갖추어져 있으며 호텔 내부에도 5개의 레스토랑이 있다. 수영장, 사우나, 에스테틱, 미용실 등 편의시설도 다 갖추고 있는데 대중교통이 다소 불편하다. 호텔 숙박비는 크게 비싸지 않으니 특별한 숙박으로 괜찮을 듯 하다.

주소 兵庫県神戸市中央区波止場町5-6 **위치** 지하철 미나토모토마치역 2번 출구에서 도보 10분 **전화** 078-325-8111 **시간** 체크인 15:00, 체크아웃 12:00 **요금** 15,000엔~(2인 1실 기준) **홈페이지** www.kobe-orientalhotel.co.jp/

 # 나라 추천 숙소

나라는 도다이지와 나라 공원을 중심으로 한 여행이 메인 여행이고 소요 시간이 그리 길지 않아서 숙박을 하지 않고 당일치기 여행을 하는 경우가 대부분이다. 나라에는 숙박 시설도 크게 많지 않아 가격도 비싸지만 고즈넉하고 조용한 분위기에서의 숙박을 원한다면 추천 숙소를 참고하도록 하자.

교통이 편리한 지역에 위치한 1급 호텔
호텔 닛코 나라 Hotel Nikko Nara

닛코 호텔은 JR 나라역에 가까이 위치하여 다른 지역으로의 이동이 편리하고 바로 앞 산조도리를 따라 나라의 주요 관광지로 쉽게 갈 수 있다. 객실의 규모는 여유가 있고 아주 특별한 시설은 없지만 6층에 대욕탕을 갖추고 있어 하루 여행의 피로를 푸는 데 적당하다. 호텔에 4개의 레스토랑이 있고 에스테틱 시설도 갖추고 있어 조용히 휴식을 취하는 데 적합한 호텔이라 하겠다.

주소 奈良県奈良市三条本町8-1 **위치** JR 나라역 서쪽 출구와 연결 **전화** 0742-35-8831 **시간** 체크인 15:00, 체크아웃 11:00 **요금** 13,000엔~ (2인 1실 기준) **홈페이지** www.nikkonara.jp

나라 공원에 위치한, 자연과 함께하는 료칸
에도산 江戸三, Edosan

1907년에 오픈한 에도산은 외관은 오래되었지만 잘 관리되어 나라에서는 가장 숙박하고 싶은 료칸이다. 숙소 앞에 사슴들도 자주 놀러와 재미있는 시간을 가질 수 있고 나라만의 자연과 함께하는 시간을 보낼 수 있어서 힐링이 되는 숙소이다. 객실은 총 6개로 모두 별장처럼 떨어져 있으며 가족 온천을 즐길 수 있는 건물이 따로 준비되어 있다. 깔끔한 아침 조식과 저녁에 먹을 수 있는 특별한 나베 요리도 이곳의 자랑이다. 시설은 특별한 것이 없지만 아늑하게 나만의 시간을 가지고 싶을 때 방문하기 좋다.

주소 奈良県奈良市高畑町1167 **위치** 긴테쓰나라역 2번 출구에서 도보 7분 **전화** 0742-26-2662 **시간** 체크인 15:00, 체크아웃 10:00 **요금** 45,000엔~ (2인 1실 기준) **홈페이지** www.edosan.jp

여행 회화
일본어

숫자

1	いち 이치	6	ろく 로쿠
2	に 니	7	しち 시치
3	さん 산	8	はち 하치
4	し 시	9	きゅう 큐-
5	ご 고	10	じゅう 주-

돈

1엔	いちえん 이치엔	100엔	ひゃくえん 햐쿠엔
5엔	ごえん 고엔	500엔	ごひゃくえん 고햐쿠엔
10엔	じゅうえん 주-엔	1000엔	せんえん 센엔
50엔	ごじゅうえん 고주-엔	5000엔	ごせんえん 고센엔
10000엔	いちまんえん 이치만엔		

매일 쓰는 기본 표현

안녕하세요.	おはよう ございます。 오하요-고자이마스(아침) こんにちは。 콘니치와(낮) こんばんは。 콘방와(밤)
감사합니다.	ありがとう ございます。 아리가토- 고자이마스
미안합니다.	すみません。 스미마센

괜찮아요.	だいじょうぶです。	다이조-부데스
부탁합니다.	おねがいします。	오네가이시마스
네.	はい。	하이
아니오.	いいえ。	이이에
좋아요.	いいです。	이이데스
싫어요.	いやです。	이야데스
뭐예요?	なんですか。	난데스카
어디인가요?	どこですか。	도코데스카
얼마인가요?	いくらですか。	이쿠라데스카
잘 모르겠어요.	よく わかりません。	요쿠 와카리마셍
일본어를 못해요.	にほんごが できません。	니혼고가 데키마셍
영어로 부탁합니다.	えいごで おねがいします。	에-고데 오네가이시마스
천천히 말씀해 주세요.	ゆっくり はなして ください。 윳쿠리 하나시테 구다사이	
다시 한번 말씀해 주세요.	もう いちど おねがいします。 모-이치도 오네가이시마스	
써 주세요.	かいて ください。	카이테 쿠다사이
나는 한국 사람입니다.	わたしは かんこくじんです。	와타시와 칸코쿠진데스

비행기 안에서

제 자리가 어디죠?	わたしの せきは どこですか。 와타시노 세키와 도코데스카	
이쪽입니다.	こちらです。 코치라데스	
	이쪽 こちら 코치라	
	저쪽 あちら 아치라	
	그쪽 そちら 소치라	

실례합니다.	しつれいします。 시츠레이시마스
저기요.	すみません。 스미마셍
담요 주세요.	もうふ ください。 모-후 쿠다사이
커피 주세요.	コーヒー ください。 고-히- 쿠다사이
	냉수　おみず 오미즈
	주스　ジュース 주-스
	맥주　ビール 비-루
화장실은 어디인가요?	トイレは どこですか。 토이레와 도코데스카
언제쯤 도착할까요?	いつごろ 到着とうちゃくしますか。 이츠고로 도챠쿠시마스카

입국 심사

외국인은 어느 쪽에 서나요?	がいこくじんは どちらですか。 가이코쿠진와 도치라데스카
방문 목적이 무엇입니까?	にゅうこくの もくてきは なんですか。 뉴-코쿠노 모쿠테키와 난데스카
관광입니다.	かんこうです。 칸코-데스
공부하러 왔습니다.	りゅうがくです。 류-가쿠데스
어느 정도 체류합니까?	どのくらい たいざいしますか。 도노쿠라이 타이자이시마스카
일주일입니다.	いっしゅうかんです。 잇슈-칸데스
	일주일　いっしゅうかん 잇슈-칸
	이틀　ふつか 후츠카
	사흘　みっか 밋카
	나흘　よっか 욧카
어디에서 머물 예정입니까?	どこに たいざいしますか。 도코니 타이자이시마스카
프린스 호텔입니다.	プリンスホテルです。 푸린스 호테루데스

수화물 찾기

NH 908 짐은 어디서 찾나요?	NH908の　てにもつは　どこで　受け取りますか。	
	에누에치 큐―제로하치노 테니모츠와 도코데 우케토리마스카	
짐이 나오지 않았어요.	にもつが　でて　きません。 니모츠가 데테 키마센	
제 짐은 두 개 입니다.	わたしの　にもつは　ふたつです。	
	와타시노 니모츠와 후타츠데스	
	한 개　ひとつ　히토츠	
	두 개　ふたつ　후타츠	
	세 개　みっつ　밋츠	
짐이 없어졌어요.	にもつが　なくなりました。 니모츠가 나쿠나리마시타	

세관 검사

신고할 물건 없습니까?	申告する ものは ありませんか。
	신코쿠스루 모노와 아리마센카
없습니다.	ありません。　아리마센
가방 안에 무엇이 들어 있습니까?	かばんの なかに なにが はいって いますか。
	카방노 나카니 나니가 하잇테 이마스카
가방을 열어 주세요.	かばんを あけて ください。
	카방오 아케테 쿠다사이
이것은 무엇입니까?	これは なんですか。　코레와 난데스카
이건 제가 사용하고 있는 물건입니다.	これは わたしが つかって いる ものです。
	코레와 와타시가 쓰캇테 이루 모노데스
이것은 가지고 들어갈 수 없습니다.	これは もちこむ ことが できません。
	코레와 모치코무 코토가 데키마센

공항에서

한국어	일본어	발음
버스 승강장은 어디인가요?	バスのりばは どこですか。	바스 노리바와 도코데스카
어디로 가야 하나요?	どこに いきますか。	도코니 이키마스카
관광 안내소는 어디인가요?	かんこう あんないしょは どこですか。	칸코– 안나이쇼와 도코데스카
지도를 주세요.	ちずを ください。	치즈오 쿠다사이
호텔 예약이 가능한가요?	ホテルの よやくが できますか。	호테루노 요야쿠가 데키마스카

교통

한국어	일본어	발음
표는 어디에서 삽니까?	きっぷは どこで かいますか。	킷푸와 도코데 카이마스카
요금은 얼마입니까?	りょうきんは いくらですか。	료–킨와 이쿠라데스카
전철은 어디서 탑니까?	でんしゃは どこで のりますか。	덴샤와 도코데 노리마스카
몇 시에 출발합니까?	なんじ しゅっぱつですか。	난지 슛파츠데스카
신주쿠행입니까?	しんじゅくゆきですか。	신주쿠 유키데스카
이거 시나가와에 가나요?	これ、しながわに いきますか。	코레, 시나가와니 이키마스카
신주쿠까지 얼마나 걸립니까?	しんじゅくまで どのくらい かかりますか。	신주쿠마데 도노쿠라이 가카리마스카
하라주쿠에 가고 싶은데요.	はらじゅくに いきたいですが。	하라주쿠니 이키타이데스가
어디서 갈아탑니까?	どこで のりかえますか。	도코데 노리카에마스카
걸어서 갈 수 있습니까?	あるいて いけますか。	아루이테 이케마스카
열차를 잘못 탔어요.	のりまちがえて しまいました。	노리마치가에테 시마이마시타

표를 잃어버렸어요.	きっぷを なくして しまいました。 킷푸오 나쿠시테 시마이마시타

호텔에서

체크인 부탁드립니다.	チェックイン おねがいします。 체쿠인 오네가이시마스
예약했는데요.	よやくしましたが。 요야쿠시마시타가
방에 열쇠를 두고 나왔어요.	へやに かぎを おきわすれました。 헤야니 카기오 오키와스레마시타
415호실입니다.	415ごうしつです。 욘이치고 고-시츠데스
체크아웃은 몇 시까지입니까?	チェックアウトは なんじまでですか。 체쿠아우토와 난지마데데스카
내일 7시에 모닝콜 부탁합니다.	あした 7じに モーニングコール おねがいします。 아시타 시치지니 모-닝구코-루 오네가이시마스
인터넷을 할 수 있습니까?	インターネットを つかえますか。 인타-넷토- 츠카에마스카
편의점은 어디에 있나요?	コンビには どこに ありますか。 콘비니와 도코니 아리마스카
하루 더 머물고 싶은데요.	もう いっぱく したいですが。 모-잇파쿠 시타이데스가
짐을 5시까지 맡아 주세요.	にもつを 5じまで あずかって ください。 니모츠오 고지마데 아즈캇테 쿠다사이

쇼핑

이거 주세요.	これ ください。 코레 쿠다사이
옷 입어 봐도 될까요?	きて みても いいですか。 키테 미테모 이이데스카

작아요.	ちいさいです。 치이사이데스
커요.	おおきいです。 오오키이데스
얼마입니까?	いくらですか。 이쿠라데스카
비싸요.	たかいです。 타카이데스
싸게 해 주세요.	やすく して ください。 야스쿠 시테 쿠다사이
할인이 가능합니까?	わるびき できますか。 와리비키 데키마스카
포장해 주세요.	ほうそうして ください。 호−소−시테 구다사이
쇼핑백에 넣어 주세요.	かみぶくろに いれて ください。 가미부쿠로니 이레테 쿠다사이
영수증 주세요.	レシート ください。 레시−토 쿠다사이

음식

추천 요리는 무엇입니까?	おすすめ りょうりは なんですか。 오스스메 료− 리와 난데스카
잘 먹겠습니다.	いただきます。 이타다키마스
잘 먹었습니다.	ごちそうさまでした。 고치소−사마데시타
맛있어요.	おいしいです。 오이시이데스
맛이 이상합니다.	あじが おかしいです。 아지가 오카시−데스
생맥주 500cc 두 잔.	なまビール 500cc 2はい。 나마비−루 고햐쿠시이시이 니하이
물 좀 주세요.	みず ください。 미즈 쿠다사이
개인용 접시 하나 주세요.	とりざら ひとつ ください。 토리자라 히토츠 쿠다사이
담배를 피워도 됩니까?	たばこを すっても いいですか。 타바코−슷테모 이이데스카
계산해 주세요.	おかんじょう おねがいします。 오칸조−오네가이시마스

찾아보기
INDEX

Sightseeing

C-플라플러스	130
H&M	127
JR 교토역	246
OS 드럭스토어	129
WTW	159
가이유칸	219
가차가차노모리	162
갭	127
고베 동물 왕국	290
고베 포트 타워	288
고베 해양 박물관	287
고베 호빵맨 어린이 뮤지엄	290
고후쿠지	305
교토 국립 박물관	260
교토 타워	246
교토 황궁	251
구로몬 시장	155
구이다오레 타로	132
그랜드 프런트 오사카	183
기온	259
기요미즈데라	261
기타노이진칸	281
긴카쿠지(금각사)	253
긴카쿠지(은각사)	257
꼼 데 가르송	126
나가쓰지도리	268
나라 공원	306
나라 국립 박물관	306
난바 시티	157
난바 워크	158
난바 파크스	156
난카이도리	153
난킨마치	286
니조성	248
니토리	225
닌나지	254
다이마루 백화점(신사이바시점)	128
다이마루 백화점(우메다점)	182
다이소	126
다카시마야 백화점	157
더 굿랜드 마켓	161
덴노지 동물원 & 공원	205
덴류지	268
덴진바시스지 상점가	195
덴포잔 마켓 플레이스	220
도다이지	307
도지	265
도지인	254
도톤보리 다리	131
도후쿠지	266
돈키호테(도톤보리 미도스지점)	133
라운드원	154
라이프 센트럴 스퀘어	158
료안지	255
린쿠 프리미엄 아웃렛	224
마루이 백화점	152
메리켄 파크	287
모토마치 상점가	286
묘신지	253
미도스지도리	135
미카미 신사	267
빅 카메라	154
산노미야역	285
산조도리	304
산주산겐도	260
세컨드 스트리트	161
센뉴지	266
센니치마에 도구야스지	155
소네자키 오하쓰텐진 거리 상점가	181
소에몬초	135
슈퍼 키즈 랜드	163
슈프림	160
스타벅스 & 쓰타야 서점	132

339

스파 월드	204
스포츠 데포	225
시모지마	124
시조도리	251
시클	224
시텐노지	206
신세카이	203
신센엔	250
쓰텐가쿠	204
아라시야마 대나무 숲	267
아리마 온천	291
아메리카무라	134
아베노 하루카스	205
아시아 태평양 트레이드센터	220
아카창혼포	124
애니메이트	162
야사카 신사	259
에디온	153
에이프	159
오니츠카타이거	129
오버라이드	160
오사카 시립 주택 박물관	195
오사카 역사 박물관	214
오사카성 공원	214
오사카성 천수각	213
오사카역	182
오사카텐만궁	196
요도바시 카메라	183
우메다 스카이 빌딩	184
우미에	288
우미에 모자이크	289
유니버설 스튜디오 재팬	226
정글	163
지도리야	125
지온인	258
키즈 플라자 오사카	196
킷캣(요시야)	125
타임리스 컴포트	160
톤보리 리버 크루즈	133
펫 파라다이스	130
하비스 플라자 ENT	185
한큐 3번가	180
한큐 멘즈	179
한큐 백화점	178
한큐 히가시도리 상점가	181
핸즈	128
헤이안진구	258
헵 파이브	179
화이티 우메다	180
히가시무카이 상점가	304
히가시혼간지 · 니시혼간지	247
힐튼 플라자 웨스트	185

Eating

2차 바	141
551 호라이	164
가네쇼	271
가니도라쿠	143
가르다몬	198
가무쿠라	167
간논야	297
간미코요리	187
간타로	191
겐로쿠 스시 도톤보리점	144
겐로쿠 스시 신사이바시점	137
겐로쿠 스시 우메다점	189
구시야 모노가타리	173
구시카쓰 다루마	145
구쿠루	142
구테	173
그릴 스타십	295
긴류 라멘	145
나인 보든 커피	221
난바 우동	165
니혼바시 마루에이	170
다이닝 아지토	170
다이부쓰 이치고	309
다코야키 도라쿠와나카	168
다코야키 왕국	221
다코야키 크레오루	144
대종가 나니와소바	138

더 라멘 워	136		에비스 바 더 그릴	171
도리초	189		엑셀시어 카페	138
도쿠라	270		엘크	140
돈가스 KYK	170		오다시몬	187
돈돈테이	190		오라가 소바	199
동양정	186		오멘	272
레스토랑 기쿠스이	270		오사카 돈가스	366
로드 스토우즈 베이커리	142		오샤베리니카메	308
로쿠센	207		오즈루	273
리쿠로 오지상	164		와나카	144
리큐	208		우동 센몬텐 가마이키	308
마쓰바	271		우지엔	139
마키노	197		월화장	165
멘토안	309		유하임	296
모미 & 토이즈	172		이소노 갓텐즈시	297
몬	294		이소마루 수산	168
무켄	137		이스즈 베이커리	294
미미우	209		이치란	166
미쉐	173		잇센요쇼쿠	272
미즈노	166		자가이모	199
북극성	140		자우오	147
빗쿠리돈키	143		점보 낚싯배 쓰리키치	207
빵공방 상피뇽	169		지보	146
빵시로 데즈카야마	142		철판신사	165
사카에 한큐 히가시도리점	188		캐피탈 동양정 본점	269
사쿠노사쿠	167		코코이치방야	169
산 마르크 카페	136		파블로	138
산야	295		하루코마	197
산탄젤로	171		하쓰마부시 나고야 빈초	191
살롱 드 몽세르	139		하쓰타쓰	198
상등 카레 본점	190		하카다 잇푸도	188
섹스 머신	141		호코도 커피	296
슌판로	209			
스테이크랜드	293		**Sleeping**	
스트리머 커피 컴퍼니	141		고베 기타노 호텔	329
쓰루동탄	147		교토 다카세가와 벳테이	325
아오이 나폴리	208		교토 아라시야마 란잔 호텔	328
아치치혼포	146		그리즈 프리미엄 호텔 오사카 난바	313
야마모토멘조	273		난바 오리엔탈 호텔	315
야부 소바	186		네스트 호텔 오사카 신사이바시	318
야키니쿠 고엔	169			
어스 카페	172			

더 리츠칼튼 오사카	323		이비스 오사카 우메다	323
더 파크 프런트 호텔	324		인터콘티넨탈 오사카	322
도시하루 료칸	328		칸데오 호텔스 오사카 난바	319
도톤보리 호텔	316		칸데오 호텔스 오사카 신사이바시	317
렘플러스 고베 산노미야	329		크로스 호텔 오사카	317
리가 로열 호텔	327		호텔 그란비아 교토	326
메리겐 파크 오리엔탈 호텔	330		호텔 그란비아 오사카	322
베셀인 난바	316		호텔 긴테쓰 유니버설 시티	324
비즈니스 호텔 닛세이	315		호텔 닛코 나라	331
소테쓰 그랜드 프레사 오사카 난바	318		호텔 닛코 오사카	317
소테쓰 프레사 인 오사카 난바에키마에	313		호텔 로열 클래식 오사카	314
스위소텔 난카이 오사카	312		호텔 몬토레 그라스미아 오사카	314
아파 호텔 난바에키히가시	315		호텔 비스키오 오사카	321
에도산	331		호텔 이다	325
오모5 교토 기온	327		호텔 일 쿠오레 난바	312
오모7 오사카	320		히후미 료칸	326
오사카 뉴 한큐 호텔	321		힐튼 오사카	323
오사카 메리어트 미야코 호텔	320